Staub's Kommentar

zum

Handelsgesetzbuch.

12. und 13. Auflage.

Bearbeitet von

Dr. h. c. Heinrich Koenige, Senatspräsident am Reichsgericht i. R.,
Albert Pinner, Justizrat,
Dr. Felix Bondi, Geheimer Justizrat.

Registerband.

Berlin und Leipzig 1927.
Walter de Gruyter & Co.
vormals G. J. Göschen'sche Verlagshandlung — J. Guttentag, Verlagsbuchhandlung — Georg Reimer — Karl J. Trübner — Veit & Comp.

Roßberg'sche Buchdruckerei, Leipzig.

Gesetzesregister.

Übersicht über die in nachfolgendem Register berücksichtigten Gesetze, Verordnungen, Erlasse usw.

I. Reichsgesetze (einschließlich Verordnungen usw.).

Nr.		Seite
1.	Reichsverfassung v. 11. Aug. 1919	7
2.	Handelsgesetzbuch (alte Fassung)	7
3.	Einführungsgesetz zum neuen Handelsgesetzbuch	7
4.	Einführungsgesetz zum Bürgerlichen Gesetzbuch	7
5.	Bürgerliches Gesetzbuch	7
6.	Code civil	20
7.	Reichsmietengesetz	20
8.	Pachtschutzordnung	20
9.	Verordnung v. 13. Febr. 1924, betr. Pachtschutzeinigungsämter	20
10.	Reichssiedelungsgesetz	20
11.	Aufwertungsgesetz v. 16. Juli 1925	20
12.	Gesetz über wertbeständige Hypotheken vom 23. Juni 1923	20
13.	Goldbilanzverordnung	20
14.	1.—5. DurchfVo. zur Goldbilanzverordnung	20
15.	Einführungsgesetz zum Gesetz, betr. Änderungen der Konkursordnung v. 17. Mai 1898	20
16.	Konkursordnung	20
17.	Anfechtungsgesetz	22
18.	Verordnung über Geschäftsaufsicht zur Vermeidung des Konkurses v. 14. Juni 1924	22
19.	Verordnung gegen Mißbrauch wirtschaftlicher Machtstellungen	22
20.	Gesetz, betr. private Versicherungsunternehmungen v. 12. Mai 1901	22
21.	Reichsgesetz über den Versicherungsvertrag v. 30. Mai 1908	22
22.	Wuchergesetz v. 19. Juni 1923	22
23.	Wuchergerichtsordnung v. 27. Nov. 1919	22
24.	Gesetze und Verordnungen, betr. Höchstpreise, übermäßige Preissteigerungen, Preiswucher, Kettenhandel usw.	22
25.	Preistreibereiverordnung	22
26.	Reichsgesetz gegen den unlauteren Wettbewerb v. 7. Juni 1909	22
27.	Warenzeichengesetz von 1894	22
28.	Patentgesetz	23
29.	Gebrauchsmusterschutzgesetz	23
30.	Gesetz über Urheberrecht	23
31.	Kunstschutzgesetz	23
32.	Gesetz über Verlagsrecht v. 19. Juni 1901	23
33.	Gesetz, betr. die Abzahlungsgeschäfte v. 16. Mai 1894	23
34.	Grundbuchordnung	23
35.	Genossenschaftsgesetz	23
36.	Gesetz, betr. die Gesellschaften m. b. H.	23
37.	Einführungsgesetz zum Reichsstrafgesetzbuch	23
38.	Reichsstrafgesetzbuch	23
39.	Verordnung v. 6. Febr. 1924 über Vermögensstrafen	23
40.	Gesetz, betr. die Bestrafung der Entziehung elektrischer Arbeit v. 9. April 1900	23
41.	Strafprozeßordnung	23

Nr.		Seite
42.	Wechselordnung	23
43.	Scheckgesetz v. 11. März 1908	24
44.	Postscheckordnung	24
45.	Börsengesetz v. 22. Juni 1896	24
46.	Börsengesetz v. 8. Mai 1908	24
47.	Valutaspekulationsverordnung v. 8. Mai 1923	24
48.	Devisenordnung v. 8. Nov. 1924	24
49.	Devisenhandelsgesetz v. 3. Febr. 1922	24
50.	Privatnotenbankgesetz v. 30. Aug. 1924	24
51.	Schuldverschreibungsgesetz	24
52.	Bankgesetz v. 14. März 1875	24
53.	Rentenbankverordnung v. 15. Okt. 1923	24
54.	Gesetz über die Liquidation des Umlaufs von Rentenbankscheinen v. 30. Aug. 1924	24
55.	Hypothekenbankgesetz v. 13. Juli 1899	24
56.	Bankdepotgesetz v. 5. Juli 1896	24
57.	Gesetz über Depot- und Depositengeschäfte	24
58.	Rennwett- und Lotteriegesetz	24
59.	Gesetz, betr. Angelegenheiten der freiwilligen Gerichtsbarkeit	24
60.	Gerichtsverfassungsgesetz	25
61.	Verordnung zur Entlastung der Gerichte v. 9. Sept. 1923 in der Fassung v. 22. Dez. 1923	25
62.	Einführungsgesetz zur Zivilprozeßordnung	25
63.	Zivilprozeßordnung	25
64.	Zwangsvollstreckungsgesetz	27
65.	Deutsches Gerichtskostengesetz	27
66.	Gebührenordnung für Rechtsanwälte	28
67.	Gewerbeordnung	28
68.	Betriebsrätegesetz	28
69.	Gesetz über die Verbindlichkeitserklärung von Tarifen	28
70.	Stellenvermittlergesetz v. 2. Juni 1910	28
71.	Gewerbegerichtsgesetz	28
72.	Gesetz über die Kaufmannsgerichte v. 6. Juli 1904	28
73.	Lohnbeschlagnahmegesetz	28
74.	Konsulargerichtsbarkeitsgesetz v. 7. April 1900	28
75.	Schutzgebietsgesetz v. 25. Juli 1900	28
76.	Reichsbahngesetz v. 30. Aug. 1924	28
77.	Eisenbahnverkehrsordnung v. 23. Dez. 1908	28
78.	Intern. Übereinkommen über den Eisenbahn-Personen- und -Gepäckverkehr v. 23. Okt. 1924	29
79.	Luftverkehrsgesetz v. 1. Aug. 1922	29
80.	Haftpflichtgesetz v. 7. Juni 1871	29
81.	Gesetz über das Postwesen v. 28. Okt. 1871 mit Zusatz v. 20. Dez. 1899	29
82.	Postordnung v. 22. Dez. 1921	29
83.	Gesetz über das Telegraphenwesen vom 2. April 1892	29
84.	Gesetz, betr. die Privatpostanstalten v. 25. Dez. 1899	29
85.	Kraftfahrzeuggesetz	29
86.	Binnenschiffahrtsgesetz v. 15. Juni 1895/30. Mai 1898	29
87.	Flößereigesetz v. 15. Juni 1895	29
88.	Vereinszollgesetz v. 1. Juli 1869	29
89.	Münzgesetz	29
90.	Durchführungsverordnung zum Münzgesetz	29
91.	Reichskassenscheingesetz v. 3. April 1874/5. Juni 1906/3. Juli 1913	29
92.	Reichsversicherungsordnung	29
93.	Reichsmilitärgesetz	29
94.	Reichsbeamtengesetz	29
95.	Reichsstempelgesetz v. 26. Juli 1918	29
96.	Reichsabgabenordnung	29
97.	Einkommensteuergesetz	29
98.	Körperschaftsteuergesetz	29
99.	Erbschaftssteuergesetz	30
100.	Reichsbewertungsgesetz	30
101.	Kapitalverkehrsteuergesetz	30
102.	Ausführungsbestimmungen zum Kapitalverkehrsteuergesetz	30
103.	Gesetz zur Änderung der Verkehrsteuern vom 10. August 1925	30
104.	Industriebelastungsgesetz	30
105.	Grunderwerbsteuergesetz v. 12. Sept. 1920	30

Nr.		Seite
106.	Umsatzsteuergesetz	30
107.	Ausführungsbestimmungen zum Umsatzsteuergesetz	30
108.	Finanzausgleichgesetz v. 23. Juni 1923	30
109.	Reichsausgleichgesetz v. 20. Nov. 1923	30
110.	Gesetz über die Regelung der Kohlenwirtschaft v. 23. März 1919	30
111.	Verordnung v. 14. Febr. 1920, betr. Berechnung der Fristen	30
112.	Gesetz über die Regelung der Kaliwirtschaft v. 24. April 1919	30
113.	Durchführungsverordnung v. 18. Juli 1919	30
114.	Versailler Friedensvertrag	30

II. Gesetze der Länder.

a) **Preußen.**

115.	Ausführungsgesetz zum BGB.	30
116.	Ausführungsgesetz zum HGB. v. 24. Sept. 1899	30
117.	Gesetz, betr. die Angelegenheiten der freiwilligen Gerichtsbarkeit	30
118.	Preußische Gewerbeordnung	30
119.	Preußisches Strafgesetzbuch	30
120.	Berggesetz v. 24. Juni 1865	30
121.	Stempelsteuergesetz	30

b) **Bayern.**

122.	Ausführungsgesetz zum BGB.	30

c) **Hessen.**

123.	Polizeistrafgesetz vom 30. Okt. 1855	30

III.

124.	Allgemeine Verfügung des Justizministers über die Führung des Handelsregisters v. 7. Nov. 1899	31
125.	Gesetze v. 24. Febr. 1870, 19. Aug. 1897 und 2. Juni 1902, betr. Revisoren	31
126.	Allgemeines Landrecht	31
127.	Enteignungsgesetz vom 11. Juni 1874	31
128.	Berner Frachtübereinkommen	31

IV.

129.	Corpus juris	31

Verzeichnis der angezogenen Gesetzesstellen.

(Die kleinen Zahlen bezeichnen die Nummern der Anmerkungen. E bezeichnet die Einleitung zu Beginn des Kommentars, 𝔈 die Einleitung zu Beginn der einzelnen Paragraphen. Anh. zu bedeutet: Anhang zu, Vorb. v bedeutet: Vorbemerkung vor

I. Reichsgesetze.

1. Reichsverfassung vom 11. August 1919.

Art.
124 § 182[19].
131 Anh. zu § 346[25], § 452[3].
135 § 63[14].
160 § 63[14].

2. Handelsgesetzbuch [alte Fassung].

Art.
1 E[23].
7 E[39a].
4 § 13.
34ff. Anh. zu § 47 𝔈.
88 § 6[3].
92 § 111[6].
94 § 114[15].
98 § 109[11].
106 § 121[1].
143 § 155[13].
168 § 19[3], § 171[23], Anh. zu § 177[29].
184c § 221[5].
209a § 183[2].
213 § 210[13].
214 § 274[1].
219 § 211[1], [8].
237 Abs. 2 § 254[5].
247 § 306 𝔈.
271ff. § 343[3].
273 Abs. 3 § 343[6], [23].
275 § 343[22].
278 § 346[2].
325 Anh. zu § 372[49].
338 Vorb. v. § 373[13].
341 Anh. zu § 382[24].
344 Anh. zu § 382[30].
362 § 408[16].
363, 364 § 386.
380 § 408[7], [16].
387 § 408[16], § 410[15].
391 § 426[1].
395 § 429[4].
397 § 429[4].
408 § 388 𝔈.
422 § 473[1].

3. Einführungsgesetz zum neuen Handelsgesetzbuch.

Art.
1 E[7], § 59[1].
2 E[5], [9], § 414[15], § 416[5], § 350[46], § 470[4], Anh. zu § 359[1].
2 Abs. 1 § 178[6a].
2 Abs. 2 E[21].
3 E[22].
4 E[22], [59], [75].
5 § 2[4].
7 § 178[13].
9 Abs. 1 Anh. zu § 37[1].
9 Abs. 2 § 236[12].
9 Abs. 3 Anh. zu § 37[8].
14 § 384[44], § 373[33].
15 E[19], § 424[14].
16 § 424[14], § 416 𝔈.
16ff. E[19].
18 Anh. zu § 346[16].
22—28 E[8].
22 § 18[15], § 20[4], § 37[4].
22 Abs. 2 Anh. zu § 37[3].
24 § 180[16].
28 § 283[3].
30 E[13], Anh. zu § 424[51].
95 § 83.
153—218 E[10].
170 E[10], [12].

4. Einführungsgesetz zum Bürgerlichen Gesetzbuch.

Art.
2 E[25], [30], § 271[3], § 350[46].
3 E[19].
7—31 E[6].
7 E[75], § 6[3], Anh. zu § 372[11]
10 § 105[46], § 178[13].
11 Anh. zu § 361[24], Anh. zu § 372[14], [70c].
12 Anh. zu § 372[16].
15—16 E[75].
18 Anh. zu § 346[16].
25 Anh. zu § 372[11b].
27 Anh. zu § 372[5].
30 E[13], § 25 𝔈, § 67[6], § 201[22], Anh. zu § 372[21], Anh. zu § 376[80], [81], [84d], 377[146].
32 E[21].
36 E[75].
36 Abs. 1 E[75].
47 Anh. zu § 346[15].
55 E[19].
61 § 366[76], Vorb. v. § 373[16a].
75 ff. E[19].
75 § 1[63a].
81 § 368[103].
88 § 6[3], § 210[7].
92 Anh. zu § 372[88].
94 Vorb. v. § 373[54], § 366[54], [74].
105 § 456[3].
119 § 350[86].
141 § 350[22].
143 § 350[66].
145 § 300[11].
163 § 33[2].
168 § 366[76].
169 § 470[4].
170 E[12].
176 § 381[10].
218 E[19].

5. Bürgerliches Gesetzbuch.

§§
7 Anh. zu § 372[20], [23].
10 Anh. zu 372[20].
12 § 4[23], § 17[7], § 18[9], § 37[12].
17 Abs. 2 § 288[11].
21 § 182[19], Anh. zu § 376[202].
24 § 182[17], Anh. zu § 372[25].
26 § 231[2], § 335[26].
27 Abs. 2 § 231[14].
28 § 125[12], § 231[8], § 232[28], § 246[14].
28 Abs. 2 § 232[12].
29 § 178[8], § 231[20], § 295[8], § 320[74].
30 Anh. zu § 349[37a].
31 Anh. zu § 58[84], § 126[4], § 178[9], § 189[25], § 232[37], [38],

§§
[39], [44], § 246 E, Anh. zu § 349[37a], [38], Vorb. vor § 373[16a], § 377[150d], [173], Vorb. v. § 453[12].
32 § 231[8], § 246[14].
34 § 119[1], § 231[8], § 246[14].
35 § 250[9].
37 § 246[14].
40 § 125[12], § 232[12], [42], § 246[14].
41 § 33[14], § 34[2].
42 § 1[25], § 34[2].
43 § 176[10], § 292[16].
45 § 300[2].
48 § 295[8].
49 § 1[25], § 149[19], § 292[1], Anh. zu § 372[60b], Anh. zu § 376[21].
54 § 1[4], § 200[13], § 225[3], § 348[41].
63 § 381[17].
67 § 34 E.
68 § 335[26].
70 § 33[14], § 246[14d], § 335[26].
71 ff. § 34 E.
73 § 34[2].
74 § 34 E.
74 Abs. 2 § 34[2].
76 § 34 E.
80—89 § 33[1].
80 § 1[4].
89 § 33[1], § 36 E., § 89 E.
90—92 Anh. zu § 424[60].
90 § 1[38], § 22[6c], § 179[8], § 213[14], § 366[6], § 368[11], Vorb. vor § 373[16], § 377[56].
91 § 111[5], § 363[1b], [23], § 377[179a], § 381[15].
92 E[68], § 22[17], Anh. zu § 382[69].
93 Vorb. v. § 373[59], Anh. zu § 382[59b], [59c], [71a], [72], [90c], § 419[4].
94 § 1[45], Vorb. v. § 373[59], § 377[56a], § 381[15a], Anh. zu § 382[59b], [59c], [72].
95 § 1[45], § 381[17], Anh. z. § 382 [71a], [72].
97 § 1[51], § 22[23], § 213[14], § 377 [178a], § 381[17], Anh. zu § 382 [71b].
98 Anh. zu § 376[104], § 377[178a], Anh. zu § 382[71b].
99 § 368[37], Vorb. zu § 373[16], Anh. zu § 382[59b].
100 § 252[6], § 282[11], § 366[74d], § 368[37], § 377[71], [165a].
101 § 213[15], § 368[37].
104—185 § 400[21a].
104 ff. § 1[20], Anh. zu § 424[97].
104 § 349[5], Vorb. vor § 369[4], Anh. zu § 376[31].
105 § 349[5].
107 Anh. zu § 365[5].
108—112 § 366[36].
108 § 59[35a].
109 § 116[3].
110—122 § 109[8].

§§
112 E[39], § 1[21], [22], § 59[35a]. Anh. zu § 365[5].
113 § 59[35a].
114 § 1[21].
116 § 189[26], § 366[12].
117 § 182[39], Anh. zu § 346[23], Anh. zu § 361[91], [92], § 368[96], [109a], Anh. zu § 372[60c], Vorb. v. § 373[21], [51], Anh. zu § 376 [172].
118 Anh. zu § 361[94].
119 ff. Anh. zu § 37[9], § 54[13].
119 E[34], § 70[24], [25], § 115[7], § 116[3], § 126[17], § 133[24], § 260[4], § 349[17], [21], Anh. zu § 349[10], [16], § 350[78], § 355[29c], Anh. zu § 361[32], [73a], Anh. zu § 372[38d], Vorb. vor § 373[23], [60b], Anh. zu § 376[82], § 377 [39b], [56], § 381[8i], [10h], [11], [12], Anh. zu § 382[82f], § 400[21a].
120 Anh. zu § 361 [32], [93].
121 § 84[18], § 94[3], § 137[1], § 240[7], § 259[10], Anh. zu § 359[5], [39], Anh. zu § 361[7], [52], § 362[13], Vorb. v. § 373[47], [50], § 377[29], Anh. zu § 382[49b], § 388[5].
122 § 54[22], Anh. zu § 58[55], § 136[3], § 202[21], § 347[2b], [2f], Anh. zu § 361[52], [91], Vorb. vor § 373[47], [60b], Anh. zu § 376[175], § 377[164], [165b], [172], [177d].
123 § 186[20], § 260[4], Anh. zu § 346[3], Anh. zu § 349[10], [16], § 350[78], § 355[29c], Anh. zu § 361[73a], Vorb. vor § 373 [49], § 377[148], [162] ff., Anh. zu § 382[82f], § 383[21].
123 Abs. 2 Anh. zu § 58[26], § 84[31], § 123[12], Anh. zu § 346[18].
124 § 377[164].
125 § 22[20], § 181[1], § 189[1], § 259[11], § 350[48], [66], § 426[14].
126 § 17[13], § 51[2], § 76[13], § 78[2], § 79[2], § 181 E, § 189[2], § 233[6], § 252[16], § 344[8], § 350[54], [55], [60], [63], [65], [68], Anh. zu § 350[2], Anh. zu § 361 [14], [24], § 363[1c], [22], Anh. zu § 363[31], Anh. zu § 372[38], [70c], Anh. zu § 376[108], Anh. zu § 424[40].
126 Abs. 1 § 12[2].
127 § 344[8], § 350[65], [68], Anh. zu § 376[108].
128 § 350[66], Anh. zu § 361[14], [76], [78].
129 § 12[2].
130 ff. § 66[9], § 78[2], § 139[8], [10].
130 § 12[7a], § 54[13], § 95[1], [3], § 195[5], § 348[22], § 350[54], [64], [68], [69], Anh. zu § 351[14], [15], [15a], [15b], § 355[39], § 358[5],

§§
Anh. zu § 361[3], [5], [39], [70], [78], [80], § 363[8], Anh. zu § 372[14], § 373[11a], § 375[236], Anh. zu § 376[47], [108], § 377[26], [163], Anh. zu § 382[49d], § 400[15], § 405[10].
132 § 66[9], § 220[3], § 355[39], Anh. zu § 361[9], [47], § 368[45], § 373 [14c], [49], § 377[164], § 422[2].
132 Abs. 2 § 52[14a], § 66[9].
133 § 54[6], Anh. zu § 58[18], § 74 [17], § 182[30], § 346 E [1], [2], [14], § 348[6], Anh. zu § 363[29], Vorb. vor § 369[14], Anh. zu § 372[6b], [6c], Vorb. vor § 373 [22a], [26], Anh. zu § 374[17a], [95], § 377[39], [41b], [69], [187], Anh. zu § 382[4], [6], [15], § 383[13], § 384[7], § 386[6], § 390[7], § 394 [2], [11], § 400[6].
134—136 Anh. zu § 346[23].
134 § 23[1], § 40[2], § 61[7], § 81[1], Vorb. vor § 93[44], § 205[3], § 209[10], § 346[17b], Anh. zu § 346[19], § 350[16], § 354[11], § 361[12], Anh. zu § 363[27], § 366[34], [71b], [74], [74a], § 368 [100], [103], § 369[18], Vorb. v. § 373[56], [59], Anh. zu § 374[48c], Anh. zu § 376[48], [181c], § 377 [48], [56b], Anh. zu § 382[60], § 383[23b].
135 § 109[14], § 366[76].
136 § 366[76], § 381[8b].
137 § 137[2], § 368[103], [113a], [114a], § 381[8c], Anh. zu § 382[68].
138 § 1[22], § 59[46], § 70[10], § 74a E [14], § 75 f [2], Vorb. v. § 93 [12], [21], § 117[5], § 126[15], § 127 [6], § 132[1], § 213[9], § 271[3], § 290[14], [15], § 339[28], § 346 [17b], § 347[29], § 350[16], Anh. zu § 349[43], Anh. zu § 363[27], § 366[34], [71b], § 368[96a], [100], Vorb. v. § 373[23], [26], [56], [60], Anh. zu § 374[67], Anh. zu § 376[37], [202], § 377[121], [121c], Anh. zu § 377[4], [48], § 378, [14b], Anh. zu § 382[60], [74b], § 383[23b], § 384[9a], § 400[21a], § 407[25], § 408[25], § 413[7], § 417[7].
138 Abs. 1 § 185[11b], Anh. zu § 346[1], [2], [3], [9], § 346[16b], Anh. zu § 346[18], [35], § 352[14], § 354[11].
138 Abs. 2 § 84[22a], Vorb. v. § 93[12], Anh. zu § 346[3].
139 § 22[20], [34], § 23[2], Anh. zu § 58[11], Anh. zu § 62[2], Vorb. v. § 93[44], § 105[42], § 132[1], [3], § 133[23], § 226[9], § 245[6], § 279[5], Anh. zu § 346[5], § 347[29], § 348[5], § 349[3], [21],

§§

§ 350[25a, 39, 66, 85, 90], Anh. zu § 359[37], § 368[50], Anh. zu § 372[30], Vorb. v. § 373[20, 47], Anh. zu § 376[62, 84c], § 377[121c, 162, 165], § 381[8i], Anh. zu § 382[59b], § 471[4].
140 § 363 E, § 368[7], Vorb. v. § 373[60d].
141 § 25[10], § 186[9, 18], § 200[16], § 205[3], § 350[3], § 366[74], § 377[137, 167, 167a].
142 § 25[10], Vorb. vor § 93[21], § 133 E, § 366[48], § 368[39d], Vorb. vor § 373[47], Anh. zu § 376[47], § 377[165].
143 § 377[164].
143 Abs. 4 § 25[10].
144 § 25[10], § 355[29c], Anh. zu § 376[32a], § 377[120, 163, 163a].
145—155 § 139[9], Anh. zu § 361[1, 2].
145 § 350[64], Anh. zu § 361[2, 13, 15, 58], Anh. zu § 374[115a].
146 Anh. zu § 361[45, 56], Vorb. v. § 373[66d].
147 § 54[13], Anh. zu § 361[10, 26, 44, 45, 67], Anh. zu § 372[36], § 377[61], Anh. zu § 382[60, 61a].
148 Anh. zu § 361[27, 43, 64].
149 § 95[2], § 347[2c], Anh. zu § 361[51, 56], Anh. zu § 382[19].
150 Anh. zu § 361[54, 57, 64], Anh. zu § 382[19, 20], § 385[9].
151 § 66[8], Anh. zu § 361[11, 34, 66, 73a, 77], § 362[15, 19, 24], § 363[9], § 377[200, 202].
152 Anh. zu § 361[75].
153 § 354[6], Anh. zu § 361[15a, 79, 80].
154 § 109[6], Anh. zu § 348[2], § 350[26, 48, 50, 69], § 355[12], Anh. zu § 361[82, 87a, 89], Anh. zu § 372[88b], Vorb. v. § 373[22, 24, 25].
155 Anh. zu § 361[88, 91].
156 § 220[13], Anh. zu § 361[12, 24].
157 E[25, 28, 30a, 31, 34, 35], Anh. zu § 5[1], § 22[37], Anh. zu § 58[18], § 59[35b], § 182[30], § 271[3], § 344[14], § 346 E[1, 2, 4, 9, 11, 14, 15, 20, 21], § 348[6, 33], § 354[6], § 358[1], Anh. zu § 359[5, 38a], § 361[1], Anh. zu § 361[44], Anh. zu § 363[29], § 368[99], Anh. zu § 372[34, 36], Vorb. v. § 373[21, 23a, 26, 35, 39, 44], Vorb. vor § 374[17a, 48c], § 377[39, 41b, 69, 121, 150d, 187, 193, 195], § 379[1, 28], Anh. zu § 382[4, 6, 15, 19], § 383[13], § 384[7], § 390[7], § 394[2, 11], § 400[6], § 426[8], § 472[9].

§§

158 Anh. zu § 361[3], § 366[28], § 368[108, 114], Anh. zu § 374[3, 17], § 377[39, 63a], Anh. zu § 382[23, 54, 65, 68, 91].
158 Abs. 2 Anh. zu § 346[17].
159 § 26[4], Anh. zu § 382[16a, 23, 54].
160 Anh. zu § 382[23].
161 § 366[77], § 368[108], Anh. zu § 382[23, 64, 65, 68].
162 Vorb. v. § 93[17], Vorb. v. § 373[22a, 56a], § 377[63a], Anh. zu § 382[20, 49c], § 409[2].
163 § 366[28], Vorb. v. § 373[22d].
164 ff. Anh. zu § 58[14], § 390[9].
164 § 51[2], Anh. zu § 53[1], Anh. zu § 58 E[10, 17, 22, 61, 62], § 108[4], § 126[16, 17], § 232[30, 35, 36], § 344[8], Anh. zu § 361[31, 32], § 368[94], § 373[14c], Vorb. v. § 373[84], Anh. zu § 376[26], § 377[47, 150c, 151], Anh. zu § 382[62a], § 383[15, 33], Anh. zu § 424[40, 110].
164 Abs. 3 Anh. zu § 58[29].
165 § 48[3], § 210[4], § 231[10].
166 Anh. zu § 58[27, 61, 62], Anh. zu § 85[3], § 232[33], Anh. zu § 361[31a], § 366[16], Vorb. v. § 373[21], § 377[47, 117, 150c, 166, 173, 175].
167 ff. § 182[13].
167 § 48[8], § 49[2], § 51[2], § 54[4, 14], Anh. zu § 58[2], § 346[1], § 350[59], § 373[14c], Vorb. v. § 373[64g], Anh. zu § 424[40].
167 Abs. 2 § 48[6], § 51[2], § 54[14], § 182[11], § 189[2].
168 § 52[1, 3, 5, 7, 10], Anh. zu § 58[88], § 59[32], § 366[77], § 368[1, 114], § 373[31], Vorb. v. § 373[84], Anh. zu § 424[13, 65a].
169—173 § 366[18].
169 § 383[25a], Anh. zu § 424[65a].
171 § 48[7], § 52[3], § 54[4, 22], § 234[12], § 350[81], Anh. zu § 363[22], Anh. zu § 424[65a].
172 § 350[81].
174 § 48[7], § 66[12], § 95[2], § 132[7], § 232[10], Anh. zu § 374[15, 78], § 377[27], Anh. zu § 382[19].
175 Vorb. v. 369[6a].
177—180 Anh. zu § 58[111].
177 § 85[3], § 232[11], Anh. zu § 361[42], § 366[36d], Vorb. v. § 373[64g], Anh. zu § 374[78].
178 Anh. zu § 349[44].
179 § 48[12], Anh. zu § 58[7, 55, 127, 131], § 98[3], § 125[9], § 126[20], § 128[20], § 149[37], § 200[8], § 232[4, 6, 47], § 246 E, § 303[7], § 347[2b], Anh. zu § 376[17, 26], § 383[14, 33], § 384[39], § 390[9].

§§

179 Abs. 3 § 283[1].
180 Anh. zu § 374[78], § 377[27].
181 Anh. zu § 58[30, 31], § 76[15], § 105[37], § 111[11], § 124[37], § 126[14], § 151[2], § 155[2], § 232[48], § 247[1], § 255[6], § 292[18], § 365[7], § 366[12a, 18], § 368[82], § 373[24], Anh. zu § 376[69], § 379[24], Anh. zu § 382[58b], § 383[15, 32, 33, 33a], § 400[2], Anh. zu § 424[18, 34, 49, 53, 70].
182 ff. § 207[6].
182 § 132[7], § 189[2], § 212[11], § 222[3], § 236[6], § 350[59], Anh. zu § 361[42], § 366[87].
183 § 60[9], § 236[6], § 303[8], § 366[87], Anh. zu § 372[60b].
184 § 60[9], § 85[3], § 303[8], § 366[74a, 87], Anh. zu § 374[78], § 377[137, 139].
185 § 366[13, 36d, 74a, 87], Anh. zu § 372[60b], Anh. zu § 382[62a, 64, 69], § 383[35b].
186 Anh. zu § 361[43].
187—193 Anh. zu § 359[18].
187 ff. § 75a[4], § 78[4], § 132[8].
187 § 27[20], § 63[5], § 75a[4], § 77[1], § 78[4], Anh. zu § 424[92, 95, 115].
188—189 Anh. zu § 359[25] ff.
188 § 67[5], § 132[8], § 266[13], § 271[9], Anh. zu § 424[92, 95, 115].
188 Abs. 2 § 159[11].
190 § 414[4].
191 Anh. zu § 359[32, 33].
193 § 64[2], § 66[11], § 159[11], § 255[4], Anh. zu § 359[34, 38, 41], § 377[32].
195 § 349[21], Anh. zu § 374[203], § 377[133, 136, 138e, 139b, 146, 175b, 190, 192, 193], § 381[8d], § 423[2], § 439[2], § 472[22].
196 § 1[1], § 26[2], § 59[33], § 65[10], § 70[21], § 74b[1], § 76[11], Vorb. v. § 93[40], § 231[38], § 381 E, Anh. zu § 382[122], § 396[10, 23], § 400[28], § 409[6], § 439[2].
196 Abs. 2 § 88[19], Vorb. v. § 93[40].
197 § 213[16].
198 § 206[1], § 241[19], § 377[146, 175, 175b, 193], § 400[28], § 409[6], § 439[2].
199 § 159[10], § 356[2].
201 § 88[19], § 113[9], § 396[10], § 400[28], § 439[2].
202 ff. § 26[8], § 159[15—17].
202 Anh. zu § 374[226], Anh. zu § 376[59], § 377[138b, 139a, 190a], § 439[2].
203 § 377[138a, 138c, 164].
205 § 377[190a], § 470[5].
206 § 27[21], § 139[8], § 377[138c, 164].

§§
207 § 377[138a], [138c], [164].
208ff. § 159[14].
208 § 159[14], § 377[138e].
209 § 160[2], § 377[138]ff.
210 § 377[138].
211ff. § 160[2].
211—219 § 377[138]ff.
217 § 160[1].
218 § 26[3], § 349[15].
220 § 377[94], [135], [139a].
222ff. § 159[12].
222 § 349[11], § 350[13], § 355[29b], § 368[7], § 369[9], Vorb. v. § 373[77b], § 377[134], [138e], [141], [145], [192].
223 § 368[94], § 369[9], [39c], [56].
224 § 61[11], § 236[11], § 348[39].
225 § 159[13], § 377[188], [190], [190a], § 414[4].
226 § 59[29], § 115[9], § 122[2], Anh. zu § 372[46a], Anh. zu § 374 [92b], § 377[55], Anh. zu § 282 [31a].
232ff. § 289[5], § 365[13], § 369[54], Anh. zu § 424[60].
232 § 289[5], § 349[38], § 368[34], Vorb. v. § 373[45].
234 § 289[5], Anh. zu § 376[37].
235 Anh. zu § 376[45].
236 § 289[5].
241—292 Anh. zu § 374[1].
241 § 212[4], Anh. zu § 346[13a], Anh. zu § 376[184].
242 E[25], [31], [35], Anh. zu § 5[1], § 22[37], § 59[35b], § 118[2], § 344[14], § 346 C[1], [9], [20], Anh. zu § 346[3], [16], [25], § 348 [33], § 353[11], [11a], § 354[6], § 358[1], Anh. zu § 359[5], § 361[2], [9], [12], Anh. zu § 361 [33a], [44], Vorb. v. § 369[6a], [9], Anh. zu § 372[15], [24], [42], [46], [48a], [72], § 373[9], [14d], Vorb. v. § 373[22b], [25], [31], [39], [56], [56a], [61], [64a], [65d], [69], [70], [78], [79e], Anh. zu § 374[6a], [11], [12a], [15a], [28], [38a], [49], [51], [57], [61], [88], [95a], [100], [112], [127], [131], [139], [144], [147], [148], [179], [199], [200], [209], [211], [213], [219], [220], [223], [224], [225], [228], [232], [235], [236], § 375[4], Anh. zu § 376[144], § 377[41e], [67], [68], [69], [119], [121], [181a], [193], [196], § 378[14], § 379[1], [28], Anh. zu § 382[6], [6a], [15a], [122], § 384 [17b], § 386[6], § 409[2], § 418[2], Anh. zu § 424[72], § 426[8], § 435[7], § 472[9].
243 § 360[1], Vorb. v. § 373[70b], § 373[24], § 377[91], Anh. zu § 382[16a], [48a], [48d], [49b], [50a], [52a], [55a].
244 § 361[3], [4], [7], [8], Vorb. v. § 362 [62c], Anh. zu § 372[67a], Vorb. v. § 373[76a], Anh. zu § 374 [213], § 381[12a], Anh. zu § 382 [49e], § 405[13], Anh. zu § 424 [39], § 430[7], § 457[4], [8].
245 § 361[4], [6], [9], [10], Vorb. v. § 373[62c].
246 § 355[34], § 452[2].
248 § 1[64].
249—253 § 377[172].
249ff. § 37[23], § 61[2], § 202[12], § 209[7], § 241[29], § 377[165b], [177c], Anh. zu § 382[59a], § 430[2], [4], [10], § 445[2].
249 Anh. zu § 346[5], [12], § 347[2a], [17], Anh. zu § 349[25], § 361[3], § 366[71], [71b], § 368[47], Vorb. v. § 369[14], § 369[74a], Vorb. v. § 373[60c], [64], [70b], Anh. zu § 374[22], [24], [25], [27a], [28], [56], [58], [230], [233], § 377[54], [63a], [76], [85], [150c], Anh. zu § 377[1], Anh. zu § 382[68], § 392[12], § 408[19], § 417[6].
250 Anh. zu § 349[25], Anh. zu § 374[58].
251 Anh. zu § 346[12a], § 347[17], § 366[71b], § 368[47], Vorb. v. § 373[60c], [70b], Anh. zu § 374 [56], [58], Anh. zu § 377[66], [169], Anh. zu § 382[56a].
252 § 37[23], § 202[12], § 203[7], Anh. zu § 346[12a], § 347[19], § 366 [71b], Anh. zu § 374[22], [60], [224], § 377[169].
253 § 202[12].
254 Anh. zu § 58[67], § 70[20], § 111[12], § 133[12], § 202[12], § 209[9], § 347[12], [13], [18], Anh. zu § 361[10], Anh. zu § 363[9], § 366[71b], § 367[6], § 368[52], § 373[26], Vorb. v. § 373[60], [70], Anh. zu § 374[29a], [30], [31], [33], [56], [57], [61], [63], [66], [68], [69], [75], [103], [112], [139], [144], [175], [231], [233], Anh. zu § 376[202], § 377[66], [71b], [87], [101], [102], [150a], [151], [172], [174], [181a], § 378[14a], § 379[15], § 381[8g], [8i], Anh. zu § 382[56b], [66], [84], [90c], [122], § 384[9], [35], § 386[6], [8], § 408[3], [23], § 417[10], Anh. zu § 424[10], [34], § 426[16], § 427[5], § 429 [15], § 456[3], [15], § 459[22], § 465[7].
255 § 241[9], § 366[82], § 368[114], Vorb. v. § 373[64e], § 377 [55a], [56a], § 429[3], § 430[5].
256 Anh. zu § 374[12a], [22], § 396 [14b].
257 § 377[71b].
259 § 59[44], § 65[5], § 74c[9], § 114[8], Anh. zu § 141[28], § 154[8], § 231[36], § 260[24], § 384[17a], [19].
260 § 91[4], Vorb. v. § 373[61], § 384[17a].
261 § 384[17a].
262ff. § 61[1], § 113[1], § 141[4].
262 Vorb. v. § 373[83a], Anh. zu § 374[1], § 376[41], Anh. zu § 382[51].
263ff. § 113[1].
263 Vorb. v. § 373[83a], Anh. zu § 374[49c], [110], [152], § 377[108].
264 § 113[1], § 348[15], § 373[11a], Vorb. v. § 373[71], [83a], Anh. zu § 374[152].
266 Anh. zu § 363[29a], Anh. zu § 372[69b], § 373[36], Anh. zu § 374[11], [45], [127], [150], [226], § 377[178a], Anh. zu § 382[48a].
267 § 349[44], § 373[27a], Vorb. v. § 373[62a], [64f], [66d], Anh. zu § 374[2a], Anh. zu § 382[72], [74], [94], Anh. zu § 424[106].
268 § 349[45], Vorb. v. § 373[62a], Anh. zu § 382[72].
269ff. § 64[7].
269 § 40[4], § 84[29], Vorb. v. § 93[42], § 355[27], § 363[15], Anh. zu § 372[1], [4], [10], [15], [16], [18], [19], [27b], [31], [49], [51], [66], Vorb. v. § 373[72], § 373[22], § 374[3], Anh. zu § 374[27], § 377[75a], [84], [89], [106], § 381[8p], Anh. zu § 382[33], § 409[4], § 420[5].
270 Anh. zu § 372[32], [50], [52], [53], [57a], [60b], [66], [67], [68], Anh. zu § 374[11], [13], § 377[75a], § 425[17].
270 Abs. 2 § 13[3].
271 Anh. zu § 141[9], Anh. zu § 359[1], [3], [4], [9], [11], Anh. zu § 361[83], Anh. zu § 372[57], Vorb. v. § 373[63a], Anh. zu § 374[11], [15], § 456[2].
272 Anh. zu § 359[12].
273 § 59[45], § 74c[10], § 88[20], § 221[5], Anh. zu § 346[7], § 348[10], Anh. zu § 363[2], § 366[72], Vorb. v. § 369[1], [2], [4], [5], [6], [6a], [8], [15], [16], [53], Anh. zu § 372[70d], § 373[56], Vorb. v. § 373[66d], [77], [77b], [78], [79e], Anh. zu § 374[8], [13], [38a], [133], [133b], [145], [229], Anh. zu § 376[32], [65], § 377[87], [94], [104], [165a], [170], § 381[8i], Anh. zu § 382[56a], [59a], [82e], [92], § 383[26a], § 384[28], § 390[10], § 392[10], § 396[23], § 397[11], § 398[2], § 406[1], § 421[7], Anh. zu § 424[9], [12], [68], [135], [136], § 440[13].
274 § 115[5], Vorb. v. § 369[1], [12], [15], § 369[2], Vorb. v.

§§
§ 373[79], [79e], Anh. zu § 374[133], § 381[8i].
275—279 Anh. zu § 382[45b].
275 § 114[14], § 222[3], § 361[9], Anh. zu § 361[17]f., Vorb. v. § 373[35], [65c], [70b], § 373[25], Anh. zu § 374[1a], [46a], [47], [47d], [49], [49c], [149f], [207], § 381[8d], Anh. zu § 382[39b], [48b], [55a], § 408[15].
276 § 62[13], § 111[12], § 114[13], § 192[8], § 212[20], § 218[7], Anh. zu § 345[42], Anh. zu § 346[21], § 347[2a], [3], [11], [12a], [28], Anh. zu § 349[15], [17], [43], [44], § 362[16], Anh. zu § 363[28], Anh. zu § 365[9], Vorb. v. § 373[16a], [42], [44], [56a], [70c], [79], Anh. zu § 374[3], [13], [16a], [169], [174], § 377[38], [38a], [46], [54], [65], [71], [100], [104ff], [117a], [150d], [171], [201], § 378[14], [14a], § 379[1], Anh. zu § 382[16a], [19c], [30], [38], [40b], [43], [45a], [56a], [59a], [65a], [65b], [83b], [124], § 383[21], § 384[4], [35], § 390[4a], Anh. zu § 424[8], [34], [67], § 429[1], § 456[2], § 465[8], § 472[11], [12], [20].
276 Abs. 2 § 114[18], § 241[1].
276ff. Vorb. v. § 93[37].
277 § 114[14].
278 Anh. zu § 58[65], [71], [86], § 62[13], § 76[5], § 84[21], Vorb. v. § 93[34], § 212[20], § 232[33], [44], Anh. zu § 345[42], Anh. zu § 346[21], § 347[28], Anh. zu § 349[15], [38], Anh. zu § 363[9], [18], Anh. zu § 372[32], 60[a], Vorb. v. § 373[16a], [56a], § 373[30], [33], Anh. zu § 374[13], § 377[65], [150d], Anh. zu § 382[32], [38], [40b], § 390[2], § 408[4], [5], [6], § 416[4], § 417[3], [8], § 425[13], § 427[5], § 429[14], § 431[1]ff., § 435[11], § 458[2], § 465[8], § 472[6].
279 § 350[11], Vorb. v. § 373[65c], Anh. zu § 374[46a], [49], Anh. zu § 379[13], § 377[100], § 380[6], Anh. zu § 382[51].
280 § 212[24], § 348[18], § 366[74], Anh. zu § 374[12b], [25a], [130], [164], [165], [174], § 377[98], [100], § 380[6], Anh. zu § 382[59a].
281 § 366[72], [74a], § 368[106], Vorb. v. § 373[70], Anh. zu § 374[46a], [49c], § 377[65], [71], Anh. zu § 377[1], Anh. zu § 382[56a], [61a], [66], § 384[30], § 390[4a], § 392[2].
282 Anh. zu § 374[75], § 377[65], Anh. zu § 382[40b], § 408[21].

§§
283 Vorb. v. § 93[39], § 96[2], Anh. zu § 359[3], § 366[70], Anh. zu § 374[1a], [49d], [149ff.], [227], § 375[18], § 376[25], § 377[55a], [74a], [87], [98], Anh. zu § 382[82c], § 400[25].
284ff. § 55[b].
284 § 64[6], § 74b[2], Vorb. v. § 369[13], Anh. zu § 374[7], [15], [15a], [16a], [17], [44], [51], [146], [165], § 375[4], Vorb. v. § 377 [77b], § 376[3], [10], Anh. zu § 382[82b].
285 § 74[b2], § 348[14], Vorb. v. § 373[65c], [86], § 373[15], [17], Anh. zu § 374[13], [14], [15a], [16a], [44], [46], [52], [112], [179], § 376[10], § 377[109], [121], § 429[1].
286 § 212[21], § 218[9], § 347[11], § 354[20], § 373[24], Anh. zu § 374[1], [2], [16a], [20], [21], [22], [49b], [56], [73a], [107], [136], [146], [164], [165], [233], § 376[1], § 377[74], [74b], [97], [98], [100], [109], § 379[16], § 381[8d], Anh. zu § 382[15a], [16a].
287 § 347[27], Vorb. v. § 373[77b], Anh. zu § 374[47d], [48a], [222], § 377[65], [74b], § 379[15], Anh. zu § 382[39a], [51].
288 § 64[6], § 74b[2], § 218[9], Vorb. v. § 373[63], Anh. zu § 374[22], [224], [233].
289 § 364[7], Anh. zu § 364[7].
291 Vorb. v. § 373[63].
292 § 377[165a].
293—295 § 373[11a].
293 § 70[4], Anh. zu § 359[5], Vorb. v. § 373[80], § 373E, § 373[14c], [27a], Anh. zu § 374[165], § 377[74b].
294 Vorb. v. § 373[70b], § 373[11], [14], [27a], [36], Anh. zu § 374[8], [221], § 377[94].
295 § 70[4], § 231[34], Anh. zu § 359[5], Anh. zu § 372[27c], [60], Vorb. v. § 373[70b], [80], § 373[1], [11a], [13], [15], [27a], [31], Anh. zu § 374[8], [9], [51], § 375[2], [15].
296 § 373[11a], [12], Anh. zu § 374[51], § 375[3], Anh. zu § 382[45c].
297 § 373[11], [15], Anh. zu § 374[8], § 375[15].
298 Anh. zu § 372[69c], Vorb. v. § 373[44], § 373[7], [13a], Anh. zu § 374[149d], [155].
299 Anh. zu § 359[9], Anh. zu § 372[57], § 373[9], Anh. zu § 374[146].
300—304 Anh. zu § 374[8].

§§
300 § 347[6], [27], § 353[11a], Anh. zu § 372[9], Vorb. v. § 373[2a], [70b], § 373[11], [15a], [24], [30], [33], [42], [44], § 374[8], Anh. zu § 374[1a], [33], § 377[65], [74b], [201], § 379[15], [16], § 381[8e], Anh. zu § 382[15a], [23], [45c], § 429[9], § 435[6].
301 § 374[8].
302 § 374[8].
303 § 373[13a], [26].
304 § 372[27c], Anh. zu § 372[27c], [57], Vorb. v. § 373[79], § 373[19], [24], § 374[1], [2], Anh. zu § 374[146], § 375[17], § 377[201], § 379[17], Anh. zu § 382[31a].
305 Anh. zu § 361[67].
306 Anh. zu § 346[26], [28], § 348[25], Anh. zu § 361[23], [92], Vorb. v. § 373[59], [60d], Anh. zu § 374[46a], § 377[3], [41], [44], [46], [56b], § 381[6], [8d], [8i], [8o], Anh. zu § 382[50a], [71a], [89].
307 Anh. zu § 58[55], Anh. zu § 346[28], § 347[2b], Anh. zu § 365[6], § 377[56b], § 381[6], [8i], Anh. zu § 382[50a], [71a].
308 Anh. zu § 346[26], § 377[56b].
309 Anh. zu § 58[55], Anh. zu § 346[26], [28], § 347[2b], Anh. zu § 365[6].
310 § 303[15].
311 § 22[20], § 105[41], § 186[19], § 303[15], § 304[1], § 350[42], [52], Vorb. v. § 373[3c], [17].
312 § 350[43], Vorb. v. § 373[3].
313 § 22[20], Vorb. v. § 93[22], § 105[41], § 182[35], § 186[19], § 335[23], § 350[22]ff., [32], [52], [66], [84], Anh. zu § 361[43], Vorb. v. § 373[24], § 377[41], [41b], [60], Anh. zu § 382[19], [59b].
314 § 213[14], § 287[2], § 368[37a], Vorb. v. § 373[57], § 377[41], Anh. zu § 382[71b].
315ff. Vorb. v. § 93[11], § 121[3].
315 § 59[34], Anh. zu § 141[6], § 346[20], § 350[26], Anh. zu § 359[3], Anh. zu § 361[11], [17k], [17n], [63a], [90], Anh. zu § 372[44], Vorb. v. § 373[25]ff., [34], § 375[2], § 428[5].
316 § 346[20], Anh. zu § 361[63a], Vorb. v. § 372[16a], Vorb. v. § 373[16], [25]ff., Vorb. v. § 379[29], § 420[1].
317—319 Vorb. v. § 373[24].
317 Anh. zu § 141[6], § 317[8], Anh. zu § 361[17k], Vorb. v. § 373[23], [24], § 375[2], Anh. zu § 376[84b], § 428[5].
318 Vorb. v. § 373[24], § 377[164].
319 Vorb. v. § 373[24].

§§

320 ff. § 109[5], § 373[24], § 377[128], § 381[2], [8d], § 396[23], § 397[11], § 400[25], Anh. zu § 424[17].

320 § 22[40], § 70[16], § 348[10], § 349[31], Vorb. v. § 369[1], [5], [13], Anh. zu § 372[58], Vorb. v. § 373[7], [77]ff., § 373[17], Anh. zu § 374[2a], [8], [13], [36], [38a], [133], [142], [149a], [200], [225], Anh. zu § 376[46], [65], Vorb. v. § 377[73], § 377[55a], [55b], [56], [71b], [72], [74b], [165a], [170], § 378[14], § 381[8o], Anh. zu § 382[82b], § 383[26a], § 384[28], § 392[10], Anh. zu § 424[68], [79], [106], § 425[10], § 435[7].

321 § 289[4], § 292[2], Anh. zu § 363[22a], [26], Vorb. v. § 373[40ff], [77b], Anh. zu § 374[2b], [148], [220], Anh. zu § 376[65], Anh. zu § 382[81].

322 Anh. zu § 346[7], Anh. zu § 359[5], Anh. zu § 363[19], Vorb. v. § 369[12], [17], Anh. zu § 372[15], [69c], Vorb. v. § 373[44], [77], [77a], [79], [79d], [83b], § 373[13b], Anh. zu § 374[8], [44], [149a], Anh. zu § 376[46], [65], § 377[41], [55a], [71b], [72], [74b], [165a], [170], Anh. zu § 382[82b].

323 ff. § 231[25], Vorb. v. § 373[70], Anh. zu § 374[108], § 376[20], [26], § 381[8a].

323 § 63 E[8a], § 231[25], § 366[74a], Vorb. v. § 373 [55], [60], [60a], [65d], [79c], Anh. zu § 374[2d], [46a], [48b], [49], [49c], [57], [163], § 377[45], [55b], [56b], § 381[10b], § 381[7], [8e], Anh. zu § 382 [39b], [45b], [48a], [48b], [48c], [49a], [50a], [54], [55a], [58a], [59a], [59b], [62a], [95], § 383[32], § 384[31], § 385[7], § 392[9], § 396[2], Anh. zu § 424[99], § 425[16].

324 § 70[4], § 74c[1], § 89[5], Vorb. v. § 373[56a], [59], [60a], [70b], [79c], § 373[15a], [24], [25], Anh. zu § 374[14], [46a], [130], § 377[56b], § 381[8e], Anh. zu § 382[45c], [55a], [60], [66], [72].

325 § 63[8a], § 75c[2], § 84[26], § 348[17], Vorb. v. § 373[59], [60a], [60b], [60d], [63a], [70], [70a], [79c], Anh. zu § 374[1a], 38[b], [46a], [47d], [49c], [49d], [57], [87], [105], [126], [131], [136], [136a], [149a], [149f], [150], [151], [163], [168], [172], [173], [174], [175], [179], [191], [227], § 375[4], [5], [9], [18], [24], Anh. zu § 376[141], § 377[45], [55b], [55c], [56b], [87], [98], [121], § 380[6], § 381[7], [8d], [8e], [10b], Anh. zu § 382[42], [43], [50a], [62a], [66], [85a], § 385[7], § 392[9], Anh. zu § 424[99].

326 § 55[6], § 74b[2], § 109[5], § 231[21], § 347[17], § 349[12], [18], [66], § 350[17], Anh. zu § 359[5], Anh. zu § 361[17b], Anh. zu 363[17], [26], § 368[48], [114], Vorb. v. § 369[2], Anh. zu § 372[27c], [46c], Vorb. v. § 373[3f], [5], [22a], [22b], [25], [39], [44], [56a], [63a], [77a], [77b], [86], § 373[13], [13b], [14], [21], [27], [31], [51], [53], § 374[1], Anh. zu § 374, § 375[2], [5], [8], [12], [13], [20], [23], [24], § 376[1], [1a], [4], [6], [11], [26], [31], [32], [33], [38], [39], Anh. zu § 376[9], [140], [143], § 377[3], [4], [11], [32], [34], [54a]ff., [63a], [64], [74b], [91], [94], [94a], [105], [121], § 378[14a], § 381[7], [8b], [8f], [13b], [14], Anh. zu § 382[8], [16a], [35a], [39], [39a], [39b], [40a], [49a], [49e], [50a], [59a], [59e], Anh. zu § 382[74], [77], [79], [82b], [83c], [96], § 385[7], § 396[15], § 397[11], § 398[2], § 400[25], § 406[1], § 407[19], § 408[16], § 413[6], Anh. zu § 424[80], [98], § 425[16].

327 Anh. zu § 374[35], [75], [76], [130], § 376[11], § 377[71a], § 381[8a], [8e], Anh. zu § 382[68].

328 § 200[7], § 215[4], § 282[1], § 303[3], § 305[3], Anh. zu § 363[7], [43], Anh. zu § 372[60c], § 373[27], § 377[164], Anh. zu § 424[65a], [65b].

329—335 § 425[15].

329 § 25[24], § 363[9], Anh. zu § 372[60a], Anh. zu § 374[2a], § 377[164], Anh. zu § 424[65a].

331 Anh. zu § 372[60c], Anh. zu § 424[65a].

333 Anh. zu § 424[65a], § 425[15], § 435[6].

334 Anh. zu § 363[43], Anh. zu § 374[36].

335 § 303[3], § 305[3].

336—338 § 348[1].

339—349 § 59[34b], § 212[21], § 218[6–9], § 348[1].

339 § 348[9], Anh. zu § 363[20].

340—342 § 348[15].

340 § 61[11], § 75c[3], § 218[6], § 236[11], Anh. zu § 374[58].

341 § 348[20], Vorb. v. § 373[67], Anh. zu § 374[22], [58], § 442[2].

343 § 59[34b], § 75c[4], § 113[10], § 218[7], § 236[13], § 348 E, § 348[2a], [25], [27], [28], [32], Anh. zu § 372[11].

344 § 348[3], Anh. zu § 361[43], Vorb. v. § 373[59], Anh. zu § 424[25].

345 § 212[21], § 348[14], Vorb. v. § 373[84], § 377[126].

346—358 § 70 E, Anh. zu § 374[3], [117], [130], § 375[35], § 376[11], Anh. zu § 382[65], [90d].

346 Anh. zu § 374[3], [35], [75], § 377[64], [71], [71a], [75a], [121], Anh. zu § 382[23].

347 Anh. zu § 374[35], [75], § 377[64–66], [68a], [71–71b], [78b], [109], Anh. zu § 382[68].

348 Anh. zu § 374[35], § 377[64], [71b], [72], [74b], [75a], [91].

349 § 376[1], [11], § 381[8a].

350 § 363[18], Anh. zu § 376[82], § 377[64], [65], [71], [135], Anh. zu § 382[23], [54].

351 § 363[19], § 377[60], [64], [65], [66], [66a], § 379[16], [19], Anh. zu § 382[23].

352 Anh. zu § 374[75], § 377[64], [65].

353 Anh. zu § 374[75], § 377 [64–66a].

354 Anh. zu § 374[35], § 377[64], [66], [74–74c], [94], [97], [109].

355 Vorb. v. § 373[22a], Anh. zu § 374[3], [35], [49], [130], [147], [182], § 376[1], [29], § 381[16a].

356 Anh. zu § 374[35], § 377[64], [94], [108], [162].

358 Anh. zu § 359[9], Vorb. v. § 373[86], § 377[67], [126], [129].

359 Anh. zu § 348[6], Anh. zu § 359[9], Anh. zu § 372[67], § 377[41], [117].

360 Anh. zu § 363[17], Anh. zu § 374[4], Anh. zu § 382[63b].

361 § 376[1], [1a], [2], [9], [38], § 382[96].

362 § 195[18], § 346[20], Anh. zu § 363[24], Anh. zu § 372[60b], Vorb. v. § 373[62a], [62c], [64b], § 373[27a], § 374[7], Anh. zu § 374[12a], Anh. zu § 424 [106].

363 § 55a, § 348[20], Vorb. v. § 373[60a], [67], Vorb. v. § 377 [77a], § 377[128], [129], § 381[8o], Anh. zu § 382[3], [8], [55a].

364 § 1[35], § 335[28], § 348[28], § 355[2], § 363 E, § 369[66], Anh. zu § 372[60b], Vorb. v. § 373[64b], [64c], § 377[71a], Anh. zu § 424[48].

365 § 363 E, § 377[49], [71a].

366 § 349[14], [32], § 355[18], [27], Anh. zu § 357[1a], § 368[71], Anh. zu § 372[58], § 373[14], Anh. zu § 376[62], Anh. zu § 382[72], [74b], Anh. zu § 424 [106], § 443[8].

366 Abs. 2 § 355[31].

368 Anh. zu § 58[44], Anh. zu § 372[69], [70c].

368 ff. § 344[11].

§§
369 Anh. zu § 372[70d], Vorb. v. § 373[78], § 373[11], § 377[184].
370 § 54[10], Anh. zu § 58[41], § 125[12], Anh. zu § 372[71].
371 § 365[13], Anh. zu § 372[70d, 73, 74], § 448[2].
372 § 290[7], § 300[11], § 353[11], § 369[66], Anh. zu § 372[57], § 373[14c], § 374[7, 8], Anh. zu § 374[25a], Anh. zu § 382[72], Anh. zu § 424[65c].
372ff. § 179[9], § 300[11].
373 § 349[11], Anh. zu § 374[184], Anh. zu § 382[61].
374 § 300[11], Vorb. v. § 369[2], Anh. zu § 372[57].
374 Abs. 2 § 300[11].
376 § 373[26], § 377[8], Anh. zu § 382[72, 96a].
377 § 349[19], § 381[10b].
378 § 353[11], § 374[7], Anh. zu § 382[72, 77].
379 § 353[11], § 374[7], § 377[66].
380 § 353[11].
381 § 376[1], § 381[14].
382 § 300[11, 12].
383 § 368[35a], § 373[33, 41, 56], § 374[3], Anh. zu § 374[25, 30, 31], § 377[65, 66, 71], § 379[19].
384 § 374[4].
385 § 93[5], Vorb. v. § 373[30], § 386[2].
386ff. § 344[9].
387 § 124[34], § 131[14], Vorb. v. § 373[62, 63a, 77b], Anh. zu § 376[45, 56, 58, 62, 64], § 377[138c, 170].
388 Anh. zu § 374[13], Anh. zu § 376[48], § 377[138c].
389 Anh. zu § 374[13], Anh. zu § 376[58, 59, 62], § 177[138c], Anh. zu § 382[77].
390 Vorb. v. § 373[79, 80], Anh. zu § 376[32a, 59], § 377[142], Anh. zu § 382[56a], § 414[15], Anh. zu § 424[69a].
392 Vorb. v. § 369[6a].
393 § 377[165a, 170].
394 § 59[47], Vorb. v. § 369[6a], Vorb. v. § 373[77b].
396 Anh. zu § 357[1a], Anh. zu § 376[62].
397 § 205[4], § 350[4, 21, 43], § 369[66], § 377[156].
398 § 109[16], § 222[7], § 364[13], Anh. zu § 365[10], § 368[102, 104], Anh. zu § 372[60c, 73], Anh. zu § 374[2a], Anh. zu § 376[48], § 392[2a], § 396[20].
399—404 § 411[2].
399 § 70[27], § 222[3], § 349[3], § 368[102, 103, 114a], Anh. zu § 374[2c].
400 § 59[47], § 368[5, 102, 103], Anh. zu § 374[2c], Anh. zu § 424[107], § 435[1].
401ff. § 25[15].
401 § 22[24], § 25[15], § 349[3, 43], Anh. zu § 364[4], § 368[106], Vorb. v. § 369[18], § 381[13g], Anh. zu § 382[64, 92], § 409[9].
402 § 22[26], § 61[4, 6], Anh. zu § 372[73], Vorb. v. § 373[61], Anh. zu § 374[27a].
403 § 22[27].
404 § 25[15], § 223[12], § 364[13], § 368[109], Anh. zu § 374[122].
405—409 § 368[109].
405 § 350[14], § 363[29], § 424[7].
406—410 § 25[15], § 411[2].
406 § 368[101, 105a], Anh. zu § 376[58].
407 § 25[19], § 223[13], § 350[23, 82], Anh. zu § 363[3], Anh. zu § 365[1], § 366[72, 85], § 368[23, 101, 105a, 108], § 369[23], § 392[5b, 11].
408 § 368[105a, 108, 109].
409 § 25[16a], § 222[17], Anh. zu § 361[13], § 368[101, 105a], § 377[165a], § 392[11].
410 § 368[105a], Vorb. v. § 369[2], Anh. zu § 374[15], § 377[165a], Anh. zu § 424[66].
412 § 25[15], § 366[85], § 409[9], § 411[2].
413 § 222[3, 7], § 223[12], Anh. zu § 361[3], § 368[5], Anh. zu § 374[2a].
414ff. § 22[31], § 25[9, 24].
414 § 26[1], § 128[9], § 349[54], § 368[39], Anh. zu § 374[2a], § 377[138d].
415 § 350[4].
416 § 366[85].
417 § 25[10], Vorb. v. § 369[18], § 378[14a].
418 § 350[4], § 368[99].
419 § 17[43], § 25[24], § 26[1], § 130[8], § 292[18], § 303[16], § 304[8], § 305[23, 26], § 306[15], § 368[100], Vorb. v. § 373[3c, 3k], Anh. zu § 374[2a].
420 § 162[18], § 237[22], § 245[13], § 335[5], Anh. zu § 374[11], Vorb. v. § 377[77], Anh. zu § 382[64a], § 419[8].
421ff. § 200[13], § 202[23], § 204[6], § 249[2].
421 § 25[9], § 349[54], § 350[10] Vorb. v. § 373[77], § 383[41].
422 § 124[36].
423 § 129[15], § 377[56a, 138d].
425 § 128[18], § 160[4, 6], Vorb. v. § 373[45], Anh. zu § 374[15, 79], § 377[138, 150a].
426 § 202[13, 23], § 203[10], § 241[30], § 347[14], § 349[43, 45, 49], § 350[10], Vorb. v. § 369[6], § 377[56a], § 407[16], § 414[1].
427 § 128[1], § 162[18], § 377[150a, 165].
428ff. § 241[14].
428 § 225[7], § 241[15], § 373[14c], Anh. zu § 374[15].
429 § 373[14c], Anh. zu § 374[15].
430 § 419[8].
431 § 162[18], § 179[1a], § 366[70], Vorb. v. § 373[77], Anh. zu § 424[64], § 427[5], Vorb. v. § 453[12].
432 § 353[10], § 366[70], § 373[14c], Anh. zu § 382[64a], § 419[8, 8b], Anh. zu § 424[59a, 65b].
433—444 § 145[13].
433 § 350[23, 24], § 366[74a], Vorb. v. § 370[60c], Anh. zu § 372[9, 13, 15, 46d], Vorb. v. § 373[3c, 13, 56, 60, 60b, 64, 67, 70b], Anh. zu § 374[6, 139a, 165], § 377[71a], § 381[2, 8, 14], Anh. zu § 382[16a, 24, 28, 35a, 45b, 51, 59b, 62a, 63, 63b, 66, 66a, 71a, 78], § 383[31].
434 Anh. zu § 346[25], Vorb. v. § 373[56a, 59], § 377[39d, 66a], § 381[8, 8b, 8o], Anh. zu § 382[24, 63, 78].
436 Vorb. v. § 373[59], Anh. zu § 382[45b].
437ff. § 381[2, 4, 6, 7].
437 § 22[27], § 105[35], § 209[2], § 349[65], Anh. zu § 361[3], Vorb. v. § 373[3, 5, 6, 55, 59, 64, 64h], § 377[39, 56, 56b, 85, 102, 136], § 381[1, 2, 8, 8a, 8d, 8p, 10b], Anh. zu § 382[78].
438 § 349[65], § 381[4, 12b].
439 Vorb. v. § 373[59, 60, 60a, 60b], § 377[102, 120, 138d], § 381[8, 8k].
440 Anh. zu § 361[3], § 366[74a], § 369[70], Vorb. v. § 373[55, 56a, 59ff.], Anh. zu § 374[1], § 377[56, 56b, 66a, 136, 138d], § 381[1, 2, 8a, 8d, 8g, 8k, 8o, 10b], Anh. zu § 382[78].
441 § 381[8g, 8k]
442 Vorb. v. § 373[87], § 377[128], § 381[8o], Anh. zu § 382[50a].
443 § 186[19], § 377[121c], § 381[8l].
444 Vorb. v. § 373[61].
445 § 105[35], § 209[2], Vorb. v. § 373[64h].
446 § 282[11], § 366[74a], Vorb. v. § 373[56, 60c], Anh. zu § 374[2d], § 377[3, 193], Anh. zu § 382[15a, 23, 45, 45a, 45b, 46, 48, 49b, 50, 53, 55a, 59b, 67], § 381[14]

§§
447 § 40[4], § 372[3], Anh. zu § 372[15], Vorb. v. § 373[70b], § 373[10], Anh. zu § 374[2d, 42a], § 377[3, 8, 9, 126, 193], § 381[14], Anh. zu § 382[28, 31b, 40–49b, 55a], § 408[19].
448 § 223 E, Vorb. v. § 373[16], § 381[2], Anh. zu § 382[44, 59b, 118, 125].
449 Anh. zu § 382[127].
450 § 350[10].
452 § 353[12], Vorb. v. § 373[63], Anh. zu § 382[45b].
453 Vorb. v. § 373[29, 34].
454 Anh. zu § 374[1, 118, 119, 151, 226], § 376[32].
455 Anh. zu § 382[63, 65, 65b, 68, 71, 74, 90, 90b, 92].
456 § 368[56].
457 § 368[82], § 373[33].
458 § 373[33].
459 ff. § 145[13], § 381[2, 4, 16a], Anh. zu § 382[3, 5a].
459 Anh. zu § 361[60], Vorb. v. § 373[70b], § 377[3, 5, 39–41a, 46, 56, 56e, 76, 80, 94, 100, 102, 103, 108, 117, 125, 149c, 162, 193], § 379[14], § 381[1, 12b, 13a, 14].
460 § 377[117, 155–157, 162], § 379[24], § 381[14], Anh. zu § 382[3, 6a, 21].
461 § 368[65a], § 377[122, 162].
462—464 § 381[14].
462 § 377[49, 50, 68a, 76, 77, 120], Anh. zu § 379[6].
463 § 346[12], Vorb. v. § 373[7], § 377[3, 41, 41d, 45a, 51, 56a, 66b, 75a, 85–87, 94, 100, 105, 108, 112, 120, 130a, 140, 148, 150b, 150c, 151, 155, 158, 169, 173, 177a], § 379[24], Anh. zu § 382[6a, 55a].
464—466 § 377[92].
464 § 348[20], § 377 E, [67, 93, 118–120, 128, 156, 163, 171, 177a], 182, § 381[8m], Anh. zu § 382[21].
465 § 377[60, 61, 63, 65, 77, 94, 108, 135].
466 § 55[6], § 377[21, 60, 62a, 63, 95, 108].
467 § 377[56, 64–67, 71–72, 74, 74b, 74c, 75a, 91, 92, 94, 97, 108, 109, 162], § 379[16, 19], Anh. zu § 382[54].
468 Vorb. v. § 373[68], Anh. zu § 374[166], § 377[7a, 41], § 378[12a].
469 § 377[87, 92, 94a, 133, 178a] bis [180], § 379[21].
470 Vorb. v. § 373[3d], § 377[87, 94a, 178, 179].
471 § 368[71a], § 377[179, 179a].

§§
472 § 349[19], Vorb. v. § 373[79c], Anh. zu § 374[49c], § 377[78] bis [80, 80b, 80d, 87, 170], § 381[7], § 382[39b], Anh. zu § 382[49a, 55a].
473 Vorb. v. § 373[79c], Anh. zu § 374[49c], § 377[79] ff., [179a], § 381[7], Anh. zu § 382[55a].
474—479 § 377[92].
474 § 377[64, 77].
475 § 377[70].
476 § 377[121c, 148, 155, 159, 187], § 381[82].
477—479 § 381[14].
477 § 159[13], Vorb. v. § 373[3, 7, 15], Anh. zu § 374[203], § 377[3, 5, 34, 56, 103, 133] ff., [146, 160, 188, 192] f., § 378[10], Anh. zu § 379[11, 25], § 381[2, 9], Anh. zu § 382[49b, 50, 53, 54], § 400[26].
478 § 349[19], § 377[22, 27, 103, 138d, 141, 141a, 143, 146, 155, 160, 191], Anh. zu § 379[6, 11], § 381[2, 9], Anh. zu § 382[49b], § 414[7].
479 § 377[103, 142, 146, 160], Anh. zu § 379[11], § 414[7].
480 § 55[6], § 373[2a], Anh. zu § 374[42, 42a, 193], § 376[38], § 377[3, 21, 41, 45, 45a, 51, 52, 56a, 60, 63, 66b, 75a, 85] ff., [120, 121, 133, 135, 142, 146, 148, 155, 158, 160, 169, 173, 177a, 188], § 379[24], Anh. zu § 379[6], § 381[9, 10b, 14], Anh. zu § 382[6a].
481—492 § 382.
482 § 377[39d].
485 § 377[138d].
486 § 159[13].
489 § 377[44].
490 § 159[13].
493 § 105[35], § 377[5, 158], § 381[2].
494 § 96[1], Anh. zu § 382.
495 Vorb. v. § 373[51], Anh. zu § 382[12, 16, 16a, 17, 19a, 22].
496 Anh. zu § 382[12, 17, 18, 19a].
497 Vorb. v. § 373[22a, 51].
500 § 354[16].
508 § 377[175a].
514 § 368[103].
515 Vorb. v. § 373[2], § 377[80c], § 383[6].
518 § 22[20], § 350[10, 13, 26, 43, 52], Vorb. v. § 373[3d], Anh. zu § 424[65a].
521 § 347[6].
523 § 347[6].
526 § 354[16].
534 § 59[34].
535 ff. Anh. zu § 382[94].
538 Vorb. v. § 373[3].
539 § 347[6].

§§
542 Anh. zu § 374[1].
556 Vorb. v. § 369[6], Anh. zu § 372[30], § 380[6], Anh. zu § 424[65b].
557 Anh. zu § 382[122].
559 § 366[36d], Anh. zu § 424[9].
560 § 366[38], § 368[79a].
566 § 350[36].
580 § 350[36], Anh. zu § 424[5].
581 Anh. zu § 346[13a], § 350[36], § 368[80].
585 § 368[5].
599 § 347[6].
600 § 347[6].
603 Anh. zu § 346[20].
604 Anh. zu § 372[29], Anh. zu § 424[65b].
606 § 377[175a].
607 § 335[28], § 350[17], § 355[2], Anh. zu § 372[73], Anh. zu § 374[230], § 377[142], Anh. zu § 424[46, 48, 52] f.
608 § 354[15], Anh. zu § 424[46, 48].
609 § 349[63], Anh. zu § 359[3, 9, 11], Anh. zu § 374[17].
610 § 346[19], § 349[63], Anh. zu § 363[26], Vorb. v. § 373[40].
611 ff. § 59[7, 36].
611 § 1[52], § 59[32], § 84[24].
612 § 231[24], § 245[3], § 266[3], § 294[10].
613 § 70[27], § 84[21], Anh. zu § 361[80].
614 § 59[30], § 63 E, § 64[1], § 70[16], Vorb. v. § 373[77b], § 384[17].
615 § 70[12, 20, 27], § 74c[1, 2, 9], § 84[24, 25], § 92[7], Vorb. v. § 373[11a].
616 § 63[1, 8, 12], § 92[14], § 231[25], § 366[69].
617 § 63[9].
618 § 59[10], § 62 E.
620 ff. § 231[29].
620 § 67[3, 5].
622 § 84[5], § 231[29].
624 § 66[3].
625 § 66[2], § 69[5].
626—628 § 383[3a].
626 § 231[21, 30], § 243[9], Anh. zu § 346[16a], Anh. zu § 363[13a], Vorb. v. § 373[16b], § 383[23a, 27].
627 § 84[5], § 149[40], § 231[21, 29], § 243[9], § 383[3a, 18, 19, 23, 27], § 407[19].
628 § 70[14, 17, 18, 22], § 231[30], § 339[24], Anh. zu § 374[1], § 383[23, 28].
628 Abs. 2 § 92[3].
629 § 66[13].
630 § 73[1], § 84[34], § 231[35]
631 ff. § 1[71], § 381[19].
631 § 1[52], § 349[13].

§§
632 § 425[10], [13].
633ff. § 3, § 381[14], [16a].
633 § 377[193a].
634 Anh. zu § 349[14], Anh. zu § 374[102], § 377[55a], [193a], § 379[6], § 381[16a], § 472[14].
635 Anh. zu § 349[14], § 377[55a], Anh. zu § 379[6], § 472[12], [14].
636 Anh. zu § 374[40].
637—640 § 381[14].
638 § 159[13], Anh. zu § 349[40], Vorb. v. § 373[15], § 377[134], [137], [193a], § 407[3], § 439[2], § 472[22].
639 § 377[137], [138d], [193a].
640 § 348[20], § 377[128], [137].
641 Vorb. v. § 373[776], § 439[2].
642—646 § 425[10].
642 Vorb. v. § 373[11], Anh. zu § 374[1], § 381[14], § 425[13].
643 § 381[14], § 425[13], § 429[16].
644 § 425[13], § 430[7].
645 § 381[14].
646 § 472[22], Anh. zu § 382[62b].
647 § 381[14]
648 § 381[14].
649 Anh. zu § 363[19], [26], Anh. zu § 372[65c], Vorb. v. § 373[5], Anh. zu § 382[45], § 383[4], [23], [27], § 412[3], § 415[9], § 425[10].
651 Vorb. v. § 373[14], [15], § 376[1], § 377[55a], [137], § 381[14], [16a], [18], Anh. zu § 382[45], [101].
652ff. Vorb. v. § 93[6], [7], § 93 E.
652 Vorb. v. § 93[2], [16], [30].
656 § 354[7].
662ff. § 84[11], § 383[18].
662 Vorb. v. § 93[10], § 110[6], § 231[21], § 349[41]ff., [56], [57], § 362[2], [21], § 363[1a], [1d], § 368[99], [114], Anh. zu § 382[28], § 424[34], § 455[6].
663 § 347[2c], Anh. zu § 361[1], [67], [70], § 362[20], [24], § 363 E, § 383[38], § 425[10].
664—670 § 114[6—10], § 231[7].
664 § 22[24], Anh. zu § 58[86], § 238[13], § 349[61], § 384[4].
665ff. § 84[19], § 253[4], § 425[10]ff.
665 § 152[1], § 317[6], § 349[61], Anh. zu § 363[16a], [22], [28], Anh. zu § 372[65c], § 385[11], § 386[2], [3], § 455[6].
666 § 118[8], § 137[1], § 204[4], § 231[36], § 241[2], § 347[11], § 349[61], § 354[10], Anh. zu § 382[59a], § 384[17a], § 408[27].
667 § 59[46], § 96[3], § 113[4], § 114[9], § 241[18], Anh. zu § 346[19], § 350[24], [25], Anh. zu § 376[200], Anh. zu § 382[56a], § 392[2], § 408[5], [27], Anh. zu § 424[48].

§§
669 § 349[61], Anh. zu § 363[16], § 396[14], § 409[7], [11].
670 § 59[34a], § 90[1], § 110[3], § 245[2], § 349[41]ff., § 354[10], Anh. zu § 363[22], [36], § 368[50], Anh. zu § 376[200], Anh. zu § 382[36], § 383[28], § 396[11], § 409[7], [8], § 410[2], [14], Anh. zu § 424[106].
671 § 52[5], § 92[1a], § 117[7], § 149[40], § 231[21], § 349[61], § 350[24], [52], Anh. zu § 363[23], Anh. zu § 382[59a], § 383[23a].
672ff. § 66[14].
672 § 92[10], [12], Anh. zu § 361[80], Anh. zu § 372[60c], § 383[25a], Anh. zu § 424[65a].
673 § 92[11], § 137[4], § 231[34], Anh. zu § 361[80].
674 § 92[12], § 349[41]ff., Anh. zu § 363[13], [43], § 383[25a].
675ff. § 96[3].
675 § 52[5], § 59[44], [46], § 84[4], [19], § 92[10], [11], [12], § 204[4], § 321[21], [24], [34], [36], § 241[2], § 243[9], § 245[2], § 253[4], § 379[24], Anh. zu § 382[14a], [56a], § 383[4], [19], [23a], [28], § 384[17a], § 392[12], § 317[6], § 347[2c], [11], § 350[24], § 354[10], Anh. zu § 361[80], § 362[2], [21], § 363[1a], [1d], Anh. zu § 363[2], [13], [14], [20], [22b], [40], [43], § 368[113], [114], Anh. zu § 372[65], Anh. zu § 373[60a], § 407[3], § 408[5], [27], § 409[7], § 415[8], Anh. zu § 424[34], [110], § 455[6], § 472[3].
676 § 362[3], Anh. zu § 372[60a], § 373[33].
677ff. § 377[199a], Anh. zu § 382[36], [48a], [50], [55a], § 383[25a].
677 § 349[41]ff., § 362[2], [18], § 366[74c], Vorb. v. § 373[70b], § 373[44], § 379[18], [24], [31].
678 § 114[13], § 115[5], § 241[1], Anh. zu § 37[2], § 379[22], § 392[5b].
679 § 115[5].
680 § 347[6].
682ff. Anh. zu § 424[110].
683 § 110[1], [3], § 373[27], Anh. zu § 374[22].
685 § 354[10].
687 Anh. zu § 377[2], § 392[5b].
688ff. § 416 E, § 416[2], [5], Anh. zu § 424[1], [17]ff., [22], [28], [34], § 465[9].
688 Anh. zu § 365[9], Anh. zu § 382[59a], Anh. zu § 424[5], [121], § 437[4].
689 Anh. zu § 382[59a], Anh. zu § 424[74].
690ff. Anh. zu § 424[46].

§§
690 § 368[34a], § 377[199a], [201], § 417[a], Anh. zu § 424[34].
691 § 417[8].
692 § 417[8], [9].
693 Anh. zu § 424[73].
694 § 417[10].
695 Anh. zu § 359, § 417[9], § 422[3], Anh. zu § 424[1], [6], [9], [17], [18], [45], [47], [64], [65a], [71].
696 Anh. zu § 359[11], Anh. zu § 424[45], [71].
697 Anh. zu § 372[29], § 420[5], Anh. zu § 424[64], [72].
698 Anh. zu § 424[64].
699 § 420[2], [5], Anh. zu § 424[74].
700 § 1[35], § 368[87], [95a], Anh. zu § 374[12a], Anh. zu § 376[37], [38], § 383[28], [33a], [36], § 416[8], § 419[9], Anh. zu § 424[37], [42], [46]ff., [123].
701 § 347[27], § 465[5], § 472[10].
705 § 105[3], [11], § 109[1], § 137[3], § 176[6], Anh. zu § 342[8], Anh. zu § 374[236].
705ff. § 4[26], § 109 E.
706 Anh. zu § 374[236].
706ff. § 111[1], § 114[2].
707 § 111[6], § 122[15], § 149[8], Anh. zu § 374[236].
708 § 111[12], § 114[2], § 188[4], § 218[7], § 347[7].
709 § 114[2], § 188[4].
712 § 117[1], § 146[5], § 338[11].
713 § 110[3], [7], § 113[4], § 114[6], § 118[8], § 137[1], § 347[11], § 350[25].
714 § 125[1], § 137 E, § 152[1].
716 § 338[7], [10].
717 § 109[11], [12], [17a], § 135[2], § 335[27], § 366[76], § 368[5], [103].
718 § 335[31].
718ff. § 105[28], § 124[28].
719 § 109[14], § 335[31], § 366[76].
721 Anh. zu § 374[236].
722 § 168[2], § 202[23].
723 § 115[5], § 132[3], [4], [9], § 188[4], § 339[18], [21], Anh. zu § 346[16a], § 347[6], § 349[63], Anh. zu § 374[1], [173].
725 § 109[17], § 124[28].
726 § 131[5], § 339[8].
727 § 137[4], § 195[5], § 339[2], [3], [4], Anh. zu § 361[80].
728 § 339[6].
728ff. § 137[3].
729 § 137[3], § 339[6].
730 § 145[3].
732 § 155[12], § 340[6].
732ff. Anh. zu § 141[4].
733 Anh. zu § 374[236].
734ff. § 154[5].
734 § 363[1b], Anh. zu § 374[236].
735 § 122[15], Anh. zu § 141[20], § 154[5], § 262[23].

§§
736 § 195[5], § 339[6].
737 § 140[6].
738 § 138[3], § 139[19], § 140[8], [9], Anh. zu § 141[1–5], [8], [10], [13], § 145[9], § 350[25].
739 Anh. zu § 141[1], [16], § 340[6].
740 § 124[27], § 128[18], Anh. zu § 141[1], [21], § 340[10], [11], [13].
741 ff. § 225[13], § 392[14].
741 § 366[18], Anh. zu § 382[52a].
742 § 392[5b], Anh. zu § 424[59a].
743 Anh. zu § 424[59a].
744 Anh. zu § 424[59a].
745 Anh. zu § 424[59a].
747 § 369[20], § 419[3], Anh. zu § 424[59a], [66].
748 ff. Anh. zu § 424[59a].
749 Anh. zu § 374[48a].
751 ff. § 133 E.
751 § 419[8b].
752 Anh. zu § 382[52a], § 419[3].
753 § 225[13].
754 § 392[14].
761 § 350[44].
762 § 350[16], § 368[7], Anh. zu § 372[11], Anh. zu § 376[6], [11], [28], [29], [30], [48], [68], [71], [90], [98b], [100], [129], [147], [148], [153], [162], [163], [167], [168], [181], [181b], [183], [185], [188], [189], [198], [200], [202], [209], [210].
762 Abs. 2 § 355[30].
763 Anh. zu § 376[202].
764 Anh. zu § 376[6], [11], [28] ff., [88], [96], [98b], [100], [129], [147], [184], [153], [162], [163] ff.
764 Abs. 2 § 355[30].
765—778 § 349[1], [3].
765 Anh. zu § 58[33].
766 § 2[11], § 74a[13], § 349[23], [54], § 350[3], [52], [83], § 366[75].
767 § 349[12], [15], § 368[32], Anh. zu § 372[10].
769 § 349[49a].
770 § 129[9], § 159[17], § 349[18], § 368[33].
771—773 § 349[22] ff.
771 § 349[53], § 366[75].
772 § 336[2].
774 § 349[48], [49], § 356[5].
775 § 84[17], § 349[38].
776 § 349[35] ff., [66], Anh. zu § 349[1].
777 § 349[26] ff.
778 § 335[37], § 349[61], Anh. zu § 349[22].
779 § 205[4], Anh. zu § 376[82].
780 § 346[19], § 348[28], § 349[13], [54], [55], § 350[52], § 355[2], [30], § 363[8a], [8b], [9], [17], [19], [22], [27], Anh. zu § 363[4], [16b], [25], [26], [42], [43], Anh. zu § 372[60a], [60c], Vorb. v. § 373[64g], Anh. zu § 374[2a], Anh. zu § 376[60g], [70], [117], [192].

§§
781 § 346[19], § 348[28], § 349[1], [3], § 350[17], [18], [19], [52], § 355[2], [26], [30], Anh. zu § 357[4], § 363[8a], § 368[108], Anh. zu § 372[60a], [70a], Anh. zu § 376 [69], [117], § 377[192], Anh. zu § 424[47a].
782 § 350[3], [21], § 355[26], [29b], Anh. zu § 357[4], § 363[9], Anh. zu § 376[48], [70], [82].
783 § 179[9], § 363[1b], [1c] [1d], § 368[113], Anh. zu § 372[60c].
784 § 363[2], [8], Anh. zu § 364[4], [5].
785 § 363[10].
786 § 363[1b], [13].
787 § 363[2b], [7], [18], Anh. zu § 363[28].
788 Anh. zu § 363[4].
790 § 363[1], [7], [17], Anh. zu § 363 [28].
791 § 363[1].
792 § 363[1b], [5], [6a], [11], § 368[105a], § 369[39b].
793—806 § 179[2], § 223[16], Anh. zu § 365[1a].
793 § 179[2], § 181 E., § 209[5], § 213[14], [15], § 223[15], [25], [26], § 344[8], § 350[66], § 363[22], Anh. zu § 365[3], [5a], [9], § 381[1], § 424[8], [9].
794 § 219[5], § 223[25], § 287[1], Anh. zu § 365[1], [5c].
795 § 179[22], § 213[15], § 350[10], § 361[6], Anh. zu § 365[2], [6], § 381[6], [8a], § 424[8].
796 § 213[15], § 223[25], Anh. zu § 364[5], Anh. zu § 365[7].
797 § 223[25], [28], § 364[18], Anh. zu § 365[7], § 367[4], § 424[9].
798 Anh. zu § 365[8c].
799 § 213[15], § 228[6], Anh. zu § 365[7], Anh. zu § 424[59d].
800 § 228, Anh. zu § 424[59d].
801 § 213[1b], § 223[25], [29], [30], Anh. zu § 365[7], [8].
802 § 223[25], [30], § 352[16], Anh. zu § 365[8].
803 § 353[8].
804 § 213[15], § 228[6], Anh. zu § 424[66].
806 Anh. zu § 365[1], [8a].
807 § 1[40], Anh. zu § 365[1a], [6a], [9], § 366[50a], § 369[16], § 472[19].
808 Anh. zu § 365[1a], [10].
809 ff. § 96[1].
809 § 388[4].
810 § 45[1], § 91[4], § 118[5], § 157 [9], [15], § 166[1], § 241[2], § 349 [44], Anh. zu § 372[69b], § 384 [20], [25].
811 § 157[14], Anh. zu § 372[2], [29], § 384[19].
812 ff. § 75o[2], § 194[2], § 217[21], [24], Anh. zu § 376[31], [32a], [108], § 377[165a], Anh. zu § 382[54], [55a], § 400[21a].

§§
812 Vorb. v. § 93[21], § 207[5], § 335[32], Anh. zu § 346[5], [7], Anh. zu § 348[2], § 349[21], [48], [66], § 350[3], [13], [20], [21], [82], § 355[29b], [29c], Anh. zu § 357 [4], [5], Anh. zu § 359[12], § 363[11], Anh. zu § 363[5a], [18], [27], [43], § 364[9], § 366[51], [71b], [74], [74a], [75], § 368 E, § 368[39d], [166], [114], Vorb. v. § 369[4], Anh. zu § 372[16], [60c], [69b], [73], Vorb. v. § 373[22a], [32a], [47], [64], [64e], [66e], Anh. zu § 374[27a], [195], [235], Anh. zu § 376[50], [53], [71], [200], § 377[3], [56], [56b], [61], [63a], [101], [141a], [168], [170], [175b], [177d], § 378[13], § 381[8i], Anh. zu § 382[58a], [64], [68], [72], [83], [85], [115], § 383[25], [32], § 385[7], § 392[9], § 396[2], § 424[6], § 424[31], [99], § 433[10].
812 Abs. 2 § 355[30].
813 Anh. zu § 359[12], Vorb. v. § 369[10], Vorb. v. § 373[44], § 373[56], § 377[141], [192].
813 Abs. 1 § 355[29b].
814 § 261[17], Anh. zu § 346[6], § 350[82], § 355[30], Anh. zu § 363[26], [27], Vorb. v. § 373[61d], Anh. zu § 374[12], Anh. zu § 376[68], [50], [107] ff., § 378[13], [16], Anh. zu § 382[82], [82f].
815 Vorb. v. § 373[63a], § 409[2].
816 § 364[10], § 366[69], [71b], [72], [73], [74], [74a], [74d], § 368[79], [106], § 383[23b], § 392[5b].
817 § 207[5], § 317[11], § 346[21], Anh. zu § 346[2a], [5], [7], [17], [20], § 350[16], § 354[11], § 361[12], § 366[71b], § 368[113], Vorb. v. § 373[32b], [65c], Anh. zu § 376[50], [71], [202], Anh. zu § 377[4], [56b], [63a], [170], Anh. zu § 382[60], [74b], § 383[23b].
818 Anh. zu § 346[7], § 352[6], Anh. zu § 363[9], § 366[69], [74], Vorb. v. § 373[21], [66e], Anh. zu § 374[235], Anh. zu § 376[77], § 377[56b], [101], [165a], § 381[8i], Anh. zu § 382[56a], [68], § 383[23b], § 384[31], § 385[7], § 392[9], § 396[2], Anh. zu § 424[99].
819 § 366[69], [74], Anh. zu § 374 [235], § 377[165a], § 383[32].
820 Anh. zu § 374[235].
821 § 364[9], § 424[6].
823 ff. § 241[26], § 267[5], § 414[10].
823 § 37[23], § 73[8], § 74[27], § 241[24], [28], § 284[8], § 287[2], § 282[10], § 287[2], § 346[1], [21],

§§

Anh. zu § 346[3], [9], [12], [13b], [23], [32], [36], § 347[11], Anh. zu § 349[10], [11], [32], [37], [37a], § 350[78], [81], Anh. zu § 361[9a], [9b], § 362[16], § 366[71], [71a], [71b], [75], § 368 E, § 368[65a], [80], [82], [98], [99b], [100], [106], § 369[39], Vorb. v. § 373[16a], [49], [56a], [60], [64g], [70b], § 374[1], Anh. zu § 376[31], [68], [202], § 377[120], [121b], [122], [126a], [151], [158], [169], [172], [174], [177], [177a], [177c], [177d], Anh. zu § 377[1], [5], [41], [41b], [63a], [65], [77], [86], [87], [101], [150], [150c], [150d], § 378[14b], § 381[1], [56d], [59], Anh. zu § 382[72], § 383[21], [23b], § 384[1a], § 400[21a], § 407[17], § 417[7a], § 418[3], Anh. zu § 424[18], [67], § 436[9], § 447[6], § 472[13], [21].

823 Abs. 2 Anh. zu § 37[9], Anh. zu § 58[75], § 202[3], § 204[2], § 241[28], § 267[5].

824 § 273[11], § 273[12], Anh. zu § 349[8], [11], [32], [33], Anh. zu § 377[3].

825 § 368[2a].

826 § 29 E, § 37[23], § 70[15], § 73[8], § 74[27], § 126[15], § 202[3], § 226[1], § 241[4], [24], [28], [30], § 249[10], § 261[6], § 346[20], [21], [23], [25], Anh. zu § 346[2], [3], [9], [10], [12], [16], [18], [20], [23], [32], [35], Anh. zu § 349[7], [8], [10], [11], [31], [37a], [37b], § 350[56], [78], [81], Anh. zu § 361[94], § 366[69], [71a], § 368[9a], [44], [65a], [96a], [100], [114], Anh. zu § 372[38], Vorb. v. § 373[23], [28], [49], [60] ff., Anh. zu § 374[38a], [67], [148], Anh. zu § 376[31], [32], [53], [68], [202], § 377[41], [41b], [42], [76], [77], [86], [87], [120], [121b], [122], [126a], [150] ff., [158], [162], [165b], [169] ff., Anh. zu § 377[1] ff., § 378[14b], § 381[1], [8i], Anh. zu § 382[68], § 383[21], § 384[1a], § 387[4], § 392[9], [12], § 400[21a], Anh. zu § 424[18], [37].

827 § 366[47].

829 § 368[75a].

830 § 226[1], § 377[172], [175a].

831 Anh. zu § 58[52], [73], [82], § 232[44], § 347[13], Anh. zu § 349[37], Anh. zu § 372[16], [59], Vorb. v. § 373[21], § 373[30], § 377[101], [150a], [150d], [151], [173], [174], Anh. zu § 377[2], Anh. zu § 382[38], [40b], [59a], [63], § 390[8], § 42[93], [24], § 431[8], § 455[8], § 456[3], § 458[7], [8], § 471[1], § 472[13].

§§

832 § 76[9].

839 § 10[2], § 192[8], Anh. zu § 349[37], § 379[22], § 455[8].

840 Anh. zu § 58[83], § 226[1], § 377[172], [175a].

842—846 § 62[7], [9], [10], [11].

852 § 209[7], § 241[18], [19], Anh. zu § 346[9], § 377[146], [175] ff., § 414[10], § 447[6].

853 § 126[15], Anh. zu § 376[32a], § 377[175b], Anh. zu § 382[59].

854 ff. Anh. zu § 382[109].

854 E[72], § 195[19], § 209[5], § 366[12], § 368[9], Vorb. v. § 373[56], Anh. zu § 382[59b], [64].

855 E[72], § 59[45], § 365[2b], § 366[12], [12a], [46], [51a], Anh. zu § 382[110], § 383[35b].

857 § 366[51], § 419[8b].

858 ff. Anh. zu § 424[11].

858 § 366[71], § 368[99b], Anh. zu § 382[64].

861 § 366[75], § 368[39a], [80], § 369[39], [63], § 377[77], [87], Anh. zu § 382[64].

862 Anh. zu § 346[13b], Anh. zu § 382[64].

863 § 377[77].

865 Anh. zu § 382[59b].

866 Anh. zu § 424[6].

868 § 195[19], § 364[74a], § 366[2], [12a], [39], [46], [47], [51a], [58], [72], § 368[9c], [97], § 369[28], [63], Vorb. v. § 373[51], [56], Anh. zu § 382[58] ff., [109], § 383[15], [33], [33a], [35b], § 424[6], [58a], [59a], [65a], § 440[6].

869 § 366[71], § 369[63].

870 § 368[9c], Anh. zu § 372[66], § 377[16], § 419[8a], § 424[9], § 440[6].

871 Anh. zu § 382[61a], Anh. zu § 424[59a].

872 § 366[51], [71], [72], § 368[9c], Anh. zu § 376[117].

873 § 186[19], § 350[30], [52], [66], [85], Anh. zu § 376[202].

874 Anh. zu § 376[202].

877 Anh. zu § 376[202].

883 ff. Anh. zu § 382[71].

891 § 356[8].

892 § 356[8], Anh. zu § 365[7], § 366[76], [83], § 377[165a], Anh. zu § 382[68], [71b].

893 § 366[83], § 377[177a].

894 § 346[6], § 350[82], Anh. zu § 376[71], § 377[71a].

912 § 347[6].

925 § 350[84], Anh. zu § 350[2], Anh. zu § 382[71].

926 Anh. zu § 382[71b], [72].

929 ff. § 186[19], § 368[63], § 381[15a], Anh. zu § 382[53].

§§

929 § 223[17], § 365[10], § 366[1], [2], [7], [12], [13], [17], [18], [54], § 368[9], [16], § 369[16], Vorb. v. § 373[56], [60c], Anh. zu § 382[45b], [58], [58a], [62], [63b], § 383[33a], Anh. zu § 424[12], [42], [47], [76a], [97].

930 Anh. zu § 58[110], § 223[17], § 363[36], § 366[1], [2], [12a], [13], [27], § 368[97], [98], Vorb. v. § 373[56], [60c], § 373[2], Anh. zu § 382[45a], [45b], [58], [58b], [59a], [61] ff., § 383[32], [33a], Anh. zu § 930[18] ff.

931 § 223[17], § 363[8a], § 365[10], § 366[1], [2], [13], [72], § 369[33], Anh. zu § 372[46d], § 377[16], Anh. zu § 382[45b] ff., § 383[33a], § 419[8], § 424[7] ff., § 455[5].

932 E[68], § 172[9], § 217[11], § 227[6], § 347[6], § 363[29], § 366[14a], [17], [36], [36c], [36d], [41], [46], [51a], [51c], [54], [56], [71b], [74d], [81], [84], [87], § 368[28], § 369[21], [64], Vorb. v. § 373[60], § 381[1], Anh. zu § 382[59b] ff., § 385[13], § 397[6], § 419[4].

932 ff. § 27[28], § 219[5], § 222[14], § 365[8], [11], § 366[4], [31], [46a], § 367[1], § 368[67], § 377[165a], Anh. zu § 382[64], [113].

933 § 22[6c], § 366[13], [27], Anh. zu § 424[100a].

934 § 363[8a], § 366[13], [54b], § 368[98], Anh. zu § 382[64], [69].

935 § 179[8], § 365[10], § 366[42], [45], [46], [46a], [49], [51a], § 367[3], § 381[1], Anh. zu § 382[59] f., [62a], § 424[9].

936 § 365[9], § 366[32], [42], § 368[30], [79a], § 424[9].

937 § 366[71b].

946—950 § 368[39], Anh. zu § 382[97].

946 § 1[36], § 366[71a], § 381[15a], Anh. zu § 382[72], [113].

947 § 366[69], [74], § 383[23b], [36], § 392[5b], § 419[1], [4], § 424[47], [58a].

947 ff. Anh. zu § 382[72].

948 § 366[74], Anh. zu § 382[113], § 383[23b], [33b], § 392[5b], § 419[1], [4], Anh. zu § 424[47], [58a].

949 § 419[7].

950 § 366[74], § 377[65], § 381[18], Anh. zu § 382[68], [113].

951 Anh. zu § 382[68], [72], [113], § 383[36].

952 § 350[43], Anh. zu § 365[10], § 366[42], Anh. zu § 372[73], Anh. zu § 424[31].

§§
954 § 366[56], § 368[37].
955 § 366[74d].
955—957 § 366[74].
956 § 138, Anh. zu § 382[59b], [71a], [b].
957 Anh. zu § 382[59b].
965 § 366[74c].
973 § 366[74c].
978 § 366[74c], § 465[9].
978 ff. § 465[9].
985 Anh. zu § 346[7], § 366[2b], [51], [71a], [71b], [72], [74], [75], § 368[38], [39a], Anh. zu § 382[60], Anh. zu § 424[6], [65c].
985 ff. § 366[4], [71b], § 424[6].
986 Anh. zu § 346[7], § 366[36d], [42], [72], § 368[99], § 369[33], Vorb. v. § 373[66a], § 377[77], [87], Anh. zu § 382[64], [66], Anh. zu § 424[65c].
987 § 366[69], [71b], [75], § 377[71], Anh. zu § 382[74].
987 ff. § 368[98], Anh. zu § 382[68].
988 § 366[74d].
989 § 366[70], [71], [71b], [74], [74c], Anh. zu § 374[75], § 377[65] ff., Anh. zu § 382[90c], Anh. zu § 424[10].
990 § 366[71], [71b], [72], [74c], Vorb. v. § 373[60], § 383[23b], § 424[10], § 429[3], § 436[3].
991 § 366[71b].
992 § 366[70], [71], [71b], § 383[23b].
993 § 366[72], [74].
994 § 366[72], [74], Vorb. v. § 369[14], Anh. zu § 374[75], § 377[71f].
995 § 377[71b].
996 § 350[82], § 377[71b].
997 § 350[82].
999 § 366[72].
1000 Vorb. v. § 369[8], [16].
1003 Vorb. v. § 369[8].
1004 Anh. zu § 346[13b], § 440[7].
1005 § 440[7].
1006 § 179[8], Anh. zu § 364[4], § 365[7], Anh. zu § 365[5a], § 366[51], [51a], [75], § 368[72], Anh. zu § 372[73], § 381[1], Anh. zu § 382[59b], [72], § 383[35a].
1007 § 366[74], [75], § 368[39a].
1008 § 366[18].
1011 § 366[70], Anh. zu § 382[64a], § 419[8], [8b], Anh. zu § 424 [59a].
1017 § 207[2], § 350[52].
1018 ff. § 49[2].
1029 Anh. zu § 372[11].
1030 ff. § 49[2].
1030 § 282[11], § 368[37].
1032 § 366[84], § 369[33], Anh. zu § 382[59b].
1037 § 252[6].

§§
1039 § 366[56].
1053 Anh. zu § 346[13].
1058 § 366[84].
1061 Anh. zu § 361[80].
1065 § 369[39].
1067 § 22[17].
1068 § 282[11].
1071 § 282[11].
1077 § 353[10].
1081 § 282[11].
1082 § 282[11].
1086—1088 § 25[1a].
1088 § 22[16].
1105 § 49[2].
1113 ff. § 49[2].
1113 § 361[9].
1115 § 361[9], Anh. zu § 376[202].
1117 Anh. zu § 361[68], Vorb. v. § 369[7].
1120 Anh. zu § 382[72].
1123 § 368[37], [80], § 377[164].
1127 ff. § 1[63a].
1137 § 368[33].
1138 § 356[8], § 377[165a].
1139 Anh. zu § 372[70].
1140 Anh. zu § 365[7].
1141 § 349[43].
1142 Anh. zu § 359[11], § 373[27].
1143 § 349[43].
1144 § 349[43], Anh. zu § 372[73].
1153 § 368[106], § 369[17].
1154 § 22[27], § 350[32], [56], [83], Anh. zu § 365[1], § 368[105a], Anh. zu § 372[73].
1155 Anh. zu § 365[1], § 377[165a].
1163 Anh. zu § 376[71], [202], § 377[71a].
1164 § 349[45].
1167 § 349[43].
1174 § 349[45].
1176 § 349[45].
1177 Anh. zu § 376[202].
1180 § 356[1], Anh. zu § 376[202].
1184 § 356[8].
1187 ff. § 185[12].
1187 § 350[66], Anh. zu § 364[4].
1190 § 22[27], § 356[8].
1192 § 350[32], Anh. zu § 365[7], Anh. zu § 372[70c].
1194 Anh. zu § 372[2], [48a].
1195 § 350[66], Anh. zu § 365[1a], § 367[4], Anh. zu § 424[21].
1198 Anh. zu § 376[202].
1204—1233 Anh. zu § 424[22].
1204 § 368[6], [7], Anh. zu § 424[49].
1205—1206 § 368[6].
1205 § 365[10], § 366[1], [54], [74], § 368[9], [9c], [11a], [16], [22], [24], [72], [94], Anh. zu § 382[110], § 419[8a], § 424[7], [8], Anh. zu § 424[13], [66].
1206 § 366[1], § 368[9], [10], [16], § 369[28], Anh. zu § 424[13], [16].

§§
1207 § 365[11], § 366[4], [54b], [60], [64], [65], [87], § 368[25], [26], [32], [91], § 377[165a], Anh. zu § 382[59b], [113], § 397[6].
1208 § 366[4], [54], [60], [64], [65], § 368[25], [26], § 421[5].
1209 § 368[7], [11], [79], § 443[8].
1210 § 368[32], [71], § 440[1].
1211 § 368[33], § 377[164].
1212 § 368[37].
1213 ff. § 22[19].
1213 § 368[80].
1214 § 368[37].
1215 § 368[34a], [80], Anh. zu § 376[45].
1216 Anh. zu § 424[73].
1217 § 368[34b].
1218 § 368[34], § 373[32].
1219 § 368[35], § 373[32], § 377[122].
1220 § 368[35a].
1221 § 93[5], § 368[35a], [74], Anh. zu § 424[67].
1222 § 368[36], § 369[57].
1223 § 368[38], [65], [100], [108], Anh. zu § 424[53].
1224 § 368[33], [38].
1225 § 349[50], § 368[71].
1227 § 366[75], § 368[39a], § 369[33], [39].
1228 ff. § 368[91], § 371[21], § 397[11].
1228 § 349[38], § 368[37], [40], [43], [44], [72], [73], [108], § 369[10], § 370[5], § 373[51].
1229 § 368[43], Anh. zu § 424[56].
1230 § 368[41], [52].
1231 § 368[72].
1232 § 368[40].
1233 § 366[58], [75], § 368[41], [65a], [67], [79a], [99a], § 371[13].
1234 § 368[44], [47], [84], § 371[15], § 381[10], Anh. zu § 424[66], [98], § 440[12].
1235 § 93[5], § 366[58], § 368[43], [48], [56], [66], [67], [72a], [99a], § 377[122], Anh. zu § 424[67].
1236 § 368[41], [51].
1237 § 368[53], § 377[122], § 440[12].
1238 § 368[55].
1239 § 368[41], [56].
1240 § 366[58], § 368[57], [60].
1241 § 368[58].
1242 § 368[53], [64], [65].
1243 § 368[44], [47], [48], [54], [56], [57], [59], [60], § 371[11], § 381[10a].
1244 § 366[75], § 368[26], [62], [67], [68], [75a], [79], [80], § 371[11], Anh. zu § 376[71], § 377[165a].
1245 § 363[36], § 368[44], [47], [49], [53], [57], [62], § 371[17], [28].
1246 § 368[44], [49], [68], [84], § 371[17].
1247 § 368[40], [71], [71a].
1248 § 368[41], [45], [53], [71], [72].
1249 § 368[38], [65], § 369[33], Anh. zu § 382[72], § 409[9].

§§
1250 Anh. zu § 364[4], § 366[65], § 368[7], [106], § 369[17].
1252 § 368[7], [38].
1253 § 368[11], [39a], [39b], [99a], § 369[63].
1254 § 368 E.
1255 § 368[38], [39].
1256 § 368[39], § 398[1].
1257 § 222[11], § 226[5], [9], § 366[60], [80], § 368[92], § 369[58], § 397[8], § 440[1], [9], § 443[8].
1258 § 368[1], § 419[7], [8b], Anh. zu § 424[66].
1259 § 207[2], § 368 E.
1262 § 368[59].
1263 § 381[1].
1270 § 350[66].
1273 § 22[19], Anh. zu § 363[12], § 368[18].
1274 § 109[17], § 212[16], § 350[34], § 368[5], [18], [26], [39b], § 369[17].
1275 § 223[13], Anh. zu § 363[12], § 368[80].
1276 § 368[37].
1277 § 368[106].
1278 § 368[39b].
1279 Anh. zu § 363[11].
1280 § 222[7], § 223[13], § 349[10], § 368[1], [9c], [23a], [102], [104], [105a], Vorb. v. § 369[7], § 369[16].
1281 § 353[11], § 368[34], [80], [91], Anh. zu § 424[67].
1282 § 368[72], [74], [75], [91], [108], § 371[22].
1283 § 368[73].
1287 § 368[73], [77], [91], § 371[25].
1288 § 368[73], Vorb. v. § 369[14].
1289 § 368[37].
1290 § 368[23a], [80].
1292 § 223[13], § 368[14], [17], [26], [39b].
1293 § 223[13], § 366[1], [4], [56], § 368[13], [39b], [86], § 424[9].
1294 § 368[15], [37], [72], § 371[20], § 424[9].
1295 § 368[15], [26], [74], Anh. zu § 376[45].
1296 § 213[15], § 368[37].
1298 Anh. zu § 374[1].
1299 Anh. zu § 374[1].
1317 § 189[2].
1338 § 368[71].
1353—1362 E[39].
1354 E[39], [63].
1356 § 59[9].
1358 E[73], § 71[6].
1362 E[72], § 179[8], § 366[51b], Anh. zu § 424[9].
1363 E[46], § 381[1].
1365—1370 E[44].
1365 § 368[39b].
1367 E[48].
1373 § 366[36], § 368[39b].

§§
1375 E[48], [68], § 22[19], § 282[11], § 366[36d].
1376 E[68], § 366[36d], Anh. zu § 424[65].
1379 E[48].
1380 § 366[36], Anh. zu § 424[65].
1381 § 381[1].
1382 § 366[36b].
1383 E[68], § 22[19].
1388 E[57].
1391 Vorb. v. § 369[15].
1395 E[45], § 366[36], § 368[39b].
1396 E[45].
1399 E[39a], [44], § 349[5], § 366[36].
1400 E[55].
1401 § 366[36].
1402 E[65].
1404 § 366[36], [36a], [b].
1405 E[39], [44], [45], [48], [56], [57], [59], [75], § 344[7], § 366[36a].
1408 E[70].
1409 E[58].
1410 E[69].
1411 § 366[36].
1412 E[44].
1414 E[44], [48].
1418 E[65].
1426 ff. § 366[36d].
1427 § 368[103].
1435 E[57], [59].
1437 ff. § 39[1].
1438 E[46], [71], Anh. zu § 424[9].
1439 E[39a].
1440 E[44], [46].
1443 E[45], [48], [54], [68], [72].
1445 § 366[36d], § 377[41d].
1452 E[44], [45], [57], [59], § 39[1].
1457 E[58].
1459 E[44], [57], [71], § 369[20], Anh. zu § 424[9].
1460 E[44], [57].
1462 E[44], [48].
1519 E[44], [46], [57], [58], [59], Anh. zu § 424[9].
1522 § 1[63a].
1524 E[46].
1525 E[39a], § 381[1].
1526 E[44].
1529 § 1[63a].
1530 E[57], [71], Anh. zu § 424[9].
1532 E[44], [57].
1533 E[44].
1549 E[39a], [44], [46], [57], [58], [59], [71], Anh. zu § 424[9].
1550 § 381[1].
1554 E[46].
1555 E[44].
1567 E[64].
1575 Anh. zu § 372[20].
1577 § 18[4], § 21[2].
1585 § 368[103].
1597 § 37[14].
1607 § 349[45].
1617 § 59[9].

§§
1623 § 368[103].
1631 § 76[8].
1641 § 252[7], § 282[11].
1643 § 1[21], § 48[4], § 59[35a], § 182[9], § 349[5].
1643 Abs. 1 § 76[13].
1645 § 1[21].
1646 § 381[1].
1649 ff. § 22[19].
1651 § 1[21].
1655 § 1[21], § 22[19].
1666 § 76[8].
1686 § 381[1].
1706 § 18[4].
1709 § 349[45].
1719 § 18[4].
1736 § 18[4].
1758 § 18[4].
1772 § 21[2].
1789 Anh. zu § 424[109].
1790 Anh. zu § 424[109].
1793 Anh. zu § 365[5], Anh. zu § 374[154], Anh. zu § 424[110].
1794 Anh. zu § 424[110].
1797 § 146[3].
1800 § 76[8].
1814 Anh. zu § 424[62].
1817 Anh. zu § 424[62].
1818 Anh. zu § 424[62].
1820 ff. § 1[21].
1822 Nr. 11 § 48[4], Nr. 6 § 76[13], Nr. 3 § 161[6], § 182[9], § 145[16], § 349[5], Vorb. v. § 373[3].
1823 § 1[21], § 27[22].
1827 § 1[21].
1827 Abs. 1 § 76[13].
1829 § 95[2], § 349[5].
1835 Anh. zu § 424[111].
1836 Anh. zu § 424[111].
1837—1848 Anh. zu § 424[109].
1837 § 76[8], § 161[6].
1893 Anh. zu § 424[109].
1894 Anh. zu § 424[109].
1897 § 1[21].
1909 § 76[15].
1915 E[58], Anh. zu § 374[154], Anh. zu § 424[109].
1919 Anh. zu § 424[109].
1922 § 27[6], § 139[25].
1942 ff. § 27[20].
1958 § 27[15].
1959 § 27[28], § 137[1].
1960 ff. § 27[19].
1961 Anh. zu § 374[154].
1962 Anh. zu § 424[109].
1967 § 27[11], § 137[2], § 139[4], § 366[87], Anh. zu § 374[157].
1973 § 27[7], § 349[15].
1975 § 27[7], § 349[15], Anh. zu § 374[159].
1984 § 366[83].
1993 § 349[15].
1994 § 27[6].

§§
2003 ff. § 27[6].
2013 § 27[8].
2014 § 27[15], Anh. zu § 374[153, 154].
2015 Anh. zu § 374[153, 154].
2022 Vorb. zu § 369[6].
2032 ff. § 27[25], § 139[7].
2032 § 27[30].
2033 § 350[44, 85a].
2038 § 27[27], § 137[2], § 146[7].
2040 § 139[7].
2048 § 139[7].
2058 ff. § 27[26], § 137[2].
2060 § 139[4].
2080 § 377[164].
2100 § 139[4].
2101 § 210[4].
2112 § 22[6a], § 139[4].
2113 § 366[78].
2129 § 366[78].
2131 § 347[7].
2142 § 139[4].
2165 § 27[32].
2203 § 48[4].
2205 Anh. zu § 365[5].
2207 § 48[4].
2211 Anh. zu § 365[5], § 366[79].
2228 § 37[14].
2231 § 350[55].
2301 § 350[10], Anh. zu § 424[65a].
2303 § 139[4].
2304 § 139[4].
2305 § 139[4].
2348 § 350[44].
2353 ff. § 12[6].
2371 § 22[20], § 350[44], Vorb. v. § 373[3, 3d].
2383 Anh. zu § 374[159], Anh. zu § 382[45].

6. Code civil.

Art. 938, 1138, 1583, 1585, 1586: Anh. zu § 382[57].

7. Reichsmietengesetz.

Vorb. v. § 373[16].
Anh. zu § 374[228].
§ 9: § 361[6].

8. Pachtschutzordnung.

Anh. zu § 374[228].

9. Verordnung vom 13. Febr. 1924 betr. Pachtschutzeinigungsämter.

Anh. zu § 374[228].

10. Reichssiedlungsgesetz.

§ 368[103]

11. Aufwertungsgesetz vom 16. Juli 1925

DurchführungsVO. zum AufwG. Anh. zu § 374[228].
§§
1 Anh. zu § 374[212].
2 Anh. zu § 374[228, 229].
3 Anh zu § 374[228].
4 Anh. zu § 374[228].
9 Anh. zu § 374[228, 230].
10 Abs. 1 Nr. 1, § 111[9b], Anh. zu § 374[228, 230].
12 Anh. zu § 374[228].
14 Anh. zu § 374[228].
15 Anh. zu § 374[228].
16 Anh. zu § 374[228].
18 Anh. zu § 374[216].
25—29 Anh. zu § 374[228].
32 Anh. zu § 374[228].
37 § 179[33].
40 § 179[33].
42 § 179[33].
43 § 179[33].
55 Anh. zu § 424[47a].
59 Anh. zu § 374[228].
63 Anh. zu § 374[228, 229, 230, 236], Anh. zu § 424[48].
65 § 354[11], § 355[27], Anh. zu § 372[60b], Anh. zu § 374[229, 230], § 376[46], Anh. zu § 424[47a].
66 § 355[27], Anh. zu § 374[229], Anh. zu § 424[47a].
69 Anh. zu § 374[228].

12. Gesetz über wertbeständige Hypotheken vom 23. Juni 1923.

Anh. zu § 374[213].

13. Goldbilanzverordnung vom 28. Dez. 1923.

§ 178[11b], § 361[6].
§§
1 § 40[1], § 337[10], § 340[18].
2 § 39[6].
3 § 261[3a].
4 § 261[3a, 38a, 38b].
5 § 407, § 262[26a], § 278[25], § 288[21].
6 § 261[12].
8 § 252 E.
9 § 262[17], § 278[25], § 282[14], § 313[7].
10 § 180 E, § 182[20], § 278 E, § 288[11].
13 § 278[25].
14 § 240[17].
16 § 278[25], § 292[17], § 309[4a].
17 § 180[1], § 182[20, 21], § 278 E.
18 § 180[1], § 182[32a], § 314[10].
19 Abs. 2 § 261[12].
31 § 262[17].
35 § 179[1c], § 262[26a].
42 § 180[2a].

14. 1.—6. DurchfVO. zur GoldbilanzV.

1. DurchfVO. zur GoldbilanzV.
§ 40: § 179[32].

2. DurchfVO. zur GoldbilanzV.
§§
2 § 337[10].
4 § 261[38a].
5 § 260[1a], § 288[21].
6 § 203[18].
9 § 279[2]
10 § 313[7].
14 § 284[9].
15 § 278[25], § 179[32].
16 § 179[32].
17 § 179[1c, 32].
23 § 288[11].
25 § 180 E.
27 § 252 E.
28 § 288[11], § 185[8a, 8d].
29 § 185[8b].
29a § 180 E.
30 § 185[11c], § 179[32].
31 § 185[11c], § 221[6a], § 226 E, § 260[20a], § 282[14], § 300[10b].
32 § 185[4a], § 252 E.
33 § 179[30].
34 § 282[14].
40 § 179[32].
41 § 240[17].
42 § 278 E.
43 § 180[1, 3], § 278 E, § 288[11].
45 § 180[1], § 182[32a], § 314[10].

5. DurchfVO. zur GoldbilanzV
§§
12 § 262[26a], § 278[12], § 279[2].
35a § 278 E.

6. DurchfVO. zur GoldbilanzV.
§ 3 § 199[5].

15. Einführungsgesetz zum Gesetze betr. Änderungen der Konkursordnung vom 17. Mai 1898.

Art.
5 § 342[14].
6 § 342[14].

16. Konkursordnung.

§§
1 § 1[4], § 17[4], § 38[9], Anh. zu § 424[107].
2 § 39[1].
3 § 349[21].
3 Abs. 1 § 340[17], § 363[18].
4 § 368[81].
5 Anh. zu § 382[83].
6 § 1[4], § 145[18], § 292[8], § 363[18], § 368[82], § 372[60b, 69a], § 376[21], § 392[5b].
7 § 1[4], § 52[12], § 293[7], § 348[40], § 365[5, 9], § 366[83], Anh. zu § 382[61, 76, 78, 80].

§§	
8	§ 363[18], [45], Anh. zu § 372[11], 69a, Anh. zu § 382[78], [80].
10	Anh. zu § 382[82d].
12	Vorb. v. § 373[64b], Anh. zu § 382[82b], [83a].
14	Anh. zu § 382[82b], [83a].
15	§ 368[111], § 369[59], Anh. zu § 382[97], § 397[7].
16	§ 131[18], § 340[17].
17	§ 75 e[3], § 92[13], § 218[15], § 281[2], § 348[39], [40], [48], § 349[40], § 355[41a], § 363[13], [18], [44], [45], Vorb. v. § 369[5], [17], Vorb. v. § 373[46], [53], [59], Anh. zu § 374[22], [88], Anh. zu § 382[59a], [61], [76a], [76c], [77–82], [82b–d], [82f], [83–83c], [85], [88], [89a], [90], [90a], [90d], [91], [92], [92a], [93], [95], [95a], [96], [96a], [105], [111], § 383[25], [26], [28], [28a], § 392[5a], § 397[7], Anh. zu § 424[15], Anh. zu § 424 [103], [105], § 425[16].
18	§ 376[1], Anh. zu § 376[142], § 381[1], § 382[95], [96], [96a], Anh. zu § 424[105].
19	§ 349[12], Anh. zu § 382[83b], [94], Anh. zu § 424[15].
20	Anh. zu § 424[15].
21	§ 363[18], Anh. zu § 382[82b], [83a], [94], Anh. zu § 424[15].
22	§ 70[28], § 75[7], § 84[4], § 92[12], § 231[34], § 348[36], Anh. zu § 382[83b].
23	§ 52[12], Anh. zu § 58[100], § 70[28], § 362[2], § 363[18], [42], [43], [44], Vorb. v. § 373[79c], Anh. zu § 382[76a], § 383[25], [25a], [26], [27], Anh. zu § 407[21], Anh. zu § 424[65a].
25	§ 281[2], § 349[48], Anh. zu § 382[76b].
26	§ 348[40], Anh. zu § 363[44], § 368[114], Anh. zu § 382[77], [78], [78a], [79], [83], [83a], [83b], [83c], [85a], [89], [90c], [90d], [90e], [91], [92a], [93], [111], [114], § 383[25], [27], [28], Anh. zu § 424[103].
27	§ 92[12], Anh. zu § 363[13], § 383[25], [25a].
28	§ 137[3], § 339[6].
29	§ 352[10].
30	§ 355[41a], § 366[31], [81], § 370[1], Anh. zu § 382[112].
35	§ 346[24], Anh. zu § 346[33].
36	§ 342[5].
37—70	§ 342[7], [8], [9].
39	§ 355[41a], § 342[8], § 369[60].
40	§ 342[9], § 366[43].
41	§ 342[6], § 368[108].
43	Anh. zu § 341[5], § 346[6], § 368[85a], [111], [114], Anh. zu § 382[59a], [89], [90], [90b], [95a], § 383[28], [28a], § 390[10], [11], § 392[5a], [5b], § 407[22], Anh. zu § 424[18], [28], [58a], [65d], [98], [103].
44	§ 369[38], § 366[40], Anh. zu § 382[83a], [98], [102], [105], [110], [116], § 391[6], § 397[14], § 410[15], § 433[4], [6].
46	§ 218[15], § 368[85a], [111], [112], [114], Anh. zu § 382[89], [90], [90c], [95a], [113], § 383[28a]. § 392 [5a], [5b], [7], § 407[22], Anh. zu § 424[18], [58a], [65d].
48	§ 368[111], § 399[1], Anh. zu § 424[107].
49	§ 366[60], § 368[79], [80], [81], Vorb. v. § 369[17], [34], [59], Anh. zu § 382[82e], [92], § 383 [25], § 392[5b], § 397[7], § 399[1], Anh. zu § 424[15].
51	§ 131[18], § 341[3].
53	Anh. zu § 424[112].
54	§ 349[44], § 368[111], Anh. zu § 382[85a].
55	§ 383[25a], § 397[12].
57	Anh. zu § 382[82b].
58	Anh. zu § 424[111].
59	Anh. zu § 363[13], [18], § 368 [81], [82], [111], [114]. Anh. zu § 382[82c], [90], [90a], [90c], [95a], [113], § 383[26a], [28], [28a], § 392[5b], [8], Anh. zu § 424[47], [65d], [103].
60	Anh. zu § 382[82b].
61	§ 70[21], [28], § 75e[3], § 84[4], § 88[21], § 231[34], § 245[18], § 352[2], § 355[41a], § 383[25], Anh. zu § 424[107].
62	§ 348[40], Anh. zu § 424[112].
63	§ 350[10], § 355[41a], Anh. zu § 424[107].
64	§ 349[21], § 366[82], § 368[15], [39], [81], [85], [86], Anh. zu § 424 [107].
65	Anh. zu § 359[12], § 368[44], § 369[59], § 373[64d], Anh. zu § 424[107].
67	§ 349[48], § 363[18].
68	§ 349[21], § 368[15].
69	Anh. zu § 382[77], [82a], [82c], § 392[5a], [5b], Anh. zu § 424 [107].
72	Anh. zu § 361[80].
73	Anh. zu § 424[111].
77	Anh. zu § 424[109].
82	§ 368[82].
85	Anh. zu § 424[111].
86	§ 131[12].
89	Anh. zu § 382[81].
96	Anh. zu § 424[112].
100	§ 292[12], Anh. zu § 424[112].
102	§ 202[17], § 240[9].
104	§ 293[7].
106	Anh. zu § 363[13], § 366[76].
109	§ 292[12], § 307[10], [11], § 377 [138b].
110	Anh. zu § 424[109].
111	Anh. zu § 424[109].
112	§ 143[2].
114	§ 392[5b].
116	§ 32[1], § 307[10], § 377[138b].
117	§ 38[9], § 368[81], Anh. zu § 372[60b], [69a].
118	§ 368[81].
119	§ 368[81].
120	§ 368[81].
122	§ 38[9].
123	§ 292[12].
127	§ 368[49], [82], [83], [84], [85], [85a], § 369[59], § 397[7].
129	Anh. zu § 382[83].
132	Anh. zu § 424[112].
133	§ 368[82], Anh. zu § 382[81].
134	§ 368[82], Vorb. v. § 373[3a], [3k].
135	§ 131[12], § 292[12].
137	Anh. zu § 372[69a].
138ff.	Anh. zu § 424[112].
139	§ 377[138b], Anh. zu § 382[85].
142	§ 377[138b].
144	§ 292[12].
145	§ 349[48], § 355[41a], Anh. zu § 424[112].
146	§ 124[25], § 377[138b], § 382[83a], Anh. zu § 424[110].
149	Anh. zu § 374[11].
152	§ 368[85].
153	§ 307[11], § 368[85], [86], Anh. zu § 424[107], [112].
155	Anh. zu § 424[107], [112].
156	Anh. zu § 424[107].
163	§ 32[1], § 307[11], § 377[138b].
164	§ 124[25], § 377[135], Anh. zu § 382[87].
168	§ 377[138b], Anh. zu § 424 [107].
173	§ 292[12], § 369[59a], Anh. zu § 424[112].
180	§ 131[12].
181	§ 346[19], § 349[52].
182	Anh. zu § 424[112].
189	§ 292[12].
190	§ 32[1], § 377[138b].
193	§ 128[9], § 346[19], § 349[11a], [20], § 368[33], Anh. zu § 382 [72], [90b], [95a].
194	§ 377[135].
198	§ 32[1].
202	§ 307[12], [13], § 377[138b].
204	§ 307[11], § 377[138b].
205	§ 32[1], § 377[138b].
206	§ 377[135].
207	§ 158[1], § 292[7].
208	§ 210[14], [16], § 241[16], § 315[5].
209	§ 131[11], § 158[1], § 330[5], [6], [8].
210	§ 15[3], § 131[11], § 149[27], § 330[5].
211	§ 128[28], § 149[27], § 320[56], § 330[8].
212	§ 128[5], § 377[138b].

§§
233 Vorb. v. § 369[6], [59a].
229 § 377[138b].
237 Anh. zu § 372[11], Anh. zu § 382[89a].
239 § 4[25], § 38 E, § 44[3], § 131[12].
239—241 § 317[12].
240 § 4[25], § 39[1], § 154[6], § 315[3], [5], Anh. zu § 376[176].
241 Anh. zu § 346[21].
243 § 317[7].
244 § 38[3], § 154[6].
292 § 307[13].

17. Anfechtungsgesetz.

§ 124[2], Anh. zu § 346[33].

18. VO. über Geschäftsaufsicht zur Vermeidung des Konkurses vom 14. Juni 1924.

§ 330[27a], Anh. zu § 374[13], Anh. zu § 424[103].

19. VO. gegen Mißbrauch wirtschaftlicher Machtstellungen vom 2. Nov. 1923.

Anh. zu § 346[33].
Art. 1, 4, 7: § 309.

20. Gesetz betr. private Versicherungsunternehmungen vom 12. Mai 1901.

§§
1—7 § 1[61].
1ff. § 7[2].
1 § 1[59].
4 § 1[60].
5 § 33[14].
7 § 1[59].
9 § 1[59].
13 § 277[5].
14 § 1[59].
15 § 1[61].
16 § 1[61], [62], § 13[5], § 38[1], § 59[11].
18 § 1[61], § 20[3a].
24 § 1[60].
26 Vorb. v. § 369[6].
30 § 1[61], § 7[3], § 12[5], § 16 E, § 29[9], § 33 E.
31 § 33 E.
32 § 16 E., § 33[12], [16].
40ff. § 34[4].
40 § 34[2], [5].
41 § 1[59], § 34[2].
47 § 1[61].
53 § 1[61].
54 § 210[7].
55 § 1[60], § 38[5b], § 239[1], § 250[12].
56 § 1[60].
57 § 1[60].
61 § 1[60], Anh. zu § 424[107], [108].
62 § 292[8], Anh. zu § 424[107], [108], [110].

§§
64 § 195[7], § 231[7], § 246 E, § 267[1].
65 § 196[5], § 254[27], § 256[1].
66 § 231[7].
67 § 14[1], § 231[20], § 292[16].
73 § 277[5].
73ff. § 292[14].
85 § 33[4].
85ff. § 33[4].
87—88 § 13[15], § 84[15].
89 § 13[18], [19].
102 § 240[9].
105 § 312[2].
106 § 1[60], § 261[1].
108 § 84[32].
109 § 315[3].
115 § 13[5], [18], § 54[6a], § 84[15], [32], § 201[5], § 210[7].
119 § 1[61].
123 § 274[3], § 277[5].

21. Reichsgesetz über den Versicherungsvertrag vom 30. Mai 1908.

§§
2 Anh. zu § 361[87].
3 Anh. zu § 361[17], § 365[13], § 368[102], § 369[16].
5 § 346[17b].
10 Anh. zu § 361[7].
17 § 348[2].
20 § 348[2].
24 § 348[2].
27 § 348[2].
32 § 33[12].
36 Anh. zu § 372[2], [51].
37 Anh. zu § 372[65], [65b].
38 Anh. zu § 361[17].
43—48 E[21], § 54[6a], § 84[31], [33].
43 § 363[22], Anh. zu § 372[70c].
45 § 13[5].
55 § 347[25].
56 Anh. zu § 382[36].
58—60 § 347[25].
67 § 347[25].
68 § 390[9].
69 Anh. zu § 382[67], [72].
70 § 348[2].
71 Anh. zu § 382[67], [72].
74ff. Anh. zu § 382[36], § 383[7], § 390[9–11], § 408[11].
75 § 383[26a], § 363[33], § 369[59].
76 § 383[26a], § 399[3].
77 § 369[59], Anh. zu § 382[36], § 383[26a], § 397[3], § 399[3].
81 Anh. zu § 361[43], [51].
92 Anh. zu § 361[7].
97 § 416[4].
99 § 366[76].
129 Anh. zu § 382[33], [35a].
159 § 350[46].
161 § 390[10].
179 § 390[10].
181 § 390[10].

§§
182 § 390[10].
184 Vorb. v. § 373[24].
187 § 390[12].

22. Wuchergesetz vom 19. Juni 1923.

Art. 4 § 355[23].

23. Wuchergerichtsordnung vom 27. November 1919.

Anh. zu § 346[28].

24. Gesetze und Verordnungen betr. Höchstpreise, übermäßige Preissteigerungen, Preiswucher, Kettenhandel usw.

Vorb. v. § 373[32a–32b].

25. Preistreiberei-Verordnung.

§§
1 Vorb. v. § 373[32a].
3 Vorb. v. § 373[32a].
4 Vorb. v. § 373[32a], § 350[14a], Anh. zu § 424[47].
5 Vorb. v. § 373[32a], § 354[11], § 396[1a].
6 Vorb. v. § 373[32a], § 396[1a].
7 Anh. zu § 424[26].
8 § 396[1a].

26. Reichsgesetz gegen den unlauteren Wettbewerb vom 7. Juni 1909.

§§
1 § 37[26], § 59[41], [46], § 70[15], § 74[27], § 84[22b], Anh. zu § 346[13b], [18], Anh. zu § 349[1], [8], Anh. zu § 377[5].
3 § 37[26].
12 § 59[46], § 84[16b], § 114[9], Anh. zu § 346[18].
13 § 59[46], Anh. zu § 346[13g], [18], [55], Anh. zu § 349[33], [38].
14 Anh. zu § 349[1], [8], [32–35].
15 Anh. zu § 349[32].
16 § 4[23], § 17[6], § 20[1], § 30[1], [4], [26].
17 § 59[38], [41], § 84[22b].
18 § 59[39], § 84[22b].
20ff. Anh. zu § 349[1].
21 § 59[43], Anh. zu § 349[40], Anh. zu § 377[175a].
22 § 59[43], Anh. zu § 346[13g], [18].
24 § 13[3], Anh. zu § 349[11], [32], [38].
26 § 59[43].
27 Anh. zu § 349[32].

27. Warenzeichengesetz von 1894.

(S. § 4[23].)
§§
7 Vorb. v. § 373[3a], § 377[42].
12 Anh. zu § 346[136].
13 § 17[1], § 20[1], § 37[26], § 409[9].

§§
14 § 30[1], § 37[19, 26].
19 § 37[26].
23 § 13[3].
23 Abs. 1 § 13[3], § 37[26].
27 § 182[17].

28. Patentgesetz.
§§
4 Anh. zu § 346[13b].
5 Vorb. v. § 373[3a].

29. Gebrauchsmusterschutzgesetz.
§§
4 Anh. zu § 346[13b].
9 § 13[3, 20].

30. Gesetz über Urheberrecht.
§ 11 Anh. zu § 346[13b].

31. Kunstschutzgesetz.
Anh. zu § 346[13b].

32. Gesetz über Verlagsrecht vom 19. Juni 1901.
§ 1[78, 79].

33. Gesetz betr. die Abzahlungsgeschäfte vom 16. Mai 1894.
§§
1—5 Anh. zu § 382[66] ff.
4 § 348[32].
6 Anh. zu § 382[74a, 93, 94].
7 Anh. zu § 382[74a].
8 § 1[1], § 4[28], § 348[32], Anh. zu § 382[74b].

34. Grundbuchordnung.
§§
11 § 37[14].
13 § 350[86].
18 § 350[86].
20 § 350[86].
22 § 304[10].
29 ff. § 54[15], § 350[66, 85].
30 § 48[6].
33 § 9[3].
35 § 9[3], § 125[28].
48 § 200[6].
53 § 22[6a].

35. Genossenschaftsgesetz.
§§
17 § 6[1], § 38[1], Anh. zu § 376[17], § 382[74b].
42 § 48[4], § 54[3].
105 Vorb. v. § 369[4].
156 § 9 E.

36. Gesetz betr. die Gesellschaften m. b. H.
§§
2 § 12[2], § 351[79].
3 § 350[51].
4 § 22[7], § 30[8].
5 § 105[37].
8 § 17[11].
11 Anh. zu § 8[13].
13 § 6[1], § 17[24].
15 § 222[6], § 350[46, 89], Anh. zu § 361[14, 43], § 383[28], § 368[102, 105a], Vorb. v. § 373[19].
19 Vorb. v. § 369[6a].
35 § 48[9, 13].
40 § 17[11].
41 § 1[64], § 38[3], Anh. zu § 424[24].
42 § 40[2], § 261[39].
44 § 38[3].
46 § 48[4].
55 Anh. zu § 8[13].
57 § 17[11].
71 § 38[3], § 154[7].
72 § 300[10a].
75 § 350[74a].
80 § 303[10], § 305[5], § 307[4].
81 § 303[10], § 305[5], § 307[4].
83 § 38[3].

37. Einführungsgesetz zum Reichsstrafgesetzbuch.
§ 2: E[18].

38. Reichsstrafgesetzbuch.
§§
1 § 103.
16 § 312[14].
27—30 § 103.
27 § 327[14].
28 § 312[14].
34 Vorb. v. § 375[55].
40 Anh. zu § 424[29, 47].
43—46 § 312[2].
47—50 § 312[2], Anh. zu § 346[25].
67 § 312[2].
123 § 368[9].
145a § 350[10].
149 § 181[4].
§ 166 Anh. zu § 424[110].
185 § 7[15], Anh. zu § 349[8, 32].
187 § 17[24], § 124[3].
193 § 59[6], § 71[5], Anh. zu § 349[34, 35].
242 § 366[46].
246 § 312[4], § 366[12a], § 424[31].
247 § 76[17].
248 § 366[46].
259 § 202[21], § 384[2a].
260 § 1[12].
263 Anh. zu § 349[7], § 374[1], § 377[148, 169, 177a], § 396[1a].
266 § 72[2], § 312[4], § 366[12a], § 383[23b, 32], § 392[9], Anh. zu § 424[31].
267 § 38[11], § 381[10b].
284 Anh. zu § 376[202].
284—285a Anh. zu § 376[181a, 181c].
§§
284a Anh. zu § 376[202].
284b Anh. zu § 376[202].
284c Anh. zu § 376[202].
285 Anh. zu § 376[202].
286 Vorb. v. § 373[55].
288 Anh. zu § 346[21].
302 § 74[12].
331 Anh. zu § 424[110].
344 § 350[81].
360 § 181[4].
367 § 377[48].
370 § 366[46].

39. Verordnung vom 6. Februar 1924 über Vermögensstrafen u. Bußen.
§ 312[3a], § 312 ff., Anh. zu § 37[8]

40. Gesetz, betr. die Bestrafung der Entziehung elektrischer Arbeit vom 9. April 1900.
Vorb. v. § 373[16].

41. Strafprozeßordnung.
§§
53 Anh. zu § 349[44].
94 ff. § 124[32], § 373[59], § 377[39a].
414 § 17[24], § 210[5].

42. Wechselordnung.
Art.
4 Anh. zu § 372[8].
5 Anh. zu § 372[70e].
11—13 § 222[8], § 365[1].
12 § 365[3].
14 § 363[31], § 368[114a], § 395[3].
15 § 395[3].
17 § 395[3].
21 § 350[56], § 363[9].
23 § 363[12].
29 Vorb. v. § 373[64d].
30 Anh. zu § 359[33].
36 § 365[7, 8, 11], § 222[13].
37 Vorb. v. § 373[64] f., Anh. zu § 372[67a].
38 § 364[18], Anh. zu § 374[11].
39 § 364[18].
40 § 353[10].
50 § 361[8], § 352[12].
51 § 352[12].
73 Vorb. v. § 373[64], § 381[8a], § 353[10].
74 § 222[13, 14], § 365[8, 9, 11], § 366[57, 74e].
75 § 222[14], Vorb. v. § 373[64g], § 381[10c].
76 Vorb. v. § 373[64g], § 381[10b, 10c].
77 § 363[13].
80 § 377[138].
81 § 352[12].

Art.
82 § 223[12], § 349[10], § 364[4, 5, 7, 8], § 368[109a], Anh. zu § 376[53], § 377[127], § 395[4].
83 Anh. zu § 372[9].
97 Anh. zu § 372[2].

43. Scheckgesetz vom 11. März 1908.

§§
1 Vorb. v. § 373[64h].
3 Vorb. v. § 373[64h], Anh. zu § 424[47].
4 Anh. zu § 365[3].
5 Anh. zu § 372[2, 8].
6 Anh. zu § 372[70e].
7 Anh. zu § 359[11].
8 Anh. zu § 363 E, Anh. zu § 372[69].
13 Anh. zu § 363[5b], § 364[18], Anh. zu § 372[69].
14 Anh. zu § 363[5b].
15 Vorb. v. § 373[64h].
18 Anh. zu § 363[5b], Anh. zu § 364[4], Vorb. v. § 373[64h], Anh. zu § 376[53], § 377[127].
21 Vorb. v. § 373[64h].
23 Vorb. v. § 373[64h], § 381[10b, 10c].

44. Postscheckordnung.

§§
7 Anh. zu § 372[67].
9 Vorb. v. § 373[64h].

45. Börsengesetz vom 22. Juni 1896.

Anh. zu § 376 E.

46. Börsengesetz vom 8. Mai 1908.

§§
5 Vorb. v. § 373[30].
29—34 § 400[4].
29 § 93[5], Vorb. v. § 373[30], § 381[12].
30, 34, 36 § 373[33].
30 § 93 E.
32 § 93[5], 95[5].
33 § 100[8], § 101[2].
36ff. § 381[12].
38 § 203[18].
42 § 381[10].
43—47 § 189[29].
43 § 381[10].
45—49 § 203[12].
45 § 203[1].
46 § 381[12b].
48 § 203[16].
52 § 355[30].
54 § 350[54, 60], § 368[50].
55 Anh. zu § 348[7].
57 Anh. zu § 424[59b].
59 § 355[30].
63 § 355[30].
71 § 401[4].

§§
88 § 312[1].
94 § 400[17].
95 § 384[1a, 2], § 400[5, 17, 21a], § 401[9], Anh. zu § 424[76a, 105].

47. Valutaspekulations-Verordnung vom 8. Mai 1923.

§ 361[11], § 350[85b].

48. Devisenordnung vom 8. November 1924.

§ 361[12].
Vorb. zu § 373[5].
Anh. zu § 376[207, 210].

49. Devisenhandelsgesetz vom 3. Februar 1922.

§ 361[11].

50. Privatnotenbank-Gesetz vom 30. August 1924.

§ 4: § 361[6].

51. Schuldverschreibungs-Gesetz.

§§ 11, 12: § 346[19].

52. Bankgesetz vom 14. März 1875.

§§
2 § 361[6].
3 § 361[6].
13 § 7[2].
31 § 361[6].
43 § 7[2].
44 § 7[2].

53. Rentenbank-Verordnung vom 15. Oktober 1923

§ 361[6], Durchf.Best. § 33 E.

54. Gesetz über die Liquidation des Umlaufs von Rentenbankscheinen vom 30. August 1924.

Art. 5, 6, 21: § 361[6].

55. Hypothekenbankgesetz vom 13. Juli 1899.

§§
1 § 277[5].
5ff. § 7[2].
5 § 6[3].
23 § 262[2].
25 § 40[7].
26 § 40[7].
34 Anh. zu § 424[111].
35 § 293[14], Anh. zu § 424[104, 107, 108, 112].
36 Anh. zu § 424[110].
40 § 366[4].
45 § 366[4].
47 § 289[5].

56. Bankdepotgesetz vom 5. Juli 1896.

§§ Vgl. § 1[68], § 368[87].
1 § 1[40], § 383[28a, 33a, 35a], § 392[13], Anh. zu § 424[2, 23ff.].
2 § 252[8], § 366[56], § 368[87, 95a], Anh. zu § 376[38, 45], § 383[28, 33a, 36], § 405[10], Anh. zu § 424[2, 23, 30, 33, 35ff., 76].
3 E[22], Anh. zu § 365[5c], § 383[32a, 33], § 384[29, 45], Anh. zu § 424[59a, 76ff., 116].
4 Anh. zu § 365[5c], § 383[32, 33a], § 384[18, 29], Anh. zu § 424[76ff].
5 § 396 E, § 400[4], Anh. zu § 424[115f].
6 § 396 E, Anh. zu § 424[115f].
7 Anh. zu § 376[47c], § 383[28aff.], Anh. zu § 424[23, 58a, 76ff].
7a § 355[19], § 383[28a, 33b], § 392[13], § 401[9], Anh. zu § 424[76a, 83, 89, 102ff].
8—11 § 1[1].
8 § 355[19], Anh. zu § 365[5c], § 366[51c, 65], § 369[11, 22], § 383[25], § 400[7, 18, 32], Anh. zu § 424[51, 59a, 77, 88, 117ff].
9—12 Anh. zu § 424[30].
9 § 44[3], Anh. zu § 424[100a, 118].
10 § 384[18], Anh. zu § 424[59, 95, 115].
13 Anh. zu § 424[77].

57. Gesetz über Depot- und Depositen-Geschäfte vom 26. Juni 1925.

§ 105[52a], § 195[14a].

58. Rennwett- und Lotterie-Gesetz.

Anh. zu § 376[181b, 201].

59. Gesetz betr. Angelegenheiten der freiwilligen Gerichtsbarkeit.

§§
1—64 Anh. zu § 424[109].
5 Anh. zu § 87.
6—9 § 259[4].
6 § 196[5].
8 § 17[22].
11 § 254[16], § 266[15].
12 § 2[18], Anh. zu § 8[9a, 11], § 14[4], § 198[11], § 234[4], § 254[20], § 266[15], § 296[4], § 302[8].
14 § 14[6].
15 § 14[6], § 266[9].
16 § 14[5].
18 § 14[14].
19 § 266[15].

§§
20—30 § 14[9].
20 § 11[3], § 14[4, 9, 15], § 198[4], § 266[15], § 274[4], § 277[1], § 295[12].
22 § 14[5].
28 § 14[13], § 254[26], § 266[15].
29 § 14[13, 14].
30 E[5].
34 § 9[2], § 257[4].
88 Anh. zu § 424[109].
107 § 9[3].
118 § 22[6a].
125 § 8[2].
126 § 2[18], § 8[3], § 14[15], § 37[9], § 309[16].
127 § 14[4], § 148[1], § 273[22], § 309[16].
128 § 11[3].
129 Anh. zu § 8[7], § 195[6].
131 § 13[9], § 139, § 201[12, 17].
132—140 § 14[4].
133 § 14[2].
139 § 14[5, 9].
140 § 14[17], § 37[8].
141—144 § 14[1].
141 § 31[5].
142—144 Anh. zu § 8[5], § 37[8], § 273[23], § 274[4], § 277[7], § 284[7], § 309[4b], § 319[16].
142 § 4[23], § 5[5], Anh. zu 8[6a], § 13[8], § 14[1, 17], § 31E, [8], § 37[8, 22], § 50[2], § 106[7], § 157[5], § 180[6].
143 § 309[4b, 16].
144 § 186[17a], § 198[4], § 261[3], § 308[3], § 309[16], § 310[3], § 311[1], § 330[37].
145 Anh. zu § 8[4], § 133[11], § 146[9], § 192[3], § 194[1, 2], § 254[16, 26], § 266[5], § 295[6], § 302[7, 18].
146 § 133[11], § 146[9], § 194[1, 2], § 254[20], § 266[15], § 295[6], § 302[12, 18].
162 § 9[3].
164 Anh. zu § 379[2], § 438[14].
166 § 368[49, 84].
167 ff. § 182[13], § 350[66].
167 § 12[2].
168 § 17[12].
169 § 12[4], § 259[2].
170 § 373[33].
176 § 259[2], § 350[55].
177 § 350[66].
179 § 259[2].
181 § 373[33].
182 § 350[66].
199 § 14[13], § 266[15].
200 § 255[5], § 259[2].

60. Gerichtsverfassungsgesetz.
§§
18 Anh. zu § 372[12].
73 § 312.
§§
95 § 272[8].
101 E[5], § 1[1], § 1[61], § 5[4].
113 § 4[28].
114 § 346[13], § 373[31].
178—184 § 74c[7].
186 § 17[22].

61. V. zur Entlastung der Gerichte vom 9. Sept. 1923 in der Fassung vom 22. Dez. 1923.
§ 361[6].

62. Einführungsgesetz zur Zivilprozeßordnung.
§
13 Anh. zu § 47E.

63. Zivilprozeßordnung.
§§
3 Vorb. v. § 373[74, 79d], § 379[10].
4 § 348[37], § 349[2], § 373[54, 58], Anh. zu § 374[22], § 377[71b], § 380[6].
6 Vorb. v. § 373[79d].
12 Anh. zu § 372[75], § 377[84].
13 Anh. zu § 372[24], § 377[84], Anh. zu § 382[60].
17 § 106[4], § 124[17], § 182[17], § 294[3].
21 § 5[4], § 13[3, 16, 17, 18], § 15[13], § 370[7], Anh. zu § 372[20].
22 § 124[17], § 140[1], § 219[8], § 241[31], § 294[3], § 335.
23 § 38[9], § 355[28], Anh. zu § 372[17], Anh. zu § 382[60].
24 § 366[70], § 377[75a], Anh. zu § 382[60].
29 § 13[18], § 25[9], § 241[31], § 355[28], Anh. zu § 363[42], Anh. zu § 372[3, 10, 16, 20, 23, 28, 30, 40a, 66, 67, 75], Vorb. v. § 373[74], § 373[54], Anh. zu § 374[27], § 377[75a, 75b, 84, 89, 106, 168], § 384[30], § 407[24].
31 § 88[18].
32 § 202[26], § 241[32], § 342[10], Anh. zu § 349[11], § 377[106, 175c].
36 § 377[138].
38 Anh. zu § 372[6a], § 377[75b].
39 Anh. zu § 372[28].
40 Anh. zu § 372[60], Anh. zu § 376[84c].
41 § 210[8].
42 § 210[8].
50 Anh. zu § 376[202].
52 E[50], § 1[21], Anh. zu § 365[5].
55 Anh. zu § 372[11].
56 § 17[30], § 124[9], Vorb. v. § 373[59], Anh. zu § 376[202].
§§
57 § 126[14], § 210[10], § 239[49], § 272[5], § 302[17].
59 § 140[1], § 349[14].
60 § 140[1].
61 § 271[16].
62 § 140[1], § 271[16], § 272[9], § 349[14, 49a].
66 § 271[16].
68 § 366[74a], § 381[8a].
72 § 377[138d], § 396[20].
74 § 381[8c].
76 Anh. zu § 424[65c].
78 § 377[139].
80 § 377[139].
81 § 350[2], Anh. zu § 372[69a], Anh. zu § 374[78], § 377[63, 163, 164].
85 § 126[5], § 377[139].
88 § 377[139].
89 § 377[138, 139].
91 Anh. zu § 379[6].
92 § 348[26], Anh. zu § 374[225].
93 § 133[5], § 349[23], § 353[11], § 368[98], § 370[8], § 373[24].
94 § 368[98].
96 Anh. zu § 379[9].
104 Anh. zu § 379[9].
108 § 272[10].
112 § 272[10, 12].
113 § 272[10].
118a § 377[138].
130 § 272[3].
137 § 48[2], § 210[8].
138 Anh. zu § 357[2].
139 § 346[14], § 347[15], Anh. zu § 361[23], Vorb. v. § 373[78], Anh. zu § 374[95], § 377[112, 124].
145 Vorb. v. § 373[78], § 377[108].
146 Vorb. v. § 373[78], § 373[53], § 374[1].
148 § 309[16].
157 § 368[109].
171 § 48[9], § 124[10], § 126[7], § 272[14], Anh. zu § 374[79].
185 § 232[49].
203 § 373[14c], § 377[138].
206 § 377[138].
207 § 377[138].
209 § 377[138].
222 Anh. zu § 359[22, 35].
224 Anh. zu § 359[30].
228 Anh. zu § 361[80].
231 § 272[10].
233 § 346[22].
239 § 304[8], § 306[13], § 377[138], Anh. zu § 379[8].
240 ff. Anh. zu § 382[82a].
241 § 210[11].
246 § 124[11, 19].
253 § 272[3], § 375[24], § 377[79, 111, 138], § 392[5c].
254 Anh. zu § 141[29], § 337[4], § 340[14], § 384[25, 32].

§§

255 Vorb. v. § 373[83], Anh. zu § 374[34, 80, 149], § 375[7], § 376[25], § 377[55a, 60, 87].
256 § 271[8], § 366[70], Anh. zu § 372[69c, 69e], Vorb. v. § 373[68, 79d, 80], § 374[1], Anh. zu § 374[74, 183], § 375[5a, 24], § 377[138, 165], § 384[32], § 392[5c], § 453[7].
257—259 § 70[12].
259 Vorb. v. § 373[13b, 44, 64d, 68, 77b], § 377[55a, 60, 87], § 384[25].
260 § 349[11], § 373[53], § 374[1], § 377[74, 75a, 106, 108].
263 § 377[138a].
264 § 355, § 373[21, 53], § 377[108, 110, 177].
265 § 17[40], Anh. zu § 382[7a].
267 § 377[138].
268 § 348[42], § 373[21, 53], Anh. zu § 374[34, 111], § 377[70, 108, 109, 110, 112, 138, 165a, 165b, 175b], Anh. zu § 382[82c].
270 § 377[108, 177].
271 § 377[82, 110, 138, 139], § 379[8, 9].
274 Anh. zu § 376[84b, 84c, 85].
276 § 377[138, 138a].
280 § 70[21], Anh. zu § 374[12a], § 377[138].
281 § 377[138, 140].
282 Vorb. v. § 373[89].
286 § 102, § 346[13, 15], § 347[15, 27a], § 353[10], Anh. zu § 359[3], § 368[109], Vorb. v. § 373[89], § 374[233], § 377[79, 80, 127a], § 384[20], § 388[4].
287 § 346[15], § 347[28], § 348[18], § 354[14], § 368[47], § 373[53], Vorb. v. § 373[76b], Anh. zu § 374[22, 24, 29, 30, 33, 33a, 60a, 61–63, 68, 69, 72, 73, 139, 144, 148b, 199, 233], § 377[79, 80, 87, 105, 127a, 165, 170], § 382, Anh. zu § 382[74], § 430[6].
288 Anh. zu § 376[204].
290 Anh. zu § 374[157], Anh. zu § 376[204].
292 § 344[3, 4, 12], § 460[3].
293 Anh. zu § 372[11, 40].
294 § 266[9], Anh. zu § 379[6, 8].
295 Anh. zu § 376[85], § 377[138, 138a].
301 Vorb. v. § 373[82], § 384[32].
302 Vorb. v. § 373[78], § 377[138], Anh. zu § 382[79].
303 § 272[10], § 377[130a, 138, 147, 153].
304 § 347[25], Anh. zu § 357[2], Vorb. v. § 369[12], Vorb. v. § 373[76, 79d], § 374[74, 234], § 377[55a, 111, 135], § 384[22].

§§

307 Anh. zu § 376[70].
308 § 377[63b, 163].
313 § 17[29].
321 § 350[6].
322 Anh. zu § 346[22, 25], § 355[29c], Vorb. v. § 373[83b], Anh. zu § 374[12a, 234], § 377[59, 62, 108, 164].
323 Anh. zu § 374[139a, 149 f].
325 § 346[22], § 372 E, Vorb. v. § 373[83b].
328 Anh. zu § 372[11], Anh. zu § 376[81, 198], § 377[138, 138d].
355 § 46[4].
380 § 74c[7].
383 Anh. zu § 349[44].
384 § 93[8], Anh. zu § 349[44].
385 Anh. zu § 349[44].
390 § 74c[7].
393 § 368[109, 114], § 379[6].
398 § 379[6].
406 Anh. zu § 379[6].
415 § 12[6], § 350[56, 80], Vorb. v. § 373[80], Vorb. v. § 453[12].
416 § 94[1], § 350[80], Anh. zu § 372[36], Vorb. v. § 373[80], § 426[3].
419 Anh. zu § 47[3], § 350[80], Anh. zu § 372[75].
422 § 45[1], § 102, Anh. zu § 349[44].
427 § 45[6], § 102, § 384[20].
429—431 § 102.
432 § 102.
434 § 46[4].
440 § 350[80].
444 § 377[127].
445 § 346[2], § 364[17], Anh. zu § 372[70d], Vorb. v. § 373[63b], § 377[127, 130a].
471 § 124[21], § 126[6].
472 § 126[6].
473 § 126[6], § 149[21], § 231[4].
474 § 126[6], § 231[4].
475 Anh. zu § 372[44], Vorb. v. § 373[63c], Anh. zu § 424[136].
476 § 126[6], § 149[21], § 366[51c].
478 § 49[4].
485—494 Anh. zu § 379.
485 § 377[139], § 464[5].
486 § 377[139].
488 § 388[12], § 437[6].
491 § 377[139].
495 Anh. zu § 374[15].
495a § 377[138a].
496 § 377[138].
497 Anh. zu § 379[6].
498 § 377[138].
499 § 379[10].
499a § 377[138].
499b—499g § 377[138a].
500 § 377[138].
501 Anh. zu § 379[8].
505 § 377[138].

§§

510 § 350[2].
527 § 377[108, 110].
529 Vorb. v. § 369[11], § 377[71a, 77, 138].
532 Anh. zu § 374[157].
538 § 384[32].
539 Anh. zu § 374[29].
540 Anh. zu § 374[12a], § 377[138], Anh. zu § 382[79].
541 Anh. zu § 374[12a].
546 § 73[7], § 373[54], § 380[6].
547 § 272[8].
549 § 271[4], Anh. zu § 372[5, 40].
550 § 14[13], § 261[3], § 346[14].
551 § 14[11, 13].
554 Vorb. v. § 453[5].
561 § 14[13], § 346[14], § 347[15].
562 Vorb. v. § 453[5].
563 § 14[13], Anh. zu § 374[56].
567 § 349[10].
578 § 346[23].
579 § 346[22].
580 § 349[20].
582 § 38[7], § 346[23].
593 Vorb. v. § 373[80], § 373[17], Anh. zu § 376[66], § 381[1].
597 Anh. zu § 376[66], § 377[138].
599 Anh. zu § 374[12a], § 377[138], Anh. zu § 382[79].
604 § 379[10].
688 § 377[138a], § 381[1].
689 § 377[138a].
694 § 377[138a].
696 § 377[138a].
697 § 377[138a].
699 § 377[138a].
700 § 377[138, 138a].
701 § 377[138a].
704 § 377[138].
705 § 377[138].
707 § 377[66].
713 § 377[66].
717 § 16[4, 6], Vorb. v. § 369[8], § 369[63], Anh. zu § 374[12].
719 § 377[66].
722 Anh. zu § 376[84d].
723 Anh. zu § 376[84d].
724 Vorb. v. § 373[80b].
725 Vorb. v. § 373[80b].
726 § 368[34], Vorb. v. § 373[79, 80].
727 § 17[40, 42, 45, 46], § 28[8], § 304[9], § 306[13], § 349[42], Vorb. v. § 373[83b].
729 § 17[43], § 25[30], § 28[8], § 303[17], Vorb. v. § 373[3k].
731 § 17[40, 42].
732 § 17[43], § 377[66].
733 Anh. zu § 372[69a].
736 § 124[22].
739 E[52, 53].
740 E[52, 54, 72], § 366[70].
741 E[51, 72].
750 Vorb. v. § 373[80a, 83].

§§
751 Anh. zu § 424[59c].
754 § 109[17], § 366[15], [16], Anh. zu § 372[69a].
755 Anh. zu § 372[69a].
756 § 368[34], [38], Vorb. v. § 373[79], [79e], [80], [80a].
757 Vorb. v. § 373[80].
762 § 370[1].
765 § 368[38], Vorb. v. § 373[79], [80].
766 § 366[70], § 368[2a], [80], [83], [86], § 369[34], [59a], Vorb. v. § 373[80], [83], § 377[66], § 397[7].
767 § 171[19], Anh. zu § 349[24], [25], Vorb. v. § 369[12], Vorb. v. § 373[68], [83], [83a], [83b], Anh. zu § 374[49c], [149f.], [152], [159], Anh. zu § 382[85a].
769 Anh. zu § 346[24], [33], § 377[66].
771 E[53], [72], § 124[15], [24], § 306[19], § 349[12], § 366[14], [69], [75], § 368[80], [98], [106], [116], Vorb. v. § 369[15], § 369[34], [60], § 382[72], Anh. zu § 382[64], § 390[10], § 392[5], § 397[7].
774 E[55].
775 Anh. zu § 372[70a].
777 § 349[50], § 368[40], [86], [99b], Anh. zu § 382[66].
780 § 27[14], Anh. zu § 374[159].
781 § 27[14], Anh. zu § 374[159].
785 Anh. zu § 374[159].
794 E[53], § 16[2], § 349[14], § 350[2], § 368[82], § 371[5], Vorb. v. § 373[80a], Anh. zu § 374[149c], Anh. zu § 376[82], § 377[135], [138], § 381[1].
795—800 Vorb. v. § 373[80a].
802 § 346[24], § 366[14], Anh. zu § 374[149].
803 § 349[38], § 368[41], § 369[59], Vorb. v. § 373[80].
804 Anh. zu § 363[12], § 366[58], § 368[75a], [79], [80], § 369[34], Anh. zu § 382[66], Anh. zu § 424[107].
805 § 368[80], [81], [98], [100], § 397[7].
806 Vorb. v. § 373[59], § 377[122], § 381[8k].
808 E[72], § 223[14], § 366[58], [69], § 368[39a], [72], § 381[1], Anh. zu § 382[66], [72], § 424[10], Anh. zu § 424[14].
809 Anh. zu § 365[10], § 368[80], § 369[60], Anh. zu § 382[66].
810 § 368[2], Anh. zu § 382[59e].
811 § 38[9], § 88[22], § 368[5], Vorb. v. § 369[6a].
812 § 368[5].
814 § 368[41].
816 § 368[41], [56].
817 § 366[49], [75], § 368[41].
818 § 368[52].

§§
819 § 366[15].
820 § 368[41], § 377[122].
821 § 223[14], Anh. zu § 365[8d], § 368[72], § 381[1], Anh. zu § 424[59c].
822 § 223[14], § 368[75].
823 § 368[72].
824 § 368[2].
825 § 366[49], § 368[41], [69], [69a], [75a], [79a], [83], § 377[122], § 382[66].
827 § 419[8b].
829 § 109[17], § 357[3], Anh. zu § 363[12], Anh. zu § 365[10], § 366[76], Anh. zu § 382[72], [94], § 384[25], § 390[10], Anh. zu § 424[59c].
831 § 223[14], § 368[75a], § 371[4], § 447[5].
835 § 357[2], § 368[75a], [85], [106].
836 Anh. zu § 365[10], § 447[5].
840 § 350[17].
844 § 368[75a], Anh. zu § 382[72], [94], § 419[8b], Anh. zu § 424 [59c], § 435[1].
846 § 135[4], Anh. zu § 365[10], § 368[80], Anh. zu § 424[59c], § 447[5].
847 § 368[75a], § 419[8b], Anh. zu § 424[59c].
849 Anh. zu § 365[10].
850 § 59[47], § 368[103], Vorb. v. § 369[6a].
851 § 109[17], § 200[17], § 212[16], § 222[3], § 396[20], Anh. zu § 424[14], § 435[1].
857 § 109[17], § 135[4], § 200[17], § 222[3], § 366[75], Anh. zu § 382[72], [94], Anh. zu § 424[14], [59c].
859 § 109[17].
861 E[70].
866 § 361[9].
872 § 368[80].
882 Anh. zu § 424[59c].
883 § 361[9], Anh. zu § 365[10], § 366[15], [70], Vorb. v. § 373 [83], § 377[98], Anh. zu § 382 [59e], Anh. zu 424[14], [59c].
884 § 366[15], Vorb. v. § 373[83], Anh. zu § 424[59c].
885 § 366[70].
886 § 366[70], Vorb. v. § 373[83].
887 § 59[30], § 92[2], § 349[38], § 350[2], Anh. zu § 363[15], Vorb. v. § 373[60], [82], [83], [83a], Anh. zu § 382[59e].
888 E[64], § 59[30], § 73[7], § 60[2], § 74c[7], [10], § 76[1], [8], § 91[6], § 128[16], § 350[2], Vorb. v. § 373[83a], § 375[5], [24], Anh. zu § 382[59e], § 384[25].
890 § 61[5], § 74c[7], Vorb. v. § 373[83].

§§
891 § 74c[7], Vorb. v. § 373[83].
893 § 91[6], Vorb. v. § 373[60], [83], Anh. zu § 374[149], [149c], § 377[98], § 382[16a], [59e], Anh. zu § 424[59c].
894 § 16[1], [2], [5], § 37[22], § 212[15], § 295[9], § 350[2], [35], § 366[2c], [15], § 377[60], [75a], Anh. zu § 382[79].
896 § 37[22].
897 § 366[15], [58].
898 § 366[15], [58].
901 Vorb. v. § 373[83].
917 § 368[34].
929 § 127[7].
930 § 379[22].
935—940 § 140[7], § 346[23], § 350[86], § 373[22].
935 § 146[9], § 368[46], [47].
937 § 146[9].
938 § 117[6], § 127[7], § 340[12], § 373[22].
940 § 368[46], § 379[22].
943 § 146[9].
946 § 228[1].
947 § 228[1], § 381[8a].
948 § 381[8a].
1003 § 228[1], § 363[10], § 365[13], Anh. zu § 365[1], § 381[8a], § 424[10].
1004 § 228[1], Anh. zu § 424[59d].
1005 § 228[1].
1007 § 228[1].
1016 § 381[8a].
1019 § 228[3], Anh. zu § 365[7], § 366[76], § 381[8b].
1020 § 381[8b].
1023 Anh. zu § 365[10].
1025 Vorb. v. § 373[24], Anh. zu § 376[84], [84c], [85c].
1026 § 355[23], Anh. zu § 376[84c].
1027 Anh. zu § 376[84c].
1028 Anh. zu § 376[85a].
1033 Anh. zu § 376[85].
1039 Anh. zu § 376[84d].
1042 § 124[24], Vorb. v. § 369[12], Vorb. v. § 373[80a], Anh. zu § 376[84d].
1045 Anh. zu § 376[84d].

64. Zwangsvollstreckungsgesetz.

§§
37 Anh. zu § 382[72], [90c].
52 § 349[43].
55 § 382[72].
56 § 377[122], Anh. zu § 382[45]
59 § 382[72].
90 § 382[72].

§§ 65. Gerichtskostengesetz.

33 Anh. zu § 379[10].
77 Anh. zu § 379[9].
80 Anh. zu § 379[9].
84 Anh. zu § 379[9].

66. Gebührenordnung für Rechtsanwälte.

§§
22 Anh. zu § 379[10].
29 Anh. zu § 379[10].
30 Anh. zu § 379[10].
93 § 350[46].

67. Gewerbeordnung.

§§
1 § 22[34].
6 § 1[9], § 59[22].
8 Anh. zu § 346[16].
10 Anh. zu § 346[16].
12 § 354[11].
15a Anh. zu § 37[1].
16 § 7[2].
29 § 1[9], § 7[2].
31 § 7[2].
33 § 7[2], § 377[44].
34 § 368[102], Vorb. v. § 373[54], Anh zu § 382[74b].
35 § 7[2], Vorb. v. § 93[44], § 368[109].
36 § 373[33].
38 Vorb. v. § 93[8], Anh. zu § 382[74b].
42 Anh. zu § 372[20].
43 § 7[2].
44 § 7[2], § 84[32].
44a § 84[32].
55—63 § 7[2].
105a—f § 59[28].
113 § 73[1], [4].
114 § 73[1].
120 § 22[29], § 76[18].
120a § 62[5].
123 Anh. zu § 346[28].
125 Anh. zu § 377[1], [5].
126b § 76[4], [15].
127a § 76[9].
127b § 77[1].
127e § 78[1].
127f § 79[1].
128 § 81[2].
133aff. § 58[19].
133f § 74[3].
139c, d, e § 59[28].
139g, h § 62E.
139i § 76[18].
139l § 81[2].
146 § 73[4].
147 § 18[10a], Vorb. v. § 93[44].
148 Vorb. v. § 93[44], Anh. zu § 378.
152 § 75f[1].
154 § 59[20], [28], § 76[9], [15], Anh. zu § 377[1], [5].
155 Anh. zu § 377.

68. Betriebsrätegesetz vom 4. Febr. 1920.

§§
1 § 66E.
2 § 66E.
12 § 59E.
24 § 63[14].
30 § 63[8].
35 § 63[8].
70 § 245[20].
78 § 62[18].
104 Anh. zu § 346[34].

69. Gesetz über die Erklärung der Allgemeinverbindlichkeit v. Tarifverträgen vom 23. Jan. 1923.

Anh. zu § 346[34].

70. Stellenvermittlergesetz vom 2. Juni 1910.

Art.
3 § 59[23].
6 Vorb. v. § 369[6a].
S. Vorb. v. § 93[12], [94].

71. Gewerbegerichtsgesetz.

§§
1 § 59[5b].
26 § 59[5b].
26—61 § 59[5b].
51 § 59[30], § 65[2], § 73[7].
55 § 59[5b].
81 § 59[20].

72. Gesetz über die Kaufmannsgerichte vom 6. Juli 1904.

§§
1 § 5[4], § 59[5b].
2 § 59[5b].
4 § 59[5a], [5b].
5 § 59[5a], [5b].
6 § 59[5a], [5b].
16 § 59[5b], [30], § 73[7].

73. Lohnbeschlagnahmegesetz.

§ 59[47], § 88[22].

74. Konsulargerichtsbarkeitsgesetz vom 7. April 1900.

§§
7 § 8[4].
19 E[6].
40 E[6].

75. Schutzgebietsgesetz vom 25. Juli 1900.

§ 3 E[6].

76. Reichsbahngesetz vom 30. August 1924.

§§
33 Vorb. v. § 453[4], [10]ff.
54ff. § 384[2].

77. Eisenbahnverkehrsordnung vom 23. Dezember 1908.

§§
2 Vorb. v. § 453[4].
3 § 453[11], § 465[5], § 472[7], [8].
5 § 458[6], § 472[7], [11], [13].
6 Vorb. v. § 453[4], § 453[9], § 461[2], § 462[4], § 472[7], [8].
8 § 470[4].
10ff. § 472[7], [20].
11 § 472[8].
16 § 472[18].
20 § 472[18].
26 § 472[20].
27 § 465[6].
28 § 465[5], § 472[10].
29 § 465[5].
30—35 § 465E.
30 § 458[4], § 465[5], [6].
32 § 426[18], § 465[1].
34 § 465[3].
35 § 458[4], § 465[4], § 472[10].
36 § 465[2].
37 § 466[4], [5].
38 § 458[4].
39 § 465[8].
40—43 § 465[10].
41 § 465[6].
44f. § 425[5], § 426[18].
45 § 459[14].
48f. § 425[5], § 459[14].
48 § 426[18], § 465[6].
54 § 453[6], § 459[14], § 465[5], § 467[1], [2].
55f. § 426[8].
56 § 426[14], § 453[2], [3], [5].
57f. § 426[12], § 453[3], § 456[17].
58 § 453[2], § 456[2].
60 § 426[16a], § 436[9], § 439[7], § 453[3], § 470[4].
61 § 425[11], § 426[9], § 429[11], § 444 E, § 453[2], § 455[1], [4], [7], [9], § 457[3].
62 § 456[12], [13], [17].
63 § 453[4].
64 § 453[4].
65 § 426[17], § 456[2].
66 § 459[4], [7].
67 § 453[3].
69 § 439[2].
70 § 407[23], § 436[9], § 453[2].
72 § 441[8], § 444E, § 426[13], § 456[2].
73 § 408[14], § 433[3], [12]. § 455[2], [3], [7], [8], [10], § 456[2], [15].
74 § 428[6], § 455[7], § 456[2], [15], § 459[20].
75 § 428[2], § 466E, [2].
76 § 435[12], § 436[9], § 440[14], § 441[8], § 453[3], [5], § 458[3].
77 § 456[2].
78 § 453[5] § 458[3].
79 § 435[12], § 456[2], [4], § 458[4].
80 § 435[12]. § 437[7].
81 § 373[33], § 425[15], § 429[5], § 437[2].
82 § 457[7], § 464[2].
83 § 464[2].
84 Anh. zu § 382[43], § 456[1], § 460[3], § 472[11].

§§
85 § 453[5], § 468[3].
86 Anh. zu § 382[43], § 459[1], [6], [10], § 460[3].
87 § 456[14], § 460[2].
88 Anh. zu § 374[232], § 456[2], § 457[1], [5], [6], § 466[5].
89 § 461[2].
90 § 456[5], [14], § 465[2], § 466 E.
91 § 430[5], § 456[5].
92 § 457[4].
93 § 457[4], § 466[5].
94 § 430[2], § 466 E, [5], [9].
95 § 457[1].
96 § 467[2], [6], § 472[8].
97 § 438[11], § 464[2], [3], [5], [7], § 466 E.
98 § 439[7].
99 § 429[2], § 455[7], § 456[4].
100 § 465 E, § 466[8], [10].
292 § 459[19].
454 Vorb. v. § 453[1].
456 § 456[2].
466 § 456[2].
471 Vorb. v. § 453[1].

78. Internat. Übereinkommen über den Eisenbahn-Personen- und Gepäckverkehr vom 23. Okt. 1924 [JÜP.].
Vorb. v. § 453[7] ff.

79. Luftverkehrsgesetz vom 1. Aug. 1922.
§§ 19 ff.: § 425[6].

80. Haftpflichtgesetz vom 7. Juni 1871.
§ 347[9], Vorb. v. § 369[6a].
§ 472[11], [21].

81. Gesetz über das Postwesen vom 28. Oktober 1871 mit Zusatz vom 20. Dezember 1899.
§ 3: Anh. zu § 346[35].

82. Postordnung vom 22. Dezember 1921.
§§ § 452[2].
33 Anh. zu § 382[97a].
39 Anh. zu § 361[5].

83. Gesetz über das Telegraphenwesen vom 2. April 1892.
Anh. zu § 346[35].

84. Gesetz betr. die Privatpostanstalten vom 25. Dez. 1899.
§ 425[5].

85. Kraftfahrzeuggesetz.
§ 12: Anh. zu § 374[232].

86. Binnenschiffahrtsgesetz vom 15. Juni 1895/30. Mai 1898.
§§ § 425[6].
3—4 § 431[9].
16 § 445[4].
22 § 366[60].
26 § 425[10], § 428[2], § 430[13], § 431[9], § 434[7], § 436[9], § 437[7], § 438[18], § 439[7], § 440[14], § 443[11], § 444[7], § 451[2].
36 ff. § 433[12].
42 § 428[2].
45 § 426[16a].
46 ff. § 435[12].
52 § 437[7].
58 § 429[29].
59 § 426[12], § 430[13].
60 § 430[13].
61 § 388[3], § 438[18].
62 § 429[29].
64 § 438[2].
66 § 426[13].
67 § 440[14], § 441[8].
71 § 428[2], [6].
72 Anh. zu § 363[32], § 444 E, [7], § 445[7].
73—76 § 388[3], § 446[2a], [8].
77 § 366[60].
131 § 425[10], § 444[7].

87. Flößereigesetz vom 15. Juni 1895.
§ 425[6].

88. Vereinszollgesetz vom 1. Juli 1869.
§§
13 § 409[9], § 366[60].
14 § 366[60].
97 ff. § 416[4].
134 § 384[38].

89. Münzgesetz.
§ 180[1], § 361[6].
Vgl. die dort aufgeführten Bekanntmachungen.

90. Durchführungsverordnungen zum Münzgesetz.
§ 180[1], § 361[6].

91. Reichskassenscheingesetz vom 3. April 1874/5. Juni 1906/3. Juli 1913.
§ 361[6].
Dazu Gesetz vom 4. 8. 1914. § 361[6].

92. Reichsversicherungsordnung.
§§
165 § 63[6].
1425 Vorb. v. § 369[6a].
1542 § 62
1543 § 62[17].

93. Reichsmilitärgesetz.
§ 43: § 7[2].

94. Reichsbeamtengesetz.
§ 16: § 7[2].

95. Reichsstempelgesetz. vom 26. Juli 1918.
§§
24 Anh. zu § 376[201].
28 Anh. zu § 376[201].
34—42 Anh. zu § 376[201].

96. Reichsabgabenordnung.
§§
5 § 274[14], § 306[24].
30 § 347[2c].
87 Anh. zu § 372[48a].
96 § 25[33].
97 § 25[33].
137 § 40[2].
162 § 38[5], [6], Anh. zu § 47[5].
163 § 38 E, [6], Anh. zu § 47[5].
164 § 38[1].
165 § 255[12], Anh. zu § 424[4], [12], [13], [18], [29].
166 Anh. zu § 424[4], [12], [13], [18].
189 § 349[44].
190 Anh. zu § 424[4].
202 § 36[8].
208 § 38 E.
319 § 368[98].
359 § 210[6].
366 § 7[2], § 38[11], Anh. zu § 424[4].
371 Anh. zu § 424[4].
372 Anh. zu § 424[4].
380 Anh. zu § 424[4].
397 Anh. zu § 424[4].

97. Einkommensteuergesetz vom 10. August 1925.
§§
3 § 179[21a].
29 § 161[21], § 320[45a], [116].
30—32 § 306[22].
30 § 25[34], § 155[17].
37 § 179[21a], § 335[42].
65 § 105[52], § 161[14], [21].
67 § 105[52].
83 § 320[116].

98. Körperschaftssteuergesetz. vom 10. August 1925.
Art.
1 § 179[21a].
2 § 320[45a].
3 § 202[40], § 179[21a].
4—6 § 105[52].
4 § 179[21a], § 320[45a].
10 § 179[21a], § 245[19a].
13 § 25[34].
15 § 105[52], § 320[116].
18 § 25[34], § 306[22].
21 § 179[21a].

99. Erbschaftssteuergesetz vom 22. August 1925
§ 28: Anh. zu § 424[4].

100. Reichsbewertungsgesetz vom 10. August 1925.
Art.
46 § 105[52].

101. Kapitalverkehrssteuergesetz vom 10. August 1925.
Art.
2 § 179[13], 182[17].
2b § 201[40].
3 § 320[45a], § 179[13].
4 § 179[13].
5 § 161[20], § 179[29].
6 § 179[13], § 182[12], § 185[14], § 306[22].
6a § 179[13], § 278[5], § 279[2b].
6b § 186[24], § 278[5].
6c § 179[18].
6e § 201[40].
7 § 306[22].
9 § 306[22].
10 § 179[21].
11 § 179[14], § 306[22].
11a § 179[15].
11b § 179[15].
11e § 201[40].
12 § 306[22].
13 § 290[15].
16 § 105[52a], § 161[20], § 360[26], § 342[6].
17 § 111[9a], § 173[6], § 141[33].
17d § 105[17b].
18 Anh. zu 141[33].
19 § 103[52a], § 306[26].
20 § 179[21].
21 Anh. zu § 342[6].
23 § 335[42].
32 § 245[19a].
Art.
35ff. § 94[6], § 282[16], Anh. zu § 342[6].
36 § 1[36], § 188[5].
61 § 282[14].
66 § 245[19a].
72 § 179[15].
75 § 195[14d], § 284[1].
90 Anh. zu § 342[6].

102. Ausführungsbestimmungen zum Kapitalverkehrssteuer-Gesetz.
Art.
15 § 179[20].
16 § 179[18a].
17 § 179[20].
30 § 290[16].
52 § 105[52a].
167 § 94[6].
197 § 282[14].
212 § 245[19].

103. Gesetz zur Änderung der Verkehrsteuern vom 10. August 1925.
§§
1 § 1 Ziff. 2 § 306[22].
2 Art. II § 186[24].

104. Industriebelastungsgesetz vom 30. August 1924.
§§
47 Anh. zu § 382[76].
48 Anh. zu § 382[76].

105. Grunderwerbsteuergesetz vom 12. September 1920.
§§
1 § 306[22].
3 § 292[18].
8 § 182[12].
13 § 261[31].
14 § 261[31].

106. Umsatzsteuergesetz.
§ 38[1].

107. Ausführungsbestimmungen zum Umsatzsteuergesetz.
§ 4[18].

108. Finanzausgleichsgesetz vom 23. Juni 1923.
§ 36: § 306[22].

109. Reichsausgleichsgesetz. vom 20. November 1923.
§ 54ff.: § 384[2].

110. Gesetz über die Regelung der Kohlenwirtschaft vom 23. März 1919.
§ 178[14c].

111. Verordnung v. 14. Februar 1920 betr. Berechnung der Fristen.
§ 359[11].

112. Gesetz über die Regelung der Kaliwirtschaft vom 24. April 1919.
§ 178[14c].

113. Durchführungsverordnung vom 18. Juli 1919.
§ 178[4c].

114. Versailler Friedensvertrag.
Art.
366, 440 Vorb. v. § 453[8].

II. Gesetze der Länder.

a) Preußen.

115. Ausführungsgesetz zum BGB.
Art.
6 § 6[3], § 210[7].
7 § 6[3].
11 Anh. zu § 372[68].
12 § 350[23].
84 § 300[11].

116. Ausführungsgesetz zum HGB. vom 24. Sept. 1899.
Art. § 4[22].
3 § 8[3].
4 § 292[16].
6 § 367[7].

117. Gesetz betr. die Angelegenheiten der freiwilligen Gerichtsbarkeit.
Art.
17 § 302[14].
31 § 9[2], § 373[33].
Art.
35 § 9[2].
53ff. § 182[14].
55 § 258[4].
57 § 9[2].
61 § 257[4], § 259[4].
63 § 259[4].
64 § 259[4].
84 § 259[4].
85 § 259[4].
86 § 259[4].
90 § 259[4].
95 § 259[4].

118. Preuß. Gewerbe-Ordnung.
§ 6[3].

119. Preußisches Strafgesetzbuch.
§ 270: Anh. zu § 346[19, 21].

120. Berggesetz vom 24. Juni 1865.
§§
105 Anh. zu § 376[47c].
142 § 350[23].
180 Anh. zu § 376[47c].
222 Anh. zu § 376[47c].

121. Stempelsteuergesetz.
§ 32: § 303[16].

b) Bayern.

122. Ausführungsgesetz zum BGB.
Art. 13: Anh. zu § 346[16].

c) Hessen.

123. Polizeistrafgesetz vom 30. Oktober 1855.
Art. 381: Anh. zu § 346[19].

III.

124. Allgemeine Verfügung des Justizministers über die Führung des Handelsregisters vom 7. November 1899.
§§
10 § 11[4].
27 § 182[17].

125. Gesetze vom 24. Februar 1870, 19. August 1897 und 2. Juni 1902 betr. Revisoren.
§ 192[3].

126. Allgemeines Landrecht.
§§
90ff. I 5 Anh. zu § 361[2].
128 I 11 Anh. zu § 382[57].
183 I 11 Anh. zu § 382[38].

127. Enteignungsgesetz vom 11. Juni 1874.
§ 350[23].

128. Berner Frachtübereinkommen.
Vorb. v. § 453[5]ff., § 454[2].
Art.
2—7 § 453[13].
6 § 426[14a].
7 § 426[16a].
8 § 453[13].
10 § 427[10].
11 § 453[9].
12 § 470[8].
14 § 428[2].
15 § 433[12].
16 § 435[12].
17 § 436[9].
18 § 428[6], § 455[11].
19 § 468[5].
23 § 443[11].
24 § 437[7].
27 § 453[13], § 469[12].
Art.
28 § 469[12].
29 § 431[9], § 458[3].
31 § 459[24].
32 § 460[6].
34 § 430[13], § 457[8].
35 § 461[7].
37 § 430[13], § 461[7].
38 § 463[5].
39 § 466[9].
40 § 466[9].
41 § 430[13], § 461[7].
42 § 459[24].
43 § 467[8].
44 § 438[18], § 464[8].
45 § 439[7], § 470[8].
46 § 470[8].
47 § 469[12].

IV.

129. Corpus juris.
L 17 § 1 D de R. J. § 109[21].

Alphabetisches Sachregister.

Erläuterung der Abkürzungen.

A. in den Stichworten:

AG. = Aktiengesellschaft.
GmbH. = Gesellschaft mit beschränkter Haftung.
GV. = Generalversammlung.
HR. = Handelsregister.
KG. = Kommanditgesellschaft.
KGaA. = Kommanditgesellschaft auf Aktien.
in L. = in Liquidation.
o.HG. = offene Handelsgesellschaft.
p.h.G. = persönlich haftender Gesellschafter.

B. in den Verweisungen:

Die römischen Zahlen bedeuten die vier Bände des Werkes, die vollgedruckten arabischen Zahlen die Paragraphen des Handelsgesetzbuchs, die kleinen erhöhten Zahlen die Anmerkungen.

Ferner bedeutet:
A = Anhang (nach dem Paragraphen).
E = die allgemeine Einleitung (Band I S. 1—27).
E = die Einleitung (zu Beginn des Paragraphen).
V = Vorbemerkung (vor dem Paragraphen).

A

Ab III § 372 A [32], § 373 V [56a], IV § 382 A [49]; ab Fabrik (Erfüllungsort) III § 372 A [29]; ab Kai IV § 382 A [49]; vgl. frei.
Abänderung s. Änderung.
Abbruch, Kauf III § 350[38], § 373 V [55]; vgl. Holz.
Abfälle IV § 382 A [6].
Abfindung, Entschädigung I § 142 [4]; Guthaben I § 141 A [7].
Abgabe s. Steuer.
Abgelegen, Bestimmungsort IV § 468.
Abgeleitete Firma I § 22 E.
Abhandenkommen s. Verloren.
Abholzung III § 350 [38]; vgl. Holz.
Abkömmling s. Kind.
Abkürzung, Bezeichnung I § 17 [1]; Firma I § 17 [1], [7], § 25 [4], § 37 [26]; Unterschrift III § 350 [57].
Abladegeschäft III § 372 A [46b], § 376 [38], [39], § 377 [8], IV § 382 A [49a]; Gefahr IV § 382 A [51].
Abladekonnossement IV § 382 A [48a], [62] (S. 545).
Ablader IV § 382 A [62] (S. 545); Verfolgungsrecht IV § 382 A [103].
Abladezeit IV § 382 A [96a].
Abladung IV § 382 A [48a]; Bahngut (s. Entladen).
Ablauf des Geschäftsjahrs § 314 [4], [6]; vgl. Teil.
Ablehnung des Antrags III § 361 A [19]; des Auftrags I § 92 [7], § 93 V [8]; der Beförderung IV § 453; des Geschäfts I § 85 [3a]; der Geschäftsbesorgung III § 362 [16]; Kommissionsantrag IV § 383 [38], § 384 [2a]; Konkursverwalter IV § 382 A [83]; einer Vorlage in der GV. II § 275 [1].
Ablieferung, Frachtgut IV § 429 [8], § 456 [6] (abgelegener Ort) IV § 468; Gefahr IV § 382 A [45b]; -Hindernis IV § 437 [1]; Mängelanzeige IV § 377 [16a], § 378 [9]; Ort IV § 382 A [108]; Verjährung IV § 377 [137]; vgl. Lieferfrist.
Abnahme III § 373 V [67]; Erfüllungsort III § 372 A [16a]; Gefahr IV § 382 A [45b]; Handelsgeschäft III § 343 [29]; Hauptverpflichtung III § 374 A [168a], [191]; Interesse III § 373 V [68]; Klage III § 373 V [67], [82], § 373 [42]; Kosten IV § 382 A [120]; Ort III § 373 V [72]; Pflicht III § 374 A [168a], [191]; Spezifikation III § 375 [5a], [24]; Sukzessivkauf III § 374 A [139a]; Verjährungsbeginn III § 377 [137]; Verzug III § 374 [9], § 374

A [161], [165]; IV § 382 A [45c]; Ware III § 373 V [67]; Weigerung III § 374 [9], § 374 A [170]; Zeit III § 373 V [71].
Abnehmer III § 373 V [72]; vgl. Kunde.
Abnutzung II § 261 [35]; III § 354 E.
Abonnement, Karte III § 365 A [9]; Sammler I § 59 [14].
Abraum IV § 382 A [59b].
Abrechnung als Handelsgeschäft III § 343 [27]; in offener Rechnung III § 357 A [9]; als Schuldschein III § 344 [10].
Abrollen, Ware IV § 382 A [37], [126], § 407 [27], § 413 [2], § 435 [5].
Abruf III § 359 A [5], § 373 V [71], § 374 A [161], [167], IV § 382 A [32]; als Hauptverpflichtung III § 374 A [168], [191]; Weigerung III § 374 A [170].
Absatzquelle III § 373 V [3a].
Abschlagsdividende II § 215 [2]; vgl. Vorauszahlung.
Abschluß, -Agent I § 84 [14], III § 372 A [36]; Arglist IV § 377 [150]; Eisenbahnfracht IV § 453 [2]; Frachtvertrag IV § 431 [5]; des Geschäfts I § 94 [3]; Kauf III § 373 V [17]; Kommissionsvertrag IV § 383 [38]; -Provision IV § 396 [8]; -Vollmacht (Agent) I § 85 A (Reisender) I § 54 [3].
Abschreibung, Begriff II § 237 [13]; AG. II § 213 [9], § 215 E, § 245 [9], § 275 [4], § 314 [6]; Anfechtung § 271 [12]; Bilanz § 39 [1], § 40 [2], [9], § 46 [5]; feste Prozentsätze § 261 [5]; Festsetzung § 260 [1]; GV. § 261 [6]; Kenntlichmachung II § 261 [16a]; o.HG. I § 141 A [5], [13]; o.HG. in L. I § 154 [2]; Rückgängigmachung II § 261 [7]; Tantieme II § 237.
Abschrift, Aktionär § 256 [7]; vgl. Handelsbücher (Vorlegung).
Absender zum Frachtführer IV § 426 [7], § 429 [2], § 433 [5], [7].
Absendung als Annahme III § 361 A [71]; -Ort IV § 457 [3]; vgl. Versendung.
Absicht II § 312 [8]; vgl. Arglist, Vorsatz.
Absolut, Handelsgeschäft III § 343 [3]; Handelsgewerbe § 1 [31]; Nichthandelsgeschäft III § 343 [21]; Vollmacht I § 50 [2].
Absonderungsrecht III § 366 [82], § 368 [85]; Kommission IV § 392 [5b].
Abstempelung, Aktien II § 185 [11], § 288 [7], § 289 [2], § 290.
Abstimmung II § 252 [28], § 256 [16].
Abstimmungsergebnis II § 256 [12], § 273 [16].
Abstimmungserfordernis II § 275 [2], [7]; Kapitalserhöhung § 278 [9]; Kapitalsherabsetzung § 288 [12].
Abstimmungsfreiheit II § 252 [31b].
Abstrakt bei Bürgschaft III § 349 [3]; Schade III § 374 A [29], [59]; vgl. Schuldversprechen.
Abstufung, Stimmrecht II § 252 [12].
Abtretung s. Übertragung.
Abtretungsgebiet, Erfüllungsort III § 372 A [21], [30].
Abtretungsurkunde, Bürge III § 349 [46].
Abwälzung, Unmöglichkeit IV § 382 A [39b].
Abwarten als Verzicht? III § 374 A [148].
Abweichung, Akkreditiv III § 363 A [29]; Kommissionär IV § 384 [6], § 385 [11]; Spediteur IV § 408 [15]; Versendungsart IV § 382 A [40a], [41].
Abwendung der höheren Gewalt? IV § 456 [9]; des Zurückbehaltungsrechts III § 369 [53].
Abwesende, Vertragsschluß III § 361 A [5], [35].
Abwicklungsgeschäft I § 141 A [22].
Abzahlungsgeschäft IV § 382 A [74–74e]; Agent I § 88 [4]; im Konkurs IV § 382 A [93]; Minderkaufmann I § 4 [28].
Achsenbruch IV § 456 [8].
Achtstundentag I § 59 [28].
Actio quanti minoris s. Minderung.
Actio redhibitoria s. Wandelung.
Adoption s. Annahme an Kindes Statt.
Adreßspediteur s. Empfangsspediteur.
Adressat IV § 435 [2]; vgl. Empfänger.
Affidavit III § 373 V [56a]; IV § 424 A [3].
Afterbürge s. Nachbürge.
Agent I § 1 [77], [84], § 4 [20]; Ehefrau als A E 74; Empfehlung (Haftung) III § 349 A [39]; Gesellschafter als A. I § 112 [2]; Handelsgeschäft III § 343 [27]; Handlungsvollmacht I § 54 [2]; gegen Kommissionär IV § 383 [9] (S. 612), § 383 [14]; gegen Mäkler I § 93 [2]; vertrauenswürdig III § 373 V [39a]; vgl. Handlungsagent.
Agenturähnlich, Verhältnis I § 92 [18].
Agio, AG. II § 195 [15], § 278 [13]; -Klausel beim Wertpapierhandel IV § 381 [12a]; Reservekonto II § 262 [15], § 282 [1].
Akklamation s. Zuruf.
Akkreditiv III § 349 [64], § 363 A [14]; Erfüllungsort III § 363 A [42], § 372 A [29]; Lieferung gegen A. III § 373 V [41]; Stellung III § 374 A [168]; Vermittlung IV § 406 [1] (S. 735).

Akkreditivbank III § 363 A [16], [42], IV § 382 A [48b]; Pflichten des Käufers III § 363 A [16], gegen Käufer § 363 A [24], des Verkäufers § 363 A [19].

Akontozahlung § 373 B [62b].

Akquisiteur I § 59 [14].

Aktie II § 178 [19]; Ausgabe II § 184 [6], § 200 [18], § 209 [1], [10], § 278 [5], § 313, § 314 [10], § 320 [25], § 342 A [1], (an Aufsichtsratsmitglied) § 245 [3a], (an Vorstand) § 237 [29], § 245 [4], (neue Aktie) § 287 [1]; Ausgabepflicht II § 179 [10], [11]; Ausgabepreis II § 211; Austausch II § 306 [25], Erwerb als Anschaffung I § 1 [36], [40]; Handel I § 1 [40]; Kaduzierung (s. Verfall); Kauf IV § 381 [5]; KGaA. II § 320 [16]; im Kontokorrent III § 355 [15b]; als Sache II § 179 [8]; Übertragung II § 212 [12], [23]; Veräußerung II § 317 [8]; Verwirkung § 211 [10], § 212 [22]; (vgl. Verfall;) als Wertpapier II § 179 [9]; III § 369 [16]; Zeichnung II § 189 [20]; III § 349 A [37b]; IV § 381 [12b], § 383 [9c], § 406 [1] (S. 735); Zusammenlegung II § 250 [9]; Zuteilung an Erwerber II § 188 [5]; vgl. Betrag, Bezugsrecht, Einlage, Hinterlegung, Inhaber-A., Kraftloserklärung, Mehrstimmen-A., Namens-A., Umtausch, Vorrats-A.

Aktienanteil, Anfechtung II § 271 [10]; Stimmrecht II § 252 [3a].

Aktienanteilschein, AG. II § 179 [1c].

Aktienbuch I § 38 [6]; II § 218 [4], § 222 E [1], [10], § 223, § 239 [11], § 250 [12]; mehrere Berechtigte II § 225 [12]; Verwahrung II § 302 [9].

Aktieneinlage (Einzahlung) II § 200 [5], § 298 [2]; als Aktivum II § 261 [44]; Einforderung II § 252 [26]; KGaA. II § 320 [62].

Aktienformular II § 181 [4]; vgl. Vordruck.

Aktiengattungen II § 185 [4], [4b], [9], § 212 [27a], § 245 [11], § 252 [10], [11], § 274 [6], § 275 [4], § 278 [11], § 300 [8]; Kapitalsherabsetzung § 288 [18]; KGaA. § 320 [23], [25].

Aktiengesellschaft (AG.) II §§ 178—209.

A. Verfassung und Vertretung: Begriff II § 178 [15]; Gesellschaftsämter II § 211 [13]; Prokura I § 48 [4], § 53 [1], § 232 [27], § 238 [8], (Widerruf) § 52 [3]; Verfassung und Geschäftsführung II §§ 231—273; Zweigniederlassung I § 13 [7]; vgl. Aufsichtsrat, Gesellschaft, Tantieme, Vorstand, Vorstandsmitglied.

B. Rechtsverhältnisse der Gesellschaft und der Gesellschafter II §§ 210 bis 230: Bekanntmachungen II § 309 [10]; AG. als Gesellschafterin II § 182 [16], § 186 [6]; Grundbuch I § 17 [10], II § 201 [10]; Haftung für Empfehlung III § 349 A [37]; als Handelsgesellschaft II § 210 [14]; III § 351 [3]; als juristische Person II § 178 [22], § 210 [1]; als Kaufmann II § 210 [14], III § 351 [3]; als Kommanditistin II § 161 [6], § 320 [14]; Steuerpflicht II § 179 [21a]; als stille Gesellschafterin II § 335 [5]; als Testamentsvollstreckerin II § 210 [4]; als Treuhänderin II § 210 [4]; als Verkaufskommissionärin IV § 400 [31]; als Vollkaufmann § 210 [15]; vgl. Aktionär, Firma, Grundkapital, Sitz.

C. Geschäftsführung II §§ 231—273: Bekanntmachungen II § 309 [10]; Buchführung I § 38 [3]; II § 231 [8]; Gewinnverteilung II § 213 [6], § 214; Haftung II § 232 [37], [43], § 268 [1]; Revision II § 266 [2]; vgl. Bilanz, Eröffnungsbilanz, Generalversammlung, Minderheitsrechte, Revisor, Umstellung.

D. Errichtung: Allgemeines II § 188 [4], § 196 [12]; Anmeldung II § 201; Eintragung II § 200 [1], [14]; Erwerb (Anlagen) II § 207, (Firma) I § 22 [10]; Gründung II §§ 182—194, (Prüfung) § 266 [2], (Strafbarkeit) § 313; Prüfung durch Registerrichter II § 198 [6], [11]; Umwandlung II § 332; Veröffentlichung II § 199.

E. Änderung und Auflösung II §§ 274 bis 311: Abänderung des Gesellschaftsantrags II § 198 [10], § 274; Auflösung II § 292 [1]; Löschung von Amts wegen II § 309 [16]; Nichtigerklärung II § 309; Überschuldung II § 240 [10]; Untergang (Liquidation) II § 302 [5]; Veräußerung des Vermögens II § 274 [2a], § 303 [9], [10]; Vereinigung II § 305 [12]; Verschmelzung II § 306 [13]; Zahlungsunfähigkeit II § 240 [9], [19]; vgl. Fortsetzung, Konkurs, Nichtigkeitsklage.

F. Liquidation: Allgemein II § 294, § 302 [5]; GV. § 254 [28]; Haftung für Liquidatoren II § 298 [13]; Kapitalserhöhung II § 278 [24]; Satzungsänderung II § 274 [13], § 294 [11]; Vereinigung II § 305 [2]; Verschmelzung II 306 [1], [3]; vgl. Liquidator.

Aktienhandel, betrügerischer § 312 [1].

Aktienkapital s. Grundkapital.

Aktienkommanditgesellschaft s. KGaA.

Aktiennummer II § 219 [7], § 228 [1].

Aktienpaket II § 185 E, § 306 [24].

Aktienrecht, Entstehung II § 287 [4].

Aktienurkunde II § 223 [25], § 237 [4]; Umlauffähigkeit § 229; bei Zusammenlegung § 290 [5]; vgl. Abstempelung.

Aktienzeichnung II § 189 [20], III § 350 [45]; als Handelsgeschäft II § 189 [24], III § 343 [24]; Ungültigkeit II § 310 [2]; vgl. Anfechtung.

Aktionär, Abschriften I § 9 [2]; II § 257 [4], § 259 [13], § 263 [2], § 299 [9]; Anfechtungsklage II § 271 [10]; Auflösung der AG. II § 292 [21]; Auskunft II § 257 [2], § 260 [20], § 261 [16a], § 314 [5]; Ausschließung II § 213 E, §§ 218, 227, 288; Austritt II § 189 [25], § 213 E; als Dritter I § 15 [2]; II § 250 [10], § 272 [2]; Einsicht II § 257 [4]; als Gesellschafter einer o.HG. I § 112 [2]; als Kaufmann? I § 1 [18]; als Konkursgläubiger II § 292 [9]; Kündigung II § 292 [22]; als Nebenintervenient II § 268 [2], § 271 [16], § 272 [7]; Nichtigkeitsklage II § 273 [19]; Rückstände II § 288 [14]; bei Sammeldepot IV § 424 A [59b]; Schadensersatz II § 267; Stimmrecht II § 252, § 260 [5]; Teilnahme an der GV. II § 252 [32], § 271 [11]; Vermögensveräußerung II § 303 [3], § 304 [11]; Verschmelzung II § 306 [13]; Vorlegung von Büchern II § 302 [11]; Zahlungsfähigkeit II § 202 [16]; vgl. Aktie, Einlage, Herausdrängung, Herrschaftsrechte, Konkurs, Minderheitsrechte, Nebenleistung, Notar, Sonderrecht.

Aktionärgruppe II § 317 [8]; Aufsichtsrat II § 243 [2d], [2e].

Aktiva, Ausschließung der Übertragung I § 22 [6]; Bilanz I § 40 [4], II § 260 [22], § 261 [3], [10]; Pächter I § 22 [17]; Übertragung § 22 [22–28].

Aktivsaldo, KG. I § 172 [2]; KGaA. II § 320 [67]; o.HG. I § 155 [14], [15].

Akzept- Kredit III § 373 V [65]; -Provision IV § 396 [14a].

Akzessorisch, Handelsgeschäft (s. Hilfsgeschäft); Vertragsstrafe III § 348 [3].

Alleinbezugsrecht III § 374 A [161].

Alleinverkaufsrecht III § 346 A [16a]; Agent I § 88 [2], § 92 [8]; Entlassung des Gehilfen I § 70 [5]; Mäkler I § 93 [17]; Vertrauenswürdigkeit III § 373 V [39a].

Allgemein, Auffassung III § 346 [7], [14]; Verkehr IV § 453 V [10] (vgl. öffentlich); Vollmacht zum Aktienstimmrecht II § 252 [17].

Allonge III § 365 [2].

Alsbald s. Sofort.

Alte Firma I § 18 [15].

Altverkauf IV § 382 A [6].

Altware IV § 377 [39d], [40], [41], [48] § 382 A [6].

Amendement II § 256 [11].

Amortisation s. Einziehung.

Amortisationsrate III § 352 [1]; Verjährung III § 352 [16].

Amt, von Amts wegen, Aufwertung III § 374 A [225].

Amtlich, Pfandveräußerung III § 368 [67].

Amtsgericht, Geschäftsverteilung I § 146 [9]; AG. II § 254 [16], § 295 [6], [12]; KG. I § 166 [7].

Amtsverband I § 36 E.

Analog s. entsprechend.

Analyse s. Chemie.

Anbieten, Dienste I § 70 [4].

Andauernd, mangelhafte Lieferung III § 374 A [195].

Anderes, Frachtgut IV § 436 [3]; für Rechnung anderer (s. Rechnung); Stellung I § 59 [25]; Ware IV § 377 [4], [136], [197], § 378 E [1], [13], § 379 [13], § 391 [4]; (Kauf nach Probe) IV § 382 A [6b]; (Übergabeverzug) III § 374 A. [43]; (Wertpapier) IV § 381 [11].

Änderung der abgeleiteten Firma I § 22 [11]; des Betriebes als Entlassungsgrund I § 70 [5]; des Erfüllungsortes III § 372 A [28]; Firma I § 30 [1] (Einfluß auf Prokura), § 52 [15]; Formvorschrift III § 350 [49]; des Gesellschaftsvertrags (AG.) II § 182 [31], § 186 [22], § 256 [8], § 274 [2], (AG. in L.) § 294 [11], (KGaA.) § 320 [108]; der Gesetzgebung III § 374 A [48c]; Grundstücksvertrag III § 350 [26]; Handelsgesetzbuch I E [4]; Inhalt der Leistung III § 374 [2c]; Juristische Person I § 34; der nach Katalog bestellten Sache III § 373 V [70]; Klassenzugehörigkeit I § 59 [22a]; Miete III § 350 [40]; Name der Prokuristen I § 53 E; o.HG. I § 105 [30]; Rechtsverhältnisse im HR. I § 15 [4]; Umstände III § 374 A [48b]; Vertragsannahme III § 361 A [58]; Vertragsgegenstand III § 374 A [147]; Vornamen I § 18 [5]; Wahl? III § 374 A [108]; Währung III § 372 A [48a]; Weisung an Kommissionär IV § 385 [1]; vgl. Veränderte Umstände.

Anderweitiger Anstellungsvertrag als Entlassungsgrund I § 72 [10]; Verkauf III § 374 A [66]; (Gattungssache) III § 373 [15a]; vgl. nachträglich.

Androhung der Ablehnung III § 374 A [93]; positive Vertragsverletzung III § 374

A [179], [180]; Rücktritt III § 374 A [81]; Selbsthilfeverkauf III § 373 [31], [32]; Versteigerung III § 374 [4].

Anerkennung (Anerkenntnis) I § 160 [3]; III § 350 [17]. Anfechtung II § 272 [7]; als Erfüllungsgeschäft III § 346 A [5]; des Erlöschens III § 372 A [74]; als Handelsgeschäft III § 343 [27], § 345 [4]; Kommission IV § 396 [23]; Kontokorrent IV § 376 A [61]; des Kontokorrentsaldos III § 355 [25], IV § 376 A [61], [114], [186]; des nichtigen Geschäfts III § 346 [8]; der offenen Rechnung III § 357 A [4]; als Schuldschein III § 344 [10]; A und Verjährung IV § 377 [138e]; Verzug III § 374 A [17b], [52b]; Zahlung als A. III § 374 A [12a].

Anfang des Monats III § 359 A [33]; vgl. Beginn, Eröffnungsbilanz.

Anfechtung (Anfechtbarkeit), Aktie II § 212 [20]; Aktienübertragung II § 223 [10]; Aktienzeichnung II § 178 [11], § 189 [25], § 213 [4], [5], § 287 [3], § 308 [3a]; Annahmeleistung III § 361 A [73a]; Auseinandersetzung I § 145 [11]; Auseinandersetzungsguthaben I § 141 A [8], § 142 [4]; Börsengeschäft IV § 376 A [31]; Bürge, Bürgschaft III § 349 [17], [21]; Dienstvertrag I § 70 [24], § 75 [10]; Eigentumsübertragung III § 366 [48]; Einbringung II § 186 [20]; Einfluß auf Zeugnis § 73 [6]; Eintragung im Aktienbuch II § 223 [11]; Eintritt des Konkursverwalters IV § 382 A [82f]; Erfüllungsort III § 372 A [9], [16]; Erklärung IV § 377 [164]; Erlöschen III § 366 [43]; Generalversammlungsbeschluß II § 197 [6], § 243 [1], §§ 271—273, nam. § 273 [12–15], § 308, (KGaA.) § 320 [17], § 327 [7]; gegen Gesellschaft I § 124 [2]; Gesellschafter § 129 [8]; Gesellschafterbeschluß § 116 [4]; Gesellschaftsvertrag § 109 [9], § 123 [9], § 133 E [24]; Gewährleistung IV § 377 [177]; Handelsregister I § 8 A [11]; Kommission IV § 383 [21], § 387 [4], § 392 [16]; Kontokorrentsaldo III § 355 [29–29c]; Mäklergebühr I § 93 B [21]; Quittung III § 372 A [70]; Selbsteintritt des Kommissionärs IV § 400 [21a]; Stille Gesellschaft II § 339 [28], § 342 [1]; unerlaubte Handlung IV § 377 [177b]; Veräußerung des Geschäfts I § 22 [6]; Vereinigung von AG. II § 305 [28], § 308 [3a]; Vermögensveräußerung II § 307 [4]; Verschmelzung II § 306 [4a], § 308 [3a]; Vorstandsbestellung II § 231 [33]; Wahl II § 253 [2]; Wirkung IV § 377 [165]; Zwangsvergleichsbürgschaft III § 349 [20]; vgl. Irrtum, Täuschung, Willensmangel.

Anfechtung wegen Gläubigerbenachteiligung, Zurückbehaltungsrecht III § 369 [61].

Anfechtungsklage gegen Nichtigkeitsklage II § 273 [20].

Anfrage III § 361 A [10].

Angebot der Erfüllung III § 373 [11], § 374 [9]; als Handelsgeschäft III § 343 [29], § 345 [3]; Übertragung II § 186 [6]; wörtlich III § 373 [11a]; Zurückbehaltungsrecht III § 369 [49].

Angehörige der Gehilfen, Arbeitshindernis I § 72 [5]; Wettbewerbsverbot I § 74 [6].

Angeld s. Draufgabe.

Angemessen, Frist III § 374 A [87], [88]; Preis III § 373 B [26], [32b]; Vergütung I § 59 [33].

Angenommener Name I § 37 [12]; vgl. erdichtet, falsch.

Angestellter des Agenten I § 86 [7]; Haftung III § 349 A [38], IV § 382 A [40b]; Interessenwahrnehmung III § 349 A [36]; Kaufmann als A. eines anderen III § 343 [10]; Sicherheiten I § 38 [8]; Verantwortung II § 232 [44]; Verleitung zum Dienstaustritt IV § 377 A [5]; Zeugnisverweigerung III § 349 A [144]; vgl. Handlungsgehilfe, Leute.

Angestelltenrat s. Betriebsrat.

Angestelltenversicherung, Agent I § 84 [6]; Gehilfe I § 63 [6].

Anhaltend, Krankheit I § 72 [8].

Anhaltung, Frachtgut IV § 433; vgl. Verfolgungsrecht.

Ankündigung, Aktien II § 203 [1]; Strafbarkeit II § 203, § 313 [4]; vgl. Prospekt.

Ankunft, Frachtgut IV § 435 [1]; vgl. glücklich, wohlbehalten.

Anlage, AG. II § 186 [2], § 207 [3], § 261 [35], [37].

Anleihe s. Darlehen.

Anleihegeschäft I § 1 [67].

Anlernung III § 374 A [161], [168].

Anmeldung, Aktienbuch II § 222 [3]; vgl. Handelsregister, Konkurs.

Annahme, Anweisung III § 363 [8], [9], [10]; Erbschaft I § 27 [15]; Erfüllung IV § 376 A [47]; als Erfüllung IV § 382 A [8]; am Fernsprecher I § 54 [13]; Frachtgut IV § 436 [3], § 438 [4], § 456 [6], § 464 [1]; Gehalt unter Tarif I § 59 [33c]; als Handelsgeschäft III § 343 [29]; an Kindes Statt I § 26 [1];

mangelhafte Ware IV § 377 [118], [118a]; Tantieme I § 65 [9]; Einfluß auf Vertragsstrafe III § 348 [18], [20]; des Vertrages III § 361 A [23]; (Beurkundung) III § 361 A [77]; (ohne Erklärung) III § 361 A [67]; Verzug (s. Annahmeverzug); Wille IV § 382 A [59]; Willenserklärung III § 346 [16]; an Zahlungs Statt I § 75 A [3], § 88 [6]; Zeit IV § 457 [3].

Annahmeerklärung III § 361 A [66].

Annahmestempel, Eisenbahn IV § 469 [2].

Annahmeverzug I § 63 [8], III § 373 B [79], § 373 E [1]; Aufwertung III § 374 A [224]; Gefahrübergang IV § 382 A [45], [45c]; Käufer III § 374 E, IV § 382 A [31a], [45a]; Spezifikation III § 375 [3]; Sukzessivlieferungsgeschäft III § 374 A [136]; Verkäufer III § 374 [8]; Verschulden III § 374 A [14]; Versender IV § 409 [2]; Zinspflicht III § 353 [10].

Annahmeweigerung, Kündigung I § 66 [9]; Wettbewerb I § 74 [10].

Annehmbar, Preis III § 373 B [35].

Annonce, Akquisiteur IV § 415 A [8]; Bureau (Spediteur) I § 1 [76], [84], IV § 406 [3], § 415 A [8]; Sammler IV § 415 A [8]; vgl. Anzeige, Inserat, Zeitungsanzeige.

Annullierung III § 374 A [95].

Anormal, Marktlage III § 373 B [32a].

Anpreisung IV § 377 [41], [152]; vgl. Marktschreierei, Reklame, Zeitungsanzeige.

Anrechnung, anderweiter Verdienst I § 70 [16]; Wartegeld I § 74c.

Anregung des Registerrichters I § 37 [9].

Anschaffung als Handelsgeschäft III § 343 [23], IV § 376 A [7]; vgl. Kauf.

Anschaffungspreis, Bilanz II § 261 [18], [20], [29]; Vertragspreis III § 373 B [26a]; Verwaltungskosten II § 261 [21].

Anschaffungswert II § 299 [6]; Kaufpreis III § 373 B [35].

Anschlußgeleise IV § 470 [4].

Ansichtssendung IV § 377 [199], § 382 A [13].

Anspruchskonkurrenz III § 346 A [9].

Anstalt I § 62 [2]; in der Firma I § 18 [12b]; zur Gewinnerzielung III § 347 [22].

Anstand I § 62; Differenzeinwand IV § 376 A [213]; vgl. Sittlichkeit.

Anstellung (Anstellungsvertrag), Gehilfe I § 59 [7], [35]; als Handelsgeschäft III § 343 [7], [14], § 344 [5]; als Hilfsgeschäft III § 343 [11], [27]; als Schuldschein III § 344 [10]; bei Verschmelzung II § 306 [14]; vgl. Dienstvertrag, Gehilfe.

Antichrese s. Verpachtung.

Antiqua (Schriftgattung) I § 1 [84].

Antrag zum Vertrage III § 361 A [2]; im Konkurs IV § 382 A [76a].

Antragsrecht, Firmenschutz I § 37 [9]; vgl. Anregung.

Antritt des Dienstes I § 59 [5a]; der Frachtreise IV § 428 [1].

Anwachsen s. Zuwachsen.

Anwartschaft IV § 455 [3].

Anweiser I § 59 [14].

Anweisung III § 363 [1]; bürgerliche III § 363 [16]; Firma I § 17 [3]; Form III § 350 [41]; Handelsgeschäft III § 343 [27]; kaufmännische III § 363 [1–18]; mündliche III § 363 [15]; Verkehr I § 1 [68]; wegen der Versendung IV § 382 A [31b]; als Wertpapier III § 369 [16]; Zurückbehaltungsrecht III § 369 [40]; vgl. nachträglich, Weisung.

Anwesende, Vertragsannahme III § 361 A [4], [27].

Anwesenheitsliste s. Generalversammlung.

Anzeige (Anzeigepflicht), Agent I § 84 [18]; an Agenten I § 86 [4]; Schrankfachmiete IV § 424 A [10]; Spediteur IV § 408 [26]; Unregelmäßigkeiten (Gehilfe) I § 72 [2]; vgl. Annonce, Mängelanzeige, Nachricht, Zeitungsanzeige.

Anzeigensammler I § 59 [14]; vgl. Annoncenbureau, Zeitungsanzeige.

Anzeigenvertrag s. Zeitungsanzeige.

Apotheke, Sonntagsruhe I § 59 [28].

Apotheker, „A." in der Firma I § 18 [10a], [13], § 22 [11]; als Kaufmann I § 1 [28], [44], [84], § 335 [8]; Ladenschild I § 37 A [4].

Apothekergehilfe als Handlungsgehilfe I § 59 [20], [22]; Kaufmannsgericht § 59 [5a].

Appretieren (Appretur), Handelsgeschäft I § 1 [57], [84]; Zurückbehaltungsrecht III § 369 [48].

Arbeiter I § 59 [17].

Arbeiter-, Unterstützungsreserve II § 262 [29]; Versicherung I § 1 [59]; Vertreter (im Vorstand) II § 231 [14] (vgl. Betriebsrat).

Arbeitsamkeit, Lehrling I § 76 [17].

Arbeits-, Aussetzung I § 70 [31]; Gemeinschaft IV § 406 [1]; **Kraft** (als Aktivum) I § 40 [5]; Mittel I § 1 [43], [52], § 4 [11] (vgl. Betriebsmittel, Inventar, Maschine, Werkzeug); Ordnung I § 59 [35b]; **Pflicht** (als Aktivum) I

§ 40 [5]; Platz I § 59 [27]; Raum I § 62 E; Vertrag I § 59 E.
Arbeitszeit I E [21]; Gehilfe I § 59 [28], § 62 [4]; Lehrling I § 76 [17].
Arbitrage III § 372 A [32], [46c], § 373 B [24a]; Getreidehandel IV § 376 A [144].
Arbitragegeschäft IV § 376 A [163], [174], [176].
Arbitrator III § 373 B [24]; vgl. Schiedsgutachter.
Architekt I § 1 [85], § 2 [3]; Scheinkaufmann § 5 A [1].
Arglist III § 346 [21], [31], § 346 A [12], IV § 377 [77]; Einwand der Arglist III § 346 [21], IV § 377 [176]; gegen Formvorschriften III § 350 [81]; Gewährerlaß IV § 377 [121c]; gegen Verjährung IV § 377 [146], [147], [160], [176]; gegen Vermutung III § 344 [14]; gegen Vermutung der Vollständigkeit III § 350 [78]; bei Erfüllung III § 346 A [12c], IV § 377 A [56a], [169f]; im Handelsverkehr III § 346 [21], § 346 A [21]; bei Kauf nach Probe IV § 382 A [6]; bei Kommission IV § 424 A [96]; im Kontokorrent III § 355 [15d]; Raterteilung III § 349 A [7–9]; als unerlaubte Handlung IV § 377 [169]; Verhältnis zu Gewährleistung und Anfechtung IV § 377 [56a], [169], [177]; gegen verspätete Rechtsausübung III § 374 A [148]; vgl. Anfechtung, Kollusion, Täuschung, Verhinderung, Verschulden, Verschweigen, Vorspiegelung, Willensmangel.
Armenrecht, AG. II § 210 [13a]; o.HG. I § 105 [9].
Arrangementsgeschäft § 376 A [10].
Arrest § 135 [4]; gegen AG. § 289 [4]; AG. in L. § 301 [3]; gegen Erben § 27 [15]; o.HG. § 124 [32], § 155 [6].
Arrha s. Draufgabe.
Art, der Beförderung IV § 382 A [41]; des Gewerbebetriebes I § 2 [7], [9], § 3 [9], § 4 [18], [19].
Artvollmacht I § 54 [1].
Arzneitaxe III § 354 [12].
Arzt (ärztlich), Behandlung I § 63 [9]; Untersuchung I § 72 [6]; Verkauf der Praxis III § 373 B [3]; Wettbewerb III § 373 B [3].
Aufbewahrung beanstandeter Ware IV § 379 E [12]; Haustier IV § 382; vgl. Handelsbücher, Verwahrung, Wertpapiere.
Aufdeckung unreellen Geschäftsgebahrens III § 346 A [31].
Aufenthalt der Gläubiger III § 372 A [55]; der Wohnsitzlosen III § 372 A [22].
Aufenthaltsverbot, Wohnsitz III § 372 A [20].
Aufforderung zur Stellung von Anträgen III § 361 A [10], [13].
Aufgabe s. Einstellung.
Aufgabeort III § 372 A [32].
Aufführungsagentur IV § 383 [45], § 406 [1].
Aufgabe vorbehalten IV § 383 [10].
Aufgebot s. Kraftloserklärung.
Aufhebung der Bilanzfeststellung II § 260 [4]; Fixcharakter IV § 376 [42]; eines Grundstücksgeschäfts III § 350 [32]; der Kapitalserhöhung II § 278 [21]; Kauf IV § 377 [63a]; der Miete III § 350 [40]; der Satzungsänderung II § 274 [7]; des Vertrags (Mäklerlohn) I § 93 B [26]; vgl. Reserve.
Aufhören s. Beendigung, Einstellung.
Aufklärung, Bilanz und Geschäftsbericht II § 260 [20], § 261 [16a]; vgl. Aktionär.
Aufladen s. Verladen.
Auflassung, Einmanngesellschaft II § 292 [18]; Form III § 350 [84]; KGaA. II § 334 [7]; o.HG. I § 111 [9]; Veräußerung (AG.) § 303 [16]; Verschmelzung § 306 [13]; Verstaatlichung § 304 [10]; vgl. Erfüllungsgeschäft.
Auflösend, Bedingung III § 373 B [22a] IV § 382 A [54]; Eigentumsvorbehalt IV § 382 A [91], [92a], [95a].
Auflösung, AG. II § 178 [10], § 292 [1]; Dienstvertrag der Gehilfen § 67 [2]; Gesellschaft, Begriff § 131 [1], II § 292 [1]; einer Gesellschaft, die als Kommanditistin beteiligt ist § 177 [3]; einer Handelsgesellschaft, an der ein stiller Gesellschafter beteiligt ist § 339 [5], [11]; KGaA. § 320 [113], § 330 [1]; o.HG. (Geschäftsführungsbefugnis) I § 117 [2] (Handelsregister) § 16 [2]; stille Gesellschaft II § 339 E [12], [13], § 340 [1]; Versicherungsgesellschaft II § 178 [10]; vgl. Reserve.
Aufnahmeschein IV § 455 [9].
Aufrechnung, Abtretung IV § 376 A [58]; Agent I § 88 [20]; Aktieneinzahlung II § 221 [4]; AG. II § 279 E; Bank III § 363 A [1]; Bankverwahrung IV § 424 A [69]; Börsengeschäft IV § 376 A [47f], [48], [56], [60], [89]; Bürgschaft III § 349 [16], [21], [44]; Firmenübernahme I § 25 [10], [16]; Fracht IV § 438 [5]; Gesellschafter I § 127 [10]; Handlungsgehilfe I § 59 [47], § 64 [5]; Kaufpreis III § 373 B [63c]; KG. I § 171 [2], [20]; KGaA. I § 124 [33], II § 320 [57]; Kommission IV § 397 [12], § 399 [1]; Kontokorrent III § 355 [19], IV § 376 A [32a]; Nachlaßverbindlichkeit § 27 [15];

o.HG. § 124 [33], § 129 [5], § 131 [14]; o.HG. in L. § 145 [4], § 156 [23]; offene Rechnung III § 357 A [1a]; Orderpapier III § 364 [14]; Reisender § 54 [5]; als Sacheinlage II § 186 [6]; Selbsthilfeverkauf III § 373 [55]; Sicherungskauf III § 373 V [51]; Spediteur IV § 414 [8]; Untreue I § 72 [2]; verjährte Ansprüche IV § 377 [142]; Verjährung IV § 377 [138c]; Vertrag IV § 376 A [60], [109], [113], [150], [185].

Aufruf III § 361 A [13b].

Aufruhr IV § 456 [8]; vgl. Unruhe.

Aufschiebend, Bedingung IV § 382 A [54]; Eigentumsvorbehalt IV § 382 A [90], [92], [95a]; Einrede der Erben III § 374 A [158].

Aufseher, Verwaltungskosten § 261 [21].

Aufsichtsrat:

A. Verfassung: Anmeldung II § 198 [5]; Bekanntmachung II § 244; Beschlußfähigkeit II § 315 [2]; Bestellung II § 190, § 195 [12]; des ersten A. (KGaA.) II § 320 [29]; Einladung II § 246 [14]; KGaA. II § 320 [92]; in L. II § 294 [6], [8]; Wahl II § 243, § 320 [95]; Widerruf II § 243, § 320 [95]; Zahl der Mitglieder II § 243 [3]; Zusammensetzung II § 243 E, § 320 [95]; vgl. Betriebsrat.

B. Befugnisse: Abänderung des Gesellschaftsvertrages II § 274; Befreiung des Vorstandes II § 241 [5]; Bemerkungen zur Bilanz II § 260 [21]; Bestellung des Vorstandes II § 231 [20]; Bestimmung über Vertretungsmacht des Vorstandes II § 232 [15a]; Einberufung der GV. II § 253 [2]; Verhältnis zu p.h.G. II § 320 [84], [89]; Prokurabestellung II § 238; Vertretung der AG. § 247; der KGaA. § 320 [73].

C. Aufgaben: Ausführung der Beschlüsse der Kommanditisten II § 328 [1]; Buchführung II § 239 [2]; Entlastung II § 260 [8]; Prüfung der Bilanz II § 260 [21], § 299 [3], [7]; Prüfung der Nachgründung II § 207 [7], [12]; Reservekonten II § 262 [34]; Stimmenkauf II § 317 [9]; Überwachung II § 246, (der Liquidatoren) II § 298.

Aufsichtsratsmitglied, Amtsdauer II § 243 [5], [6], § 320 [95]; Anfechtungsklage II § 271 [15]; Auftrag II § 246 [1], [6], [12], [12a]; Ausscheiden bei Verschmelzung II § 306 [14]; Bestellung II § 243 [1], (bei Nachliquidation) II § 302 [21]; Eigenschaften II § 243 [2d], [4]; als Geschäftemachen? II § 236 [4]; als geschäftsführender Beamter II § 248 [1]; Haftung § 204, § 241 [20], § 249 [2], [10], § 261 [17], § 268, § 320 [98], (in der Bilanz) § 267 [17], (bei Umwandlung) § 334 [4], (bei Verschmelzung) § 306; als Handelsgeschäft III § 343 [13], [28]; als Kaufmann I § 1 [18]; Ordnungsstrafe II § 319 [2], [4]; Rücktritt II § 243 [8a], [9–13a], § 272 [5]; Sorgfalt II § 249 [1]; Stimmrecht II § 266 [1]; Strafbarkeit II § 312 [4], § 313, § 314, § 315; Teilnahme an GV. II § 246 [9a]; Vergütung II § 320 [92], [96]; Vertragsverhältnis II § 243 [2]; im Vorstand II § 248 [5]; Wahlbeteiligung II § 252 [26]; Widerruf II § 243 [8], § 252 [26]; eigene Zuständigkeit II § 246 [1]; vgl. Tantieme.

Aufsichtsratssteuer § 245 [19].

Aufstellung (Montierung), Erfüllungsort III § 372 A [29], [30].

Aufsuchen eines neuen Dienstes I § 66 [13]; vgl. Vorstellung.

Auftrag I § 58 A [72], III § 349 [57], IV § 383 [18]; Aktienstimmrecht II § 18 [5]; Beendigung I § 58 A [90]; Börsengeschäft IV § 376 A [76], [92], [123], [159]; Bürgschaft III § 349 [38]; Differenzgeschäft IV § 376 A [200]; Erfüllungsort III § 372 A [29]; Form III § 350 [46]; Grundstücksverkehr III § 350 [24]; als Handelsgeschäft III § 343 [27]; Prokura I § 49 E, § 50 [1]; an den Verkäufer IV § 382 A [32]; Vertretung I § 48 [1], § 58 [11]; gegen Vollmacht I § 58 [11].

Auftragsbestätigung III § 372 A [35].

Auftragszettel III § 372 A [36].

Auftreten der Gesellschaft § 123 [9]; als Kaufmann § 5 A [2].

Aufwartefrau I § 59 [21], [22].

Aufwendung, Bankverwahrung IV § 424 A [73]; KG. I § 163 [5]; o.HG. § 110 [3]; o.HG. in L. § 156 [5]; vgl. Gründungsaufwand.

Aufwertung III § 374 A [228]; Aktieneinzahlung II § 218 [16]; Anzeigenpacht IV § 415 A [10]; Ausgabepreis II § 283 [12]; Bankguthaben IV § 424 A [47a]; Depositenguthaben IV § 424 A [47a]; Eisenbahnschade III § 374 [226], [234], IV § 457 [7], § 470 [7]; Kaufpreis III § 373 V [76b], § 374 A [211], [212]; Leistungsweigerung III § 374 A [38c], [220]; o.HG. I § 105 [37], § 111 [9a]; offene Rechnung III § 357 A [5a]; Selbsteintritt des Kommissionärs IV § 400 [21a]; Sicherheit I § 59 [34b]; Spedition IV § 409 [11a], § 414 [5]; Urteil III § 373 V [80c], § 374 A [206]; Zinsen III § 352 [17], § 353 [4]; vgl. Geldentwertung.

Auktionator (Auktionskommissar) I § 1 [85], III § 373 [33]; vgl. Versteigerung.
Ausbesserung als Beruf I § 1 [56]; Zurückbehaltungsrecht III § 369 [48]; vgl. Reparatur, Nachbesserung.
Ausbeutung, unsittliche III § 346 A [31]; vgl. Knebelung.
Ausbietungsgarantie II § 261 [17].
Ausbildung, Lehrling I § 76 [5], [12], § 82; vgl. Anlernung.
Ausdrücklich, Anweisung IV § 390 [7]; Bankverwahrung IV § 424 A [37], [39]; Bürgschaft III § 349 [10]; Erklärung I § 22 [7], § 25 [12], § 86 [3]; Ladeschein IV § 445 [1]; Lagergeschäft IV § 419 [2]; o.HG. I § 105 [5], § 125 [2] (Ausschließung von der Vertretung); Prokura I § 48 [5]; Selbsteintritt IV § 405 [5]; Verzicht IV § 424 A [37], [39].
Auseinandersetzung, als Handelsgeschäft III § 343 [25], [27]; KG. II § 177 A [13], [27]; o.HG. I § 158; p.h.G. II § 330 [35], § 332 [8]; stille Gesellschaft II § 340 [3].
Auseinandersetzungsguthaben, Abtretung I § 109 [14].
Ausfall, Bahnzug IV § 472 [20].
Ausfallbürgschaft s. Schadlosbürgschaft.
Ausfallmuster (Ausfallprobe) III § 361 A [91], IV § 377 [33], § 382 A [4], [5].
Ausfuhr, Bewilligung I § 84 [16], III § 373 B [56a], [70b], § 374 A [168], IV § 382 A [31a]; (als Eigenschaft) IV § 377 [44]; Kommission IV § 383 E [40], § 406 [2]; Verbot III § 346 A [25], § 382 A [49c], [49e]; vgl. Export.
Ausführung s. Erfüllung.
Ausführungsanzeige IV § 400 [5].
Ausführungsgeschäft, Kommission IV § 383 [11], § 392 [4], § 396 [2], § 399 [3].
Ausgabe s. Aktien, Emission.
Ausgabeaufwand § 279 [7].
Ausgabepreis, Aktie II § 278 [12], § 282 [5]; Aktienbezugsrecht § 283 [4]; Aufwertung § 283 [12]; Zeichnungsschein II § 189 [6].
Ausgeliefertes Gewicht III § 372 A [32], IV § 382 A [49a].
Ausgeschieden, Gesellschafter I § 41 [1]; Kommanditist I § 166 [13], § 171 [22].
Ausgeschlossen, Beförderung IV § 467 [1]; Beförderung von Reisenden IV § 472 [8].
Ausgleichsquittung III § 372 [70a]; als Verzicht I § 63 [11].
Ausgleichung von Vorteil und Schaden III § 347 [25]; bei gutem Glauben III § 366 [69].
Aushändigung, Probe IV § 382 A [4].
Aushilfe I § 69; ferner § 59 [9], [26], § 66 [13], § 67 [10]; Zeugnis I § 73 [1].
Auskehren I § 59 [26]; vgl. roher Dienst.
Auskunftbureau (Auskunftei), Haftung III § 349 A [34]; als Kaufmann I § 1 [85], § 2 [3], § 58 A [82].
Auskunfterteilung I § 54 [19]; arglistig III § 346 A [31]; über Gehilfen I § 59 [5a], § 73 [9]; Haftung III § 349 A; als Handelsgeschäft III § 343 [29]; Kommissionär IV § 384 [1a], [18]; Verantwortung I § 58 A [82], § 73 [9]; Zollamt IV § 408 [2].
Auskunftpflicht, Agent I § 84 [20]; Gehilfe § 72 [10], § 74 c [10]; über Gehilfen § 73 [9]; Gesellschafter § 118 [2]; Käufer III § 374 A [27a]; o.HG. I § 109 [14], § 141 [2], § 141 A [30]; Verkäufer III § 373 B [61]; Wartegeld I § 74e [9]; vgl. Rechenschaft.
Auslage, Agent I § 90; Aufsichtsrat II § 245 [2]; Fracht III § 374 A [167], § 438 [5]; Gehilfe I § 59 [34a]; Kaufmann III § 354 [10]; Kommissionär IV § 396 [11], [12]; Lagergeschäft IV § 420 [3]; Mäkler I § 93 B [15]; Spediteur IV § 407 [7], § 408 [26], § 409 [7]; § 413 [11]; Zinsen III § 354; Zoll III § 374 A [167]; vgl. Aufwendung, Vorschuß.
Ausland (Ausländer, Ausländisch), AG. I § 30 [14], II § 178 [13], § 189 [28], [32], § 201 [13], § 292 [20], IV § 376 A [104]; Aktien-Stimmrecht II § 252 [30]; Anteile IV § 376 A [104]; Aufsichtsrat II § 243 [4]; Banknote IV § 373 B [7], § 376 A [8]; Bilanzveröffentlichung II § 201 [38]; Börse IV § 376 A [8], [14], [93]; Börsentermingeschäft (Abschluß) IV § 376 A [22], [80], [84d], [93], [125], [197], (Erfüllung) IV § 376 A [80], [125], [153], (Fähigkeit) IV § 376 A [23], [80]; Differenzgeschäft IV § 376 A [197]; Einfuhrverbot IV § 407 [25]; Eisenbahnfracht IV § 453 B [5–7], [13]; Firma I § 17 [49]; Firmenmißbrauch I § 37 [10]; Firma im Ausland I § 37 [21]; Firmenschutz I § 30 [14]; Frachtführer IV § 432 [2]; Fusion II § 305 [1]; Geld III § 361 [4], [7]; Gesellschaft I § 6 [3], § 28 E, III § 372 A [11b]; Getreidehandel IV § 376 A [153]; Handelsbrauch III § 346 [12]; Handelsehefrau I E [75]; Handelsgesellschaft II § 210 [20]; Handelsregister II § 201 [31]; Inhaberpapier III § 367 [2]; KGaA. II § 330 [26]; Kommission IV § 424 A [122], [129]; Konkurs IV § 382 [89a]; Kündigung I § 67 [6]; Münze IV § 381 [10d];

Namenschutz I § 37 [16]; Notar II § 182 [14]; o.HG. I § 105 [45], § 133 [20]; Prozeßrecht III § 372 A [11]; Recht III § 372 A [11]; Recht zum Gewerbebetriebe I § 6 [3]; Rechtsfähigkeit II § 201 [39]; Registerbescheinigung I § 8 [6]; Reichswährung I § 40 [1]; Scheck IV § 381 [10c]; Schmuggel III § 346 A [25]; Sicherheitsleistung I § 13 [19]; Sitz der Gesellschaft II § 292 [20]; Spiel IV § 376 A [197]; Sprache I § 17 [22], III § 350 [61]; Staat I § 36 [13], III § 372 A [12]; Stückeverzeichnis IV § 424 A [83]; Urteil IV § 376 A [81], [198]; Veräußerung eines Geschäfts I § 22 [41]; Verbotsgesetz III § 372 A [30]; Verein I § 33 [4]; Verfolgungsrecht IV § 382 A [117]; Versicherungsunternehmung I § 33 [4]; Vertragsstrafe III § 348 [34]; Vorstandsmitglied II § 231 [12]; Währung III § 361 [4], [7], [9], [11], § 373 B [76a], [80d], § 384 [2], § 396 [14], [14b], § 430 [7]; Waren III § 360 [4], IV § 382 A [39b]; Wechsel IV § 381 [10c]; Wette IV § 376 A [201]; Wettbewerb (Schutz) I § 37 [26 (4)]; Zahlungsmittel III § 361 [11]; Zahlungsverbot III § 372 A [64]; Zweigniederlassung § 13 [1], [6], [10], [11], § 30 [4], § 38 [5], § 201 [19], § 309 [17]; vgl. Außereuropa Devise, Staatsangehörigkeit.

Auslaufen s. Leckage.

Auslegung, Androhung III § 374 A [95]; Anstellungsvertrag I § 59 [35b]; Gesellschaftsvertrag I § 109 [1], II § 182 [30]; Gesetz I E [31], § 63 [7]; Kommission IV § 384 [7]; Nebenerklärung III § 374 A [95a]; Revision III § 346 [14]; Tatsachenwürdigung III § 346 [14]; Urkunde III § 350 [79]; Vertragsstrafe III § 348 [35]; Wettbewerbsverbot I § 74 [4], [17]; Willenserklärung III § 346 E.

Auslieferungs-Provision IV § 396 [7]; -Schein IV § 424 [11].

Auslobung III § 361 A [13b].

Auslosung, Aktie II § 227 [2].

Ausnahme-Tarif IV § 461; -Vorschriften I § 174 [4].

Ausscheiden, KG. I § 177 A [8], [15]; KGaA. II § 330 [28]; vgl. Austritt.

Ausschlagung, Erbschaft I § 139 [6], [12]; Frist I § 27.

Ausschließung, der Gebundenheit III § 361 A [16]; von der Geschäftsverbindung III § 346 A [35]; Kommanditist I § 177 A [11], [15]; p.h.G. II § 330 [34]; Vertretung I § 125 [2]; vgl. Aktionär.

Ausschluß der Haftung bei Anfechtbarkeit III § 377 [163]; bei Arglist IV § 377 [156]; bei Gewährleistung IV § 377 [121]; bei unerlaubten Handlungen IV § 377 [171]; beim Wertpapierkauf IV § 381 [8k], [13d]; vgl. Freizeichnung.

Ausschlußfrist III § 346 [19], § 377 [189]; Fracht IV § 439 [5].

Ausschreibung, gute Sitten III § 346 A [20].

Ausschuß des Aufsichtsrats II § 246 [12], [12b].

Ausschüttung, AG. II § 185 [7]; Konkursmasse II § 307 [11]; o.HG. I § 155 [9]; vgl. Reserve.

Aussicht III § 373 B [3a].

Aussonderungsrecht, Effekten IV § 383 [33a], [34], [35a]; Kommission IV § 392 [5b]; vgl. Verfolgungsrecht.

Aussperrung III § 346 A [32].

Aussprache s. Erörterung.

Ausstand (Streik) III § 373 B [3a]; Eisenbahn IV § 456 [8]; Gehilfe I § 72 [4], [5], [10]; gute Sitten III § 346 A [32]; Lehrling I § 80 [2]; Propaganda I § 72 [2], [10]; Vorbehalt III § 374 A [49]; vgl. Teilstreik.

Ausstellung I § 1 [8], Stand als Laden I § 56 [2]; vgl. Saisongeschäft.

Aussteuer I § 59 [33].

Austauschtheorie III § 374 A [25a].

Austragen, Pakete I § 59 [26]; Quittungen durch Lehrling I § 76 [7]; vgl. rohe Dienste.

Austritt, Gehilfe § 70 E, § 71 (Wettbewerbsverbot § 75 [2], [3], [4]); Gesellschafter § 24, § 28 [9], § 105 [48]; Lehrling § 77 [7]; vgl. Ausscheiden.

Austrocknung IV § 459 Nr. 4 [12].

Ausübung eines Rechts, Schikane III § 346 A [9].

Auswahl, Beförderungsweg IV § 425 [12]; Pfänder III § 368 [52]; -Sendung IV § 382 A [15a]; der Transportperson IV § 382 A [33], [35], § 408 [5]; Transportweg IV § 407 [7]; Verrichtungsgehilfe I § 58 A [80]; Versicherungsgesellschaft IV § 390 [8]; vgl. Wahl.

Auswanderungsagent I § 84 [8], [15].

Ausweisung, Gesellschafter I § 140 [3]; Wohnsitz III § 372 A [20].

Auszahlung, Kauf einer A. III § 372 A [65c].

Auszahlungsgeschäft III § 372 A [65a].

Auszeichnung, als Vermögen III § 373 B [3a].

Außenarbeit I § 59 [29].

Außengeschäft IV § 376 A [3].

Außenseiter IV § 376 A [34].
Außenstände, Bewertung III § 314 [6].
Außerbörsliches Geschäft IV § 376 A, E.
Außereuropa I § 68 [2]; Vertragsstrafe I § 75c [6]; Wettbewerbsverbot I § 75b [2]; vgl. Ausland.
Außergeschäftlich, Verhalten des Gehilfen (Entlassung) I § 72 [10], (Zeugnis) I § 73 [4]; vgl. Privat . . .
Außergewöhnlich s. ungewöhnlich.
Äußerlich, Ereignis IV § 456 [8].
Außerordentlich s. Generalversammlung.
Äußerster Preis III § 373 B [28].
Außervertragliche Ansprüche (Erfüllungsort) III § 372 A [16]; Verschulden (Eisenbahn) IV § 456 [3], § 459 [23].
Automat, Kauf III § 373 B [37]; als offener Laden I § 37 A [5]; Sonntagsruhe I § 59 [28].
Automatenrestaurant § 59 [14].
Automobil s. Kraftwagen.
Avalkonto, Bilanz I § 40 [7], II § 261 [17].
Average-Klausel IV § 382 A [49a] (S. 504).

B

B III § 373 B [29].
b (bezahlt) III § 373 B [29].
Bäcker als Kaufmann I § 1 [84], § 4 [14], [16], § 59 [11]; Getreidehandel IV § 376 A [138]; Sonntagsruhe I § 59 [28].
Bade-Anstalt I § 1 [58], II § 180 [4]; -Marke III § 365 A [9].
Bahn (Bahnhof), Bahnsteigkarte III § 365 A [9]; Buchhandel I § 59 [14]; Gefahrlosigkeit IV § 472 [12]; Bahnamtliches Gewicht IV § 453 [2]; Bahnlagernd IV § 429 [9]; Pfandrecht (Aufwertung) III § 374 A [228], [230]; Post IV § 452 [1], [3]; Spediteur IV § 407 [27]; vgl. Eisenbahn.
Baisse-Klausel III § 373 B [28].
Bank (Bankgeschäft, Bankier), Begriff IV § 424 A [24]; Aktiendepot II § 252 [8], § 318 [1], [3]; AG. II § 265; Aktienstimmrecht II § 252 [8]; Aktienübernahme II § 278 [19], § 282 [1]; Aufwertung III § 374 A [230]; Bareinzahlung II § 195 [19]; Beratungspflicht IV § 383 [9b]; Börsengeschäft IV § 376 A [20]; als Erfüllungsgehilfin III § 372 A [65a]; Erfüllungsort III § 372 A [29]; als Fabrik? IV § 376 A [104]; „B." in der Firma I § 18 [10], § 20 [1]; Geschäftsbedingungen III § 316 [17]; Inhaberpapiere (Erwerb) III § 367 [3]; des Käufers III § 373 B [65b]; als Kaufmann I § 1 [64–69], [84]; Konnossement IV § 382 A [62e]; Ladescheinbeleihung IV § 447 [6]; Lokalbank IV § 424 [117]; Pfandrecht III § 366 [64]; Pfandversteigerung III § 368 [35]; Schrankfach IV § 424 A [5], [8]; Überweisungsempfänger III § 372 A [60c]; des Verkäufers III § 373 B [65a]; Vertretung in GV. II § 318 [10]; Werkvertrag III § 372 A [65b], [65c]; Zentralbank IV § 424 [117].
Bankauszahlung III § 372 A [65c].
Bankdepotbuch I § 38 [8].
Bankgeheimnis III § 349 A [44].
Bankkonto III § 372 A [60b].
Bankkredit, kein Darlehen I § 54 [20].
Banknote, Kauf III § 373 B [7], § 381 [10a].
Bankquittung III § 372 A [70a].
Bankrembours III § 374 A [17a].
Bankrott II § 317 [12].
Banküberweisung III § 372 A [60a], [60c]; statt Barzahlung III § 373 B [63c].
Bankverwahrung III § 363 A [2]; Aktienstimmrecht II § 252 [8]; Erfüllungsort III § 372 A [29]; uneigentliche IV § 424 A [46]; Wertpapiere IV § 424 A [1], [17], [35].
Barauslage, Aufsichtsrat § 245 [2]; vgl. Auslage.
Barauszahlung, Giro III § 363 A [3].
Barbier I § 1 [56], [84], § 4 [19].
Bardepot, AG. II § 195 [19].
Bareinzahlung II § 195 [17].
Bargründung II § 313 [1a].
Barkauf III § 372 A [45a], § 373 B [37].
Barzahlung, Kauf III § 373 B [63c]; Pfandversteigerung III § 368 [55].
Bau-Buch I § 38 [6]; Geldgeber I § 1 [67], [84]; Handwerker (als Kaufmann) I § 1 [48], [49], [55a], [84], (als Minderkaufmann) I § 4 [4]; Materialienhändler I § 1 [46], [84]; Meister (als Gesellschafter) I § 110 [6], (als Kaufmann) I § 1 [85]; Spekulant I § 5 [1]; Tischler (s. Handwerker); Übernahme (als Handelsgeschäft) III § 343 [22]; Unternehmer (als Kaufmann) I § 1 [46], [48], [55a], [85], § 2 [3], II § 335 [7], (Niederlassungsort) III § 372 A [20]; Zinsen (AG.) II § 186 [2], § 215 [6].
Baumwolle, Fracht IV § 459 [12].
Bausch und Bogen IV § 382 A [55]; Mängel IV § 377 [181]; vgl. Vermögensveräußerung.
Beamter, Gewerbebetrieb I § 7 [2]; als Handlungsbevollmächtigter I § 36 [11]; als Hand-

lungsgehilfe I § 36 [11], § 59 [9]; als Kaufmann I § 1 [8], [23]; als Vorstandsmitglied II § 231 [12].

Beanstandung s. Mängelanzeige.

Bearbeitung I § 1 [44], [52], [53], § 4 [18]; vgl. Reparatur.

Beaufsichtigungsrecht, KG. § 163 [7], § 166 E.

Beauftragter, Geldversendung § 372 A [65].

Bedarf, Abruf nach B. III § 346 [19]; § 359 A [5].

Bedenkzeit III § 361 A [17].

Bedeutung der Handlungen III § 346 [1].

Bedingte Auskunft III § 349 A [46].

Bedingter Beschluß, GV. § 251 [7], § 274 [12], § 277 [4], § 288 [15], § 292 [6].

Bedingtes Geschäft, Auflassung IV § 382 A [71]; Eigentumsübertragung IV § 382 A [64]; Handelsmäkler I § 95 [5]; Kauf IV § 382 A [54]; Schlußnote I § 94 [6]; Selbsteintritt IV § 400 [8]; Zivilmäkler I § 93 B [16], [30]; vgl. Auflösend, Aufschiebend.

Bedingte Schulden I § 22 [29].

Bedingung, auflösende IV § 382 A [54]; aufschiebende § 382 A [54]; Auslegung III § 346 [19]; Bürgschaft III § 349 [3]; Deckungskauf III § 374 A [72]; Dienstverhältnis des Gehilfen I § 66 [2], § 67 [1], § 70 [23]; Genehmigung I § 58 A [120]; Kauf III § 373 B [22a]; Kündigung I § 66 [10]; Schweben III § 366 [77]; stille Gesellschaft II § 339 [9].

Bedingungsweise zugelassene Güter IV § 453 [6], § 467 [1]; Reisende IV § 472 [8].

Bedürfnisanstalt I § 62 [5].

Beendigung, Agentur I § 92 [6]; Frachtvertrag IV § 425 [16]; Gehilfen-Dienstverhältnis I § 59 [34b], § 66 [2], (Geheimnisse) § 59 [41], (Unglücksfürsorge) § 63 [4]; Gründungsgesellschaft II § 188 [4]; Kaufmannseigenschaft I § 1 [25], § 2 [11], [15–17], § 3 [15]; Lehrzeit I § 77 [4]; Mäkler I § 93 B [42a]; Rechtsverhältnis I § 15 [4]; vgl. Ende, Erlöschen.

Beförderungs- Bedingungen IV § 453 [6], (Kleinbahn) IV § 473; Frist IV § 428 [1]; Gehilfe IV § 431 [1], § 438 [15], § 458 [4], § 472 [11]; Güter I § 1 [70]; Hindernis IV § 456 [2]; Mittel (des Kommissionärs) IV § 396 [16], § 397 [3], (des Spediteurs) IV § 415 A [6]; Reisende I § 1 [70], [71], [72]; Schein IV § 426 [18]; Zeit IV § 453 [9]; Zwang IV § 453 [5], [13], (Kleinbahn) IV § 473 [3], (Reisende) IV § 472 [8], [16].

Befrachter § 382 A [62].

Befreiung, Bürgschaft III § 349 [26], [38]; Sorgfaltspflicht III § 347 [29]; Stimmenthaltung II § 252 [24]; der Ware III § 373 B [59], § 374 A [168]; vgl. Frei, Freizeichnung.

Befriedigung, Pfandgläubiger III § 368 [40]; Zurückbehaltung III § 371.

Befristung s. Erfüllungszeit.

Befugnisse, Ansprüche des Handlungsgehilfen auf B. I § 59 [32].

Begebungsvertrag III § 364 [1], § 365 [6]; Aktie II § 222 [9]; Orderpapier III § 365 [9]; vgl. Emissionskonsortium.

Begehungsort III § 349 A [11], § 372 A [16]; vgl. Tatort.

Beginn, Dienstverhältnis I § 59 [34b]; Frist III § 359 A [18]; Gewerbebetrieb I § 1 [10a], [24], § 343 [14]; Tag III § 359 A [24].

Beglaubigung, öffentliche I § 12 [2].

Begleitpapiere III § 363 A [15], [35], IV § 382 A [62], § 427; vgl. Dispositionspapiere.

Begräbnis, Arbeitsunterbrechung I § 63 [8].

Begleitung, Eisenbahnfracht IV § 459 [6], [14].

Begünstigung, Bahnfracht IV § 453 B [4], § 453 [9].

Beharrlich I § 72 [3].

Behörde, Bekanntmachung III § 367 [4]; als Liquidator II § 295 [1]; Willenserklärung III § 361 A [15b]; Zahlungsempfang III § 372 A [60b].

Behördliche Stelle, in der Firma I § 18 [10].

Beibuch I § 38 [6]; Beweiskraft § 47 A [2].

Beiderseitig (beide Teile), Handelsgeschäft III § 369 [7], IV § 391 [2]; Kontokorrent III § 355 [8], III § 345; Verkehrssitte III § 346 [11]; Vertragsstrafe III § 384 [29].

Beimischung IV § 378 [4].

Beirat I § 59 [22].

Beischlaf, außerehelicher I § 63 [2], § 72 [10].

Beistand des Aktionärs II § 250 [17].

Beitrag s. Einbringen, Einlage.

Bekanntmachung E [4]; AG. II § 182 [25], [26–29a]; Geschäftsschulden I § 27 [8]; HR. I § 8 A [13], § 15, II § 277 [6]; Inhaberpapier (Verlust) III § 367 [4].

Belastung, Wandelung IV § 377 [66a].

Beleg, Kommission IV § 384 [19].

Beleidigung, Agent § 92 [8]; Gehilfe (s. Ehrverletzung); Gesellschafter § 133 [20].

Beleuchtung, Arbeitsräume I § 62 [5].

Belohnung s. Entgelt, Entlohnung.

Benachbart s. Nachbarort.

Benachrichtigungspflicht, Einkaufskommissio-

när IV § 424 A [127]; Eisenbahn IV § 456 [2]; Frachtführer IV § 437 [2]; Selbsthilfeverkauf III § 373 [49], [50].
Benachteiligung, AG. II § 312 [4].
Beneficium excussionis realis III § 368 [86].
Benutzung der abgelehnten Probeware IV § 382 A [19c].
Bequemlichkeit III § 346 [19].
Beratungspflicht s. Raterteilung.
Beraubung, Lagergut IV § 417 [3]; vgl. Diebstahl, Entwendung.
Berechnung, unrichtige, s. Rechenfehler.
Berechtigtes Interesse I § 74 A [1], [2], III § 349 A [34], [35].
Bereicherung I § 171 [19], III § 343 [29]; Aufwertung III § 374 A [215], [235]; Erfüllungsort III § 372 A [16]; Fixgeschäft IV § 376 A [68]; Kommissionär IV § 383 [20].
Bereithaltung s. Bereitstellung.
Bereit sein zur Lieferung III § 373 [11], § 374 A [10].
Bereitstellung der Ware III § 374 A [168]; Zurückbehaltungsrecht III § 369 [51].
Bergbau s. Bergwerk.
Bergsturz IV § 456 [8].
Bergung I § 93 V [8a].
Bergwerk (Bergbau) II § 1 [37], § 2 [3], § 5 A [1]; Ausbeutung III § 350 [38].
Bergwerksgesellschaft I § 2 [4], § 33 [2]; bewegliche Anteile II § 207 [4]; Handel mit Anteilen IV § 376 A E, [100], [104].
Berichterstatter als Handlungsgehilfe I § 59 [14], [19], [22].
Berichtigung der Forderung durch Pfandverwertung III § 368 [71]; Zeugnis I § 73 [6], § 80 [3].
Berichtigungsposten in der Bilanz § 262 [27].
Berlin, Vororte IV § 379 [10]; Wettbewerb I § 74 [18].
Bern, Frachtübereinkommen IV § 453 V [5].
Bernsteingräberei I § 1 [37], [85], III § 350 [38].
Beruf I § 78 [1]; Börsenleute IV § 376 A [21]; Kaufmann I § 1 [31]; Wechsel des Lehrlings I § 78.
Berühmter Name, Namenschutz I § 37 [12].
Besatzung s. besetztes Gebiet.
Beschädigung, Frachtgut IV § 429 [5], § 430 [2], § 438 [12], § 439, § 448 [1], § 456 [5], § 461; Kommissionsgut IV § 388, § 390 [1], [4]; Lagergut IV § 417 [1], [3]; Speditionsgut IV § 408 [8], § 414 [3], § 415 A [5]; vgl. Verloren.
Beschaffenheit, Angabe IV § 429 [21]; vgl. Mangel, natürliche B.
Beschäftigung (Anspruch auf B.), Agent I § 84 [24]; Gehilfe I § 59 [32], § 70 [30].
Beschlagnahme, Aufhebung III § 373 V [56a]; als Eigenschaft IV § 377 [39a], [44]; Frachtgut IV § 437 [1], § 456 [8]; Kaufware III § 373 V [59], § 374 A [48a], § 377 [48], [56b], IV § 382 A [50], [50a], [58], [59]; Kommissionsgut IV § 384 [2], § 390 [4a]; örtliches Recht III § 372 A [17]; rollende Güter IV § 382 A [50a]; Speditionsgut IV § 414 [2]; Zurückgabe IV § 372 A [29]; vgl. Einziehung, Konfiskation.
Beschluß s. Generalversammlung, Gesellschaftsbeschluß.
Bescholtenheit III § 373 V [39a].
Beschränkung (beschränkt), Gattungsschuld III § 374 A [47a], [47b]; Haftung der Erben III § 374 A [159]; Liquidationsbefugnis I § 151; Zeichnungsschein II § 189 [16]; vgl. Geschäftsführung, Vertretung, Vorstand usw.
Beseitigung s. Nachbesserung.
Besetztes Gebiet II § 260 [25]; Eisenbahnfracht IV § 453 V [8], § 456 [8], § 471 [3]; Erfüllungsort III § 372 A [21]; Verkehrsbeschränkungen III § 346 A [27].
Besicht s. Probe.
Besichtigung, Frachtgut IV § 435 [7], § 438 [3]; Lagergut IV § 418; Vertragsgegenstand III § 361 A [47].
Besitz (Besitzer), Eigentumserwerb III § 366 [2], IV § 382 A [59a]; Firma I § 37 [1]; Frachtgut IV § 440 [5], [6], § 455 [4]; Gehilfe I E [72]; Kommission IV § 383 [30], § 392 [17], § 397 [4]; Ladeschein IV § 450 [1]; Lagergut IV § 421 [3]; Lagerhalter IV § 416 [7]; o.HG. § 105 [31]; Orderpapier III § 365 [8]; redlicher Erwerb III § 366 [84]; Schrankfach IV § 424 A [6]; Spediteur IV § 408 [7], § 410 [7]; Unterlassungsklage III § 346 A [13b]; Zurückbehaltung III § 369 [28].
Besitzdiener, Eigentumserwerb III § 366 [46a]; Pfandbestellung III § 368 [9a]; Verfolgungsrecht IV § 382 A [110].
Besitzgehilfe, Verfolgungsrecht IV § 382 A [110].
Besitzkonstitut s. Constitutum.
Besitzschein s. Empfangsschein.
Besorgung IV § 407 [6].
Besserungsschein III § 346 [19].
Besonders s. Sonder . . .
Bestand der Forderung III § 368 [32].

Bestandteil eines Namens I § 37 [12]; einer Sache IV § 382 A [71a].
Bestätigt, Rembourskredit III § 373 B [65].
Bestätigung, anfechtbares Geschäft IV § 377 [163a], [167]; und Formerfordernisse II § 186 [18]; nichtiges Geschäft III § 346 A [8].
Bestätigungsschreiben III § 372 A [38], [63]; Erfüllungszeit III § 372 A [44]; als Leistung IV § 376 A [168].
Bestehend, Handelsgeschäft I § 22 [5].
Bestellschein, Erfüllungsort III § 372 A [36], [63]; Erfüllungszeit III § 372 A [44].
Bestimmbarkeit III § 373 B [24].
Bestimmt (unbestimmt), Androhung III § 374 A [94]; Beförderungskosten IV § 413; Erklärung III § 374 A [181]; Mahnung III § 374 A [15]; Sache III § 372 A [25], (vgl. Spezieskauf); Versicherungsnehmer IV § 390 [12]; Vertragsabschluß III § 373 B [23]; Vertragsantrag III § 361 A [11].
Bestimmte Zeit (Frist), Bürgschaft III § 349 [26]; Garantie IV § 377 [193]; Gehilfe I § 67 [3].
Bestimmung, -Ort III § 372 A [13], [32], [48], IV § 453 [5]; des Preises III § 354 [12]; -Station IV § 453 [5].
Betagt, Geschäft IV § 400 [8]; Verbindlichkeit (Zeitwert) I § 40 [7].
Beteiligung, Begriff I § 22 [35]; AG. II § 283 [4]; an einem Geschäft I § 74 [21]; als Entlohnung I § 59 [30].
Betrag der Aktie II § 180 [3], § 182 [20], § 209, § 290 E; der Vertragsstrafe III § 348 [25]; vgl. Höhe, Nennwert.
Betrieb, Einlage in AG. II § 186 [21]; eines Gewerbes I § 1 [15], § 74 [20], § 105 [11], [12]; Gewinn II § 239 [8]; des Handelsgewerbes III § 343 [9], § 344 [5], § 348 [30], § 349 [9], [24], § 366 [19]; als Sachgesamtheit II § 186 [21]; Veräußerung IV § 377 [136a]; vgl. Erwerbsgeschäft, Geschäftsbetrieb, Gewerbebetrieb, Handelsgeschäft, Handelsgewerbe, Unternehmen.
Betriebsbilanz II § 260 E.
Betriebseinstellung s. Einstellung.
Betriebsgegenstand, Bewertung II § 299 [6]; vgl. Stabiler Wert.
Betriebsgeheimnis I § 59 [39]; IV 375 A [5].
Betriebsgemeinschaft II § 253 [4].
Betriebsinspektor, Herstellungspreis II § 261 [21].
Betriebskapital, Mangel I § 92 [8].
Betriebsmittel, Eigentum I § 1 [18]; Eisenbahn IV § 456 [8].
Betriebsrat I E [4], § 59 E [27]; im Aufsichtsrat II § 178 [11a], § 190 [5], § 195 [3], § 207 [12], § 243 E, [1], [1a], [2b], [8a], [13a], § 244 [1], § 245 [20], § 246 [12b], [14d], § 247 [8], § 272 [2], § 280 [1], (KGaA.) § 320 [94a]; Entlassung § 70 E, § 71 [1], § 72 [10]; Entschädigung II § 245 [20]; Fürsorge für Gehilfen I § 62 E [5], [18]; Kündigung I § 66 E [17]; Lehrling I § 76 [26]; Sitzung I § 63 [8] (zweimal); Strafbarkeit II § 312 [4]; Verantwortlichkeit II § 249 [13]; vgl. Arbeitervertreter.
Betriebsstörung, Eisenbahn IV § 466 [2]; Vorbehalt III § 374 A [49].
Betriebsunfall I § 63 [10].
Betriebszweig, Veräußerung II § 288 [4].
Betrug, Agent I § 84 [31]; Gehilfe I § 70 [24]; Kauf IV § 377 [169]; Kommission IV § 387 [4], § 405 [9]; vgl. Täuschung.
Beurkundung, gerichtliche II § 181 [13], III § 350 [66]; vereinbarte III § 361 A [84]; Vertrag III § 361 A [75]; vgl. Generalversammlung, Notar.
Bevollmächtigte des Aktionärs II § 252 [15], [31], [36], § 257 [7], § 317 [6]; Anmeldung I § 12 [3], [3a]; Arglist IV § 377 [150c]; Aufsichtsrat II § 246 [11]; Empfehlung, Rat (Haftung) III § 349 A [38]; des Gründers II § 186 [11]; Unterschrift III § 350 [58]; Gegensatz zwischen Bevollmächtigung und Vollmacht I § 58 A [9]; Zurückbehaltungsrecht III § 369 [50]; vgl. Handlungsvollmacht, Vertreter.
Bevorzugung, unsittliche III § 346 A [31], IV § 377 A [4] ff.; vgl. Vorzugspreis.
Bewachung IV § 424 A [1]; Frachtgut IV § 425 [12]; Lagergut IV § 417 [3].
Bewahrung s. Verwahrung.
Bewegliche Sachen I § 1 [38], IV § 381 [17]; Bilanz I § 40 [9]; Verwertung III § 371 [13]; Zurückbehaltung III § 369 [13]; vgl. Sache.
Beweis, Verkehrssitte III § 346 [7], [13]; Vertretungsmacht I § 58 A [126].
Beweiserhebung im Beschlußverfahren § 254 [20].
Beweiskraft, Frachtbrief IV § 426 [6]; Handelsbücher I § 38 E, § 47 A; Schlußnote I § 94 [1]; Urkunde III § 350 [80].
Beweislast (Beweis, Vermutung) III § 350 [71]; Ablieferung IV § 377 [123]; Agent I § 88 [12]; Anfechtung IV § 377 [162a]; Arglist IV § 377 [153]; Bedingung III § 359 A [3]; Beschaffenheit III § 360 [10]; Bestätigung III

§ 372 A [40]; Bezirksagent I § 89 [2]; Differenzeinwand IV § 376 A [204]; Eigentum III § 366 [51]; Einlage der Kommanditisten I § 171 [4]; Eisenbahnfracht IV § 456 [14], § 459 Abs. II [2], [15], § 463 [4]; Erfüllung III § 373 B [86], (gehörige) III § 373 B [87], § 378 [16]; Erfüllungsort III § 372 A [40]; Erfüllungszeit III § 359 A [3]; Ernstlichkeit III § 361 A [94]; Fahrlässigkeit III § 347 [16]; Fixgeschäft IV § 376 [7], [27]; Fracht IV § 429 [11], [12], § 438 [15]; Geschäftsbedingungen III § 346 [17], § 347 [29], § 355 [43], IV § 372 A [38e], [39], [40]; Gesellschafter I § 114 [18]; Gesellschaftsvertrag I § 109 [10]; Handelsbücher I § 45 [2]; Handlungsvollmacht I § 54 [23]; Interesse an der Lieferung IV § 463 [4]; Irrtum III § 373 B [48]; Kasse gegen Faktura III § 372 A [46a]; Kauf III § 373 B [84]; Kauf auf Probe IV § 382 A [16], [19b], [23a]; Kauf nach Probe IV § 382 A [7], [8]; Kenntnis IV § 377 [130a], [131]; Kommissionär IV § 384 [2], [9]; Kündigung I § 132 [12], II § 339 [25]; Kurs III § 373 B [31]; Lagergeschäft IV § 417 [4]; Leute der Eisenbahn IV § 458 [1]; Mäklergebühr I § 93 B [11]; Mängel IV § 377 [124]; Mängelanzeige IV § 377 [124]; Minderkaufmann III § 351 [1]; Name (eigener oder fremder) III § 373 B [84a]; Orderpapier III § 364 [17]; positive Vertragsverletzung III § 374 A [204]; Preisvereinbarung III § 373 B [85]; Quittung III § 372 A [70e]; Rechtsmangel IV § 381 [80]; Schuldversprechen III § 350 [15]; Selbsteintritt IV § 401 [7], [9], § 405 [15]; Selbsthilfeverkauf III § 373 [43]; Skonto III § 359 A [15]; Sorgfalt II § 204 [4], § 241 [2]; Spedition IV § 408 [26]; Umkehrung III § 377 [127] ff; Umtausch IV § 377 [129]; unerlaubte Handlung IV § 377 [175d]; Unmöglichkeit III § 373 B [89], IV § 429 [16]; Vereinbarungen IV § 377 [132]; Vergütung III § 354 [19]; Verjährung IV § 377 [147a]; Verschulden IV § 377 [105a], [130], § 430 [11], § 459 [21]; Versehen bei Vertragsschluß III § 347 [26]; Versendung IV § 382 A [42]; Vertragsschluß III § 361 A [25], [41], [51], [87b]; Vertragsstrafe III § 348 [14]; Verzug III § 374 A [18], [44], [53]; Vollmacht I § 58 A [22]; Vollständigkeit III § 350 [71]; Vorbehalt III § 348 [23]; Wandelung IV § 377 [129], [153]; Wechseleinwand IV § 376 A [54]; Wert des Frachtgutes IV § 430 [6]; Wertpapier IV § 381 [13f]; Wettbewerbsverbot I § 74a [4], [7]; Zahlungsziel III § 373 B [88]; Zugeben III § 361 A [179]; Zusicherung IV § 377 [125].

Beweissicherung s. Sicherung des Beweises.

Beweisurkunde (Beweisstücke) III § 344 [9]; IV § 397 [3]; Zurücksendung IV § 470 [6].

Bewertung, Bilanzposten § 261 [17]; Zeitpunkt III § 347 [18]; vgl. die Namen der einzelnen Posten.

Bezahlt, Börsennotiz III § 373 B [29]; Karenzzeit I § 74 [11] (vgl. Wartegeld); vgl. Zahlung.

Bezirksagent I § 89; Buchauszug I § 91.

Bezirksprovision, Gehilfe I § 65 [1].

Bezug, -Kommissionär IV § 424 A [120]; -Quelle III § 373 B [3a]; -Recht (s. Bezugsrecht), -Schein III § 350 [10], [13], [130], § 363 [8b].

Bezugsrecht, Aktie II § 262 [26b], § 283, III § 368 [37b]; AG. II § 179 [1b], § 222 [23], § 278 [19], § 282 [2], [4], § 283 [2]; Kommissionär IV § 424 A [114]; Anzeigepflicht des Kommissionärs IV § 382 [10]; Pfandrecht am B. III § 368 [37b], [72a], § 397 [3]; Steuer II § 283 [14]; Wandlung IV § 377 [71b].

Bibliothek, Zurückbehaltung III § 369 [16].

Biergeschäft, Bierabnahmevertrag III § 346 A [16]; Bierfahrer I § 59 [17]; Bierkrieg III § 373 B [26]; Lieferung III § 348 [10], [11], § 373 B [52]; Biermarke III § 365 A [9]; Bierwirt (Abzahlungsgeschäft) IV § 382 A [74a]; positive Vertragsverletzung III § 374 A [172]; vgl. Brauer.

Bilanz I § 39, § 41 [1], II § 231 [8], § 260 E [18], § 261 [1], § 299; AG. bei Verschmelzung II § 306 [13]; Aufsichtsrat II § 246 [8]; Auseinandersetzung I § 120 [7]; bei Ausscheiden des Gesellschafters I § 141 A [5]; Bauzinsen II § 215 [7]; Bekanntmachung II § 265 [1]; Fälschung II § 312 [7]; -Frist I § 39 [6], II § 260 [25]; Grundsätze § 40; Interessengemeinschaft II § 306 [25]; Klarheit II § 261 [16a], § 314 [4]; KG. I § 166, § 167 [1]; KG. in L. I § 177 [23]; KGaA. II § 320 [66], [68], [69], [100], [101], [107]; KGaA. in L. II § 330 [18]; KGaA. bei Umwandlung II § 333, § 334; Nebenleistungen der Aktionäre II § 212 [27]; o.HG. I § 120; o.HG. in L. I § 154; -Posten II § 261 [9]; Reingewinn II § 215 [2]; Revision II § 266; stille Gesellschaft II § 338 [4], [5]; Vorratsaktie II § 222 [6a]; Vortrag II § 273 [1]; Wahrheitspflicht I § 40 [2], II § 314 [4]; vgl. Goldbilanz.

Bilanzgratifikation I § 59 [34].

Bildhauer I § 59[18]; vgl. Künstler.
Billigster Preis III § 373 B[28].
Bijouterie IV § 429[22].
Binnen-Gewässer I § 1[73], IV § 425[6]; -Konnossement (s. Ladeschein); -Schiffahrt IV § 433[12], § 434[6], § 435[12], § 439[7], § 446[8], (Pfandrecht) III § 366[60], (Reisende) IV § 472[1].
Bis III § 372 A[32].
Blankett (Blanko) III § 350[80]; Indossament III § 365[3], [4]; Konnossement III § 363 A[31]; Orderpapier III § 364[15]; Quittung I § 54[10]; Scheck III § 363 A[3]; Verkauf IV § 376 A[163]; Wechsel III § 366[50a], (Verjährung) I § 159[10]; Zession III § 365[16].
Bleicher I § 1[57].
Bleistift I § 43[4]; Zeugnis I § 73[4a].
Blind II § 259[2], III § 350[61].
Blitz IV § 456[8], § 458[1].
Bodmerei, Brief (an Order) III § 363[33]; Mäkler I § 96 B[8a], § 93[4].
Bohranteil, Handel IV § 383[9a].
Bonds II § 283[15].
Bonifikation, Kommission IV § 384[8], [29], § 387[4], § 401[2]; vgl. Bilanzgratifikation, Gratifikation.
Bonus, AG. II § 179[23], § 213[9c], § 237[16].
Bord- Konnossement III § 363 A[31], IV § 382 A[48a], [62] (S. 545); Receipt III § 372 A[32].
Bordell I § 1[22]; AG. II § 182[19]; Mäkler I § 93 B[21].
Börse I E[21]; in der Firma I § 18[12b]; Gesamtvertreter I § 58 A[30]; Scheinkaufmann I § 5[4].
Börsenagent vgl. Agent.
Börsenbesucher IV § 376 A[19], [22]; Niederlassungsort III § 372 A[20].
Börsengeschäfte IV § 376 A, E; Gesamtvertretung II § 232[8], [23]; Handlungsbevollmächtigter § 54[7].
Börsengesetz IV § 376 A[1].
Börsenkommission IV § 383 E; Telegramm IV § 383[39].
Börsenkurs s. Börsenpreis.
Börsenleute IV § 376 A[19]; vgl. Börsenbesucher.
Börsenpreis (Börsenkurs), Bilanz I § 40[9], II § 261[18]; Kauf III § 373 B[29], [30].
Börsenregister IV § 376 A, E.
Börsenremisier I § 84[8].
Börsensachverständige IV § 376 A[84c].
Börsenschiedsgericht IV § 376 A[84c].
Börsentermingeschäft IV § 376 A[3], [5]; Geschichte IV § 376 A, E; Kommission IV § 383 E, § 384[2].
Börsenumsatzsteuer, Aktie II § 223; Aktienanschaffung II § 189[30]; Aktienausgabe II § 179[16]; Aktienbezugsrecht II § 282[16]; Ausscheiden des Gesellschafters I § 141 A[33]; Begebungskonsortium II § 342 A[6]; Genußschein II § 179[29]; vgl. Kapitalverkehrsteuer.
Börsenzeit IV § 376 A[14].
Böser Glaube, Eigentumserwerb III § 366[23]; Inhaberpapier (Verlust) III § 367[5]; vgl. Arglist.
Böser Wille I § 141 A[27]; Unterbewertung II § 261[6]; Unterlassung I § 70[12], [20].
Bösliche Handlungsweise II § 267, § 272[10], § 273[11].
Bote I § 58 A[13], III § 361 A[32], [68], § 372 A[65a]; vgl. Quittungsbote.
Boykott III § 346 A[32].
Branche s. Handelszweig.
Brand s. Blitz, Feuer, Selbstentzündung.
Branntweinbrennerei I § 1[37], [44], [84], § 3[5]; Brennereidirektor I § 59[19].
Brauer (Brauerei) als Kaufmann § 1[44], [84], § 3[5], § 4[16]; staatliche Brauerei § 36 E; Wirtschaftsinventar IV § 382 A[74a].
Braumeister I § 59[19].
Braut als Gehilfin I § 59[9].
Brennerei s. Branntwein.
Brevi manu traditio III § 366[2], [14a].
Brief, Beförderung III § 347[3], § 372 A[38d], IV § 424 A[34], § 425[5]; „B. folgt" III § 361 A[59]; -Kasten I § 66[9], III § 361 A[5a], § 372 A[64]; -Kopierbuch (Beweiskraft) I § 47 A[3]; -Marke III § 365 A[9]; -Notiz III § 373 B[29]; zur Post bringen I § 59[26]; als Schriftform IV § 361 A[84]; als Vertragsform III § 350[65]; Verwahrung I § 38[7]; Vorlegung I § 45[4]; Zurückbehaltung III § 369[16].
Bringschulden II § 289[4], § 301[3], III § 372 A[50], [64].
Bruch s. Zerbrechen.
Bruchteile von Prozenten § 262[32].
Bruchteilseigentum s. Miteigentum.
Buch vgl. Depositenschein, Depotbuch, Handelsbuch, Vorlegung.
Buchauszug, Agent § 96; Gehilfe § 65[2]; Handelsmäkler § 101; im Prozeß § 45[2].

Buchbinder I § 4 [14].
Buchdiskont III § 368 [101].
Buchdruck, Gewerbe I § 1 [81], [84]; Unterschrift III § 350 [68].
Büchereinsicht s. Vorlegung.
Büchervorlegung s. Vorlegung.
Buchforderung, Diskontierung III § 368 [101].
Buchführung I § 2 [5]; Agent I § 84 [30]; AG. II § 239; KG. I § 166 [4]; KGaA. II § 320 [87]; Kontokorrent III § 355; Mäkler I § 93 B [8]; o.HG. I § 38 [3], § 114 [20], § 118 [7]; Steuervorschriften I § 38 [6]; Unterlassung I § 140 [5].
Buchhalter des Handwerkers I § 59 [16]; des Kaufmanns I § 59 [13], [14], [27]; Ladenvollmacht I § 56 [1].
Buchhändler, Annoncenspedition IV § 415 A [8]; als Kaufmann I § 1 [78], [84], § 59 [14]; Kommissionsgeschäft IV § 383 [9c], [14a]; Konditionsgeschäft IV § 382 A [14a]; vgl. Bahn, Verlag, Zeitung.
Büchsenmacher I § 1 [44], [84], § 4 [16].
Buchwert III § 373 B [35].
Bucket shop IV § 400 [5].
Büfett, Büfettier I § 59 [14]; Mamsell I § 59 [17].
Bühne vgl. Aufführung.
Bundesstaat s. Land.
Bukowina III § 373 B [66]; vgl. Ausland.
Bureau, Chef I § 59 [14]; Vorsteher I § 59 [14].
Bürge (Bürgschaft), Auslegung III § 346 [3], § 350 [7]; Bewertung II § 261 [17]; Börsengeschäft IV § 376 A [73], [120], [157]; Büchervorlegung I § 45 [1]; Erfüllungsort III § 372 A [10], [17]; Form III § 349 [5], [9], § 350 [4], [83]; Garantievertrag III § 349 [65]; Gesellschafter I § 105 [31], § 159 [3]; Grundstücksverkehr IV § 350 [25c]; Handelsgeschäft III § 343 [27]; Verhältnis zum Hauptschuldner III § 349 [38]; im Konkurs IV § 382 A [86]; Kontokorrent III § 356 [4]; Kursmäkler I § 93 [5]; Minderkaufmann I § 4 [27], III § 351 [2]; Prokura I § 49 [1]; Reisender I § 55 [12]; Spiel IV § 376 A [192]; Übertragung? III § 368 [103]; Veräußerung I § 22 [24]; Verjährung III § 349 [14]; Verschmelzung II § 306 [14]; vgl. Spielschuld.
Bürgerliche Ehrenrechte, Lehrling I § 81; Vorstandsmitglied II § 231 [12].
Bürgerliche Gesellschaft gegen o.HG. I § 105 [31].
Bürgerlicher Name, Änderung I § 21, § 31 [1]; des Erben I § 27 [17]; in der Firma I § 30 [7]; als Firmenzusatz I § 37 [20]; in fremder Firma I § 37 [12]; Gebrauch III § 344 [3], § 350 [56] ff.; Grundbuch I § 17 [9]; Handelsregister I § 12 [5b], § 13 [8], § 17 [11b]; Richtigstellung I § 17 [27]; im Schuldschein III § 344 [12]; Zeichnung I § 29 [5]; vgl. Namenrecht.
Bürgerliches Recht, AG. II § 178 [6a]; stille Gesellschaft II § 335 [2].
Bürgschaft s. Bürge.
Butterbereitung I § 3 [5].
Bz. III § 373 B [29].

C

Caf IV § 382 [49a].
Café, Cafetier I § 1 [84]; Geschäftsführer § 59 [14].
Cessio in legitimationem II § 222 [16]; in securitatem s. Sekuritätszession.
c & f s. Kostfracht.
cf s. Kostfracht.
Chancen, Bilanz II § 261 [6]; wesentlich für Geschäftsbetrieb I § 22 [6]; Veräußerung § 22 [27].
Chemie, Chemiker I § 59 [18], [22]; Laboratorium I § 1 [85], § 2 [3]; Untersuchung IV § 378 [14a], § 382 A [14].
Cif III § 346 [19], § 372 A [46b], IV § 382 A [28], [36], [39b], [48a]; Begriff IV § 382 A [49a]; Bestimmungshafen IV § 382 A [49a] (S. 505); Erfüllungsort III § 372 A [31].
Circa II § 373 B [35].
Clausula rebus sic stantibus § 374 A [48b], [49d].
Commis intéressé I § 65 [4].
Compensatio lucri et damni III § 374 A [73].
Comptant III § 373 B [63c].
Condicio si volueris III § 373 B [22a], IV § 382 A [13].
Constitutum possessorium III § 366 [2], [13], IV § 376 A [47a], [47b], § 382 A [45b]; Kommission IV § 383 [33]; Pfandbestellung? III § 368 [9b], [16].
Coupon s. Dividendenschein, Gewinnanteilschein, Rentenschein, Zinsschein.
Courtier I § 93 C.

D

Dachgesellschaft II § 179 [21c].
Damnum III § 352 [14].
Dampf, -Dreschanstalt I § 1 [57], [84]; -Lieferung III § 373 B [16a], IV § 382 A [45b]; -Schiff I § 1 [74], IV § 425 [7], § 432 [2], (Eisenbahn) IV § 453 B [10], (Ladung) III § 373 B [35]; -Waschanstalt I § 1 [57], [84].

Danzig, Eisenbahn IV § 453 B [9].
Darlehen (Anleihe) I § 1 [67], III § 373 B [36]; an AG. II § 179 [16], § 185 [13], § 261 [12], § 283 [4]; Aufwertung III § 374 A [230]; Börsengeschäft IV § 376 A [16], [79], [124]; Bürgschaft III § 349 [3]; Differenzgeschäft IV § 376 A [202]; als Handelsgeschäft III § 343 [26], [27], § 344 [12]; Handlungsbevollmächtigter I § 54; als Nebenvertrag III § 350 [27]; gegen stille Gesellschaft II § 335 [22]; Valutaübersendung III § 372 A [50], [65]; Zeichnung IV § 383 [9c]; Zinsen III § 354 [10].
Darlehenskassenschein III § 361 [6].
Darlehensschein als Schuldschein III § 344 [10], [11].
Darlehensvermittler, Gewerbepolizei I § 93 B [44].
Dauer, AG. II § 182 [25a]; Pfandrecht IV § 440 [5]; vgl. Beendigung, Ende, Erlöschen.
Dauerkontobuch I § 38 [6], § 43 [2].
Dauernde Anlage II § 207 [3], § 261 [35], [37].
Dauervertrag, Vertrauenswürdigkeit III § 373 B [39a].
Dawesplan IV § 453 B [12].
Deckschlüssel IV § 424 A [10].
Deckungs- Geschäft (Kommission) IV § 383 [11], § 387 [1], § 400 [2], [9]; -Kauf III § 374 A [68]; Pflicht des Käufers III § 374 [61]; -Verkauf III § 373 [13b], [21], [48], [51], § 374 A [30], [31], IV § 424 A [98].
Deficiencyklausel IV § 382 A [49a] (S. 504).
Deklaration s. Interesse.
Dekorateur s. Schaufenster-, Wander-D.
Delegation, Aufsichtsrat II § 246 [12a].
Deliverynote III § 363 [38].
Delkredere III § 349 [68]; Agent I § 84 [12]; Handlungsgehilfe I § 59 [33]; Kommissionär IV § 381 [21], § 384 [38], § 392 [6], § 394 [1]; Provision IV § 394 [6]; Spediteur IV § 408 [6], § 415 [6].
Delkrederefonds (-Konto), Passivum I § 40 [6], II § 261 [16], [17], § 262 [10], [27], [29].
Deportgeschäft II § 226 [3], IV § 424 A [125].
Depositenbank, AG. II § 195 [14a]; KG. I § 161 [22]; o.HG. I § 105 [54], § 107 [5].
Depositengeschäft I § 1 [67], § 105 [54], III § 346 A [29], § 363 A [1]; AG. II § 195 [14a], § 274 [2].
Depositenkasse, Haftung III § 349 A [37].
Depositenschein IV § 424 A [31].
Depositum IV § 416 [5]; irregulare III § 366 [10], IV § 376 A [37], § 424 A [1], [35]; regulare IV § 424 A [17].
Depot IV § 424 A [1]; des Kunden IV § 376 A [178]; Fixen IV § 383 [32], § 424 A [91], [99].
Depotbuch IV § 424 A [29].
Depotfixen IV § 383 [32], § 424 A [91], [99].
Depotgeschäft IV § 424 A; AG. II § 195 [14a], § 274 [2]; Berechtigung IV § 424 A [3]; als Handelsgeschäft I § 1 [67], [68], III § 343 [13], § 346 A [29]; KGaA. II § 320 E; o.HG. I § 105 [54]; Zurückbehaltung III § 369 [11].
Depotgesetz III § 366 [86], IV § 424 [23].
Depotkonto IV § 376 A [47b], (Konten „A.", „B.") IV § 424 A [51]; -Quittung IV § 424 A [31]; -Schein IV § 424 A [31] (als Wertpapier?) III § 369 [16].
Destillateur s. Branntweinbrennerei.
Detektivbureau (Detektei) I § 1 [85], § 2 [3], § 59 [14], III § 343 [30].
Deutlich, Unterscheidung I § 30 [4]; Unterschrift III § 350 [57].
Deutsches Reich, Anleihe III § 374 A [230]; Buchführung I § 42; Handelsregister I § 36; als Kaufmann IV § 424 A [24]; Vermögenserwerb durch Verstaatlichung II § 304; vgl. Juristische Person, Staat.
Deutsche Reichsbahn IV § 453 B [12].
Devise III § 361 [8], [12]; Handel III § 346 A [30], § 361 [12], § 372 A [65c], IV § 376 [3], [6], [208], § 381 [10a]; Kauf III § 372 B [5], IV § 376 [3], [6], [208]; Termingeschäft IV § 376 A, E, [207]; Zahlungsmittel III § 373 B [8], [8a].
Diäten s. Reisespesen.
Diebstahl I § 59 [31]; Eisenbahnfrachtgut IV § 459 [5], [6], [9], [11], [14]; gegen Gehülfen I § 62 [5a]; Lagergut IV § 417 [3]; Speditionsgut IV § 408 [10]; Verkauf III § 373 B [60]; vgl. Beraubung, Entwendung, Verloren.
Dienstbote, Besitzdiener III § 366 [46a].
Dienstentlassung s. Entlassung.
Dienstleistung, Handlungsgehilfe I § 59 [24–29]; keine Sacheinlage II § 186 [6], § 335 [15]; Provision III § 354; Versäumung I § 72 [4], [5]; Verweigerung I § 72 [3].
Dienstmann als Frachtführer IV § 425 [2], [7], § 451 [2].
Dienstverhältnis, Wohnsitz III § 372 A [20].
Dienstvertrag, Beendigung I § 58 A [91], [103]; Grundstückverkehr III § 350 [24]; Liquidation I § 145, II § 292 [2]; Agent I § 84 [4]; Differenzgeschäft IV § 376 A [200]; Frau I E [74];

Gehilfe I § 59 [7]; Kommission IV § 383 [19]; Mäkler I § 93 B [12]; Nachweismäkler I § 93[6]; Spedition IV § 407 [3]; vgl. Anstellung.
Dienstwohnung I § 59 [33], § 62 [13a].
Differenzeinwand IV § 376 A [28], [45], [67], [87], [96], [129]; Getreidehandel IV § 376 A [147], [159]; Liquidator I § 149 [13]; Orderpapier III § 364 [9], [14].
Differenzgeschäfte IV § 376 A [6], [162]; AG. II § 182 [19]; Bilanz I § 40 [6], II § 261 [17]; Gewerbebetrieb I § 1 [22]; als Handelsgeschäft III § 343 [13], [27], § 344 [12]; Selbsteintritt IV § 400 [6].
Differenztheorie III § 374 A [24], [117], [122], [149g]; im Konkurs IV § 382 A [83a].
Dinglich, Anspruch III § 346 [20]; Last, Übernahme I § 22 [29]; Verfügung (der Frau) I E [45], [46]; Vorvertrag III § 350 [52]; Wert II § 261 [31].
Diplom, -Ingenieur I § 18 [9]; -Kaufmann I § 1 [2]; Veräußerung I § 22 [25]; Zurückbehaltung III § 369 [16].
Direkt s. unmittelbar.
Direktor, AG. II § 231 [13]; Handlungsgehilfe I § 59 [14]; Prokurist I § 48 [3]; Vollmacht I § 54 [16]; vgl. Vorstandsmitglied.
Direktrice I § 59 [14].
Disagio, Gewinn § 288 [14]; Konto in der Bilanz I § 40 [7], II § 261 [17].
Diskont III § 368 [101]; vgl. Zwischenzins.
Diskontierung I § 1 [67], III § 363 A [3], IV § 424 A [60]; Buchforderungen III § 368 [101]; Wechsel III § 355 [15b], § 373 B [64].
Disparitätszuschlag III § 352 [14a].
Disponent I § 59 [14].
Dispositionsfonds, AG. II § 178 [21].
Dispositionspapier (Traditions-Papier, -Urkunde) III § 363 [15], [35], § 365 [10], § 365 A [1]; IV § 382 A [45b], § 444 [5]; § 446 [7], § 455 [4]; Besitz III § 369 [29]; Eigentumserwerb IV § 382 A [62]; Fixgeschäft IV § 376 [38]; Kommissionär IV § 397 [4]; Pfandrecht III § 366 [59], [68], § 368 [12a], [19], [28], [76]; Selbsthilfeverkauf III § 373 [35]; Übergabe III § 366 [14], § 373 B [57], § 374 A [168]; Zahlung gegen D. III § 373 [8], IV § 377 [127]; Zurückbehaltung III § 369 [16], [36], § 371 [23]; vgl. Dokument, Duplikat, Konnossement, Ladeschein, Lagerschein.
Dispositiv s. nachgiebig.
Dissens III § 361 A [91], [93].
Distanzkauf s. Versendungskauf.
Dividende, AG. II § 186 [2], § 213 [7]; -Ergänzungsfonds II § 215 [5], § 237 [15], § 262 [28], [29], § 300 [1]; Fälligkeit II § 260 [5]; Garantie II § 205 [8], § 215 [1], [4], III § 349 [65], IV § 381 [13]; in L. II § 294 [9]; Reingewinn § 237 [18]; Sonderrecht § 250 [12]; Sperrjahr § 301 [7]; Verschiedene Höhe II § 185 [7]; gegen Zinsen III § 352 [1]; Zurückzahlung II § 273 [7a].
Dividendenschein, AG. II § 179 [1b], § 213 [14], [15]; Abstempelung § 273 [1a]; Ausgabe § 230; (fremde) Bewertung in der Bilanz § 261 [27]; Pfandrecht III § 368 [37]; Verlust II § 228 [4], [6], III § 367.
Dokument, Zahlung gegen D. III § 372 A [46b], § 373 B [41], [63a], IV § 382 A [49e]; vgl. Dispositionspapier.
Dokumentenakkreditiv III § 363 A [14].
Dokumentierte Tratte (Dokumententratte) III § 373 B [65].
Dollarkurs III § 374 A [223].
Dolmetscher I § 17 [22], II § 259 [2], [3].
Dolus eventualis IV § 384 [1a].
Doppelarbeitsvertrag I § 76 [1]; vgl. mehrere.
Doppeleigenschaft I § 5 [4a]; Gehilfe und Kaufmann I § 59 [9]; Handlungs- und Gewerbegehilfe I § 59 [13]; Kaufmann und Nichtkaufmann I § 1 [23], [56], § 3 [3], § 4 [14], [22b]; p.h.G. und Aktienkommanditist II § 320 [46]; Voll- und Minderkaufmann I § 4 [30], § 38 [1].
Doppelgesellschaft § 161 E.
Doppelkauf, Mängel IV § 377 [181a].
Doppelname I § 18 [4].
Doppelte Buchführung I § 38 [6], II § 261 [11].
Draht-Antwort III § 361 A [49] (vgl. Telegramm); -Seil (Eisenbahn) IV § 453 B [10].
Draufgabe (Draufgeld) III § 348 A [1–5].
Drechsler I § 1 [44], [84], § 4 [16].
Dreher I § 1 [44], [84], § 4 [16].
Dreschmaschine I § 1 [57], [84].
Dringlichkeitsbescheinigung III § 374 A [168].
Dritte, Anspruch gegen Mitglieder des Vorstandes und des Aufsichtsrates II § 241 [23]; Anfechtbarer GV.-Beschluß II § 273 [7]; Arbeitsverhinderung I § 63 [8]; Eintritt in Vertrag III § 349 [55], § 374 [2a]; Geschäft des Kommissionärs IV § 392 E; Leistung statt des Verkäufers III § 373 [27a]; für Rechnung eines D. III § 374 [2a]; Rechte (Beseitigung) III § 373 B [59], (Verletzung) IV § 377 A [1], (Wertpapier) IV § 381 [8g], (Zurückbehaltungsrecht) III § 369 [32]; Verwahrung IV

§ 382 A [59a]; Wettbewerbswartegeld I § 74 [12], § 75d [2].

Drogist I § 1 [84].

Drohend, Gefahr III § 374 A [175]; Vertragsverletzung III § 374 A [38a].

Drohung I § 70 [24].

Droschke, Unternehmer I § 1 [74], [84].

Druckerei I § 1 [57], [81], [84], § 4 [18], IV § 376 A [104]; vgl. Buchdruck, Kattundruck.

Duldung, Handelsvollmacht I § 54 [4], [7]; Verfehlungen I § 72 [2].

Duplikat, Frachtbrief III § 363 A [15], [33], (Zahlung gegen D.) III § 372 A [46b], [65b], § 373 B [41], IV § 382 A [35a], [39]; vgl. Dispositionspapier.

Durchgehend, Fahrkarte IV § 472 [23]; Frachtbrief IV § 432 [6], § 441 E, § 453 B [6], § 469 [2]; Frachtvertrag IV § 473 [3]; Konnossement (s. Durchkonnossemenet).

Durchkonnossement III § 363 A [31], IV § 382 A [40a], [48a], [62] (S. 545).

Durchmusterung fremder Bücher I § 45 [2], § 46 [3].

Durchsuchung I § 70 [5].

E

Echtheit, Urkunde III § 350 [80].

Effekten-Börse IV § 376 A, E; -Depot IV § 424 A [51]; -Giroverkehr (s. Sammeldepot); -Kommission IV § 405 [6]; -Konto IV § 383 [38a]; vgl. Depotkonto, Wertpapier.

Ehefrau I § 37 [12]; Aktienstimmrecht II § 252 [7], [16], [30]; Beleidigung I § 72 [10]; Buchführung I § 38 [3]; Empfang von Erklärungen I § 66 [120]; Gehilfin I § 59 [9], § 75 [2]; Gesellschafterin I § 105 [5], [24], § 118 [3], § 132 [9]; Gewerbebetrieb III § 366 [36a]; als Gründerin II § 182 [9a]; Handlungsvollmacht I § 54 [2]; als Kaufmann I § 38 [1]; als Komplementarin I § 161 [5]; Ladenvollmacht I § 56 [1]; Prokura I § 48 [3]; Scheinübertragung I § 38 [3]; Schlüsselgewalt I § 58 A, E; stille Gesellschafterin II § 335 [5]; Wohnsitz III § 372 A [20].

Ehegüterrecht im HR. I § 8 A [6], III § 366 [36f].

Ehemann, Aktienbezugsrecht II § 282 [11]; als Gehilfe I § 59 [9], § 60 [1]; Nutznießung I § 22 [19]; persönliche Gläubiger I E [69–72]; Verwaltungsrecht III § 366 [36].

Ehevertrag, Firma I § 17 [13].

Ehrenamt des Gehilfen I § 63 [14].

Ehrendiplom s. Diplom.

Ehrenwort I § 74a [12]; gute Sitten III § 346 A [22]; Wettbewerbsverbot I § 75b [5].

Ehrlichkeit, Gesellschaft I § 109 [9]; im Zeugnis I § 73 [4]; vgl. Vertrauenswürdigkeit.

Ehrverletzung, Gehilfe I § 71 [5], § 72 [9].

Ei, Beförderung IV § 459 [12].

Eidesleistung, Liquidator I § 149 [20]; o.HG. I § 124 [12], § 126 [6], § 140 [5].

Eigene Aktie II § 226 [10], § 279 [1], § 305 [14], § 306 [22]; Bilanz II § 226 [2], § 261 [17]; KGaA. II § 320 [64].

Eigenbesitzer III § 366 [72].

Eigener Dividendenschein II § 226 E; Genußschein II § 226 [11]; Interimsschein II § 226 [9], § 320 [64]; Name (Kommission) IV § 383 [13].

Eigengeschäft IV § 383 [9].

Eigenhändig, Unterschrift III § 350 [58], [62].

Eigenhändlerklausel IV § 383 [9a], § 400 [5], § 424 A [79], [99].

Eigenkapital, AG. II § 278 [25], § 288 [11]; Ermäßigung II § 288 [21], § 289 [12]; vgl. Grundkapital.

Eigenmacht III § 366 [71].

Eigene Sache, Kauf III § 373 B [60d]; Pfandrecht IV § 397 [5]; Verpfändung III § 368 [2a]; Zurückbehaltung III § 369 [24].

Eigenschaft IV § 377 [39a], [44], [152]; Abnahmepflicht III § 373 B [69].

Eigentum (Erwerb), Aktie II § 222 [24]; Bankverwahrung IV § 424 A [17]; im Bilanzsinne II § 261 [28]; Dispositionspapier III § 365 [10]; eigene Sachen III § 373 B [60c]; Erfüllungsort III § 372 A [29]; Frachtgut IV § 455 [4]; Gattungssachen III § 369 [24]; Gelddepot IV § 424 A [47b]; gepfändete Sachen III § 366 [58]; im Handelsverkehr III § 366 B [2]; Inhaberpapier III § 365 A [6b]; Kauf III § 373 B [59], § 377 [194], IV § 382 A [53], [57]; Kommission IV § 383 [30], § 392 [17]; im Konkurs IV § 382 A [83], [97]; Ladeschein IV § 450; Lagerhalter IV § 416 [8], § 419; Lagerschein IV § 424 [3]; Schrankfach IV § 424 A [12]; Stückeverzeichnis IV § 424 [97]; Umtauschkommission IV § 424 A [116]; Unterlassungsklage III § 346 A [13b]; Vorbehalt (Begriff) IV § 382 A [63], (Grundstück) IV § 382 A [90e], (im Konkurs) IV § 382 A [90], [95a], (Kontokorrent) III § 355 [15a], (Stückeverzeichnis) IV § 424 A [100a]; Wertpapierdepot IV § 424 A [51], [54]; vgl. Fund.

Eigentümer, Frachtgut IV § 425[14], § 429[3]; Lagergut IV § 417[8]; Speditionsgut IV § 410[12].

Eigentumsverschaffungstheorie III § 365 A[6].

Eigenversicherung IV § 390[11].

Eil-Brief III § 361 A[38]; -Gut IV § 466[7].

Einbringen III § 366[10], § 373 B[3]; AG II § 182[31a], § 186[19], § 195[10]; Forderung, Haftung für Bestand I § 105[36]; Grundstück I § 105[29], [35]; Miete III § 366[38]; o.HG. I § 105[29], [35], § 111[9]; o.HG. in AG. I § 145[8].

Einfach, Buchführung I § 38[6], § 47 A[5].

Einforderung, Aktieneinzahlung II § 218[10].

Einfuhr, Bewilligung I § 84[16], III § 373 B[56a]; Kommission IV § 383 E; Verbot III § 346 A[25]; vgl. Ausfuhr.

Einführungsschreiben, Zurückgabe I § 59[34b].

Eingebrachtes Gut I E 51, 53; Inventur I § 39[1].

Eingehung von Verbindlichkeiten, Verschulden I § 58 A[53–64].

Eingemeindung s. Vereinigung.

Eingetragener Verein I § 33[3].

Eingetreten, Schaden III § 347[18], [24].

Eingezogen, Aktie (Bilanz), II § 261[17].

Eingriff in ein Recht III § 346 A[13d], IV § 377 A[1].

Einhebungsabtretung III § 368[113a].

Einkassierer I § 59[22].

Einkauf als Handelsgeschäft III § 343[14].

Einkäufer als Gehilfe I § 59[13], [14]; Verwaltungskosten II § 261[21].

Einkaufskommission, IV § 391[1], § 392[13], § 396[6], § 397[14]; Aktie II § 226[7]; Eigentum IV § 383[31]; Konkurs IV § 383[28a]; Mitteilungspflicht IV § 424 A[127]; Namhaftmachung des Verkäufers IV § 384[45]; Sorgfalt IV § 384[9]; Stückeverzeichnis IV § 424 A[76], [77]; Widerruf IV § 383[23b]; vgl. Kommission.

Einkaufspreis III § 373 B[28], [35].

Einkommengrenze, Wettbewerbsverbot I § 74a E[10], [15].

Einkommensteuer, KG. I § 161[21]; Veräußerungsgewinn I § 145[8].

Einlage (Einlagepflicht), AG. II § 178[18], § 211[1], [6]; Befreiung II § 291[20]; in der Bilanz I § 40[7]; eines Dritten I § 149[7]; KG. I § 172, § 173[11]; KGaA. II § 320[66]; Kommanditist I § 161[7], § 171; im Konkurs der AG. II § 292[10]; in L. II § 294[12]; nichtige AG. II § 309[12], § 311[5]; o.HG. I § 111[3], § 139[3]; o.HG. in L. I § 156[14].

Einmalig, Vertragsverletzung III § 374 A[184].

Einmanngesellschaft II § 179[21c], § 292[18]; KGaA. II § 330[24]; Strafbarkeit II § 312[8b].

Einreden, des Bürgen III § 349[14]; gegen Frachtführer IV § 438[8]; Lagerschein IV § 446[4]; des nichterfüllten Vertrags III § 373 B[77], [78], § 374 A[38b]; Orderpapier III § 364[4]; verjährter Ansprüche IV § 377[141]; Verjährung IV § 414[7]; Verpfänder III § 368[33].

Einrichter I § 59[14].

Einrichtungskosten II § 261[39].

Einschränkende Auslegung III § 346[3].

Einschreibeklausel, Kündigung I § 66[9].

Einschuß, Börsengeschäft IV § 376 A[52].

Einseitige Forderung, Aufwertung III § 374 A[229].

Einseitige Willenserklärung (Rechtsgeschäft) als Handelsgeschäft III § 345[2], § 369[27]; Handlungsvollmacht I § 54[15]; ohne Vertretungsmacht I § 58[134]; Vollmacht I § 58 A[28].

Einsicht s. Vorlegung.

Einstellung des Gewerbebetriebes § 1[25], § 27[22], § 31[3], § 131[20b], § 292[6], [16], [23]; Einfluß auf Gehilfen I § 63[8], § 70[5]; Lehrling § 77[7]; Prokura § 52[13]; Tantieme § 65[4]; durch Prokuristen § 49[1]; stille Gesellschaft II § 339[10].

Einstimmig, Gesellschaftsbeschluß I § 147[3], § 152.

Einstweilige Fortführung, Firma I § 27[15–22], (Erbengemeinschaft) I § 27[26].

Einstweilige Verfügung I § 16[2]; Anfechtung II § 271[7], § 272[13a], § 308[3]; Annahmeverzug III § 373[22]; Auflösung der Gesellschaft I § 133[10]; Ausschließung von Geschäftsführung und Vertretung § 140[7]; Dienstleistung § 59[30]; Entziehung der Vertretung § 127[2], [7]; Geschäftsführung § 117[6]; Geschäftsübernahme I § 142[1]; HR. II § 272[23]; gegen Ladeschein IV § 446[4]; Liquidator (Abberufung) I § 147[4], (Ernennung) I § 146[9], § 148[2].

Eintragung s. Grundbuch, HR.

Eintritt (Eintreten) in ein Geschäft I § 74[21]; (Konkursverwalter) IV § 382 A[81], [82f], [90a]; Gesellschafters I § 105[48], § 109[19]; p.h.G.

II § 320 [57]; in einen Vertrag III § 349 [55], § 374 [2a]; vgl. Eintrittsrecht, Selbsteintritt.
Eintrittskarte III § 365 A [9], IV § 406 [2], § 472 [19]; vgl. Theaterbillett.
Eintrittsrecht beim Wettbewerbverbot I § 60 [3], § 113 [4]; vgl. Selbsteintritt.
Einverständnis, Kündigung I § 67 E; Wandelung IV § 377 [61]; vgl. Einwilligung.
Einwendungen (Einwand) gegen Aktienerwerber II § 223 [22], [27]; Anweisung III § 363 [11]; Drittschuldner III § 368 [109]; Inhaberpapier III § 365 A [7]; Zurückbehaltungsrecht III § 369 [68]; vgl. Einrede.
Einwilligung, des Ehemanns I E [41], [43], [58], [59], [63]; vgl. Einverständnis.
Einzahlung, Giro III § 363 A [3]; Grundkapital II § 192 [2].
Einzel-Firma, o.HG. I § 105 [9]; -Kaufmann (Liquidation) I § 145 [1]; -Preis IV § 377 [179]; -Rate III § 374 A [194]; -Vertretung (p.h.G.) II § 320 [74]; -Vollmacht I § 54 [1].
Einziehung (Amortisation, Verfall), Aktie II § 180 [15], § 219 E, § 227 [1], § 237 [16], [17], § 288 [2], [9], § 289 [2], [3], § 292 [19], § 330 [25]; Aktienanteil II § 179 [1b], § 227 [17], § 290 E; Depotbuch IV § 424 A [29]; Gegenstände (o.HG.) I § 105 [31]; Genußschein II § 179 [32], § 227 [17]; vgl. Beschlagnahme, Kraftloserklärung.
Einziehungsbureau I § 1 [67], [85], § 2 [3], III § 368 [113] ff.
Eis, Freiheit II § 359 [1]; vgl. Frost.
Eisenbahn IV § 452 [1], §§ 453—473; Begriff IV § 453 B [10]; Bau I § 1 [85]; als Frachtführer IV § 425 [7], § 436 [8]; Frachtvertrag IV § 453 [1]; als Kaufmann I § 1 [2], [84]; Lagerung III § 373 [25]; -Paketadresse IV § 426 [18]; Station I § 13 [5]; als Unterfrachtführer IV § 432 [2]; vgl. Bahn (Bahnhof), Verkehrsordnung.
Eisen-Hammer I § 1 [57]; -Werk I § 1 [84].
Ekart III § 348 A [9].
Ekelerregend, Krankheit I § 72 [8].
Elektrisch, Eisenbahn IV, § 453 B [10].
Elektrizitätswerk I § 1 [38]; Aufwertung III § 374 A [228]; als Fabrik (Anteilhandel) IV § 376 A [104]; Gefahr IV § 382 A [45b]; als Kauf? III § 373 B [16].
Elsaß-Lothringen, AG. II § 292 [20a]; Fracht IV § 453 B [8].
Eltern, Nutznießung I § 1 [21], § 22 [19].
Emission, Haftung § 268 [1]; -Haus, AG. II § 203 E, § 313 [4], § 320 [41], IV § 381 [12b], § 387 [4]; Kommission IV § 406 [1]; -Konsortium II § 281 [1], § 342 A [1]; -Kosten II § 262 [17], [18]; -Theorie III § 365 A [6].
Empfang (Empfangnahme), Anzeigen (Agent) I § 86 [4]; Frachtgut IV § 429 [7]; Konnossement III § 363 A [31]; durch Spediteur IV § 408 [7] (vgl. Empfangsspediteur); Waren (Agent) I § 86 [3a]; Willenserklärung I § 58 A [29], [30], [136], § 125 [12], III § 361 A [4]; Zahlung nach E. III § 372 A [46a].
Empfänger, Verhältnis zum Frachtführer IV § 425 [15], § 433 [5], [8], [10], §§ 434, 435, § 439 [4]; Ladeschein IV § 447; Legitimation IV § 425 [12]; Verhältnis zum Spediteur IV § 407 [33].
Empfangsbedürftige Willenserklärung I § 70 [1], III § 361 A [4]; Wahlrecht III § 374 A [79].
Empfangsbescheinigung s. Empfangsschein.
Empfangsschein IV § 424 [10]; Eisenbahn IV § 455 [1]; Fracht IV § 435 [8].
Empfangsspediteur IV § 407 [4a], § 413 [11], § 435 [2], § 436 [4].
Empfangstheorie I § 66 [9].
Empfehlung, arglistig III § 346 [31]; als Handelsgeschäft III § 343 [29]; Haftung III § 349 A; vgl. Einführungsschreiben.
Ende des Monats III § 359 A [33]; des Zurückbehaltungsrechts III § 369 [63]; vgl. Beendigung, Dauer, Erlöschen.
Endgültige Fortführung des ererbten Geschäfts I § 27 [23], [24].
Endigung s. Beendigung, Dauer, Ende.
Entehrung der Firma I § 22 [10a].
Entfernungen III § 361.
Entgangener Gewinn I § 70 [20].
Entgelt, Handlungsgehilfe I § 59 [10]; vgl. Entlohnung.
Entgleisung IV § 456 [8].
Entgründung II § 295 [5].
Entladung, Frachtgut IV § 435 [5], § 456 [2], § 459 Nr. 3 [10].
Entlassung, AG.-Vorstand II § 231 [30]; Gehilfe I § 70 E, § 72, (als Kündigung) § 66 [8], (wegen Wettbewerbes) § 61 [10], § 75 [4]; Lehrling I § 77 [7]; § 78 [3].
Entlassungsgrund im Zeugnis I § 73 [4], § 80 [2].
Entlastung, AG. II § 241 [6], § 260 [8], [13], § 273 [1b]; AG. in L. § 302 [4]; Einreichung zum HR. § 265 [8]; Stimmenthaltung § 252 [24]; Vertagung § 264 [3]; vgl. Generalversammlung.

Entlastungsbeweis I § 58 A [79].

Entlaufen, Tiere IV § 459 [13], [14].

Entledigung der Kaufware III § 373 [1].

Entlohnung, Gesellschafter I § 110 [6]; Liquidator I § 146 [10], § 149 [38]; Vorstandsmitglied II § 231 [24]; vgl. Aufsichtsrat.

Entmündigung, HR. I § 8 A [6].

Entschädigung nach dem Betriebsrätegesetz I § 70 [11].

Entschuldigung, Arbeitsversäumnis I § 72 [7].

Entstehung des Schuldverhältnisses; Erfüllungsort III § 372 A [21]; Übersendungskosten III § 372 A [53].

Entwehrung im Konkurs IV § 382 A [82d].

Entwendung, Zurückbehaltungsrecht III § 369 [39]; vgl. Beraubung, Diebstahl.

Entwertung, Frachtgut IV § 429 [6], § 430 [7]; Geld (s. Aufwertung, Geldentwertung); Kommissionsgut IV § 388 [8], § 390 [4]; Lagergut IV § 417 [2].

Entziehung, Prokura I § 71 [6]; Vertretungsbefugnis II § 320 [77].

Entzündbarkeit IV § 459 [12]; vgl. Selbstentzündung.

Erbanteil, Verpfändung III § 368 [1].

Erbauseinandersetzung III § 343 [26].

Erbbaurecht III § 350 [30].

Erbe des Aktionärs II § 222 [15], [17]; Anfechtungsrecht II § 223 [21], § 271 [13]; Firma I § 31 [1], § 37 [20]; Geschäftsschulden I § 27; als Gesellschafter I § 139 [14]; des Gesellschafters I § 118 [5], § 140 [2a], § 152 [3]; des Handelsmäklers I § 101 [1]; HR. I § 143 [3]; Kapitalverkehrsteuer I § 141 A [33]; Kaufmannsgericht I § 59 [5b]; als Kommanditist I § 139 [15], [21], KG. I § 177 A [7], [10]; als stiller Gesellschafter I § 139 [23]; Veräußerung von Erbschaftsgegenständen III § 366 [83]; Zeugnisausstellung I § 73 [2]; vgl. Erbschaft, Gesamtrechtsnachfolge.

Erbengemeinschaft (Miterben) I § 22 [6a], § 27 [25], § 139 [7]; Aktionär II § 196 [10], § 225 [1]; Einbringen I § 105 [31]; als Einzelkaufmann § 105 [40]; einstimmig § 147 [3]; keine Gesellschaft § 27 [25], [26]; als Gesellschafterin § 105 [24]; im HR. § 8 A [6]; als Kommanditistin § 161 [6], § 177 [1]; Liquidation § 145 [1], § 146 [4]; o.HG. § 105 [7], [40]; Miterbe als Prokurist § 48 [3]; als stille Gesellschafterin II § 335 [5], § 339 [5a].

Erbfähig, o.HG. I § 124 [3].

Erbfall (Erbgang), HR. I § 12 [5a], § 22 [6a], § 27 [31], [34]; Orderpapier III § 363 [29], [35], § 364 [13].

Erbieten zur Geschäftsbesorgung III § 362 [10], [20].

Erbrecht III § 343 [28], [30], § 344 [3]; erbrechtliche Verträge, Form III § 350 [44].

Erbschaft I § 17 [24]; Anmeldung I § 27 [34], § 31 [1]; Annahme I § 27 [6]; Bewertung in der Bilanz II § 261 [26]; Firma I § 22 [7]; Gesellschafter I § 107 [2]; Handelsgeschäft I § 27 [32], § 74 [18] (Wettbewerbverbot); o.HG. I § 139 [4]; vgl. Erbe.

Erbschaftskauf I § 22 [6a], [21], § 139 [4]; als Handelsgeschäft III § 343 [27].

Erbteilung I § 27 [31], § 47; als Erwerb unter Lebenden I § 25 [2].

Erdbeben IV § 456 [8].

Erdichtet, Bilanz I § 39 [1]; Name I § 38 [5], III § 255 [12], IV § 424 A [4], § 426 [11]; Preis I § 93 B [14].

Erfindung als Sacheinlage II § 186 [6].

Erfolg, Handlungsagent I § 84 [4]; Mäkler I § 93 B [2].

Erfüllung (Erfüllungshandlung), Anspruch III § 374 A [20], [21], [55]; Arglist IV § 377 [150], [150d]; Auslegung III § 346 E; Börsengeschäfte IV § 376 A [89]; Fixgeschäft IV § 376 [18]; Formmangel III § 350 [82]; gute Sitten III § 346 A [5]; Mäklerlohn I § 93 B [23], [28]; als Nebengeschäft III § 350 [27]; Nichtigkeit III § 346 A [6], § 350 [74b]; Täuschung III § 346 A [12c]; Verschuldenshaftung I § 58 A [65–72]; Vertreter ohne Macht I § 58 A [132]; vgl. Leistung, Zahlung.

Erfüllungsangebot, Zurückbehaltungsrecht III § 369 [43].

Erfüllungsbereitschaft III § 374 A [149d].

Erfüllungsgehilfe I § 58 A [52], [62], [65], III § 347 [2d], [4], [13], III § 372 A [65a], IV § 382 A [40b]; Absender IV § 429 [15]; Arglist IV § 377 [150d]; Kommissionär IV § 384 [4], § 390 [2]; positive Vertragsverletzung III § 374 A [178]; vgl. Beförderungsgehilfe.

Erfüllungshindernis III § 374 A [49a].

Erfüllungsort, Abnahmepflicht III § 373 B [72]; Akkreditiv III § 363 A [42]; Ankunft IV § 382 A [37]; Bankdepot IV § 424 A [72]; Bürgschaft III § 349 [47]; Differenzanspruch IV § 382 A [96]; Fracht IV § 425 [17], § 453 [12];

Giro III § 363 A [10]; Handelsgeschäfte IV § 372 A [1]; Kommission IV § 383 [37], § 384 [30], § 396 [22], § 400 [23]; Kontokorrentsaldo III § 355 [28]; Lagergeschäft IV § 420 [5]; Minderung IV § 377 [84]; o.HG. I § 128 [14]; positive Vertragsverletzung III § 374 A [205]; anwendbares Recht III § 361 [3]; Schadensersatz wegen Nichterfüllung IV § 377 [89]; Selbsteintritt IV § 400 [23]; Selbsthilfeverkauf III § 373 [38]; Spedition IV § 407 [24]; Bedeutung für das Verfahren III § 372 A [17]; bei Versendung IV § 382 A [29], [48d]; Vertragsstrafe III § 348 [37]; Wandelung IV § 377 [75a], [75b]; in Werbeschriften III § 361 A [13a]; Wertpapierkauf IV § 381 [8p]; Zug um Zug III § 369 B [12]; vgl. Wechsel, Zurückbehaltungsrecht.

Erfüllungsübernahme I § 25 [17], III § 349 [54].

Erfüllungsweigerung III § 374 A [185].

Erfüllungszeit III § 358 [1], § 359, § 359 A [9], § 372 A [43]; Depot (Rückgabe) IV § 424 A [71]; Kommissionär IV § 384 [3]; Stückeverzeichnis IV § 424 A [92]; vgl. Fälligkeit.

Ergänzung des Parteiwillens III § 346 [4].

Erheblich, Abweichung IV § 378 [14]; Anlaß I § 75 [5]; vgl. wichtig.

Erhöhung, Kommanditeinlage I § 174 [3], § 175.

Erholungszeit I § 62.

Erklärter Wille III § 346 [2]; Erklärungspflicht III § 374 A [148].

Erkrankung s. Krankheit.

Erlaß s. Verzicht.

Erlaubt, Börsentermingeschäft IV § 376 A [2].

Erlöschen, Antrag III § 361 A [18], [40]; Firma I § 31 [3], (Einfluß auf Prokura) § 52 [14]; Frachtansprüche IV § 438 [7]; der Hauptschuld: (Bürgschaft) III § 349 [11]; (Pfandrecht) IV § 440 [5], § 441 [4]; Vollmacht I § 58 A [88–108].

Ermächtigung, Gesamtvertretung II § 232 [7], [23].

Ermäßigung s. Herabsetzung.

Ermessen I § 133 [13].

Erneuerungsfonds als Passivum II § 261 [16], [35], [38], [43], § 262 [10], [27], [28], [29].

Erneuerungsschein, AG. II § 213 [14]; Pfandrecht IV § 397 [3], § 446 [4]; Verlust II § 228 [8]; als Wertpapier III § 369 [16], IV § 397 [3], § 440 [4].

Ernst, Erfüllungsweigerung III § 374 A [84a], [185a]; Kaufvertrag IV § 376 A [176].

Erntezeit III § 359 [1].

Eröffnungsbilanz I § 39 [2]; AG. II § 239 [7]; AG. in L. § 299 [1]; KG. I § 166 [1]; Nachliquidation II § 302 [21].

Erörterung (Aussprache) in der GV. II § 252 [15] § 256 [13].

Erprobung, Erfindung I § 1 [10a].

Erreichung des Zwecks, Stille Gesellschaft II § 339 [8].

Errichtung, AG. (notarielle) II § 181 [13]; Kosten II § 261 [39]; Versammlung (AG.) II § 196 [1]; (KGaA.) II § 320 [34], § 323 [3].

Ersatz, -Aktie II §§ 228—230, § 290 [7], § 320 [64]; -Übergabe III § 374 A [41]; -Ware III § 373 [2a], [18], [20], IV § 377 [54], § 382 A [6], [15a].

Erschleichung, Duplikatfrachtbrief IV § 455 [8]; Firmeneintragung I § 37 [2], [18].

Ersitzung der Firma I § 22 [6b].

Ertrag als Eigenschaft IV § 377 [42], [80].

Ertragsbilanz II § 261 [13].

Ertragsgarantie III § 349 [65].

Ertragswert I § 40 [3].

Erwärmung s. Heizung.

Erwartungsklausel IV § 376 [39].

Erweiterung des Betriebes, o.HG. I § 116 [2].

Erwerb, AG. II § 226 [3]; Dispositionspapier III § 365 [10]; Handelsfrau I E [47]; Handelsgeschäft I § 22 [1], III § 343 [14], [26].

Erwerbsgeschäft, AG. II § 208 E; Verkauf I § 25 [9], III § 373 B [3], [3a], § 374 A [2a]; vgl. Betrieb.

Erzeuger, Getreide IV § 376 A [138].

Erzeugnisse, Pfandrecht III § 368 [37].

Erzwingung, Vertragsschluß III § 346 A [35]; vgl. Abschluß, Zwang.

Eskompte III § 348 A [10].

Eskomptierung, Buchforderungen III § 368 [101].

Essigfabrik I § 3 [5].

Etablissement I § 13 [3]; vgl. Geschäftsbezeichnung.

Ethisch s. sittlich.

Etikette, Firmenmißbrauch I § 37 [20].

Eventualdolus III § 346 A [10], § 377 [52].

Exceptio doli generalis IV § 377 [176]; rei venditae et traditae IV § 382 A [97].

Expedient I § 59 [14].

Explosion IV § 456 [9].

Export, bill of lading IV § 382 A [62] (S. 545); -Kommission IV § 383 [41]; -Konsignation IV § 383 E; vgl. Ausfuhr.

Expreßgut IV § 465 [10], § 467 [1].

F

Fabrik, Begriff IV § 376 A [104]; Arbeiter I § 59 [17]; Direktor I § 59 [14]; F. in der Firma I § 18 [10], [12b]; Fabrikant I § 4 [9]; Grundstück III § 343 [22]; gegen Handwerk I § 4 [1], [5], [16]; als Kaufmann I § 1 [57], [84]; Meister III § 344 [5]; Veräußerung I § 22 [6].
Fabrikant, Gattungsschuld III § 374 A [47a].
Fabrikanteil, Termingeschäft IV § 376 A E [100], [104].
Fabrikation- Konto II § 260 [22]; Stelle I § 13 [5].
Fabrikpreis III § 373 B [28], [35].
Facsimile I § 58 A [82], II § 181 [1], § 233 [6], III § 344 [8], § 350 [57], [68], § 363 [22].
Fähigkeit, Anfechtungsgrund I § 70 [24]; im Zeugnis I § 73 [5]; vgl. Geschäftsfähigkeit.
Fahr-Gast, höhere Gewalt IV § 456 [8]; -Karte III § 365 A [9], IV § 472 [15], (Verkäufer) I § 59 [14]; -Plan IV § 472 [20].
Fahrlässigkeit gegen Arglist IV § 377 [152]; Besitzerwerb III § 366 [71b]; grobe III § 347 [6]; des Käufers IV § 377 [117a], [157]; Rechtsfolgen III § 347 [11]; Verkehrssitte III § 346 [20]; vgl. Sorgfalt.
Fahrrad, Aufbewahrung I § 62 [5a]; Lehrer I § 59 [17].
Fahrzeug, Beförderung IV § 459 [3], § 465 [5]; vgl. Fuhrwerk.
Faktura, Aufbewahrung I § 44 [4]; Ausschreiben I § 59 [14]; Erfüllungsort III § 372 A [34]; Erledigungsvermerk III § 372 A [60d]; Preis III § 372 A [34a], IV § 386 [1]; Verpackungskosten III § 372 A [34a]; Zahlung gegen F. III § 372 A [46a], § 373 B [41]; Zahlungsfrist III § 372 A [44].
Fakturendiskont III § 368 [101].
Fälligkeit III § 359 A [7]; AG. II § 289 [4]; AG. in L. II § 292 [2], § 301 [3]; Erfüllungsweigerung vor und nach F. III § 374 A [185]; Gegenanspruch III § 369 B [3]; Kaufpreis IV § 382 A [45b]; Lagerkosten IV § 420 [4]; Lieferung III § 374 A [44]; positive Vertragsverletzung vor der F. III § 374 A [86], [183b]; Zinspflicht III § 353 [5]; Zurückbehaltung III § 369 [9]; vgl. Erfüllungszeit.
Falsch (Fälschung), Abschreibezettel III § 363 A [9], [36]; Akkreditivdokument III § 363 A [36]; Banknote IV § 380 [7], § 381 [10b]; Banküberweisung III § 363 A [9], [36]; Indossament III § 365 [9]; Name I § 38 [5], III § 255 [12], IV § 424 A [4], § 453 [2]; Quittung III § 372 A [71], [72]; Scheck III § 363 A [9], § 373 B [64g]; Stempel III § 347 A [3]; Waren III § 373 [40], IV § 378 [3a]; Wechsel III § 373 B [64g]; Wertpapier IV § 400 [21a]; Zeugnis I § 70 [25].
Falsches Vorstandsmitglied II § 232 [47].
Familienaktiengesellschaft II § 179 [21c], [21d], § 263 [2].
Familienname I § 18 [4]; auf dem Ladenschild I § 37 A [6].
Familienrecht III § 343 [30], § 344 [3]; im Kontokorrent III § 355 [15d]; Prozesse I § 17 [24].
Familienverhältnisse, Lehrherr I § 77 [7].
Familienwohnung I § 62 [13a].
Farbenblind IV § 458 [1].
Färber I § 1 [57], [84]; Zurückbehaltungsrecht III § 369 [48].
Faß, Beförderung IV § 459 [12]; Leihe (Miete) IV § 380 [8], § 382 A [122]; vgl. Leckage.
Fasson s. Mantel.
Fassung, Gesellschaftsvertrag II § 274 [3], [4].
Fehlbetrag s. Mankohaftung.
Fehlgeburt I § 63 [2], [8].
Feiertag s. Sonntag.
Felssturz IV § 456 [8].
Ferndrucker III § 361 A [30].
Fernreisender I § 54 [4]; vgl. Provisionsagent.
Fernsprecher I § 54 [13], § 58 A [3], § 86 [7], II § 263 [2], IV § 425 [5]; Anschluß III § 373 B [12]; Anwesenheit III § 361 A [29]; Befugnis III § 361 A [31a]; Bestätigung III § 372 A [38e]; sofort § 361 A [33].
Fest (festbestimmt), Frist IV § 376; Kunde III § 373 B [28]; Lieferungszeit IV § 376 A [9]; Preis III § 373 B [28]; Termin III § 355 [15e]; Zahlung (AG.) II § 186 [2].
Feststellung, Kontokorrentsaldo III § 355 [22].
Feststellung des Zustandes, Frachtgut IV § 437 [6], § 438 [12], [14], [16], § 464 [2]; Kommissionsgut IV § 388 [12], § 391 [5].
Feststellungsklage I § 70 [12], [21], II § 268 [1], § 271 [8]; Richtigkeit II § 273 [19].
Festtag, Begriff I § 76 [17]; vgl. Sonntag.
Fest und offen III § 348 A [10].
Feuchtigkeit s. Nässe.
Feuer (in der Fabrik als) Entlassungsgrund I § 70 [5]; Fracht IV § 456 [8], [9], § 459 [5]; Gefahr IV § 417 [9]; Unvorsichtigkeit I § 72 [10]; Vorbehalt III § 374 A [49]; vgl. Blitz, Entzündlichkeit, Selbstentzündung.

Feuerversicherung, Auslegung III § 346 [3]; Handelsgeschäft III § 344 [3]; Sachen des Gehilfen I § 62 [5a]; Verkäufer IV § 382 A [36]; vgl. Versicherungsvertrag.

Fiduzia II § 222 [16]; vgl. Sicherungsübereignung.

Fiktion, Kaufmann I § 5 [3]; vgl. Scheinkaufmann.

Filiale, Direktor (Filialleiter) I § 54 [2a], § 59 [8], § 59 [14]; Prokura I § 50 [3], II § 201[36]; vgl. Zweigniederlassung.

Film IV § 429 [22].

Finden s. Fundsachen.

Firma.

A. Allgemeines: Begriff I § 17 [1]; als Aktivum I § 40 [5], III § 373 B [3a]; Änderung I § 31 [1], (Bürgschaft) III § 349 [40]; Änderung in der Liquidation I § 149 [32], § 153 [1]; Ausschließung eines Gesellschafters I § 141 [2]; Beendigung der Liquidation I § 157; Bilanz II § 261 [10]; Erlöschen I § 31 [3], § 143 [15]; als Gründer II § 182 [8]; im Ladenschild I § 37 A [7]; Personal-, Sach-, gemischte Firma I § 17 [17], § 18 [3]; im Prozeß I § 17 [24–40]; Recht zur Führung I § 17 [14]; rechtsfähig I § 17 [31]; als Sacheinlage I § 145 [8], II § 186 [6], [21]; im Schuldschein III § 344 [12]; Sprache und Schrift I § 17 [22]; Wahrheit I § 17 [17], § 18 [1], [11], § 22 E, § 24 [5]; Wert I § 141 A [5], § 149 [18], II § 179 [16].

B. Arten und Formen: AG. I § 20 [2], II § 182 [16], § 274 [1], § 305 [5], § 332 [6]; AG. in L. II § 292 [2]; Einzelkaufmann I § 18 [1]; Gemeinde I § 36 [5]; Gesellschaft I § 24; Gesellschaft u. Co. I § 105 [22]; juristische Person I § 36 [7]; Kommanditgesellschaft I § 19 [2], § 161 [4], [17], § 171 [23], § 173 [2]; KG. nach Liquidation I § 177 A [26]; KGaA. I § 20, II § 320 [24], § 322 [6]; Mindergesellschaft II § 342 A [9]; Minderkaufmann I § 4 [23]; o.HG. I § 19 [1], § 105 [8], [20], [48], [51], § 106 [4], § 107, § 124 [3]; o.HG. in L. I § 153, § 156 [3], § 157 [1]; stille Gesellschaft II § 335 [38], [40]; Zweigniederlassung I § 13 [12], § 30 [8], II § 201 [8], [22], § 306 [13].

C. Handelsregister: Anmeldung I § 29; Eintragung I § 2 [11–14]; Eintragungspflicht I § 2 [18]; Löschung I § 2 [17], § 36 [7]; Öffentlichkeit I § 17 [19], [22], § 37 A.

D. Übertragung der Firma: Allgemeines § 17 [20], [40], [41], § 22 [7], § 23, § 25, § 145 [8], § 149 [18], [32], § 153 [1], II § 298 [2], § 303 [18], III § 373 B [3a]; I AG. § 22 [7]; Erbe I § 27; im Rechtsstreit I § 17 [39].

E. Schutz: Ausschließlichkeit I § 17 [18], § 30 E; Mißbrauch I § 17 [21], § 133 [16], III § 346 A [13b]; örtliche Beschränkung I § 30 E; Verschiedenheit I § 30 E.

Firmenstempel III § 350 [57]; Überlassung als Vollmacht I § 54 [7], § 58 A [82]; vgl. Facsimile, Vordruck.

Firmenkern (Firmenkorpus) I § 18 [3], § 37 [11]; Unterscheidung I § 30 [4]; Zweigniederlassung I § 30 [8].

Firmenpapier s. Vordruck.

Firmenwert s. Firma unter A.

Firmenzeichnung.

A. Einreichung: I § 12 [8]; AG. II § 182 [17], § 195 [22]; Änderung I § 31 [1]; juristische Person I § 35; Kaufmann § 29 [5]; KG. § 162 [14]; Liquidator § 108 [4], § 148, II § 296 [7]; o.HG. I § 108 [4]; Prokurist § 53 [2]; Stellvertreter § 242 [2]; Testamentsvollstrecker I § 22 [6a].

B. Form: AG. II § 232, § 233; Aufsichtsrat § 233 [8]; Gesamtvertretung § 233 [7]; Handlungsbevollmächtigter I § 57; juristische Person I § 36 [6]; Liquidator I § 153 [3], II § 298 [8]; Prokura I § 51, II § 238 [8]; Vorstand II § 232; Wechsel I § 108 [4], II § 233 [2].

Firmenzusatz I § 37 [18], [20]; Wettbewerb I § 37 [26] ([4]); vgl. Firma B.

Fischerei I § 1 [36].

Fiskus als Kaufmann I § 1 [84], § 36; vgl. Staat.

Fixgeschäft IV § 376; des täglichen Lebens III § 359 A [40], § 374 A [5]; Haustier IV § 382; im Konkurs IV § 382 A [95], [96].

Fixhandelskauf IV § 376; vgl. Fixgeschäft.

Flaschen, Miete IV § 380 [8], § 382 A [122]; Pfand IV § 380 [8].

Fleischhandel I § 7 [2]; vgl. Schlachter.

Fliegend, Buchhalter s. Stundenbuchhalter; Konto I § 38 [6], § 43 [2].

Floßfracht IV § 425 [2].

Flugfahrzeug IV § 425 [2], [6].

Fluß, -Fracht IV § 432 [2] (vgl. Binnenschiffahrt); -Konnossement IV § 444 [6] (vgl. Ladeschein).

Fob, Begriff IV § 382 A [49c]; ferner III § 346 [19], IV § 382 A [28], [36], [39b]; Erfüllungsort III § 372 A [31].

Fonds II § 261 [43], § 262 [2]; Gläubiger II § 300 [1].

Forderung in der Bilanz I § 40 [6], § 261 [10], [16], [17]; der Gesellschaft I § 28 [7], § 149 [6]; als Kommanditeinlage I § 161 [9]; Kommission IV § 392 E, § 399; bei Pacht I § 22 [16]; als sonstiges Recht I § 58 A [75]; Sacheinlage in AG. II § 186 [6]; Sicherung durch Pfandrecht III § 368 [7], [32]; Sicherungsübereignung III § 368 [101]; Spediteur IV § 415 A [6]; Veräußerung I § 22 [24]; Verpfändung III § 368 [1].

Form (Formmangel, Formvorschrift), AG. II § 303 [15], § 304 [10], § 305 [8]; Arglist III § 346 E; Bürgschaft III § 349 [5], [8], [9], § 350 [4]; Depotumtausch IV § 424 A [37]; Generalversammlungsbeschluß II § 273 [16]; Grundstücksverkehr III § 350 [28]; Handelsgeschäfte III § 343 [22], [26], § 345 [6], § 350; Ladeschein IV § 445; Mäklergebühr I § 93 B [22]; Mängelanzeige IV § 377 [25]; Minderkaufmann III § 351 [2]; Personenfrachtvertrag IV § 472 [15]; Schriftform III § 350 [54]; vereinbarte III § 350 [48]; Vertragsantrag III § 361 A [14]; Vertragsstrafe I § 75c [7]; Wahlerklärung III § 374 A [78].

Formalvertrag IV § 455 [2].

Forstwirtschaft I § 2 [1], § 3 [1].

Fortbildungsschule, Lehrling I § 76 [18].

Fortführung der Firma I § 25 [1–21]; des Geschäfts I § 25 [22–29].

Fortsetzung, AG. II § 274 [1], § 292 [2], [4], § 307 [1], (nichtige) II § 311 [9]; Dienstverhältnis I § 66 [15]; KG. I § 177 A [12], [16]; KGaA. II § 330 [21]; Kontokorrent III § 355 [40]; o.HG. I § 131 [3], [8], § 134, § 138 [4], [7], § 139 E, § 141, § 144, § 157 [1]; stille Gesellschaft II § 339 [17]; vgl. Wiederherstellung.

Fracht I § 1 [70], IV § 425 [13]; Auslage IV § 420 [3]; -Basis IV § 382 A [31]; Berechnung IV § 453 [2]; Erstattung IV § 382 A [49a]; Nachzahlung IV § 470 [4]; -Zuschlag IV § 453 [3].

Frachtbrief IV § 426, § 432 [8], § 436 [5]; Akkreditiv III § 363 A [15]; Aufbewahrung I § 38 [7]; Duplikat III § 363 A [33], IV § 426 [18], § 444 [2], § 455; Eisenbahn IV § 453 [2]; und Ladeschein IV § 446 [3]; Wertangabe IV § 429 [21]; Zahlung gegen F. III § 372 A [46b]; vgl. Durchgehend.

Frachtfrei (franko), Klausel IV § 382 A [49]; Übersendung IV § 379 [4].

Frachtführer I § 1 [84]; Auswahl IV § 382 A [34]; Begriff IV § 425; zum Eigentümer IV § 382 A [56d]; Haftung des Absenders IV § 382 A [40b]; zum Käufer IV § 382 A [56], [56a]; Pfandrecht III § 366 [60], [61] (vgl. Pfandrecht); zum Verkäufer IV § 382 A [56], [56a]; Zurückbehaltung III § 369 [24], [35], [47]; vgl. Transportperson, Versendungsperson.

Frachtgeschäft IV §§ 425—452; Begriff des Frachtvertrags IV § 425 [9]; über Geldstücke III § 361 [5].

Frachtgut IV § 425 [5].

Frachtkosten, Erfüllungsort III § 372 A [16a].

Franko s. frachtfrei.

Frankfurt, Vororte IV § 379 [10].

Frau I E [38]; als Angestellte I § 62 [4]; als Gesellschafterin I E [74]; als Handlungsgehilfin I § 39 [23]; Heirat I § 21 E; als Prokuristin I § 48 [3]; Stimmrecht II § 252 [30]; Vorname I § 18 [5]; als Vorstandsmitglied II § 231 [10]; vgl. Ehefrau, Heirat.

Frei, Börsentermingeschäft (s. inoffiziell); Lieferungsort III § 372 A [32], § 373 B [56a]; vgl. auch die nachstehenden Schlagworte.

Frei ab und **frei an** IV § 382 A [119]; Bahnhof IV § 372 A [31], [32], § 382 A [119]; Bord IV § 382 A [49] (vgl. fob); hier III § 372 A [31]; Waggon IV § 382 A [31], [32], [35a]; vgl. Ab.

Freiaktie II § 186 [2]; vgl. Gratisaktie.

Freibleibend III § 346 [19], § 361 A [16–17p], § 373 B [22], § 374 A [49]; Kommission IV § 386 [2].

Freigabeschein III § 363 [34], [56a]; Erfüllung III § 373 B [56a], § 374 A [168]; Kauf III § 372 A [46e]; Zahlung gegen F. III § 373 B [41].

Freigebigkeit, Handelsgeschäft III § 343 [28]; strafbar II § 312 [2]; vgl. Schenkung.

Freiheitsstrafe, Entlassungsgrund I § 72 [8]; Wartegeld I § 74c [7].

Freirecht I E [37a].

Freizeichnung III § 346 [17], § 374 A [49]; Auslegung III § 346 [3]; Eisenbahn IV § 453 [11], § 466 [3], § 469 [10], § 471 [1]; Erzwingung III § 346 A [36]; Fracht IV § 429 [17], § 430 [12], § 431 [8], § 433 [11], § 438 [15]; Gewährleistung IV § 377 [121]; Girobank III § 363 A [9]; Kauf IV § 382 A [48a], [62] (S. 545); Kommission IV § 384 [9a]; Konnossement IV § 382 A [62d]; Ladeschein IV § 445 [6]; Lagergeschäft IV § 417 [7]; Spedition IV § 408 [9], [24], [25]; Verschulden III § 374 A [49b]; verspätete Geltendmachung III § 374 A [148a]; Verzögerung III § 374 A [49]; vgl. Befreiung, Gewährerlaß.

Fremd, Besitz III § 366 [72]; Eigentum (s. fremde Sache); Interessen IV § 383 [20a], [20b], [20c]; Name (s. fremder Name); Rechnung IV § 407 [11]; (Kommission) IV § 383 [9].

Fremde Sache, Pfandrecht IV § 397 [6], § 410 [8]; Sacheinlage II § 186 [7]; Verkauf III § 373 B [60], [60a], [60b]; Zurückbehaltung III § 369 [20].

Fremder Name, Firma I § 17 [2]; Geschäftsabschluß III § 361 A [31], § 373 B [21]; Gewerbebetrieb I § 1 [19], § 15 [12]; Ladenschild I § 37 A [6].

Fremdenpensionat I § 1 [85], § 2 [3].

Fremde Schuld, Pfandbestellung III § 368 [7a].

Fremde Sprache, III § 350 [55]; Aktionär II § 259 [2]; Name I § 18 [4]; vgl. Ausland.

Fremdes Unternehmen, Dienstleistung dafür I § 59 [25]; in der Firma I § 20 [1].

Fremdwörter, AG.-Satzung II § 273 [3].

Freundschaft, Handelsgeschäft III § 343 [30], § 344 [3]; Handlungsvollmacht I § 54 [2].

Friedensschluß (Friedensvertrag) III § 361 [13]; Zeit III § 359 [1].

Friseur als Kaufmann I § 1 [56], [84], § 4 [19], § 59 [14].

Frist, Ablauf III § 374 [111], [111a], § 374 A [99]; Beginn I § 159 [9]; Berechnung I § 27 [20], III § 359 A [25]; Bezugsrecht II § 282 [6]; Bürgschaft III § 349 [26]; Erbittung III § 361 A [62]; Pfandbestellung III § 349 [28]; Sicherung des Beweises IV § 379 A [8]; Vertragsannahme III § 361 A [43].

Fristbewilligung durch Handlungsbevollmächtigten I § 54 [19]; durch Reisenden I § 55 [5]; vgl. Verlängerungsfrist.

Fristsetzung, Erfüllungsverzug III § 374 A [81], [82]; als Handelsgeschäft III § 343 [29]; Spezifikation III § 375 [7], [14], [20].

Fristverlängerung, Mängelrüge IV § 377 [32]; vgl. Verlängerungsfrist.

Frost (Beförderungsschaden) IV § 459 [12], § 472 [12].

Fruchterwerb III § 366 [74].

Frühjahr III § 359.

Führung im Zeugnis I § 73 [4].

Fuhrwerk als Beförderungsmittel IV § 425 [2]; im Eisenbahnbetrieb IV § 469 [2]; vgl. Fahrzeug.

Fuhrwesen, Fuhrknecht I § 59 [17]; Fuhrmann I § 1 [72], [84], § 4 [20], IV § 432 [2].

Fundsachen, Eigentumserwerb III § 366 [74c], § 366 A [46], [50]; Finden als Handelsgeschäft I § 1 [36]; Handgepäck IV § 465 [9].

Fünfzehnhundertmarkvertrag I § 59 [47], § 74c [2].

Funkenflug IV § 456 [8], § 459 [5], § 471 [1].

Fürsorgepflicht s. Schutzverpflichtung.

Fusion II § 262 [18]; Kontokorrent III § 355 [14a]; Zweigniederlassung I § 13 [14]; vgl. Vereinigung, Verschmelzung.

Futterkosten, Erfüllungsort III § 372 A [16a].

G

G III § 373 B [29].

Galizien III § 373 B [66].

Garantie (Garantievertrag, Gewährvertrag) III § 349 [11a], [20], [65], IV § 377 [41], [46], [193]; AG. II § 213 [2]; Ausbietung § 261 [17]; Bürgschaft III § 349 [3]; Eigenschaft IV § 377 [41], [193]; Form III § 350 [46]; Grundstücksverkehr III § 350 [26]; Kauf (s. Eigenschaft); Tantieme II § 237 [8]; Wertpapierkauf IV § 381 [13e].

Garantiertes Unternehmen II § 180 [3], [7], [13].

Garderobemarke III § 365 A [9].

Garnitur IV § 406 [1].

Gasanstalt I § 36 E, II § 180 [4]; als Fabrik IV § 376 A [104]; Gaslieferung III § 373 B [16a], § 382 A [45b]; als Kaufmann I § 1 [44], [84]; Rohrleger I § 1 [85]; Zweigniederlassung I § 13 [5].

Gastwirt (Gasthof, Gastwirtschaft) als Kaufmann I § 1 [29], [42], [44], [84], § 7 [2], § 14 [19], [20], § 37 A [5], III § 344 [10]; Fürsorge für Sendungen III § 362 [16]; Niederlassungsort III § 372 A [20]; Sonntagfeier I § 59 [28].

Gattungskauf, Begriff IV § 377 [90], § 378 [3b]; Beweislast IV § 377 [126]; Eigentumserwerb IV § 382 A [58–59a]; Gefahr III § 374 A [42a]; glückliche Ankunft vorbehalten IV § 382 A [49d]; Konzentration III § 373 B [70], [70a], [70b], § 373 [46]; Platzgeschäft IV § 382 A [45b]; Prüfung III § 374 A [42a]; Quantitätsmangel IV § 377 [6]; Schadensersatz IV § 377 [104]; Schadensersatz wegen Nichterfüllung IV § 377 [88]; Unmöglichkeit III § 374 A [47]; Zusicherung IV § 382 A [8].

Gattungsschuld III § 360; beschränkte III § 373 B [70].

Gebrauch, einer Firma I § 37 [20]; als Sacheinlage IV § 335 [16], [31]; Wandelung IV § 377 [68].

Gebräuche, s. Geschäfts-G., Gewohnheitsrecht, Handelsgebräuche, Verkehrssitte.

Gebrauchsgegenstand (Bilanz) I § 40 [9]; -Muster III § 373 B [3a]; -Recht (an der Firma, vgl. Pacht) I § 22 [15]; -Überlassung I § 141 A [4]; -Wert (Mängel) IV § 377 [39c].

Gebühr, Nachzahlung, Verjährung IV § 470 [4].

Gebundene Namensaktie II § 180 [10–13], § 222 [11].

Geburt, Kaufmann kraft G. I § 1 [31].

Gefahr (Gefahrübergang), Abrede IV § 382 A [49]; Annahmeverzug IV § 382 A [45c]; Doppelverkauf III § 373 B [60c]; Eigentumsvorbehalt IV § 382 A [67]; Einlage I § 111 [5]; Geldübersendung III § 372 A [59]; Geschäftsführung I § 110; Kauf IV § 377 [45], [45a], § 382 A [40], [50]; Kauf auf Probe IV § 382 A [23]; Kommission IV § 388 [7], § 396 [15]; Mängelanzeige IV § 377 [26]; Nachricht IV § 384 [12]; Niederlegung III § 373 [30]; Stückeverzeichnis IV § 424 [95], [98]; Verpackung IV § 382 A [122]; Versendung IV § 382 A [45], [50], § 384 [30]; Wirkung IV § 382 A [55a].

Gefahr im Verzuge, Gesamtgeschäftsführung I § 115 [7]; Kauf III § 374 A [86b]; Liquidation I § 150 [2]; o.HG. I § 116 [5], [6].

Gefährdung des Vertragszweckes III § 374 A [172].

Gefährdungshaftung III § 347 [11].

Gefährlich, Frachtgut IV § 427 [8], § 467.

Gefallen lassen, Mäklertätigkeit I § 93 B [10a], [33].

Gefälligkeit, Auskunft III § 349 A [6]; Kommission IV § 383 [5]; Orderpapier III § 364 [14]; Schulden (in der Bilanz) I § 40 [7]; Wechsel (Buchung) I § 38 [5].

Gefälscht s. Fälschung.

Gefängnis III § 361 A [7]; Wohnsitz III § 372 A [20].

Gefäße IV § 382 A [45c]; vgl. Faß, Flasche, Transportmittel.

Gegenbestätigung III § 372 A [38e].

Gegenbuch I § 38 [6], § 47 A [2].

Gegengeschäft IV § 376 A [47a].

Gegenpartei, Mäkler I § 93 B [43]; vgl. Widerstreitende Interessen.

Gegenseitigkeit, Kontokorrent III § 355 [8]; Leistungen (Erfüllungsort) III § 372 A [9]; Vertrag III § 373 B [77], § 374 A [19]; (positive Vertragsverletzung) III § 374 A [173]; (Zurückbehaltungsrecht) III § 369 B [5].

Gegenstand des Unternehmens (AG.) II § 182 [18], § 275 [3], § 306 [25], § 309 [6]; (KGaA.) § 320 [24]; Wettbewerbsverbot I § 74a [5].

Gehalt, Agent I § 88 [17]; Gehilfe I § 59 [33]; Grenze I § 68 E; Nichtgewährung I § 70 [3]; Zahlbarkeit I § 64 [1]; vgl. Entgelt.

Geheimbuch I § 38 [6].

Geheimhaltung s. Geheimnis.

Geheimnis, Agent I § 84 [22b]; als Aktivum I § 40 [5]; Gehilfe I § 59 [39], § 72 [2], § 74 [7]; o.HG. I § 105 [31]; als Sacheinlage II § 186 [6]; als Teil des Unternehmens III § 373 B [3a]; Verkauf III § 343 [27], § 373 B [3]; vgl. Schweigepflicht, Verschwiegenheitspflicht.

Geheime Wettbewerbsklausel, Gehilfe I § 74 [25], § 75 E; Lehrling I § 76 [22]; vgl. verborgen.

Gehilfen, sonstige der AG. II § 238; des Kaufmanns I § 59 [22], § 83; des Mäklers I § 93 B [34]; als Besitzdiener III § 366 [46a]; vgl. Handlungsgehilfe.

Gehorsam I § 59 [29].

Geisteskrank s. Geschäftsfähig.

Geistesstörung, Eisenbahnbeamte IV § 458 [1].

Geld, Begriff III § 361 [6] ff., IV § 376 A [37]; Bilanz II § 261 [16]; -Depot IV § 424 A [47ff], [52], [97]; Eigentumserwerb III § 366 [22], [55]; Fracht IV § 429 [18], [20], § 456 [16], § 462; Kommission IV § 383 [32], § 384 [29]; Pfandrecht III § 366 [55], [66]; Schadensersatz III § 374 A [58]; Übersendung III § 372 A [49]; Verlust III § 366 [45], [49], [50a], [51a], [74b].

Geldabfindung, o.HG. I § 141 A [5], § 142 [4].

Geldausgleichung, Schadensersatz III § 347 [17].

Geldausleihen als Handelsgewerbe I § 1 [67], § 93 B [1]; vgl. Darlehen.

Gelddepot IV § 424 A [47].

Geldeinziehung (Inkasso), Handelsgeschäft III § 343 [27]; Kommission IV § 406 [1], [2]; Lehrling I § 76 [7].

Geldempfang, Agent I § 86 [2]; Handelsmäkler I § 97; Handlungsbevollmächtigter I § 54 [10], [19]; als Hilfsgeschäft III § 343 [11], [27]; Kommission IV § 406 [1], [2]; im Laden I § 56 [3], [4]; Platzagent I § 86; Reisender I § 54 [5], § 55 [1], [8]; Stadtreisender I § 54 [4].

Geldentnahme durch Gesellschafter, KG. I § 163 [6], § 167 [5], § 169; KGaA. II § 320 [52], [68], § 329; o.HG. I § 122, § 140 [5], § 141 [19], § 156 [6], [12].

Geldentwertung III § 374 A [52d], [206]; Fracht IV § 439 [6]; Zahlungsverzug III § 374 A [34a], [226], [232]; vgl. Aufwertung.
Geldnotiz III § 373 B [29].
Geldschuld III § 372 A [49].
Geldsorten, Börsenhandel IV § 376 A [8].
Geldstrafen I § 14 [2], II § 312 [3a]; Ersatz I § 110 [4]; Tantieme I § 65 [4].
Geldübersendungspflicht III § 372 A [48].
Geldwechsler I § 1 [64], [66]; Erwerb von Inhaberpapieren III § 367 [3].
Geldzahlung III § 372 A [48].
Gelegenheit, G-Arbeiter IV § 431 [2]; Erfüllungsgehilfe I § 58 A [70]; Preis III § 373 B [32]; Verrichtungsgehilfe I § 58 A [76]; Versehen IV § 431 [3].
Gelegenheitsgesellschaft I § 105 B, II § 335 [10], § 342 A, E; als Handelsgeschäft III § 343 [24].
Gelegenheitspreis III § 373 B [32].
Gelegentlich, Agent I § 84 [7]; Arbeiter IV § 431 [2]; Fracht IV § 425 [7], § 451; Geschäftsabschluß IV § 383 [17]; Kauf IV § 382 A [6]; Mäkler I § 93 B [3], § 93 [1]; Spedition IV § 415.
Geltendmachung, Pfandrecht IV § 440 [7]; unsittliche Rechte III § 346 A [14].
Gemein, Wert IV § 430 [3], § 457 [4].
Gemeinde, Anleihe III § 374 A [230]; Buchführung I § 36 [12], § 38 [1], § 42; Haftung für Vertretung I § 58 A [87]; HR. I § 36; Handlungsvollmacht I § 54 [3]; als Kaufmann I § 1 [4], [7]; § 36 [10]; Ort IV § 379 [10]; Verstaatlichung der AG. II § 304; vgl. Juristische Person.
Gemeinnützig, Unternehmen II § 180 [3]; Zweck (Bilanz) II § 261 [15a].
Gemeinschaftlicher Vertreter, Aktie II § 225 [5].
Gemeinschaftsausschuß II § 306 [25].
Gemeinschuldner als Kaufmann I § 1 [4]; Prokura I § 48 [4]; als Prokurist eines Anderen I § 48 [3]; Veräußerung von Konkurssachen III § 366 [81].
Gemischt, Firma I § 20 [3]; Rechtsgeschäft III § 373 B [16b]; vgl. Doppeleigenschaft, verbundenes Geschäft.
Gemischt-wirtschaftliche Unternehmung, AG. II § 178 [14b]; Aufsichtsrat II § 243 [2d].
Genehmigung (Konzession) I § 58 A [114]; AG. II § 178 [12], § 195 [14], § 201 [32], § 277 [5]; (Entziehung der G.) II § 292 [16], § 330 [23]; zum Gewerbebetrieb II § 292 [16]; zur Grundstücksveräußerung I § 93 B [22]; Gründung II § 182 [11]; Handelserlaubnis III § 374 A [169]; als Handelsgeschäft III § 345 [4]; Handlungen der AG. II § 235 [11]; Inhaberpapier III § 365 A [6a]; Kapitalerhöhung II § 278 [5a]; Kauf auf Probe IV § 382 A [17], [20], [21]; Kommission IV § 385 [9], § 386 [7]; Konzession als Sacheinlage II § 186 [6]; Mängel IV § 377 [38], [114], (trotz Arglist) IV § 377 [156]; Marke des täglichen Verkehrs III § 365 A [9]; o.HG. I § 124 [2]; Probe IV § 382 A [19a]; Prokurist I § 48 [10].
Generalagent I § 84 [14].
Generalquittung III § 372 A [70a].
Generalunkosten s. Verwaltungskosten.
Generalversammlung:
A. Verfassung: AG. II § 182 [24]; AG. in L. II § 294 [6], [7]; außerordentliche II § 254 [7], § 256 [4], § 260 [1]; KGaA. II § 320 [35], [99]; Konstituierende II § 196 E; ordentliche II § 260 [1];
B. Einberufung: Ankündigung II § 275 [6]; Anträge II § 256 [11]; Aufhebung der Einberufung II § 253 [7]; Aufsichtsrat II § 246 [9]; Auslegung der Vorlagen II § 263; Einberufung II § 196 [2], § 197 [3], § 238 [6], § 253, § 255 [1], [7], § 256, § 257, § 260 [19], § 264 [2], [4], § 271 [11], § 274 [6], § 309 [4], [9]; KGaA. II § 320 [104]; Ort II § 256 [17]; Unterbrechung II § 256 [14]; Vertagung II § 196 [11], § 256 [5], [14], § 260 [20], § 264, § 299 [10], § 320 [107];
C. Beschlußfassung: Abstimmung II § 196 [8]; Anwesenheitsliste II § 252 [2], § 256 [9a], § 258, § 320 [105]; Aufhebung eines Beschlusses II § 273 [13a]; Beschlußfähigkeit II § 251 [5]; Beschlußfassung II § 197 [4]; Beurkundung II § 196 [5], § 259, § 271 [10], § 320 [185]; Eröffnung II § 256 [12]; Feststellung des Stimmergebnisses II § 271 [8]; Kosten II § 254 [25], § 259 [12]; Legitimationsprüfung II § 255 [3a]; Ligitimationsübertragung IV § 383 [35a], § 424 A [34] (S. 811); Leitung II § 196 [4], § 256 [12]; Mitteilung der Beschlüsse II § 257; Nichtanfechtung II § 273 [15]; Schluß II § 256 [12]; Stimmrecht II § 205 [2], § 316 [1], § 320 [99], [103], § 327 [1]; Stimmvollmacht III § 350 [45]; Tagesordnung II § 254 [15], § 256 [1], [8], § 320 [105]; Teilnahme II § 250 [12], [17], § 252 [32], § 255 [2], § 271 [11], § 290 [5]; (KGaA.) II § 327 [3]; Ungültigerklärung II § 273 [1]; Vertretung nach außen II § 250 [5]; Vorsitz II § 254 [23],

§ 256 [10]; vgl. Anfechtung, Mehrheit, Nichtigkeit, Stimmenkauf.

D. Aufgaben und Zuständigkeit: AG. II § 250 [2], [7]; AG. in L. II § 254 [28], § 298 [3], § 302 [2]; Auflösung der AG. II § 292 [6]; Aufsichtsrat, Wahl II § 243 [1]; Berichterstattung II § 231 [8]; Bilanz II § 260 [1], § 299 [3], [8], § 320 [106]; Entlastung II § 260 [1], [8], [13], § 320 [106]; Gesellschaftsvertrag, Abänderung II § 274 [2]; Gewinnverteilung II § 260 [1], [5], § 320 [106]; Grundkapital (Erhöhung) II § 306 [8], (Verlust) II § 240 [7]; Liquidatoren, Berufung II § 295 [2]; Nichtigkeit, Heilung II § 310 [3]; Reserven II § 213 [9], § 261 [6], § 262 [30]; Schadensersatzanspruch, Beseitigung II § 241 [4]; Vergleich, Verzicht II § 205 [1]; Vermögen, Veräußerung II § 303, § 304, § 305 [11], § 306 [7]; Vertreter, Wahl II § 268 [5].

Generalvertretung I § 84 [8], III § 346 A [16]; als Sacheinlage II § 186 [6].

Generalvollmacht I § 54 [1]; Bevollmächtigter (Tarifvertrag) I § 59 E; und Gesamtvollmacht I § 58 A [30]; Handelsvollmacht I § 54 [16].

Genossenschaft als Handelsgesellschaft? I § 6 [1]; Handlungsvollmacht I § 54 [3].

Genußrecht II § 179 [33].

Genußschein, AG. II § 179 [1b], [22–33], § 185 [4], § 186 [2]; Bilanz II § 261 [12], [17]; statt eingezogener Aktien II § 227 [16]; Reingewinn II § 237 [16]; bei Umstellung II § 290 E.

Gepäck-Schein III § 365 A [9], § 382 A [45b], IV § 426 [18], § 465 [1], [3]; -Träger IV § 425 [2], [7], § 465 [5].

Geräte (Gerätschaft), Bewertung II § 261 [37]; Gefahrlosigkeit I § 62 [2].

Gerber I § 1 [44], [57], [84], § 4 [16].

Gerichtlich s. Beurkundung.

Gerichtsbezirk, Zweigniederlassung I § 13 [7].

Gerichtskosten, Einrichtungskosten II § 261 [40]; Emissionskosten II § 262 [18]; Vorzugsrechte II § 262 [21].

Gerichtsstand, Abnahmepflicht III § 373 B [74]; AG. II § 182 [17], § 210 [13]; Anfechtungsklage IV § 377 [168]; Fracht IV § 430 [14]; Kontokorrent III § 355 [21]; o.HG. I § 124 [17]; offene Rechnung III § 357 A [7]; Schadensersatz IV § 377 [106]; Schadensersatz wegen Nichterfüllung III § 374 A [34], [74]; Selbsthilfeverkauf III § 373 [54]; Übernahme der Firma I § 25 [9]; unerlaubte Handlung IV § 377 [175c]; Vereinbarung III § 372 A [32]; bei Verschmelzung II § 306 [18]; Vorstandsmitglied II § 241 [31]; Zahlungsklage III § 373 B [81].

Gerichtsverfassung in Strafsachen II § 312 [3].

Gerichtsvollzieher I § 58 A, E; Pfandbesitz III § 368 [12]; Wegnahme III § 366 [15].

Geringfügig, Mangel III § 374 A [166]; Unredlichkeit I § 72 [1], [2]; vgl. Unerheblich.

Gesamteigentum (Gesamte Hand), Aktie II § 225 [3]; Kommanditist I § 161 [13]; Konsortium II § 342 A [2]; o.HG. I § 105 [8], § 120 [7]; o.HG. in L. I § 156 [2].

Gesamtgeschäftsführung, AG. II § 231 [8]; o.HG. I § 115 [6]; o.HG. in L. I § 150 E.

Gesamtgut I E [51], [54]; Inventur I § 39 [1].

Gesamthaftung, Gesellschafter der o.HG. I § 149 [34], § 156 [20], § 159 [1]; Gründer II § 202 [23].

Gesamtpreis, Bewertung in der Bilanz II § 261 [33]; Mängelrüge IV § 377 [179]; Minderung IV § 377 [80a].

Gesamtprokura I § 48 [9–19], § 238 [4]; Anmeldung I § 53 [1]; Erlöschen I § 52 [17]; mit Gesellschafter I § 125 [14]; Handlungsvollmacht I § 54 [2].

Gesamtrechtsnachfolge, Aktie II § 222 [15], § 223 [21]; AG. II § 304 [7], § 306 [13], [14].

Gesamtschuld, Bürgschaft für G. III § 349 [11]; Eisenbahnen IV § 469 [3]; Erfüllungsort III § 372 A [7]; Firmenübernahme I § 25 [9]; Frachtführer IV § 432 [7]; KG. I § 171 [6]; o.HG. I § 128 [6]; vgl. Mitschuldner.

Gesamtsendung, Kostbarkeiten IV § 467 [5]; Mängelrüge IV § 377 [23].

Gesamtversammlung, AG. II § 256 [9a], § 259 [10a].

Gesamtvertretung, AG. II § 198 [2], § 231 [17], § 232 [4], [17], § 272 [6], [15]; AG. in L. II § 298 [9], [10]; Anfechtung II § 272 [15]; Haftung für Verschulden I § 58 A [88]; KG. I § 170 [1]; öffentlicher Glaube des HR. I § 15 [14]; o.HG. I § 115 [7], § 125 [6]; o.HG. in L. I § 150 E; Stillschweigen III § 374 A [148]; Wissen III § 374 A [148].

Gesamtvollmacht I § 54 [2], [2a], § 58 A [30]; Rechtsgeschäft mit sich selbst I § 58 A [40].

Geschäfte III § 343 [19]; G. machen I § 60 [5]; vgl. Aufsichtsrat.

Geschäftlich, Interesse I § 74a [1]; (Wettbewerbsverbot) I § 75 b [5].

Geschäftsabteilung, Veräußerung I § 22 [4a]; vgl. Geschäftszweig.

Geschäftsanteil, Veräußerung III § 343 [25]; als Wertpapier? III § 369 [16].

Geschäftsaufgabe s. Einstellung.

Geschäftsaufsicht, AG. II § 231 [34a], § 240 [20], § 292 [14a]; Bürgschaft III § 349 [20]; Dienstherr I § 70 [28]; Einkaufskommissionär IV § 424 A [113]; KGaA. II § 330 [27a]; o.HG. I § 128 [5], § 131 [16a].

Geschäftsbedarf (Bedürfnis) III § 373 B [35]; als Passivum II § 261 [11]; vgl. Geschäftsinventar.

Geschäftsbedingungen, Auslegung III § 346 [14], [17]; Erfüllungsort III § 372 A [33], [37]; Frachtführer IV § 435 [4]; Kontokorrent III § 355 [43]; Lieferungsgeschäft IV § 376 A [136]; Verwaltungsdepot IV § 424 A [34] (S. 811); vgl. Beförderungsbedingungen.

Geschäftsbericht, AG. II § 260 [18], [23], § 299 [8]; Offenheit II § 314 [4].

Geschäftsbesorgung s. Geschäftsführung.

Geschäftsbetrieb I § 62 [3]; Begriff I § 22 [35]; Veräußerung III § 373 B [3a]; vgl. Betrieb, Erwerbsgeschäft, Gewerbebetrieb, Handelsgeschäft, Handelsgewerbe.

Geschäftsbezeichnung (Etablissementsname) I § 4 [23], § 17 [6], § 37 [27]; Veräußerung I § 22 [25], § 25 [4].

Geschäftsbuch s. Handelsbuch.

Geschäftserfordernis als Passivum II § 261 [11], [43].

Geschäftsfähig, AG. II § 178 [13]; Anstellungsvertrag I § 59 [35a]; Antragsempfänger III § 361 A. [81]; Auseinandersetzung I § 145 [16]; Besitzverlust III § 366 [47]; Bevollmächtigter I § 58 A [23], [94]; Börsengeschäft IV § 376 A [4], [17], [24], [68], [95]; Bürgschaft III § 349 [5]; Firmenübernahme I § 25 [10]; Geschäftsherr des Agenten I § 92 [10]; Gesellschaft, Gesellschafter I § 28 [4], § 105 [5], [24], [37], § 106 [6], § 109 [3]; § 115 [1], § 118 [3], § 123 [11], § 125 [1], [3], § 148 [2]; Getreidehandel IV § 376 A [137]; Gründer II § 182 [9]; Kaufmann I § 1 [20], [21], III § 343 [8]; Kommanditist I § 161 [6], [14]; Kontokorrentsaldo III § 355 [29d]; in der Liquidation I § 146 [3]; Mäkler I § 93 [42a]; o.HG. I § 105 [24], § 114; Prokura I § 48 [3], [4]; stille Gesellschaft II § 335 [5], [26], § 339 [7]; Vertragsantrag III § 361 A [15a], [79]; Vertreter ohne Auftrag I § 58 A [128]; Vollmachtgeber I § 52 [11], § 58 [90], [98], § 58 A [98]; Vorstandsmitglieder II § 231 [10], [11]; vgl. Minderjährig.

Geschäftsforderung s. Forderung.

Geschäftsführer s. Vorstandsmitglied.

Geschäftsführung III § 362 [2]; Beendigung I § 136 [2]; Entziehung II § 320 [85]; Erfüllungsort III § 372 A [16], [65]; HR. I § 8 A [6]; KG. I § 163 [7], § 164 [1], § 177 A [7]; Liquidator I § 152; o.HG. in L. I § 156 [8]; Provision III § 354 [4]; stille Gesellschaft II § 338 [11].

Geschäftsführung ohne Auftrag II § 200 [7], III § 343 [29], IV § 390 [13]; Bürgschaft III § 349 [39]; Gesellschafter I § 110 [1]; Grundstücksverkehr III § 350 [24].

Geschäftsgebrauch III § 346 [7]; Erfüllungsort III § 372 [29], § 372 A [33]; vgl. Handels-G.

Geschäftsgeheimnis s. Geheimnis.

Geschäftsguthaben, Gesellschafter I § 149 [15].

Geschäftsinventar III § 343 [23]; Anschaffung (Kauf) III § 350 [27], (Miete) III § 350 [39], (o.HG.) I § 155 [12]; Taxe III § 372 A [16a]; Verkauf III § 373 B [3a]; vgl. Geschäftsbedarf.

Geschäftsjahr I § 39 [3]; AG. II § 215 [3a], § 260 [18]; AG. in L. II § 299 [5]; Verlegung II § 215 [3a], § 274 [1]; vgl. Teil.

Geschäftslage III § 373 B [3a].

Geschäftsordnung I § 59 [35b].

Geschäftsraum I § 62 [1]; Miete III § 350 [37].

Geschäftsschulden, Begriff I § 22 [29]; Firmenübernahme I § 25 [11–16a]; Gesellschaft I § 28 [6].

Geschäftsstempel s. Firmenstempel.

Geschäftsstunde s. Geschäftszeit.

Geschäftsunkosten, Kommission IV § 396 [17]; Tantieme II § 237 [25].

Geschäftsveräußerung III § 373 B [3a], IV § 377 [5], [42], [128], § 382 A [70]; vgl. Veräußerung des Betriebes.

Geschäftsverbindung III § 362 [2]; Rat III § 349 A [18], [19].

Geschäftsverlust, Tantieme I § 65 [7].

Geschäftsvermittler s. Mäkler, Vermittler.

Geschäftsverpfändung s. Verpfändung.

Geschäftswert I § 40 [3], § 141 A [5], § 149 [18].

Geschäftszeit III § 358, IV § 418.

Geschäftszweig (Branche) III § 343 [11]; in der Firma I § 18 [7], § 30 [4], [7]; im HR. I § 29 [4]; Unterscheidungsmerkmal I § 30 [4]; Veräußerung I § 22 [4a], [6], III § 373 B [3a]; vgl. Handelszweig.

Geschenk, Bilanz II § 261 [26]; vgl. Schenkung.

Geschichtlicher Name s. Phantasiename.

Geschiedene Frau I § 21 [2].

Geschlechtskrankheit I § 63 [2], § 72 [8].

Geschworenendienst I § 63 [8] (zweimal), III § 343 [10].

Gesehen III § 363 [9].

Geselle I § 59 [17].

Gesellschaft I § 161 [1]; abgeleitete Firma I § 22 [12]; als Agentur I § 88 [22], § 92 [11a]; Auflösung I § 58 A [92], (Einfluß auf Agenturvertrag) I § 92 [11a], (Kaufmannseigenschaft) I § 1 [25]; Aufwertung III § 374 A [236]; Differenzgeschäft IV § 376 A [199]; in der Firma I § 18 [12a]; als Gesellschafterin I § 105 [22], [37], § 161 E, II § 306 [24]; Grundstücksverkehr III § 350 [25], [29]; als Handelsgeschäft III § 343 [24], [27]; Handelsgesellschaften I/II §§ 105 bis 342; als Kaufmann IV § 376 A [17]; landwirtschaftlicher Nebenbetrieb I § 3 [11]; als Mäkler I § 93 V [8]; der Minderkaufleute I § 4 [26], II § 342 A [8]; als Prinzipal I § 59 [6]; G. und stille Gesellschaft II § 335 [12]; Teilung I § 47; Umwandlung I § 105 [33], [48]; Vertragsstrafe III § 348 [41]; vgl. AG., Einbringen, juristische Person, KG., KGaA., o.HG., Vereinigung.

Gesellschaft & Co I § 105 [22], [37], § 161 E, II § 306 [24].

Gesellschafter, Aufrechnung I § 124 [34], [35], [36]; ausgeschiedener I § 129 [13–18]; Ausscheiden (Firma) I § 24, § 141; Ausschließung I § 24 [2], § 140; Ehefrau als G. I E [44], [49], [74]; Eintritt in eine Firma I § 24, § 28 [1], in KG. I § 163 [10], in o.HG. I § 126 [2], § 130, § 141 A [7], § 156 [22]; Geschäfte mit der Gesellschaft I § 105 [31]; Gesellschaftsforderungen I § 124 [39]; Gewinnanteil I § 120; als Gläubiger der Gesellschaft I § 128 [23]; Haftung für Gesellschaftsschulden I § 128, § 141 A [14]; als Kaufmann III § 343 [18]; Konkurs I § 131 [18]; als Prinzipal I § 59 [6]; Privatforderungen I § 124 [34]; Privatzwecke I § 133 [16]; Prozeß I § 129 [2]; als Schuldner der Gesellschaft I § 128 [27a]; Zwangsvollstreckung I § 129 [12]; vgl. Privatgläubiger, Tod.

Gesellschafterrechte, KG. I § 163 [9]; vgl. Herrschaftsrechte.

Gesellschaft mit beschränkter Haftung, Bilanz I § 41 [1]; Firma I § 22 [10], (der Zweigniederlassung) I § 30 [8]; als Kaufmann III § 351 [3]; als Kommanditistin I § 161 [6]; o.HG. als Gesellschafterin I § 105 [37]; Prokura I § 48 [4]; als stille Gesellschafterin II § 335 [4]; Umwandlung II § 334 [8], [9]; Veräußerung von Anteilen III § 350 [46], [89]; vgl. Gesellschaft.

Gesellschaftliche Stellung III § 373 V [39a].

Gesellschaftsanteil, Gegenstand des Handels I § 1 [41].

Gesellschaftsbeschluß, KG. I § 163 [8]; o.HG. in L. I § 156 [10].

Gesellschaftsforderung s. Forderung.

Gesellschaftsform in der Firma I § 30 [7]; Unterscheidungsmerkmal I § 30 [4].

Gesellschaftsguthaben I § 139 [3].

Gesellschaftsschulden, o.HG. I § 110 [3], § 149 [12], § 155 [6], (beim Ausscheiden) I § 141 A [10], § 142 [4], (Befreiung) I § 145 [12]; o.HG. in L. I § 145 [4].

Gesellschaftssteuer, Aktie II § 179 [11], (eigene Aktien) § 226 [12], (Gratisaktie) § 279 [2b]; AG. II § 186 [24], (qualifizierte Gründung) § 186 [24]; Interessengemeinschaft II § 306 [26]; Kapitalsherabsetzung II § 290 [16]; KG. I § 161 [20], § 162 [22], § 173 [5]; Konsortium II § 342 A [6]; o.HG. I § 105 [52a], § 106 [10], § 111 [9a]; Satzungsänderung II § 274 [14]; stille Gesellschaft II § 342 A [6]; Überlassung von Gesellschaftsrechten I § 141 A [33].

Gesellschaftsvermittler I § 93 [4].

Gesellschaftsvermögen, o.HG. I § 124 [30], § 149; o.HG. in L. I § 156 [18]; nach Auflösung I § 158 [4].

Gesellschaftsvertrag, Abstimmungserfordernis II § 275 [2]; AG. II § 178 [6], § 182, § 186 [14]; Änderung (KGaA.) II § 320 [108], § 332; freiwillige Reserven II § 262 [29]; KGaA. II § 320 [19], § 322; in L. I § 156 [4]; Mangel II § 309 [3]; vgl. Satzung.

Gesetz, Begriff II § 271 [3]; Konkurrenz III § 346 A [9].

Gesetzlich, Pfandrecht II § 226 [9], III § 368 [60], [88]; Verbot IV § 383 [23b], (AG.) II § 182 [10], (Eisenbahnfracht) IV § 453 [6]; Vertreter (s. nachstehend); Vollmacht I § 58 A [3], (Gesamtprokurist) § 48 [15].

Gesetzlicher Vertreter, Aktienstimmrecht II § 252 [18]; Buchführung I § 38 [3]; Haftung III § 349 A [37].

Gesinde I § 59 [21], § 83.

Gesindedienste, Gehilfe I § 59 [26]; Lehrling I § 76 [7], § 77 [7]; vgl. roher Dienst.

Gesindevermietung (Vermittlung) I § 1 [77], [85] § 2 [9], § 93 V [44], § 93 [4], III § 343 [27].

Gesperrt s. Sperrdepot.

Gesundheit, Eisenbahnreisende IV § 472 [6]; Gehilfe I § 62 [5]; Lehrling I § 82; im Zeugnis I § 73 [4]; vgl. Geschlechtskrankheit, Krankheit.
Gesundheitsschädlich, Ware IV § 377 A [2].
Getreide (Getreidemüllerei), Lieferungsgeschäft IV § 376 A [131], [134]; Termingeschäft IV § 376 A, E [100], [106]; Vermischung IV § 419 [3].
Gewährerlaß IV § 377 [121]; Arglist IV § 377 [159], [171]; Vorsatz IV § 377 [171]; vgl. Freizeichnung.
Gewährleistung gegen Anfechtbarkeit IV § 377 [177]; bei Auseinandersetzung I § 145 [13]; bei Bürgschaft III § 349 [19]; bei Kauf IV § 377 [49]; im Konkurs IV § 382 A [82c]; gegen unerlaubte Handlung IV § 377 [177a]; vertragliche Abänderung IV § 377 [187]; vertragliche Ausschließung IV § 377 [121], § 378 [3]; vgl. Garantie, Gewährerlaß.
Gewahrsam IV § 382 A [109].
Gewährvertrag s. Garantie.
Gewerbe (gewerbsmäßig) I § 1 [6–13], § 93 [1], § 105 [13], IV § 383 [16], § 407 [12].
Gewerbebetrieb I § 2 [2]; Einstellung I § 58 A [102]; Ladenschild I § 37 A [3]; als Rechtsgut I § 37 [14]; vgl. Betrieb, Erwerbsgeschäft, Geschäftsbetrieb, Handelsgeschäft, Handelsgewerbe.
Gewerbefreiheit I § 22 [34], III § 346 A [31].
Gewerbegehilfe I § 59 [15]; als Handlungsbevollmächtigter I § 54 [2], § 56 [1]; gegen Handlungsgehilfe I § 59 [4].
Gewerbegericht I § 59 [22a].
Gewerbelehrling I § 76 [4].
Gewerbemäßig s. Gewerbe.
Gewerbliche Niederlassung, Erfüllungsort III § 372 A [20].
Gewerbliches Unternehmen, Verpfändung III § 368 [4].
Gewerbepolizei s. Polizei.
Gewerberecht I § 1 [1]; Handlungsagent I § 84 [32].
Gewerbetreibender s. Gewerbebetrieb.
Gewerbliche Anlage II § 195 [14]; Tätigkeit, Handlungslehrling I § 76 [5]; Unternehmen (s. Gewerbebetrieb).
Gewicht III § 361; Kaufpreis IV § 380; Mangel IV § 378 [12a]; -Verlust (Fracht) III § 459 [6], § 460 [1]; Zusage IV § 382 A [5]; vgl. Nachwiegen, Verwiegen.
Gewinn in der Bilanz II § 261 [16], [46]; beim Deckungskauf III § 374 A [73], beim Deckungsverkauf III § 374 A [32]; entgangener III § 347 [17], [19]; KGaA. II § 320 [65]; Steuerrecht II § 261 [50]; stille Gesellschaft II § 336 [3]; unehrbarer III § 347 [22a]; unredlicher III § 347 [22a].
Gewinnanteil (Gewinnbeteiligung), Aufwertung III § 374 A [236]; Gehilfe I § 59 [33]; o.HG. I § 120 [2], § 121; stille Gesellschaft II § 335 [20], § 336, § 337; Übertragung I § 109 [13]; vgl. Dividende, Dividendenschein, Tantieme.
Gewinnberechnung, o.HG. in L. I § 156 [12].
Gewinnermittlungsbilanz II § 261 [13].
Gewinnerzielung des Kaufmanns I § 1 [7], § 36 [10], II § 335 [8].
Gewinngarantie III § 349 [65].
Gewinn- und Verlustrechnung I § 39 [1]; AG. II § 260 [18], [22]; AG. in L. II § 299 [6]; Bekanntmachung II § 265 [1]; KGaA. II § 320 [101]; Wahrheit II § 314 [4].
Gewinnverteilung, AG. II § 261 [16], [47]; KG. I § 167, § 168; KGaA. II § 320 [65]; o.HG. in L. I § 154 [5]; Vertagung II § 264 [2].
Gewinnverteilungsbilanz s. Verteilungsbilanz.
Gewinnvortrag, AG. II § 237 [15], § 260 [22], § 261 [49], § 262 [32]; Reingewinn II § 237 [11], [15].
Gewohnheitsrecht I E [20], [23–29], II § 271 [3], III § 346 E; vgl. Handelsgebrauch.
Gewöhnlich: Betrieb (AG. s. ungewöhnlich) (Bevollmächtigte) I § 54 [19], § 56 [4], (o.HG.) § 116 [2]; Fracht IV § 412 [6], § 413 [11]; Gebrauch IV § 377 [39d]; Lauf der Dinge III § 347 [20], [21]; Sorgfalt III § 347 [4]; vgl. Ungewöhnlich.
Giralgeld III § 363 A [1].
Giroeffektendepot IV § 424 A [42].
Girokonto III § 372 A [60b]; Umschreibung III § 363 A [3], [4].
Girovertrag I § 1 [68], III § 363 A [1].
Glaser I § 1 [44], [84], § 4 [16]; Glasbeförderung IV § 459 [12].
Glattstellung IV § 400 [5], [25].
Gläubiger der AG. II § 289 [3]; Anmeldung II § 297; Ansprüche gegen Vorstandsmitglieder II § 241 [11]; Ausführung eines anfechtbaren Gesellschaftsbeschlusses II § 279 [6]; Benachteiligung (stille Gesellschaft) II § 342 E., Berufung der GV. II § 256 [9]; Firmenübergang I § 25 [8–11].
Gläubigerausschuß als Liquidator I § 146 [1], § 147 [2].

Gläubigerrecht, AG. II § 250 [11].
Gläubigerschutz, AG. II § 300 [6], § 301; Kapitalsherabsetzung II § 289 [2]; KGaA. II § 330 [18], [19]; bei Umwandlung II § 334 [2], [3]; bei Vereinigung II § 305 [26]; bei Vermögensveräußerung II § 303 [13]; bei Verschmelzung II § 306 [15]; bei Verstaatlichung II § 304 [11]; vgl. Schutz.
Gleichartig, Wertpapier IV § 424 A [35].
Gleichwertig, Stellung I § 59 [27].
Gleichzeitig I § 25 [18].
Gleitend, Preis III § 361 [17], § 373 B [35]. Stimmrecht II § 185 [11a].
Globalaktie II § 179 [10].
Glückliche Ankunft s. Wohlbehaltene.
Glücksspiel III § 364 [14], IV § 376 A [262], Gehilfe I § 72 [10].
Goldberechnung I § 141 A [33].
Goldbilanz I E [4], § 39 [6]; AG. II § 178 [11b], § 180, § 185 [4a], § 199 [5], § 261 [51], § 309 [4b]; Aktienbezugsrecht II § 282 [14]; Aktieneinziehung II § 227 [17]; Aktienübertragung II § 222 [6a]; Anfechtung oder Nichtigkeit II § 273 [24]; Auskunft II § 260 [20a]; Genußschein II § 179 [30], [31]; Grundkapital II § 278 E; Konkursantrag II § 240 [17]; Mehrheit in der GV. II § 260 [1a]; o.HG. I § 120 [9]; Prüfungsbericht II § 260 [18]; Schutzaktie II § 185 [11c]; stille Gesellschaft II § 337 [10]; Stimmvorrecht II § 252 E; Veröffentlichung II § 265; vgl. Reichsmarkbilanz.
Goldhypothek III § 361 [14].
Goldmark III § 361 [6], § 374 A [211].
Goldsache, Versteigerung III § 368 [57].
Goldschläger I § 1 [44], [84], § 4 [16].
Goldwährung III § 361 [6].
Goldwertklausel III § 374 A [213].
Gothaische Gewerkschaft II § 292 [20].
Gottesdienst s. Religion.
Grad des Verschuldens III § 347 [23].
Gratifikation (Weihnachtsgeschenk) III § 343 [28]; Gehilfe I § 59 [34]; Bedingung I § 67 [9]; Gehaltsgrenze I § 68 [1]; Zahlbarkeit I § 64 [3], Lehrgeld I § 76 [12]; Wartegeld I § 74 [14].
Gratisaktie II § 213 [9b], § 237 [16], § 279 [2], [2a], § 282 [11], § 283 [4]; vgl. Freiaktie.
Greifbar III § 373 [15b], IV § 382 A [48a], [49].
Grob, Fahrlässigkeit III § 347 [6], IV § 438 [15], § 430 [9], § 457 [7], § 461 [5], § 462 [5], § 463 [3], § 464 [6], § 466 [7], § 467 [3].
Größe des Waldes IV § 377 [41], § 382 A [59d].
Großhandel I § 18 [12b]; als Handelszweig I § 74 [19]; vgl. Index.
Grundbuch, Ausscheiden eines Gesellschafters I § 141 A [3]; Firma § 17 [8], II § 182 [16]; Geschäftsführungsbefugnis des Vorstandes II § 235 [16]; o.HG. I § 105 [29], [34], § 125 [28]; Wirkung der Eintragung III § 350 [86]; Zweigniederlassung I § 13 [14], II § 201 [10].
Gründer, Begriff II § 187 [1]; Aktienbezugsrecht II § 283 [3], [6]; AG. II § 182 [3]; Haftung II § 202 E, § 268 [1], § 320 [40]; KGaA. II § 320 [21], [26], § 321; im Zeichnungsschein II § 189 [5]; vgl. Gründung.
Gründergenosse II § 202 E und [20], § 268 [1], § 320 [40].
Grunderwerbsteuer, AG. II § 186 [24]; Ausscheiden eines Gesellschafters I § 141 A [33]; Einmanngesellschaft II § 292 [18]; o.HG. I § 105 [31]; Verschmelzung II § 306 [13], [22].
Grundgeschäft, Nichtig III § 346 A [7].
Grundkapital, AG. II § 178 [20], § 182 [20], § 309 [7]; eingezogene Aktien II § 227 [7]; Erhöhung (AG.) II § 185 [3], § 214 [3], § 262 [35], § 274 [1], [2], § 278 E, § 283 [2], § 287, § 306 [8], § 313 [5], (AG. in L.) § 294 [11], (Stimmrecht) § 252 [25a], (KGaA.) § 320 [110], (bei Vereinigung) § 305 [13], [14]; Herabsetzung II § 227 [1], [12], [14], § 261 [12], [14], [45], § 274 [1], [2], § 283 [7], § 288, § 291, [9], (AG. in L.) II § 294 [11], (KGaA.) II § 320 [112]; (KGaA.) II § 320 [15], [70]; als Passivposten II § 240 [11], § 261 [13], [16], [43]; als Reserveposten II § 261 [15]; Verlust II § 320 [88].
Grundschuld, Bestimmungsort III § 372 A [51]; vgl. Hypothek.
Grundschuldbrief, Verpfändung III § 368 [1]; als Wertpapier? III § 369 [16].
Grundstück, Abzahlungsgeschäft IV § 382 A [74a]; AG. II § 200 [6], § 207 [10], § 210 [7]; Ausland I § 6 [3]; Bilanz I § 40 [9], II § 261 [16]; Eigentumsvorbehalt IV § 382 A [71]; Erfüllungsort III § 373 A [29]; Erwerb und Belastung I E [44], II § 207 [10], § 210 [7]; Frau I E [44]; Handelsgegenstand I § 1 [38], [45], [55a], § 2 [3]; Handlungsbevollmächtigter I § 54 [20]; Kommission IV § 383 [8]; o.HG. I § 124 [4], § 145 [9], [16], § 149 [6]; Prokura I § 49 [2]; Sicherungsübereignung III § 368 [95b]; Vermögensgegenstand III § 373 B [3a]; vgl. Grundstücksverkehr.
Grundstücksagent vgl. Agent.

Grundstücksmäkler I § 1 [77], [85], § 93 V [1], [4], § 93 [4], III § 343 [12], [22]; Buchführung I § 93 V [8]; Gewerbepolizei I § 93 V [44].
Grundstücksspekulant I § 1 [38], [85], III § 343 [22].
Grundstücksverkehr (Grundstückshandel), Bürgschaft III § 349 [6], § 350 [9]; Form III § 373 V [19]; Genehmigung III § 350 [86]; als Handelsgeschäft I § 2 [3], III § 343 [2], [21], [22], § 350 [22], [23], [81], [84], o.HG. I § 115 [8], § 126 [9]; Prokura I § 49 [2].
Grundstücksvermittlung s. Grundstücksmäkler.
Gründung, KGaA. II § 320 [17].
Gründungsaufwand II § 161 E, § 182 [37], § 186 [10], § 202 [11], [21]; Bilanz II § 261 [40]; Gründerlohn (Gewinn) AG. II § 186 E [6], [10], [11], § 274 [2b]; Steuerpflicht II § 179 [16].
Gründungsbericht (Gründererklärung), AG. II § 191 E, § 202 [6], § 203 [5]; KGaA. § 320 [31].
Gründungsgesellschaft II § 200 [3]; als Dienstherrin I § 59 [6].
Gründungsmängel II § 309 [2].
Gründungsprüfung (Revision) II §§ 192 bis 194, § 320 [32].
Gründungsvertrag II § 200 [10].
Gültigkeit des Geschäfts III § 346 [3]; Orderpapier III § 364 [5].
Gummiermeister I § 59 [19].
Gut, Begriff IV § 416 [10]; Fracht I § 93 [4], IV § 425 [5], (Andrang) IV § 466 [2]; vgl. Fracht-, Kommissions-, Lager-, Speditionsgut.
Gutachten, Vergütung III § 354 [4].
Gütergemeinschaft, Aktie II § 225 [1]; o.HG. I § 105 [7]; Teilung I § 47.
Guter Glaube, Aktienerwerb II § 223 [24], [25]; AG. II § 217 [10], [22]; Bürge III § 349 [44]; Ehemann I E [68]; Eigentum am Pfand III § 368 [71b]; Eigentumserwerb III § 366 [16], [74]; Erlöschen der Vollmacht I § 54 A [24], § 55 A [12], § 58 A [93], [104]; Firmenmißbrauch I § 37 [19]; Firmenrecht I § 22 [3], [6c]; gesetzliches Pfandrecht III § 366 [60]; Kommanditeinlage I § 172 [9]; Ladeschein IV § 450 [2]; Orderpapier III § 364 [13], § 365 [9]; Pfanderwerb III § 366 [15], [16], [54], [56], § 368 [24], [31], [90]; Pfändungspfandrecht III § 366 [58], [75]; Pfandveräußerung III § 368 [71a]; Schadensausgleichung III § 366 [69]; stille Gesellschaft II § 342 [5]; Verpfändung III § 366 [15], [16]; Vollmacht I § 58 A [7]; Zentralbank IV § 424 A [136]; Zurückbehaltung III § 369 [21], [33], [64], § 372.
Güterrechtsregister, Firma I § 17 [11]; vgl. Ehegüterrecht.
Gutgewicht IV § 380 [4].
Gutschein III § 365 A [9].
Gute Sitten III § 346 [2], § 346 A [10a]; Agent I § 89 [16a]; Aktienbezugsrecht II § 282 [2]; AG. II § 179 [21c], § 185 [11b], § 260 [20]; Anfechtbarkeit IV § 377 [167b]; Ausland II § 201 [24]; Börsengeschäft IV § 376 A [68], [187]; Bürgschaft III § 349 [3]; Entlastung II § 260 [11]; Freizeichnung III § 347 [30]; Gehilfe I § 62; GV. II § 252 [26], § 256 [15], § 271 [3]; Gewährerlaß IV § 377 [121]; Kommission IV § 383 [23b]; Lehrling I § 76 [17]; Liquidator I § 149 [13], § 152 E; Mäkler I § 93 V [35a]; Mäklergebühr I § 93 V [12]; Mehrheitsbeschluß II § 250 [9] (S. 329); o.HG. I § 119 [5]; Poolvertrag II § 317 [8]; Schadensersatz III § 346 A [9]; Sicherungsübereignung III § 368 [96a]; Spedition IV § 408 [25]; Vertragsstrafe III § 348 [4]; Wettbewerbverbot I § 74a [14]; vgl. Unsittlich.

H

Haftpflicht IV § 471 [1], § 472 [21]; -Versicherung III § 344 [3], § 346 [3].
Haftung, KG. I § 172 [1]; Übernahme I § 25 [9]; § 26 [1]; Versehen im Handelsregister I § 10 [2]; vgl. Freizeichnung, Gewährerlaß, Verantwortlichkeit.
Haftungsbeschränkung des Erben III § 374 A [159].
Halbfabrikat, Bewertung II § 261 [25]; Kauf IV § 377 [41c].
Halbes Jahr III § 359 A [28].
Hamburg-Altona IV § 379 [10].
Hand, an die H. geben III § 346 [19], § 361 A [12]; -Geld (s. Draufgabe); -Gepäck IV § 416 [9], § 465 [5], § 472 [4]; -Schrift (unleserliche als Entlassungsgrund) I § 72 [10] (vgl. Firmenzeichnung, Unterschrift); -Werk s. Handwerk.
Handelsbeschränkung I § 7 [2], III § 346 A [28] ff.
Handelsbetrieb s. Betrieb, Geschäftsbetrieb, Gewerbebetrieb, Handelsgeschäft, Handelsgewerbe.
Handelsbrauch s. Handelsgebrauch.
Handelsbücher I §§ 38—47; Abschließung I § 154 [1], II § 299 [1]; als Aktivum III § 373 V [3a]; Anschaffung III § 343 [23]; Aufbewahrung I § 44, § 157 [9], II § 239 [12], § 302 [7];

Beschaffenheit I § 43[2]; Einsicht nach Veräußerung I § 22[26]; Herausgabe, Agent I § 92[19]; KG. nach Liquidation I § 177 A[26]; Kommission IV § 383[35]; Minderkaufmann I § 4[24]; als Schuldschein? III § 344[11]; Tagebuch I § 100[1]; Veräußerung I § 22[26], § 38[9]; als Vermögen III § 373 B[3a]; Zurückbehaltung III § 369 B[6], § 369[16]; vgl. Buch, Bücher, Vorlegung.

Handelserlaubnis s. Genehmigung.

Handelsfirma I §§ 17—37; vgl. Firma.

Handelsfrau, Bürgschaft III § 349[5].

Handelsgärtner I § 1[37, 85], § 3[1].

Handelsgebrauch (Handelsbrauch) III § 346; Bilanz II § 261[16a]; Erfüllungszeit III § 359; Kommission IV § 393[4]; Mängelrüge IV § 377[37]; Zinsfuß III § 352[8]; vgl. Handelsgewohnheit, -Sitte, -Verkehrssitte.

Handelsgeschäft (das Geschäftsganze, der Betrieb), Begriff I § 22[4]; Eigentumsvorbehalt IV § 382 A[70]; Erwerb III § 343[26]; als Persönlichkeit? I § 17[2]; Veräußerung IV § 377[42, 136a]; Verpfändung III § 368[4]; Zurückbehaltung III § 369[18]; vgl. Betrieb, Geschäftsbetrieb, Gewerbebetrieb, Handelsgewerbe, Unternehmen.

Handelsgeschäfte I § 1[3], III § 343; Buchführung I § 38[5]; Form III § 350; Grundgeschäfte I § 1[31–85], III § 343[3, 9]; Land- und Forstwirtschaft I § 3; öffentlich-rechtliches Verbot I § 1[26], § 7[1–3]; Vermutung der Zugehörigkeit I § 5[1–7], III § 343.

Handelsgesellschaft I § 6[1]; Minderkaufleute II § 342 A[9]; vgl. Gesellschaft.

Handelsgewerbe, Begriff I § 1[14], § 60[3], II § 236[2], III § 343[4]; Lehrling I § 76[2]; o.HG. I § 105[11, 14]; vgl. Betrieb, Geschäftsbetrieb, Gewerbebetrieb, Handelsgeschäft, Unternehmen.

Handelsgewohnheit III § 346; vgl. Gewohnheitsrecht, Handelsgebrauch.

Handelsgrundgeschäft I § 1[31–85], III § 343[3, 9].

Handelsgut III § 360[7].

Handelskammer I § 1[1], § 4[15], II § 192[3]; Auskunft III § 346[11]; Scheinkaufmann I § 5[4]; vgl. Organ.

Handelskauf III § 373 B, IV § 377[1]; vgl. Kauf.

Handelsmäkler I §§ 93—104; gegen Agent I § 93[2]; Gebührenanspruch I § 99; als Kaufmann I § 93[5]; Probenverwahrung IV § 382 A[9]; Tagebuch I § 100; vgl. Mäkler.

Handelsname I § 4[23].

Handelsniederlassung s. Sitz.

Handelsplatz, Wettbewerb I § 74[18].

Handelsregister.

A. Allgemeines: Geschichte I § 8[1]; Rechtsprechung I § 8 E; Schwebezeit I § 139[26]; Abschriften I § 9[2]; Auskunft I § 9[4]; Bekanntmachung I § 8 A[12], § 10, § 11; Bescheinigung I § 9[3]; Einsicht I § 9[1]; Führung I § 9; Löschung III § 372[23]; Prüfung I § 8 A[7], § 29[9]; Versendung I § 9[5]; Wahl der Zeitungen I § 11[3]; Zuständigkeit I § 8[2–4], § 8 A[2]; Zweigniederlassung I § 12[2], § 162[13]; vgl. Zweigregister.

B. Gegenstand der Eintragung: Statthafte Eintragungen I § 8 A[6]; Abänderung des Gesellschaftsvertrags II § 277; Aktieneinziehung II § 227[15]; AG. II § 182[32], § 195, § 198; Anfechtungsurteil II § 273; Auflösung (der AG.) II § 293; (KG.) I § 177 A[15], (KGaA.) II § 330[27], (o.HG.) I § 143; AufsR. II § 244, § 320[95]; AufsR.-Mitglieder im Vorstand II § 248[5]; Bilanz II § 265[4], § 299[11]; Erneuerung der Liquidation II § 302[20]; Firma I § 17[8, 11b], (Erlöschen) II § 302[6], (bürgerlicher Name) I § 17[11b], (Vererbung) II § 27[16, 34]; Fortsetzung der Gesellschaft I § 144[2], II § 307; GV.-Protokolle II § 259[10], (Prüfung) II § 273[22]; Gesellschaft I § 24[7]; Handlungsvollmacht? I § 54[2]; juristische Personen I § 33[7]; Kapitalserhöhung II § 280, § 284, § 285, § 305[16, 17]; Kapitalsherabsetzung II § 289, § 291; Kommanditeinlage I § 175; KG. I § 162; KGaA. II § 320[33, 36], § 323[2, 4]; Liquidation II § 330[18]; Liquidatoren I § 148, II § 296[6]; Nichtigkeit der AG. II § 309[13]; o.HG. I § 105[27], § 106[2], (Vertretung) I § 125[24]; p.h.G., Ausscheiden II § 330[36]; Prokura I § 53, II § 238[8], (Erlöschen) II § 298[11]; Prüfungsbericht der AG. (einzureichen) II § 267; stille Gesellschaft II § 335[40a]; Umwandlung II § 333; (Vermögen, Veräußerung II § 305[15]; Verschmelzung II § 306[9]; Verstaatlichung II; 304[5]; Vorstand der AG. II § 234; Zeichnung auf Zusatzkapital II § 278[5]; Zweigniederlassung II § 201.

C. Anmeldung: Wahrheit § 8 A[8–11]; Anmeldung § 8 A[5], § 12, § 14[1], § 29; Aufsichtsführung § 8 A[2]; Disziplinar-

gewalt § 8 A [1]; gerichtliche Entscheidung § 15; Organe des Handelsstandes I § 8 [3] durch Prokuristen I § 49 [1]; Strafen I § 14 [17], § 37 [1]; Widerruf I § 12 [10]; Wirkung der Anmeldung I § 29 [9]; Zwang I § 37 [4a], [7]; Zweigniederlassung I § 12 [2], § 13 [8], § 162 [13].

D. Wirkung der Eintragung: Allgemein I § 5 [1], § 36 [4], [9]; bürgerliches Recht I § 8 A [12–14]; Änderung des Gesellschäftsvertrags II § 277; Auflösung der o.HG. I § 143 [7]; Eintragung der Liquidatoren II § 296 [8]; Entstehung der AG. II § 198 [4], § 200 14, § 232 [42]; der KG. I 161 [10], § 162 [9]; juristische Person I § 33 [18], § 34 [8]; Kapitalserhöhung II § 280 [4], § 287 [3]; Kaufmannseigenschaft I § 1 [27]; Löschung der Firma I § 31, § 157 [6]; öffentlicher Glaube I § 8 A [18], § 15, III § 366 [25]; o.HG. I § 105 [15], § 107 [4]; Terminfähigkeit IV § 376 A [18]; Übergang der Forderungen I § 25 [16a], [19]; Umwandlung der KGaA. II § 333 [6]; ungültiger Beschluß III § 372 [23]; unrichtige Eintragung I § 8 A [14]; unwirksame Gesellschaft II § 186 [16]; unzulässige AG. II § 186 [17a]; Verjährung I § 143 [11], § 159; Vermutung I § 8 A [16]; Verstaatlichung II § 304 [6]; Vorstand der AG. II § 234 [8].

E. Rechtsmittel: Allgemein I § 8 A [6a]; Beschwerde II § 14 [7], [9–14], § 30 [13], III § 372 [23], (Handelskammer) I § 14 [15], (Notar) I § 12 [3]; Einspruch I § 14 [6]; Klage I § 30 [13]; Versehen I § 25 [18].

Handelsrichter I § 4 [28], III § 343 [10]; Scheinkaufmann als H. I § 5 [4].

Handelssitte III § 346 [6]; vgl. Handelsgebrauch.

Handelstausch III § 373 B [2].

Handelsüblich, Bekanntmachung I § 25 [27], § 27 [8].

Handelsverkehrssitte I E [30a].

Handelsvermögen III § 373 B [3a].

Handelsvertreter I § 84 [1].

Handelswert IV § 430 [3].

Handelszweig II § 236 [3]; Lehrling I § 78 [1]; Wettbewerbsverbot I § 74 [19], § 112 [2], II § 236 [3], § 326 [3]; vgl. Geschäftszweig.

Handlung, Auslegung III § 346.

Handlungsagent I §§ 84—92; Buchführung I § 84 [30]; als Handlungsbevollmächtigter I § 54 [2]; als Kaufmann I § 84 [4], [13]; gegen Mäkler I § 84 [7]; vgl. Agent.

Handlungsbevollmächtigter I §§ 54—58; beim Agenten I § 86 [7]; des Aktionärs II § 318 [3]; AG. II § 232 [27], § 238 [16]; AG. in L. II § 292 [2]; Gesamtprokurist I § 48 [14]; Gesellschafter als H. § 112 [2], § 114 [1], § 125 [4]; Handelsregister I § 8 A [6]; als Handlungsgehilfe I § 59 [14]; vgl. § 59 [3]; KGaA. II § 320 [80]; Kommanditist als H. II § 164 [6], § 170 [4]; in L. I § 149 [29]; beim Minderkaufmann I § 4 [25], [28]; der o.HG. I § 116 [2], [11]; Widerruf II § 238 [17]; Zweigniederlassung I § 13 [15].

Handlungsdiener I § 59 [8]; vgl. Handlungsgehilfe.

Handlungsfähigkeit s. Geschäftsfähigkeit.

Handlungsgehilfe I §§ 59—75f; Begriff I § 59 [7], [13–14a]; beim Agenten I § 86 [7]; gegen Agent I § 84 [4], [5]; in AG. II § 238 [18]; Anstellung durch Beschäftigung nach Ablauf der Lehrzeit I § 77 [6]; Anstellung durch Prokuristen I § 49 [1]; Besitzdiener III § 366 [46a]; Entlassung durch Gesellschafter I § 125 [12]; Gesellschafter als H. I § 112 [2]; Haftung bei Eingehung einer Verbindlichkeit I § 58 A [61]; als Kaufmann? I § 1 [18]; Kündigung in der Liquidation I § 145 [5]; beim Minderkaufmann I § 4 [25], [28]; der o.HG. I § 116 [2], [11]; sofortige Kündigung I § 70 [3]; Vertragsstrafe I § 75c, III § 348 [17]; vgl. Angestellter, Anstellungsvertrag, Dienstvertrag, Gehilfe.

Handlungslehrling I §§ 76—82.

Handlungsreisender I § 55; Abschlußvollmacht III § 372 A [36]; Besitzdiener III § 366 [46a]; Dienstverhältnisse I § 59 [36], [36a]; als Gehilfe I § 59 [8], [13]; Geldempfang III § 372 A [60]; Sonntagsruhe I § 59 [23]; vgl. Provisionsreisender, Reiseingenieur.

Handwerk, Handwerker I § 1 [33]; Börsengeschäfte IV § 376 A [18]; Handelsgeschäfte III § 343 [6]; als Kaufmann I § 1 [44], [84], § 4 [2–16]; Umfang I § 1 [56].

Handwerkskammer I § 4 [15].

Harzgewinnung I § 3 [5].

Hauptbahn IV § 453 B [11].

Hauptbuch I § 38 [6]; -Verpfändung III § 368 [101].

Hauptbürge III § 349 [52].

Haus, „H." in der Firma I § 18 [12b]; Hausarzt III § 344 [3]; Hausdiener I § 59 [21], [22]; Haushalt III § 343 [30], § 344 [3], [12]; Hausknecht I § 59 [21]; häusliche Gemeinschaft I E [73], § 62 [6], § 63 [4]; Hausmeister I § 59 [17].

Hausgenosse III § 361 A [8].

Hausierer I § 1[84], § 4[20]; als Gehilfe? I § 59[8].
Hauskrankenschein I § 63[2].
Hausseklausel III § 373 B[28].
Hebräisch, Sprache I § 43[1].
Hehlerei III § 373 B[60].
Heilanstalt (Heilstätte), Gewerbebetrieb I § 1[85], § 5 A[1]; Handlungsgehilfe I § 63[2]; Niederlassung III § 372 A[20]; Verkauf III § 373 B[3]; Wohnsitz III § 373 A[20]; vgl. Krankenhaus.
Heilmittel I § 7[2].
Heilung eines Mangels, Einbringen II § 186[17, 17b, 18]; durch Erfüllung III § 350[93]; Form III § 350[87, 88]; Kündigung I § 67 E; Nichtigkeit III § 346 A[8]; Nichtigkeit der AG. II § 309[14], § 310[1]; Nichtigkeit des Grundstückskauf III § 350[94] ff.; positive Vertragsverletzung III § 374[180], § 374 A[201]; Täuschung IV § 377[165]; Vertragsuntreue III § 374 A[201]; Verzug III § 374 A[52c, 100, 112], § 374 A[112]; Zeichnungsschein II § 189[10]; vgl. Wegfall.
Heimarbeit I § 4[11].
Heimlicher Mangel, Fracht IV § 438[13], § 464; Kauf IV § 377; Kauf nach Probe IV § 382 A[6c]; vgl. Verborgen.
Heirat, Gehilfin I § 71[6]; Handelsfräulein I § 21 E; -Vermittler I § 1[22], § 93 B[44], III § 354[7].
Heizung I § 62[1, 5]; Heizstoffe III § 343[23].
Hemmung der Verjährung IV § 377[139a], § 470[5].
Herabsetzung, Kommanditeinlage I § 174, § 175; Vertragsstrafe I § 75c[4], III § 348[26, 34].
Herausdrängung, Aktionärs II § 288[14].
Herausgabe, Abtretung des Anspruchs III § 366[13], IV § 382 A[45b]; Eisenbahnfracht IV § 455[5]; Kommissionär IV § 384[28]; o.HG. I § 155[12]; Orderpapier III § 365[8]; vgl. Zurückgabe.
Herberge als Kaufmann I § 1[10].
Herbst III § 359.
Hereinnehmer IV § 424 A[125].
Herrschafts-Aktie II § 185 E; -Rechte (AG.) II § 179[27], § 250[1], § 254[1], (o.HG.) I § 109[14]; vgl. Aktionär.
Herstellung des früheren Zustandes III § 347[17]; -Preis II § 261[18, 20, 29].
Heuerbas I § 93 B[44].
Hilfeleistung auf See I § 93 B[8a].
Hilfsgeschäft (akzessorisches Handelsgeschäft) III § 343[3, 9, 11, 22, 27].
Hilfskraft (Hilfsperson) I § 69[1]; Eisenbahn IV § 458[1]; vgl. Beförderungsgehilfe, Leute.
Hindernis, Fracht IV § 428[3]; vgl. Beförderungshindernis.
Hingabe an Erfüllungsstatt, Börsengeschäft IV § 376 A[50]; Bürgschaft III § 349[44]; als Veräußerungsgeschäft III § 366[10].
Hinkend, Inhaberpapier III § 365 A[10], IV § 424[10].
Hinterlegung, Aktie II § 222[24], § 255[4], § 263, § 269, § 316; bei Annahmeverzug III § 373[7, 28]; Bürgschaft III § 349[44]; Eigentum IV § 382 A[72]; Forderung II § 301[5]; Frachtgut IV § 437[5], § 440[5]; Kaufpreis III § 374 A[156]; Kommissionsgut IV § 389; Pfandrecht III § 366[60]; -Schein III § 344[10, 11]; mangels Spezifikation III § 375[17]; als Zahlung IV § 376 A[47c, 50]; Zinspflicht III § 353[10, 11, 11a]; vgl. Niederlegung, Verwahrung.
Höchstbesoldete Gehilfen I § 74 II, § 74a II[1], § 75b[3, 4].
Höchstgrenze, Interesse an der Lieferfrist IV § 466[7]; Mäklergebühr I § 93 B[11]; Stimmrecht II § 252[12].
Höchstpersönlich, Leistung III § 373 B[39a].
Höchstpreis III § 373 B[32] (S. 892).
Hochzeit I § 63[8].
Hoffnungskauf III § 373 B[55].
Höflichkeit, Mängelrüge IV § 377[23].
Hoflieferant I § 18[10a].
Höhe s. Betrag.
Höhere Gewalt IV § 382 A[49b] (S. 510); Eisenbahnfracht IV § 453[6], § 456[7]; Lieferfrist IV § 466[2]; Vorbehalt III § 374 A[49].
Höker I § 1[84], § 4[20].
Holding-Gesellschaft II § 306[24].
Holschulden II § 289[4], § 301[3], III § 372 A[64], § 374 A[17]; Zinsen III § 353[8, 10].
Holz, geschlagen IV § 382 A[59b]; -Kohlengewinnung I § 3[5]; -Schneiderei I § 1[57]; auf dem Stamm IV § 382 A[59b, 63a, 71a, 72]; -Zurichtung I § 3[5]; vgl. Abholzung.
Hörensagen, Auskunft III § 349 A[46].
Hotel, -Besitzer (Hotelier) I § 1[44, 84, 85]; als Fabrik IV § 376 A[104]; Inventar (Handelsgeschäft) III § 343[27]; Leiter I § 59[14]; Miete III § 350[37]; Portier I § 59[14];

Sekretär I § 59[14]; -Wagen IV § 425[7]; vgl. Gastwirt, Oberkellner.
Hund als Reisegut IV § 465[6]; -Zucht I § 1[37, 84].
Hungerlohn I § 59[33].
Hutmacher (Fabrikant) I § 1[84], § 2[10].
Hypothek, Abtretung III § 350[33, 83]; Aufwertung III § 374 A[228, 230]; Bewertung I § 40[6], II § 299[6]; Firma I § 17[10]; Geschäftsforderung I § 22[27], § 25[14]; Gesellschaftsgrundstück I § 105[37]; Prokurist I § 49[1]; Veräußerung I § 22[27].
Hypothekenbank I § 6[3], § 7[2].
Hypothekenbrief als Gegenstand des Handels I § 1[41]; Pfandrecht IV § 397[3], § 440[4]; Verpfändung III § 368[1].
Hypothekenmäkler (Vermittler) I § 1[77, 85], § 93 B[1, 4], § 93[4], III § 343[22].
Hypothekenpfandbrief in der Bilanz I § 40[7].
Hypothekenregister II § 239[16].
Hypothetisch, Handelsgewerbe I § 1[31].

J (i)

Ideeller Wert, Bilanz II § 261[17].
Identität, Aktionär II § 252[27]; Probe IV § 382 A[10].
Illoyal, Fixgeschäft IV § 376[35]; geschäftlicher Verkehr III § 346 A[31]; verspätete Geltendmachung III § 374 A[147]; vgl. Unlauter.
Immaterielle Güter, Bilanz II § 261[10]; Sacheinlage II § 186[6].
Imstande sein, zur Lieferung der Ware III § 373[15], § 374 A[10]; bei Mahnung III § 374 A[15]; vgl. Bereit.
Indentgeschäft IV § 383[43].
Index III § 374 A[211, 213].
Individualisierung III § 373 B[70a, 70b].
Industrieobligation, Aufwertung III § 374 A[230].
Inbegriff von Sachen III § 366[12].
Indiskretionsdelikt III § 349 A[34].
Individuell, Wert I § 40[3].
Indossament III § 363, § 364, § 373 B[18]; fiduziarisch III § 368[109a]; Form III § 365; Genußschein II § 186[2]; Namensaktie II § 222[8, 10]; Verpfändung III § 368[15]; vgl. Orderpapier.
Industrie in der Firma I § 18[12b]; -Papiere IV § 376 A[104].
Inflation I E[4], III § 361[6].
Ingenieur, Bureau I § 13[5]; als Gehilfe I § 59[18]; als Reisender I § 59[18].
Inhaberaktie II § 179[2], § 183, § 185[4], § 278[17]; Ausgabe § 314; Erwerb III § 366[50a]; KGaA. II § 320[25]; Legitimation II § 254[8], § 255[3]; Stimmrecht II § 223[17], § 252[1]; vgl. Übertragung.
Inhaber-Fahrkarte IV § 472[19]; -Klausel III § 365 A[3]; -Konnossement III § 363 A[31]; -Lagerschein IV § 424[8]; -Scheck III § 366[50a]; -Verpflichtungszeichen III § 365 A[19].
Inhaberpapier II § 223[13], III § 363[25], § 365 A[1a]; Eigentumserwerb III § 366[22], IV § 383[35a]; Erfüllungsort III § 372 A[26]; Holschuld III § 372 A[64]; im Kontokorrent III § 355[15b]; Pfandrecht III § 366[53, 55, 66], § 368[1, 13, 25, 72]; Schuldverschreibung III § 365 A[2]; Verlust III § 366[45], § 366[49, 50a, 51a, 74b], § 367[1]; Zurückbehaltung III § 371[19].
Inhalt der Aktienurkunde II § 181[3]; des Frachtbriefs IV § 426; des Ladescheins IV § 445; des Orderpapiers III § 364[7].
Inkasso (Inkassoauftrag) III § 364[16], § 368[113]; Kontokorrent III § 355[15b]; vgl. Einziehung, Geldempfang.
Inkasso-Abtretung III § 368[113, 113b]; -Bureau I § 2[3]; -Indossament III § 364[16]; -Kommission IV § 406[2]; -Mandat III § 364[16].
Innengeschäft IV § 376 A[3]; vgl. In sich.
Innerer Zufall IV § 456[8].
Innerlicher Wille III § 346[2].
Innung I § 4[15], § 33[2].
Inoffiziell, Börsengeschäft IV § 376 A[3, 29, 45, 94, 165]; Devisenhandel IV § 376 A[210].
Inserat (Insertion) s. Anzeigenvertrag, Reklamevertrag, Zeitungsanzeige.
Insichgeschäft III § 366[12a], IV § 400[2].
Interesse, Abnahmepflicht III § 373 B[68]; Abwägung I § 58 A[58]; Einberufung der GV. II § 253[4]; an der Lieferung IV § 463; Lieferfrist IV § 466[4, 6]; und Recht I § 37[14]; rechtliches J. IV § 379 A[4]; Wegfall IV § 382 A[39b], (durch Säumnis) III § 374 A[101–104, 114, 128, 130].
Interessengemeinschaft, AG. II § 179[210], § 253[4], § 283[4], § 305[4], § 306[23, 25]; Machtstellung III § 346[17].
Interimsschein, Aktienbuch II § 224; AG. II § 179[3, 5–7], § 180[14], § 223[26]; Ausgabe II

§ 200 [18], § 209 [1], [10]; Namen II § 209 [8]; neue II § 287 [1]; an Order III § 363 E; Stimmrecht II § 252 [1]; Strafe II § 314.

International, Eisenbahnfracht IV § 453 [13]; in der Firma I § 18 [12b]; Frachtübereinkommen IV § 453 B [5]; Handelsrecht IV § 453 B [9]; Personenübereinkommen IV § 453 [7]; Privatrecht I E [6], III § 372 A [5]; Verfolgungsrecht IV § 382 A [117]; vgl. Ausland, zwischenstaatlich.

Inventar, Eigentumsvorbehalt IV § 382 A [69]; vgl. Geschäftsinventar, Hotel.

Inventur I § 39.

Inventurarbeiten I § 59 [27].

Inventurzeit I § 59 [28].

Irregulär, Pfandrecht III § 368 [87].

Irrtum III § 346 [2], § 361 A [92]; Börsengeschäfte IV § 376 A [68], [115], [187]; Buchführungspflicht I § 38 [4]; Dienstvertrag I § 70 [24]; Erfüllungsort bei Anfechtung III § 372 A [16]; und Gewährleistung IV § 377 [56]; Kommission IV § 383 [21], § 384 [34], § 386 [11], § 387 [4], § 392 [16]; Konkursverwalter IV § 382 A [82f]; Kreditwürdigkeit III § 346 A [16a], § 373 B [39], [47]; stille Gesellschaft II § 337 [7]; gegen Vermutung der Vollständigkeit III § 350 [78]; Vertragsannahme III § 361 A [42]; Vertragsauslegung III § 374 [13a], [49e]; Vertragsstrafe III § 348 [13]; vgl. Anfechtung, Willensmangel.

i. V. als Unterschrift I § 57 [3].

J (j)

Jagd I § 1 [36].

Jahresabschluß, o.HG. in L. I § 156 [11]; vgl. Bilanz.

Jahresbilanz I § 39 [3]; AG. II § 215 [3], § 240 [1], [10], [14], § 262 [7]; AG. in L. II § 299 [4]; Nachliquidation II § 302 [21]; o.HG. in L. I § 154 [7].

Jahresrechnung, AG. II § 260 [18].

Jahrestransport IV § 413 [6].

Jahrmarktbude als offener Laden I § 37 A [5].

Jederzeit, Leistung III § 372 A [45].

Juden, Feiertag I § 72 [5], III § 359 A [37], [40]; vgl. Hebräisch.

Jugend, Angestellte I § 62 [4].

Junge Aktie s. Aktienbezugsrecht, Neue Aktie.

Jurist als Gehilfe I § 59 [22].

Juristische Person, Begriff I § 33 [1]; Änderung I § 34; Anmeldung I § 33 [7]; Auflösung I § 34 [2]; als Aufsichtsratsmitglied II § 243 [4]; Ehrverletzung III § 346 A [138]; Firma I § 18 [2], § 31 [4], § 33 [10], (Veräußerung) I § 22 [12a]; Geschäftsübernahme I § 25 [32]; als Gesellschafterin I § 105 [22], § 106 [3]; als Gründer II § 182 [5], [6], § 187 [5]; Haftung für Vertreter I § 58 A [84–87a], III § 349 A [37]; als Handlungsbevollmächtigte § 54 [2]; häusliche Gemeinschaft § 62 [6]; als Kaufmann § 1 [25], [69], § 6 [2]; als Liquidator I § 54 [2], § 145 [1], II § 295 [1]; Löschung I § 36 [3]; Namen I § 37 [12]; in der o.HG. I § 105 [22], § 106 [3]; Ordnungsstrafe I § 33 [7]; Prokura I § 33, § 48 [4]; Sitz III § 372 A [20]; als stille Gesellschafterin II § 335 [5]; unerlaubte Handlung IV § 377 [173]; Zeichnung I § 35, § 36 [6]; vgl. Deutsches Reich, Gemeinde, Kommunalverband, KGaA., Land.

jus variandi bei Vertragsstrafe III § 348 [18].

K

Kaduzierung, Aktie s. Verfall.

Kahn-Eigner IV § 431 [2]; -Ladung III § 373 B [35].

Kai-Receipt III § 372 A [32]; -Teilschein III § 363 [38].

Kalender I § 38 [6], III § 361.

Kalendertag III § 373 [12]; statt Mahnung III § 374 A [17], [52].

Kalisyndikat II § 178 [14c].

Kalk, Brenner I § 1 [84]; Gewinnung I § 3 [5].

Kalkulation s. Rechnung.

Kameralistisch, Buchführung I § 42 [1].

Kammer in der Firma I § 18 [12b].

Kanal II § 180 [4].

Kannkaufmann I § 1 [31], § 3 [11].

Kapital III § 373 B [3a].

Kapitalabfindung I § 75d [3].

Kapitalanteile o.HG. I § 155 [8].

Kapitalanlage der Gehilfen I § 74 [14].

Kapitalentwertungskonto I § 40 [7]; AG. II § 203 [18], § 237 [30]; Ausgleich II § 288 [14], [22]; Bilanz II § 261 [12b]; Tantieme II § 245 [21]; Tilgung II § 262 [26b].

Kapitalkonto, KG. I § 167 [7]; KGaA. II § 320 [69]; o.HG. I § 111 [14], § 120 [5], [7], II § 261 [43a]; o.HG. in L. I § 154 [2]; p.h.G. II § 320 [49].

Kapitalserhöhung s. Grundkapital.

Kapitalsherabsetzung s. Grundkapital.

Kapitalverkehrsteuer, AG. II § 179 [13–20], § 185 [14]; Aktienausgabe II § 281 [11]; Eintragung der AG. II § 195 [14c]; Kapitalser-

höhung II § 278 [22]; KGaA. II § 320 [45a], [116]; Mantelgründung II § 182 [39]; o.HG. II § 139 [27], § 141 [33], § 142 [7]; Sanierung II § 290 [16]; stille Gesellschaft II § 335 [42]; Umwandlung von Aktien II § 183 [6]; Verschmelzung II § 306 [22]; Zeichnung von Aktien II § 189 [30]; Zweigniederlassung der ausl. AG. II § 201 [40].

Karenz s. Wartegeld.

Karren IV § 425 [2]; vgl. Fuhrwerk.

Karte s. Marke.

Kartell II § 178 [14a], § 212 [1], § 306 [24], § 309 [4a], IV § 406 [1]; gute Sitten III § 346 A [33]; Machtstellung III § 346 [17]; -Preis III § 373 V [28].

Kartoffel, Beförderung IV § 459 [12].

Käsebereitung I § 3 [5].

Kaserne III § 361 A [7].

Kasino I § 1 [7], II § 180 [4].

Kassa, im Sinne von Zahlung, s. d. Kasse gegen Dispositionspapier IV § 377 [127], gegen Dokuments-Verbr. von § 373 [69], § 377 [32], [183], Anh. zu § 372 [46b].

Kassabuch I § 38 [6].

Kassageschäft IV § 376 A, E [10], [98a], [98b], [102], [168], [178]; Spieleinwand IV § 376 A [178].

Kassakontokorrentgeschäft IV § 376 A [98c].

Kassalieferschein III § 363 [8].

Kassatorische Klausel III § 346 [19], § 348 [2], § 374 A [4]; Fixgeschäft IV § 376 [4].

Kassekondition III § 373 V [37].

Kassepreise IV § 376 A [13].

Kassen-Arzt I § 72 [6]; -Beleg (Aufbewahrung) I § 38 [7]; -Bote I § 59 [22]; -Kurs III § 373 V [29]; -Quittung III § 372 A [70a]; -Skonto (s. Zahlungsskonto).

Kassezahlung III § 372 A [46a].

Kassezettel III § 372 A [70a].

Kassierer I § 54 [16], § 59 [13], [14], § 70 [8], III § 344 [5]; Bürgschaft III § 349 [40].

Katalog III § 361 A [13a], § 372 A [62]; Erfüllungsort III § 372 A [37]; Erfüllungszeit III § 372 A [44]; -Preis III § 373 V [28].

Kattundruckerei I § 1 [57], [84]; vgl. Druckerei.

Kauf III § 366 [10], §§ 373—382; Erfüllungsort III § 372 A [41]; Erfüllungszeit III § 372 A [44]; Getreide IV § 376 A [135]; Handelsgeschäft I § 1 [35]; Handlungsagent I § 84 [8]; des Kontrakts III § 374 A [2a]; nach Muster I § 96 [1]; nach Probe I § 96 [1]; Zinsen III § 353 [12]; vgl. eigene Sache, Probe.

Kauf auf Besicht (auf Probe) gegen Vertragsantrag III § 361 A [43a]; Zurückbehaltung III § 369 [43].

Kaufbestimmungen, Reisender I § 55 [9]; Selbsthilfeverkauf III § 373 [38].

Käufer, Akkreditivbank III § 363 A [22]; Pflichten bei Versendung IV § 382 A [38]; positive Vertragsverletzung III § 374 A [190].

Kaufgarantie III § 349 [65]; s. Garantie.

Kaufgelegenheit III § 374 A [71].

Kaufmann, Begriff § 1 [1–30], § 38 [1], III § 363 [3], [22], IV § 376 A [18]; ehrbarer III § 363 [20], § 363 A [20]; Fixgeschäft IV § 376 [1]; Getreidehandel IV § 376 A [139]; Mängelrüge IV § 377 [2]; Niederlassungsort III § 372 A [20]; Orderpapier III § 364 [7]; Sorgfalt III § 347 [1], [3]; in der stillen Gesellschaft] II § 335 [6]; vgl. Minder-, Vollkaufmann.

Kaufmännisch, Dienste I § 59 [22]; Einrichtung I § 2 [5].

Kaufmannsgericht I § 59 [4], [5], [5a], [5b]; Büchervorlegung I § 45 [5]; Fürsorgepflicht I § 62 [16]; Lehrling I § 76 [14]; Scheinkaufmann I § 55 [4]; Vertragsstrafe I § 75c [8]; Vorstellungskosten I § 59 [34a]; Wettbewerbsverbot I § 74 [3]; Zuständigkeit I § 59 [22a].

Kaufmuster III § 361 A [91], IV § 377 [33], [33a], § 382 A [5].

Kaufrecht, Aktienbezugsrecht II § 282 [13].

Kaution, Depot IV § 424 A [1], [60]; vgl. Sicherheit.

Keimprobe IV § 378 [14a].

Kellner I § 59 [17].

Kennen s. Wissen.

Kesselwagen IV § 459 [3], [8].

Kettenhandel III § 373 V [32b].

Kiesgrube I § 1 [37], § 3 [5], III § 350 [38].

Kind, Aktienstimmrecht II § 252 [7]; Erbe I § 22 [6a]; als Gehilfe I § 59 [9]; als Lehrling I § 76 [15]; Unverstand IV § 456 [8].

Kippemachen III § 346 A [19].

Klage auf Dienstleistung I § 59 [30]; Erhebung I § 160 [2]; wegen Firmenmißbrauchs I § 37 [10].

Klarheit s. Bilanz.

Kleiderablage I § 62 [5a].

Kleinbahn, AG. II § 180 [4]; Fracht IV § 453 V [11], § 454 [1], § 473 [1], (durchgehend) IV § 469 [2], [4]; Genehmigung II § 195 [14].

Kleinbetrieb (Kleingewerbe, Kleinverkehr) I § 4 [17], [18]; Börsengeschäft IV § 376 A [18]; Firma I § 37 [1]; KG. I § 161 [3]; Mäkler I § 104; vgl. Minderkaufmann.

Klempner I § 1 [44], [84], § 4 [16].

Kloster als Kaufmann I § 1 [4].

Knebelungsvertrag II § 179 [21c], § 306 [25], III § 346 A [16b], § 347 [30].

Koalitionsfreiheit I § 75f [1].

Koch I § 59 [17].

Kohlenhandel, Erfüllungsort III § 372 A [29]; Fixgeschäft IV § 376 [6].

Kohlensyndikat II § 178 [14c].

Kollegium II § 272 [2].

Kollektiv-Prokura s. Gesamt-Prokura.

Kollusion III § 346 A [9], [31]; AG. II § 236 [17]; KGaA. II § 320 [75]; o.HG. I § 126 [11], [15]; Prokurist I § 50 [2].

Kolonialgesellschaft I § 33 [2].

Kolporteur I § 1 [80], [84].

Kommandite s. Zweigniederlassung.

Kommanditgesellschaft II §§ 161—177:

A. Verfassung, Rechtsstellung, Vertretung: Begriff I § 161 [1]; Beteiligung juristischer Personen I § 36 [2]; Firma I § 19 [2], § 161 [17]; als Kommanditistin I § 161 [6], II § 320 [14]; Prokura I § 48 [4], § 50 [5], § 161 II; als stille Gesellschafterin II § 335 [5]; gegen stille Gesellschaft I § 161 [18]; II § 335 [11]; Verfassung I § 161 [2], [17]; vgl. Gesellschaft.

B. Errichtung: Beginn I § 162 [15], § 176; Umwandlung einer KGaA. II § 334 [7].

C. Geschäftsführung: Buchführung I § 38 [3]; Ladenschild I § 37 A [7].

D. Auflösung und Liquidation: Auflösung I § 24 [2], § 177 A [1], [3], [15]; Kündigung I § 177 A [2]; Liquidation I § 166 [7].

Kommanditgesellschaft auf Aktien II §§ 320 bis 334:

A. Verfassung, Errichtung, Rechtsstellung: Begriff II § 320 [1], [7]; Firma I § 20 [1], [2], (Zweigniederlassung) I § 30 [8]; Gründung II § 321 [1]; als Handelsgesellschaft II § 320 [9]; als juristische Person II § 320 [2]; als Kaufmann III § 351 [3]; als stille Gesellschafterin II § 335 [5]; vgl. Gesellschaft.

B. Vertretung: Aufsichtsrat II § 320 [97]; Prokura I § 48 [4], § 50 [5], II § 320 III; Vertretung II § 320 [80]; vgl. Aufsichtsrat, p.h.G.

C. Geschäftsführung: Buchführung I § 38 [3]; Geschäftsführung II § 320 [81]; Ladenschild I § 37 A [7].

D. Auflösung, Umwandlung: Fusion II § 305; vgl. Auflösung.

Kommanditist I § 161 [6]; Aufnahme I § 126 [2], III § 343 [24]; Aufsichtsrechte II § 320 [89]; Ausscheiden I § 162 [7]; als Beteiligter I § 15 [8]; Bilanz I § 41 [1]; Eintritt I § 28 [1], § 162 [6], § 173, § 176 [8–10]; Erbe I § 139; als Geschäftsinhaber II § 252 [27]; Gewinn II § 320 [69]; Haftung I § 176; als Handlungsbevollmächtigter I § 164 [6], § 170 [4]; als Kaufmann? E [49], § 1 [18], § 38 [3], § 161 [6], § 320 [14]; KGaA. II § 320 [59]; Name in der Firma I § 19 [2], [3]; als Prokurist I § 48 [3], § 164 [6], § 170 [4]; Wettbewerbsverbot I § 112 [3]; als Zeuge II § 320 [8].

Kommis I § 59 [8]; vgl. Handlungsgehilfe.

Kommission IV §§ 383—406; Begriff IV § 383 [1]; Auskunft III § 349 A [16]; als Bankgeschäft I § 1 [65]; Buchhandel IV § 383 [44]; Gebühr (s. Provision); Gesellschafter I § 112 [2]; Kettenhandel III § 373 B [32b]; gegen Mäkler I § 93 B [2]; mittelbare Stellvertretung I § 58 A [109], IV § 383.

Kommissionär, Beschränkung der Haftung III § 346 [17], § 347 [29], IV § 394 [9]; Börsengeschäft IV § 376 A [65], [77]; als Kaufmann I § 1 [76], [84]; Pfandrecht III § 366 [60], [61], IV § 441 [7]; Rechnungslegung IV § 384 [17], [25]; Spieleinwand IV § 376 A [180].

Kommissions-Agent I § 84 [8]; IV § 383 [3a], [18]; -Buch I § 38 [6]; -Gut IV § 397 [3]; -Kopie (Erfüllungsort) III § 372 A [35], (Erfüllungszeit) III § 372 A [44], (Erledigungsvermerk) III § 372 A [61]; -Lager I § 13 [5]; -Note III § 372 A [36]; -Tratte IV § 395 [1]; -Verhältnis III § 366 [10], § 383 [33]; -Verlag I § 1 [78], [79], IV § 383 [9c], [45], § 406 [1] (S. 735).

Kommunalverband s. Gemeinde.

Komplementar s. Persönlich haftender Gesellschafter.

Komponist s. Künstler.

Kompromisse, Aktionäre II § 317 [8].

Konditions-Geschäft IV § 382 A [14a], § 383 [44]; -Preis III § 373 B [28].

Konditor I § 1 [44], [84], § 4 [16]; Getreidehandel IV § 376 A [138].

Konfektionär I § 59 [14], [27]; Konfektioneuse I § 59 [14].

Konfiskation, Speditionsgut IV § 414 [2]; vgl. Beschlagnahme.

Konjunkturgewinn in der Bilanz I § 40 [9].

Konkret, Schaden III § 374 A [30], [33], [65].

Konkretisierung III § 373 B [70a], [70b].

Konkurrent, Stimmrecht in der GV. II § 252 [30].

Konkurrenzklausel s. Wettbewerbsverbot.

Konkurrenzpreis III § 373 V [28], [35].

Konkurs:

A. Allgemeines: Antrag III § 315 [3], IV § 377 [138b], (AG.) II § 240 [12], [16], [16a], (KGaA.) § 320 [88] (durch Prokuristen) § 49 [1]; Beendigung II § 292 [13], § 307 [10]; Einstellung II § 307 [6], [10], [12].

B. Arten des Gemeinschuldners: Agent I § 92 [8], [13]; Akkreditivbank III § 363 A [44]; AG. II § 207 [8a], § 219 [2], § 231 [34], § 240 [12], § 241 [16], § 254 [29], § 272 [1], § 281 [2], § 292 [7], § 303 [19], § 307 [10]; Aktionär II § 218 [15], § 219 [9], § 252 [8a]; Anweisender III § 363 [18]; Bankier IV § 424 A [65b]; Bevollmächtigter I § 58 [101]; Bürge III § 349 [48]; Einkaufskommissionär IV § 392 [13], § 424 A [102]; Gehilfe § 70 [28], § 72 [10] (Wettbewerbsverbot § 75e [3]); Gesellschafter I § 105 [48], § 137 [3], § 138, § 142 [5], § 145 [17], § 146 [1], [7], § 155 [4]; Girobank III § 363 A [13a]; Girokunde III § 363 A [13]; Hauptschuldner III § 349 [48]; Hypothekenbank II § 292 [14]; Käufer III § 363 A [43]; IV § 382 A [76a], [78], [90], [97a]; KG. § 171 [2], [7–12]; KGaA. § 320 [56], § 330 [5]; Kommissionär IV § 383 [27], § 384 [4], § 392 [5a]; Kommittent IV § 383 [25], § 396 [23], § 397 [7], [14]; Lehrherr I § 70 [28], § 72 [10], § 77 [7]; Mieter IV § 424 A [15]; Mindergesellschaft § 342 A [9]; nichtige Gesellschaft I § 133 E, II § 311 [8]; o.HG. § 110 [8], § 128 [5], [28], § 131 [9], [16a], § 141 [3], [7], § 143 [2], [12], § 145 [5]; p.h.G. § 330 [10], [32]; Pfandeigentümer III § 368 [81]; Provinzialbankier III § 369 [59], IV § 406 [1] (S. 735); Rückkaufverpflichteter III § 373 V [53]; Spediteur IV § 407 [22]; stille Gesellschaft II § 339 [6], § 340 [17], § 341; Treugeber III § 368 [111]; Treuhänder III § 368 [112]; Verkäufer III § 363 A [45], IV § 382 A [77], [78], [92], [97]; Verpfänder III § 366 [82]; Verschmolzene AG. II § 306 [19], [20]; Versender IV § 407 [21], § 410 [10]; Versicherungs-AG. II § 292 [8], [14]; Verwahrer IV § 424 A [65b]; Zurückbehaltungsschuldner III § 369 V [17].

C. Wirkungen: Im allgemeinen: I § 1 [18], [25], § 22 [5], [7], § 32 [3], § 131 [9], § 292 [7]; Abzahlungsgeschäft IV § 382 A [74d], [93]; Aktienzeichnung II § 189 [27]; Bürgschaft III § 349 [20]; Einstellung des Geschäfts I § 30 [2]; Eigentumsvorbehalt IV § 382 A [73], [90]; Fixgeschäft IV § 376 [41]; Frachtgeschäft IV § 440 [10]; HR. I § 32, § 34 [6]; Kapitalerhöhung II § 281 [2]; Kaufmannseigenschaft I § 1 [25]; Kaufmannsgericht I § 59 [5b]; Kaufvertrag IV § 382 A [76]; Kontokorrent III § 355 [41a], § 356 [2]; Nachleistungspflicht IV § 373 V [46]; Nichtaufhören des Betriebes I § 22 [5], [7]; Notzurückbehaltungsrecht III § 370 [1]; Schrankfachmiete IV § 424 A [15]; Schuldverschreibung II § 292 [14]; Selbsthilfeverkauf III § 373 [60]; Veräußerung (Firma) I § 22 [5], [7], [15], (Geschäft) I § 25 [1c]; Verjährung I § 159 [7]; Vertragsstrafe III § 348 [40]; Verzug im K. III § 374 [171], IV § 382 [76], [79]; Zurückbehaltungsrecht III § 369 [37], [59]; vgl. Gemeinschuldner.

D. Rechtsverhältnisse gegen Dritte: Agent I § 92 [12]; Bevollmächtigter I § 58 A [100], [106]; Handlungsgehilfe I § 59 [33], § 70 [18], (Dienstbezüge) § 70 [28], § 75e, (Wartegeld) § 75e [3], (Wettbewerbsverbot) § 75e [3], (Zeugnis) § 73 [2]; Mäkler I § 93 V [42a]; Prokura I § 52 [12]; Tantieme II § 245 [18].

Konkurseröffnung, Liquidator I § 149 [27]; vgl. Konkurs.

Konkursverwalter I § 58 A, E; des Aktionärs II § 318 [3]; als Dritter I § 15 [2]; Gehilfenkündigung I § 75 [7]; des Gesellschafters I § 152 [3]; Kaufmann als K. III § 343 [10]; K. als Liquidator I § 146 [3]; Prokura I § 48 [4].

Können und Dürfen I § 81 [1], § 143 [3], II § 179 [4], § 184 [2].

Konnossement IV § 382 A [48a]; Akkreditiv III § 363 A [15]; -Anteilschein III § 363 [31], [38], § 373 V [65], IV § 382 A [62] (S. 545); als Dispositionspapier III § 365 [10]; Eigentumserwerb IV § 382 A [62a]; -Klausel IV § 382 A [62d]; an Order III § 363 [33]; -Satz III § 363 A [31]; als Schuldschein III § 344 [10]; Verpfändung III § 368 [19]; als Wertpapier III § 363 A [31]; Zahlung gegen K. III § 372 A [46b], § 373 V [42], IV § 382 A [39], (Erfüllungsort) III § 372 A [29]; vgl. Dispositionspapier.

Konsignation, Begriff IV § 383 [41]; -Depot IV § 424 A [61]; -Kommission IV § 406 [1]; -Lager III § 374 A [168].

Konsortialleiter III § 342 A [3].

Konsortialvertrag (Konsortium) II § 186 [13], § 282 [1], § 306 [24], II § 342 A [1]; Aktienüber-

nahme II § 278 [19]; als Handelsgeschäft III § 343 [24].
Konstruktion, juristische I E [37a].
Konsulargericht, HR. I § 8 [3].
Konsumverein als Kaufmann I § 59 [11].
Kontingent, Bilanz II § 261 [10].
Kontinuität, Bilanz I § 40 [3], II § 261 [7], § 262 [35], § 273 [1]; Unternehmen I § 22 [10].
Konto-Buch (Bankdepot) IV § 424 A [31]; -Gegenbuch III § 363 A [1]; -Geschäft IV § 376 A [10], [98c], [102].
Kontokorrent III § 355; Aufwertung III § 374 A [230]; Beendigung III § 357 [6]; Börsengeschäft IV § 376 A [47], [49], [61–64], [114]; Bürgschaft für K. III § 349 [31]; Erfüllungsort III § 355 [28]; Kommission IV § 397 [1]; Saldo IV § 376 A [32a]; vgl. Anerkennung.
Kontor, Diener I § 59 [22]; Einrichtung III § 343 [23]; Geschäfte I § 59 [13].
Kontrabuch vgl. Gegenbuch, Kontogegenbuch.
Kontrahierungszwang III § 346 A [35].
Kontrakt s. Vertrag.
Kontrolle (Kontrollrecht), AG. II § 306 [24]; Eisenbahn IV § 472 [13]; Erleichterung III § 374 A [168]; o.HG. in L. I § 156 [9].
Kontrolleur I § 59 [14].
Kontrolltheorie, AG. II § 178 [13].
Konvention, AG. II § 212 [1]; -Preis III § 373 B [28].
Konventionalstrafe s. Vertragsstrafe.
Konvertierung, Aktie II § 203 [18].
Konvertible Bonds II § 283 [15].
Konzentration III § 373 B [70a], [70b]; vgl. Gattungskauf, Gattungsschuld.
Konzern II § 306 [24].
Konzession s. Genehmigung.
Kopierbuch I § 38 [7]; vgl. Buchkopie, Kommissionskopie.
Korbmacher I § 1 [44], [84], § 4 [16].
Körperschaft, vgl. Juristische Person.
Körperschaftssteuer, AG. II § 179 [21a], § 261 [43]; Aufsichtsratstantieme II § 245 [19a]; Interessengemeinschaft II § 306 [26]; Kapitalentwertungskonto II § 261 [12b]; KG. I § 161 [21]; KGaA. II § 320 [116]; Kommissionär IV § 396 [10a]; Konsortium II § 342 A [6]; stille Gesellschaft II § 335 [42]; Zweigniederlassung der ausländischen AG. II § 201 [40].
Körperverletzung, Reisender IV § 472 [13], [21]; vgl. Gesundheit.
Korrektor als Gehilfe I § 59 [14].
Korrektur s. Verbesserung.
Korrespondent als Gehilfe I § 59 [8], [13], [14], [27]; Grund zur Entlassung I § 70 [8].
Korrespondenzbank III § 363 A [16a]; vgl. Lokal-, Provinzial-Bank.
Kostbarkeit IV § 416 [10]; Fracht IV § 429 [18], [19], § 453 B [1], § 456 [16], § 462, § 465 [4], § 467 [1], [5].
Kosten, Aufbewahrung IV § 379 [17]; Geldübersendung III § 372 A [58]; Gründung II § 182 [37]; Kauf auf Probe IV § 382 A [22]; Niederlegung III § 373 [29]; Prüfung II § 267 [3]; Sicherung des Beweises IV § 379 A [9]; Versendung IV § 382 A [44], [48d]; Vertragserfüllung IV § 382 A [118]; vgl. Gerichtskosten, Gründungsaufwand, Notar.
Kostenvoranschlag, Erfüllungsort III § 372 A [37].
Kostfracht III § 346 [19]; Begriff IV § 382 A [59a] (S. 506).
Kostgeschäft s. Report.
Kostprobe IV § 377 [33].
Kostümverleiher I § 1 [42], [85], § 2 [3].
Kraftausdruck, Mängelrüge IV § 377 [23].
Kraftfahrzeug, Beförderung IV § 459 [3], § 465 [5]; im Eisenbahnbetrieb IV § 453 B [10]; -Unternehmer I § 1 [84].
Kraftloserklärung, Aktie II § 228; Duplikatfrachtbrief? IV § 455 [8]; Inhaberpapier III § 365 A [8b]; Marke III § 365 A [9]; Nachlaßgläubiger I § 27 [23]; Orderpapier III § 365 [13]; Sammeldepot IV § 424 A [59d]; Wertpapier IV § 381 [8a]; vgl. Verfall.
Krämermäkler I § 104.
Kranken-Geld I § 63 [6], [8]; -Haus III § 361 A [7] (vgl. Heilanstalt); -Kasse (Buchhalter) I § 59 [13]; -Versicherung (Agent) I § 84 [6].
Krankheit, Agent I § 92 [14]; Beweis I § 72 [6]; Buchführung I § 38 [4]; Gehilfe I § 70 [2], [18], [24], [25], (Arbeitshindernis) § 72 [6], (Austritt) § 70 [8], (Entlassung) § 72 [8]; Gesellschafter I § 140 [3]; Lehrling I § 76 [21], § 80 [1]; Prinzipal I § 63 [8]; Vorstandsmitglied II § 231 [25].
Kränklichkeit, Gehilfe I § 72 [8].
Kreationstheorie III § 365 A [6].
Kredit I § 2 [9]; Erfüllungsort III § 372 A [29]; als Handelsgeschäft III § 343 [27]; Kommissionär IV § 393 [1]; durch o.HG. I § 116 [2]; als Sacheinlage (?) II § 335 [17]; Spediteur IV § 415 A [6]; Vermittlung I § 1 [67].
Kredit-Anstalt (Haftung) III § 349 A [37]; -Auftrag III § 349 [22], [56–62]; -Brief III § 349 [64], § 361 [1]; Bürgschaft III § 349 [26], [30–32]; -Eröffnung III § 349 [63], § 354 [8];

-Geschäft III § 373 V [39a], [47]; -Kauf III § 373 V [37]; -Konditionen III § 373 V [38]; -Verein I § 1 [67], [84]; -Versicherung IV § 349 [69], § 394 [10]; -Vertrag III § 349 [63], § 354 [8]; -würdig I § 84 [16], III § 373 V [37], [47], [49], [64d] (vgl. Vertrauenswürdig).

Kreisverband I § 36 E; vgl. Gemeinde, Juristische Person.

Kreuzung, Bestätigungsschreiben III § 372 A [38f].

Krieg I E [4], [37a]; Eisenbahnfracht IV § 453 [8], § 456 [8], § 466 E; Gehilfe I § 63 [8], § 70 [18]; Lagergeschäft IV § 417 [9]; Lieferfrist IV § 466 E; Vorbehalt III § 374 A [49]; -Anleihe (Bilanz) II § 261 [12a]; -Ende III § 359 [1]; -Gesellschaft II § 178 [14d], § 243 [2d], (Auflösung) § 292 [24], (Liquidation) § 295 [15], (Sperrjahr) § 301 [2a], (Vermögensveräußerung) § 303 [20]; -Steuerrücklage II § 237 [16]; -Unterstützung I § 63 [13]; -Wirkungen III § 346 [20]; -Zeit (ausländische Zahlungsmittel) III § 361 [11].

Kumulativ, Haftungsübernahme I § 25 [9], (Verjährung) I § 26 [1]; vgl. Schuldmitübernahme.

Kunde s. fest, Kundschaft.

Kunden-Liste I § 59 [34b], [45]; -Müller IV § 376 A [138]; -üblich (Preis) III § 373 V [28].

Kündigung, Agent I § 92; Aktie II § 227 [2], [5]; Bürgschaft III § 349 [38]; Fixgeschäft IV § 376 [3]; Frachtvertrag IV § 425 [16]; Gehilfe I § 66, (Frist) § 67, (Verlust von Vorteilen) I § 67 [9], (gegen Gehilfen, Wettbewerb) I § 75 [5]; als Handelsgeschäft III § 343 [19], § 345 [2]; als Hilfsgeschäft III § 343 [11]; hochverzinsliche Schulden III § 352 [14]; KGaA. II § 330 [11]; Kommission IV § 383 [23], [23a], § 397 [3]; Kontokorrent III § 355 [39]; Lagergeschäft IV § 422 [3]; Lehrling I § 77 [5]; o.HG. I § 138, § 145; stille Gesellschaft II § 339 [16], [19]; Vollmacht I § 58 A [103]; Vorstandsmitglied II § 231 [29]; Zeugnis I § 73 [3].

Kundschaft, Bilanz I § 40 [5], § 141 A [5], II § 261 [10]; als Sacheinlage II § 186 [6]; Verkauf III § 373 V [3], [3a].

Künftig s. Zukünftig.

Kunst-Drucker I § 1 [84]; -Gärtner I § 1 [37], [85], § 3 [1], [5]; -Gegenstand (Fracht) IV § 429 [18], [19], § 456 [16], § 462, § 467 [1], [5]; -Handel I § 1 [78], [84].

Künstler als Angestellter I § 59 [18]; als Kaufmann I § 1 [28], [31], [54], [85], § 4 [12], § 59 [11].

Kupferstecher I § 1 [81], [84].

Kurhaus, Firma I § 18 [12].

Kurs IV § 381 [12]; Garantie III § 349 [65], IV § 381 [12a]; im Kontokorrent III § 355 [15a]; -Mäkler I § 93 E [5], (Handlungsgehilfe) I § 59 [23], (Kaufmann als K.-M.) III § 343 [10], (Tagebuch) I § 100 [8], § 101 [2]; -Schnitt IV § 383 [9a], § 387 [1], § 400 [9], § 401 [2]; -Schwankung (Verlust) III § 352 [14a], (Bilanz) I § 40 [6], II § 261 [19], (Raterteilung) III § 349 A [25]; .Selbsteintritt IV § 400 [21]; -Sicherung § 373 V [8a].

Kursbuch IV § 472 [20].

Kürschner I § 1 [84].

Kutscher I § 59 [17]; vgl. Fuhrmann.

Kux, Handel IV § 376 A [7], [8], [104], [169], § 381 [5], [8i]; Kommission IV § 383 [35a], § 400 [25]; als Wertpapier I § 1 [40], III § 369 [16].

L

Laden (Ladenraum) I § 56 [2], § 62 E; -Einrichtung (Lieferung) IV § 381 [16]; -Mädchen I § 59 [14]; -Vollmacht I § 56; vgl. Gesetzliche Vollmacht, Offene Verkaufsstelle.

Ladenpreis III § 346 [19], § 373 V [28].

Ladenschild I § 37 A; KGaA. II § 322 [6]; Vorgänger I § 37 [20].

Ladeschein (Binnenkonnossement) III § 344 [10], § 363 A [32], § 365 [10], IV § 382 A [62g], § 426 [18], § 444 [6], §§ 445—448; Akkreditiv III § 363 A [15]; an Order III § 363 [33]; Verpfändung III § 368 [19]; vgl. Dispositionspapier.

Lagergeld III § 354 [13], IV § 420 [1]; Kaufmann IV § 416 [2]; Kommissionär IV § 396 [16]; Spediteur IV § 409 [12], § 415 A [6].

Lagergeschäft IV § 416—424; Erfüllungsort III § 372 A [29].

Lagergut, Pfandrecht IV § 421 [2].

Lagerhalter (Lagerhaus) I § 1 [76], III § 373 [28], IV § 416 [1]; als Besitzdiener III § 368 [9a]; als Pfandhalter III § 368 [9a]; Pfandrecht III § 366 [60], [61].

Lagerist I § 59 [14].

Lagerkosten, Begriff IV § 420 E; Erfüllungsort III § 372 A [16a]; Pfandrecht IV § 421 [1]; als Schaden III § 374 A [30].

Lagerpfandschein IV § 424 [14].

Lagerraum I § 62 E; Gestellung III § 374 A [167].

Lagerschein (Warrant) I E [19], III § 363 A [34], § 365 [10], IV § 416 E, § 424; an Order III § 363 [33], [33a], [34]; als Schuldschein III § 344 [10]; Akkreditiv III § 363 A [15]; Übergabe IV § 382 A [45b]; Verpfändung III § 368 [19]; Zahlung gegen L. III § 372 A [46f], § 424 [9]; vgl. Dispositionspapier.

Lagerverwalter I § 59 [14].

Lagerzeit IV § 422 [2].

Land, Anleihe III § 374 A [230]; Buchführung I § 42; Erwerb des Vermögens (Verstaatlichung) II § 304; HR. I § 36.

Landes- in der Firma I § 18 [12c].

Landesgewohnheitsrecht III § 346 [10].

Landwirt (Landwirtschaft) I § 1 [85], § 3 [1], § 5 [2], III § 343 [5], § 344 [12]; Getreidehandel IV § 376 A [138]; Niederlassungsort III § 372 A [20].

Landwirtschaftlicher Verband als Kommissionär IV § 383 [4].

Lasttier IV § 425 [2].

Laufbursche I § 59 [22], § 76 [4].

Laufend, Geschäfte und Verträge § 22 [24], § 149 [4], § 156 [26] (vgl. Schwebend); Kredit (s. Revolvierend); Preis III § 373 B [30]; Rechnung (s. Kontokorrent, offene Rechnung); Versicherung IV § 390 [12].

Lebendes Geschäft, Wert I § 141 A [5]; vgl. Tier.

Lebenshaltungsindex s. Index.

Lebensstellung, Gehilfe I § 66 [3].

Lebensversicherung, Aufwertung III § 74 A [228]; Form III § 350 [46]; als Handelsgeschäft III § 344 [3]; Order? III § 363 [44].

Lebensversicherungsschein, als Inhaberpapier? III § 365 A [10]; Indossament III § 363 [35]; Verpfändung III § 368 [1]; Zurückbehaltungsrecht III § 369.

Lebenszeit, Gehilfe I § 66 [3]; Gesellschafter I § 134, III § 231 [29].

Leckage (Auslaufen) IV § 456 [11], § 459 Nr. 4 [6], [9], [11], [12].

Legitimation, Inhaberpapier III § 365 A [3c]; Kommittent IV § 383 [35a]; Orderaktie II § 222 [13]; Orderpapier III § 365 [7].

Legitimationspapier (Urkunde), Kommissionär IV § 397 [3]; Zurückbehaltung III § 369 [16]; Zurückgabe I § 59 [5a].

Legimationsübertragung, Aktie II § 222 [16], § 223 [17], § 225 [4], § 252 [23], IV § 383 [35a], § 424 A [34] (S. 811).

Legitimationsurkunde I § 1 [40].

Lehrer als Kaufmann I § 1 [9].

Lehrgeld I § 59 [10], § 76 [10].

Lehrling I §§ 76—82; Ladenvollmacht I § 56 [1]; Vertrag (Form) I § 79 [2]; Wettbewerbsverbot I § 74 [3], § 76; Zeit I § 77 [4]; Zeugnis I § 79 [1]; vgl. Handlungslehrling.

Leibrente I § 59 [33]; als Handelsgeschäft III § 343 [27], § 344 [3].

Leiche, Beförderung IV § 426 [18].

Leihamt I § 1 [85].

Leihanstalt I § 2 [3].

Leihbibliothek als Kaufmann I § 1 [42], [80], [85], § 5 A [1], III § 343 [7].

Leihe III § 361 [5]; entgeltlich II § 318 [8]; Erfüllungsort III § 372 A [29].

Leihvertrag, Aktienstimmrecht § 318 [5].

Leistung III § 374 A [149b]; -Ort III § 372 A [17]; Verzug III § 374 A [1a]; (Aufwertung) III § 374 A [224]; vgl. Erfüllung, Lieferung, Verzug, Zahlung.

Leistungen im Zeugnis I § 73 [4]

Leitender Angestellter I § 59 E.

Leitung der Verrichtung I § 58 A [81].

Leserin I § 59 [17].

Leserlich, Unterschrift III § 350 [57].

Lesezirkel I § 1 [80].

Letztwillige Verfügung, Auslegung III § 346 [1]; Gesellschafter I § 139 [24].

Leute der Eisenbahn IV § 456 [8], § 458 [3], § 472 [7], [11]; des Frachtführers IV § 429 [14], § 431 [2], § 438 [15]; des Spediteurs IV § 408 [6].

Lichtreklame, Erfüllungsort III § 372 A [30].

Lichtspieltheater I § 2 [3].

Lieferbarkeit, Getreide IV § 376 A [143]; Wertpapier IV § 381 [10].

Lieferfrist (-Zeit) IV § 429 [10], § 466; Eisenbahn IV § 466; freibleibend III § 361 A [17n].

Lieferschein IV § 424 [11]; Eigentumsübertragung III § 363 [8a], [9]; Übergabe III § 366 [14], § 382 A [45b]; Zahlung gegen L. III § 372 A [46b], [46d], § 373 B [41]; vgl. Dispositionspapier.

Lieferung, freibleibend III § 361 A [17] ff, IV § 382 A [28]; Klage auf L. III § 373 B [83]; Möglichkeit III § 346 [19]; vgl. Leistung.

Lieferungsanspruch, Spezifikation III § 375 [24]; vgl. Lieferungspflicht.

Lieferungsgeschäft IV § 376 A; Getreide IV § 376 A [131]; Spieleinwand IV § 376 A [167]; vgl. Lieferungsvertrag.

Lieferungspflicht beim Sukzessivkauf III § 374 A [40]; des Verkäufers III § 374 A [192]; vgl. Lieferungsanspruch.

Lieferungsvertrag III § 373 B [13]; Haftung des Gesellschafters § 128 [18]; vgl. Lieferungsgeschäft.

Lieferungsverzug, Sukzessivkauf III § 374 A [140].

Lieferzeit s. Lieferfrist.

Liegegeld IV § 440 [1].

Limito, Kommissionär IV § 386; Selbsteintritt IV § 401 [4].

Liquidation, Wesen I § 145 [2], II § 292 [1]; AG. II § 294 [1]; Aufhebung II § 294 [14], § 307 [2]; als Aufhören? I § 22 [5], § 27 [22]; Aufsichtsratstantieme II § 245 [18], § 294 [10]; Ausscheiden des Gesellschafters I § 140 [1], § 142 [4]; Beendigung II § 241 [21]; Einzelkaufmann I § 145 [1]; feindliche Unternehmungen I § 131 [20a]; Firma I § 22 [14], § 31 [3]; Firmenschutz I § 37 [11]; „in L." als Firmenunterscheidung I § 30 [6]; KG. I § 177 A [17]; KGaA. II § 330 [17], § 331; nichtige AG. II § 311 [3]; o.HG. I § 131 [2]; Prokura I § 48 [4], II § 298 (Abs. IV), § 320 (Abs. III); stille Gesellschaft? II § 340 [12]; Unterbleiben II § 304 [4], § 306 [2], [4]; bei Vermögensveräußerung II § 303 [11], § 305 [22].

Liquidationsanspruch II § 300 [13].

Liquidationsfirma als Kaufmann II § 292 [2].

Liquidationsgesellschaft als Kaufmann I § 156 [3].

Liquidationsmasse I § 25 [24].

Liquidationsüberschuß II § 300 [1].

Liquidationswert I § 40 [3].

Liquidator, Abberufung I § 146 [6], § 147, II § 295 [10], § 330 [17], § 331; Ablehnung I § 146 [5]; Aufgaben I § 149; Beginn I § 146 [13]; Buchführung I § 38 [3]; Dienstverhältnis II § 295 [14]; Ernennung I § 146 [6], II § 295, § 330, § 331; Firmenveräußerung I § 22 [7]; Firmenzeichnung I § 148; als Gehilfe? I § 59 [8]; Geschäftskreis I §§ 149, 151, 153, II § 294 [6], § 298 [1], § 330 [18]; Haftung II § 294 [8]; Handelsregister I § 148, § 150; juristische Person I § 34 [2]; juristische Person als L. I § 146 [1]; als Kaufmann? I § 1 [18]; KG. I § 177 A [18–22]; im Konkurs II § 292 [12]; o.HG. I § 146; o.HG. als L. I § 105 [9]; Ordnungsstrafe II § 319; Rechtsstellung II § 303 [12]; Strafbarkeit II § 312, § 314, § 315; Unterschrift I § 153.

Lithograph als Kaufmann I § 1 [81], [84].

Lithographie, Unterschrift III § 350 [57], § 363 [22].

Lizenzvertrag III § 343 [27], § 373 B [3a]; Bilanz I § 40 [8]; vgl. Zwangslizenz.

Logierhaus I § 2 [3].

Lohnbeschlagnahme I § 70 [13], [21].

Lohndrusch I § 3 [5].

Lohnhandwerker I § 1 [56], § 4 [5].

Lohnkutscher I § 1 [74], [85]; vgl. Fuhrmann, Kutscher.

Lokalbankier IV § 424 A [117]; vgl. Provinzialbankier.

Lokogeschäft IV § 376 [40], § 376 A [10]; Kassageschäft IV § 376 A, E [10], [98a]; Platzgeschäft III § 372 A [46], IV § 376 [40], § 382 A [45b], [59a] (S. 532).

Lokoware IV § 376 [40], § 382 A [48a], [49a].

Lombardgeschäft I § 1 [42], [67], III § 373 B [65].

Londoner Börse IV § 376 A [77]; Depot IV § 376 A [47c].

Longa manu traditio III § 366 [2].

Los s. Lotteriespiel.

Lose Zettel I § 43 [2].

Löschung, Firma (Anspruch auf L.) I § 37 [22], [26] ([4]), (durch Prokuristen) I § 49 [1], (Einfluß auf Prokura) I § 52 [14]; juristische Person I § 36 [3]; Prokura I § 52 [14a].

Löschungsbewilligung III § 372 A [73].

Lotteriespiel, Abzahlungsgeschäft IV § 382 A [74a]; Börsentermingeschäft IV § 376 A [184]; -Gesellschaft als Handelsgewerbe I § 1 [19a]; Gewinn (in der Bilanz) II § 261 [26], (Mitveräußerung) I § 22 [24]; (Spiel als) Handelsgeschäft III § 343 [13], [27]; Kollekteur als Kaufmann I § 1 [29], [84]; Vertragsannahme III § 361 A [22], [68].

Lt. III § 373 B [29].

Lücke in den Büchern I § 43 [3].

Luft, -Druck (Eisenbahn) IV § 453 B [10], (Lieferung) III § 373 B [29]; -Verkehr I § 1 [75a], § 2 [3], IV § 425 [2], [6].

Luftlinie, Wettbewerbsverbot I § 74 [18].

Lüftung I § 62 [5].

Lumpenhandel I § 4 [20].

M

Mädchenname I § 18 [4].

Made in Germany IV § 377 [44].

Mahnung III § 343 [29], § 345 [2], § 374 A [15], [50]; Kosten III § 374 A [22]; bei positiver Vertragsverletzung III § 374 A [179].

Mäkler gegen Agent I § 84 [7]; als Kaufmann I § 1 [77], [84], § 4 [20]; gegen Kommissionär IV § 383 [13]; Niederlassung III § 372 A [20]; Treue I § 93 B [37]; vgl. Handelsmäkler, Vermittler.

Mäklergebühr I § 93 B [38], III § 343 [5]; Bilanz II § 261 [40]; Herabsetzung I § 99 [5]; Zahlbarkeit I § 90.

Maler I § 1 [84], [85], § 59 [18]; vgl. Künstler.

Mängel der Ware, Kommissionsgut IV § 388; Lagergut IV § 417 [1]; als positive Vertragsverletzung III § 374 A [193]; Speditionsgut IV § 415 A [5]; gegen Übergabeverzug III § 374 A [42]; Wertpapiere IV § 381 [2].

Mängelanzeige III § 377; an Agenten I § 86 [4]; Arglist IV § 377 [154]; Eigentumserwerb IV § 382 A [59]; Erfüllungsort III § 372 A [9]; als Handelsgeschäft III § 343 [19]; beim einseitigen Handelskauf IV § 377 [195]; Kauf auf Probe IV § 382 A [21]; Kommission IV § 391 [3]; Platzagent I § 86; Reisender I § 55 [6]; Unterlassung IV § 377 [38], [115]; vertragliche Abänderung IV § 377 [186]; Wirkung IV § 377 [39]; Viehmängel IV § 382; Zurückbehaltungsrecht III § 369 [45].

Mängelfeststellungsrecht IV § 379 A; vgl. Feststellung.

Mangelfreie Sache, Lieferung IV § 377 [52], [90].

Mangelhaft, Annahmeleistung III § 361 A [70].

Mängelrüge s. Mängelanzeige.

Mängeluntersuchung, vertragliche Abänderung IV § 377 [186].

Mankohaftung I § 59 [31].

Mantelgründung (Fassongründung) II § 182 [39], § 198 [11].

Mantelverkauf I § 23 [2]; AG II § 180 [2a], § 182 [39], § 195 [14a], [14b], § 198 [12], § 274 [6b]; Einmanngesellschaft II § 292 [18a].

Manufaktur I § 18 [12b].

Marge IV § 376 A [52].

Mark gleich Mark III § 274 A [210]; vgl. Papiermark.

Marke des täglichen Verkehrs III § 365 A [9]; Abhandenkommen III § 366 [50a]; als Wertpapier III § 369 [16].

Marktgebrauch III § 346 [11].

Markthalle, Niederlassungsort III § 372 A [20].

Marktlage III § 373 B [29].

Marktpreis III § 373 B [29], § 374 A [29a], [59], [60b]; Bilanz I § 40 [9], II § 261 [18], [19].

Marktschreierei in der Firma I § 18 [10]; vgl. Anpreisung.

Maschine I § 4 [9], [11]; Bewertung II § 261 [16], [35]; Fürsorge I § 62 E; Handelsvermögen III § 373 B [3a]; Verwaltungskosten II § 261 [21].

Maschinenschreiber I § 59 [14], [14a], [27].

Maschinentechniker I § 59 [18].

Masseartikel, Probemäßigkeit IV § 382 A [6].

Masseverteilung, außergerichtlich IV § 392 [14].

Mastanstalt I § 1 [57], [84], IV § 376 A [138].

Masters receipt IV § 382 A [62] (S. 545).

Maß II § 361.

Materialien, Bewertung II § 261 [37].

Maurer I § 1 [48], [85].

Medaille als Vermögen III § 373 B [3a].

Mehl s. Getreide.

Mehraufwendungen, Annahmeverzug III § 374 [2].

Mehrere, Akte der Simultangründung II § 188 [2]: Anmeldungen (in einem Schriftstück) I § 12 [11], (gleichlautender Firmen) I § 30 [2]; Aufsichtsratsmitglieder II § 243 [13]; Auftraggeber des Agenten I § 84 [6]; Banken III § 363 A [7], [16a]; Bürgen III § 349 [45], [49], [49a]; Diebsgutbesitzer III § 366 [74a]; Eigentümer IV § 382 A [64a]; Eisenbahnen IV § 469; Erben (s. Erbengemeinschaft); Erfüllungsorte III § 372 A [9], [15]; Firmen I § 17 [3], § 19 [6], § 22 [12], (o.HG.) I § 22 [6a], § 105 [20], [21], (Prokura) I § 48 [9], § 50 [3], (Sprache) I § 17 [22]; Firmenmißbraucher I § 37 [3]; Frachtführer IV § 432 [9], § 441 E; Gemeinden I § 30 [1]; Geschäfte (Veräußerung) I § 22 [3a]; Hauptverpflichtungen III § 374 A [169]; Inanspruchnahme (Kaufpreis und Wechsel) III § 373 B [64a]; Kaufgegenstände III § 373 [36a], § 377 [181a]; Kaufgeschäfte (über dieselbe Sache) III § 373 B [60c], § 374 B [145]; Kommittenten IV § 383 [11], [29], [33b], [35b], § 384 [24], § 396 [9], § 401 [6]; Komplementare I § 161 [16]; Konnossemente IV § 382 A [48a], [62b]; Konnossementinhaber IV § 382 A [48a]; Krankheiten I § 63 [3]; Liquidatoren II § 298 [9]; Mäkler I § 93 B [8]; Mängel IV § 377 [23], [38b]; Mitberechtigte an einer Aktie II § 225; o.HG. § 17 [3], § 105 [39], (Rechtsverkehr) § 105 [31], (Zusammenfassung) § 105 [48]; Pfandrechte III § 368 [78], IV § 443; Prin-

zipale I § 59 [9]; Provisionsempfänger I § 65 [1]; Spediteure IV § 441 E; Tantiemeempfänger II § 237 [22]; Übertreter des Wettbewerbsverbots I § 61 [13]; Verantwortliche II § 241 [30], § 249 [11]; Verjährungsgründe I § 159 [19]; Verkäufer IV § 377 [41d]; Vertragsparteien III § 350 [74b]; Vertreter des Aktionärs II § 252 [20]; Wohnsitze III § 372 A [20], [23], [56]; Zurückbehaltungsrechte III § 369 [34], IV § 443 [10]; Zweigniederlassungen II § 201 [4].

Mehrerlös beim Deckungskauf III § 374 A [32]; Kommission IV § 387 [3]; Selbsthilfeverkauf III § 373 [55].

Mehrheit II § 260 [1a]; Berechnung II § 273 [16]; Bruchteil des Grundkapitals II § 251 [4]; über die Hälfte II § 251 [2]; GV. II § 196 [10], § 292 [6], § 251 [4], § 320 [103]; bei Satzungsänderungen II § 274 [10], § 275 [2]; Veräußerung des Vermögens II § 303 [5]; Verstaatlichung II § 304.

Mehrheitsbeschluß, Aufsichtsrat II § 246 [14]; KG. I § 163 [8]; o. HG. I § 119; o. HG. in L. I § 152 [7]; vgl. Gesellschafterbeschluß.

Mehrheitsgrundsatz II § 250 [9].

Mehrstimmrechtsaktie II § 185 [8b], [11a], § 211 [2], § 251 [4], § 252 [9], § 275 [4].

Meister, Verwaltungskosten II § 261 [21].

Meistgebot für fremde Rechnung III § 346 A [19].

Meldung, tägliche der Gehilfen I § 70 [30].

Mengeverwahrung s. Sammeldepot.

Meßbude als Laden I § 56 [2].

Messen, Kosten IV § 382 A [18].

Messezeit III § 359 [1].

Miete (Mietvertrag), Besitz III § 366 [46a]; Erfüllungsort III § 372 A [30]; Form III § 350 [36], [83]; eines Geschäfts III § 373 B; Haftung des Gesellschafters I § 128 [18]; Handelsgeschäft I § 1 [36], [42], III § 343 [22]; des Handlungsreisenden I § 55 [3]; als Hilfsgeschäft III § 343 [11], [14]; als Nebenvertrag III § 350 [27]; gegen Pacht III § 373 B [3h]; Prokura I § 49 [2]; Schrankfach IV § 424 A [5]; als Veräußerung I § 22 [24].

Mieteinigungsamt, Vergleich III § 350 [2].

Miettaler s. Draufgabe.

Mietvermittler I § 93 [4].

Mietzins, Aufwertung III § 374 A [228].

Milchfahrer I § 59 [17].

Milchhändler I § 1 [37], [84].

Milderung der Haftung III § 347 [5].

Militär, Dienstleistung I § 63 [2], [8], § 72 [8]; -Eisenbahn IV § 453 B [8]; -Gut III § 366 [5], [6], [45], [49], [54], § 373 B [60]; als Kaufmann I § 1 [28]; -Person (Gewerbebetrieb) I § 7 [2]; vgl. Soldat.

Minderbewertung s. Unterbewertung.

Mindergesellschaft II § 342 A [9]; Fracht IV § 451 [2]; Handelsgeschäfte III § 343 [6].

Minderheitsrechte II § 185 [5], § 250 [12], § 260 [20], § 264, § 266 [4], § 268, § 269; KGaA. II § 320 [105].

Minderjähriger, Buchführung I § 38 [1], [2]; Firmenübertragung I § 22 [6a]; Eintragung des Geburtstags im Handelsregister I § 8 A [6], § 22 [6a]; als Kaufmann I § 1 [20], [21], § 5 [2]; Wettbewerbsverbot I § 74a [11], § 75b [5]; vgl. Geschäftsfähig.

Minderkaufmann I § 4 E, III § 43 [6]; Agent I § 84 [10]; Anmeldung I § 29 [1]; Buchführung I § 38 [1], § 47 A [4]; Buchvorlegung I § 45 [3]; Bürgschaft III § 349 [9], [24], § 351; Firma I § 17 [1], § 25 [6], [7], § 37 [1]; Firmenmißbrauch I § 37 [10]; Fracht IV § 451 [2]; Gehilfe I § 59 [11]; Gesellschaft I § 28 [3], I § 4 [26], § 28 [3], II § 342 A [8]; Getreidehandel IV § 376 A [139]; Handelsregister (öffentlicher Glaube) I § 15 [6]; Handlungsvollmacht I § 54 [3]; Kommission IV § 406 [2]; Kontokorrent III § 355 [14]; Kreditauftrag III § 351; Ladenschild I § 37 A [3]; o. HG. I § 123 [6]; Prokura I § 48 [4]; Provision III § 354 [1]; Schuldanerkenntnis, Schuldversprechen III § 351; stille Gesellschaft II § 335 [9], [12], § 338 [6]; Stillschweigen III § 362 [8]; Vergrößerung des Betriebes I § 38 [2]; Verkehrssitte III § 346 [11]; Verringerung des Betriebes I § 31 [3], § 37 [2]; Vertragsstrafe III § 384 [29], § 351; Zinsen III § 352 [10], § 354 [1]; Zurückbehaltungsrecht III § 369 [4]; Zweigniederlassung I § 13 [3a]; vgl. Kleinbetrieb.

Minderung (Menge), Frachtgut IV § 438 [12], § 439, § 448 [1]; Lagergut IV § 423 [4], § 424 [6]; Speditionsgut IV § 414 [3]; vgl. Beschädigung, Schwinden, Teilverlust, Verloren.

Minderung (Preis) IV § 377 [50], [75d], [78]; Einigung IV § 377 [78]; Maß IV § 377 [79]; Verhältnis IV § 377 [80]; und Wandelung IV § 377 [111].

Mindestbetrag, Ausgabekurs II § 278 [13]; Grundkapital II § 288 [11].

Mindestgehalt, Wettbewerbsverbot I § 74a[10], § 75b [3].
Mindestpreis III § 373 B [28]; Spezifikation III § 375 [15], [21].
Mindeststimmrecht II § 250 [12].
Mineralwasser I § 1 [37], [84].
Minute, Fixgeschäft? IV § 372a [45], § 376 [6].
Mischformen, Überlassung eines Handelsgeschäfts I § 22 [19a].
Mißbilligung, Kauf auf Probe IV § 382 A [20].
Mißbrauch fremder Aktien II § 318; Vollmacht I § 58 A [11], [16].
Mißbräuche im Bankverkehr IV § 383 [9a].
Mißerfolg, Agent I § 92 [8].
Mißhandlung, Gesellschafter I § 133 [20].
Mitangestellte I § 72 [3], [10]; Unterhaltung I § 72 [9].
Mitbesitz III § 368 [10].
Miteigentum und Gesamteigentum I § 105 [29]; und o.HG. I § 105 [41]; Verpfändung III § 368 [1].
Miterben s. Erbengemeinschaft.
Mitgift I § 1 [36], III § 344 [12]; Bilanz I § 40 [7].
Mitschuldner, Kontokorrent III § 356 [4].
Mitte des Monats III § 359 A [33], IV § 376 A [12].
Mitteilung, Firmenübernahme I § 25 [21]; durch Fremde I § 28 [6]; Pflicht IV § 377 [149], [162]; vgl. Benachrichtigung.
Mittelbar, Besitz (Pfandbestellung) III § 368 [9c]; Beteiligung I § 122 [8]; Stellvertretung I § 58 A [109], [110].
Mittlere Art und Güte III § 360 [7]; Preis III § 373 B [32].
Mitverschluß III § 368 [10].
Mitverschulden I § 70 [12], [18]; des Beschädigten III § 347[12]; Wettbewerbsverbot I § 75 [9].
Mitverwaltungsrechte o.HG. I § 109 [14].
Möbel, Anschaffung III § 343 [23]; -Leihvertrag III § 343 [27], IV § 382 A [74e], [94]; -Lieferungsvertrag IV § 382 A [94]; -Packer IV § 425 [2]; -Wagen IV § 459 [3], [5], [6]; vgl. Inventar.
Mobilmachung IV § 456 [9].
Modalität, Kapitalserhöhung II § 278 [20].
Modeartikel IV § 376 [6].
Modell III § 373 B [3a].
Möglichkeit vorbehalten III § 374 A [49].
Molkerei I § 1 [37], [85]; vgl. Milch.
Monatsfrist III § 359 A [25]; vgl. Ende Mitte.
Monopolunternehmen (Monopolstellung) III § 347 [30]; Auslegung III § 346 [3]; Eisenbahn IV § 453 [5]; Fracht IV § 438 [15]; Freizeichnung III § 346 A [36]; Spedition IV § 408 [25]; Zwang zur Vertragsschließung III § 346 A [35]; vgl. Alleinverkauf, Generalvertretungsrecht.
Morgen früh III § 361 A [49].
Mühewaltung III § 354 E.
Mühle (Müller), Getreidehandel IV § 376 A [138]; als Kaufmann I § 1 [44], [57], [84], § 3 [5], § 4 [16]; Meister I § 59 [19]; vgl. Getreide.
Müllabfuhr IV § 425 [3].
Mündelvermögen IV § 424 A [62].
Mündlich, Vertragsantrag III § 361 A [8]; vgl. Form.
Münze III § 361.
Münzenhändler I § 1 [84].
Münzstätte I § 1 [57], [84].
Musikalienhändler I § 1 [84].
Musiker I § 59 [19].
Muster III § 373 B [3a]; beim Agenten I § 84 [18]; beim Gehilfen I § 59 [34b], [45]; -Sendung IV § 377 [199], § 382 A [13]; Versendung I § 84 [16]; vorbehalten III § 361 A [11]; vgl. Probe.
Musterlager (Musterzimmer) als Betriebsstätte I § 84 [6]; als Laden I § 56 [2].
Musterschutz, Zweigniederlassung I § 13 [20].
Mußkaufmann I § 1 [31].
Muttergesellschaft II § 179 [21c]; vgl. Tochtergesellschaft.

N

Nachbarort, Firma I § 30 [1], [12]; Stadtreisender I § 54 [4].
Nachahmung IV § 378 A [3a].
Nach Besicht III § 360 [5]; vgl. Probe.
Nachbesserung III § 374 A [168], IV § 377 [54], [55c] [69a], [107]; Freizeichnung IV § 377 [121]; und Garantie IV § 377 [193a]; vgl. Umtausch.
Nachbestellung, Agentenprovision I § 88 [2].
Nachbezug, Dividenden II § 185 [7], § 273 [1a].
Nachbürge III § 349 [52].
Nachdruck, Forderung daraus I § 22 [24].
Nacherbschaft, Firma I § 24 [3]; im Handelsregister I § 8 A [6], § 22 [6a].
Nachfolgezusatz I § 22 [11], § 25 [4]; Ausscheiden eines Gesellschafters I § 24 [3a]; in der Firma I § 18 [7], [12]; Firmenunterscheidung I § 30 [6]; unbefugt I § 37 [4]; vormals Zweigniederlassung I § 30 [11].
Nachfrist, Getreidehandel IV § 376 A [140]; Kauf III § 374 A [81], [82], [111], [111a]; bei

positiver Vertragsverletzung III § 374 A [85], [92], [104], [179], [180], [183a]; Spezifikation III § 375 [7], [14], [20]; nach dem Urteil III § 374 A [149], [149e]; Verlängerung III § 374 A [92a], [92b].

Nachgiebiges Recht I E [11], [18].

Nachgründung, AG. II § 207 E [1], § 208, § 268 [1], § 279 [8]; KGaA. II § 320 [45], [76], § 324.

Nachkriegszeit III § 361 [11]; Fracht IV § 453 B [8].

Nachlaß, Geschäftsveräußerung I § 22 [6a]; Handelsgeschäft I § 27.

Nachlaßforderung I § 27 [30].

Nachlaßpfleger I § 27 [33], III § 374 A [154]; als Prinzipal I § 59 [6]; vgl. Testamentsvollstrecker.

Nachlaßverwaltung I § 27 [8], [23], § 139 [5], III § 366 [83]; Verwalter als Prinzipal I § 59 [6]; Prokura I § 48 [4].

Nachlieferung IV § 377 [54].

Nachliquidation, AG. II § 311 [7]; KGaA. II § 330 [20].

Nachmann, Spedition IV § 411.

Nachnahme III § 372 A [46], IV § 382 A [125]; Fracht IV § 435 [5], § 456 [2], § 467 [4]; Spedition IV § 408 [12].

Nachprüfung s. Prüfung.

Nachricht, Kommission IV § 384 [10]; Pfandversteigerung III § 368 [58]; vgl. Benachrichtigung, Mitteilung.

Nachschuß, AG. . II § 211 [5]; Börsentermingeschäft IV § 376 A [52]; o.HG. I § 111 [6].

Nachstechen IV § 382 A [15].

Nacht als Erfüllungszeit III § 358 [2].

Nachteil, Begriff II § 312 [9].

Nachträglich, Eingehen einer abgeschriebenen Forderung I § 40 [6]; Formvereinbarung III § 350 [92]; Liquidation (s. Nachliquidation); Verfügung über Frachtgut IV § 433, § 435 [10], § 446 [3], § 455 [2], [10], § 456 [2]; Zusicherung IV § 377 [41f].

Nachvollmacht s. Untervollmacht.

Nachweismäkler I § 93 B [6], § 93 [3]; Interessenwiderstreit I § 93 B [35].

Nachwiegen s. Verwiegen.

Nachzählen wie verwiegen.

Nachzahlung, Aktionär II § 211 [5], § 278 [1]; Fracht IV § 470 [4].

Näherin I § 1 [56].

Nachziehen IV § 382 A [15].

Name (Namensrecht), falscher I § 70 [25], IV § 424 A [4], § 426 [11]; Handeln im N., auf den N. I § 1 [15], [16], I § 58 A [18]; Schutz des N. I § 37 [12], III § 346 A [13b]; Unterlassungsklage III § 346 A [13b]; vgl. Bürgerlicher N.

Namensaktie II § 179 [2], § 180 [10–13], § 183, § 185 [4], § 212 [19–26], § 223 [26], § 278 [17]; Ausgabe II § 314; KGaA. § 320 [25]; Stimmrecht II § 223 [4], § 252 [1]; Übertragung II § 222, (Order) III § 363 E [34]; Verpfändung III § 368 [14].

Namensklausel III § 363 E.

Namenspapier III § 365 A [1]; Eigentumserwerb IV § 424 A [98]; Kommission IV § 383 [35a]; Konnossement III § 363 A [31]; Ladeschein III 365 [1], IV § 445 [3], 446 [1], § 450 [1]; Lagerschein III 365 [1], IV § 424 [7].

Namhaftmachung des Auftraggebers IV § 383 [10]; der Gegenpartei IV § 384 [33], IV § 424 [93].

Nässe (Naßwerden), Frachtgut IV § 459 [5]; Lagergut IV § 417 [3]; Speditionsgut IV § 414 [3].

Nationalökonom als Gehilfe I § 59 [22].

Natur, Schadensersatz III § 347 [17]; das Schuldverhältnis zu III § 369 B [6], (Erfüllungsort) III § 372 A [29], [30].

Naturalleistung (Lieferung), AG. II § 186 [2]; KGaA. II § 320 [59]; im Konkurs II § 292 [11]; vgl. Verpflegung.

Naturalteilung s. Teilung.

Naturereignis IV § 456 [8].

Natürlich, Beschaffenheit des Frachtguts IV § 456 [11], § 459 Nr. 4 [12], § 460; Handelsgewerbe I § 1 [31].

Nebenabrede (Nebenerklärung, Nebenvertrag), Anfechtung IV § 377 [165]; Auslegung III § 374 A [95a]; Form III § 350 [85d]; Grundstückshandel III § 350 [27]; positive Verletzung III § 374 A [176]; unsittlich III § 346 A [2a].

Nebenbahn IV § 453 B [11].

Nebenbetrieb (Nebengewerbe) I § 3 [2], [4], III § 344 [3].

Nebenerklärung s. Nebenabrede.

Nebengeleise IV § 470 [4].

Nebengeschäft s. Hilfsgeschäft, Nebenabrede.

Nebenintervention, Aktionär II § 271 [16]; o.HG. I § 124 [14]; Schadensersatz II § 273 [10]; Sicherheit II § 272 [7].

Nebenleistung, Aktionär II § 212 [4], § 216, § 276, (Bilanz § 261 [45a]); Formvorschrift III § 350 [26]; Gewährleistung IV § 377 [179a]; beim Kauf III § 374 A [160]; KGaA. II

§ 320 [59]; Lagergeschäft IV § 416 [3]; Minderung IV § 377 [80c]; Reingewinn II § 218 [14]; vgl. Nebenabrede, Nebenverpflichtung.
Nebenrechte, Bürgenrückgriff III § 349 [43], [44]; Wertpapier IV § 381 [7].
Nebensache, Mangel IV § 377 [178a].
Nebentätigkeit I § 70 [20].
Nebenverpflichtung, Erfüllungsort III § 372 A [16a]; Fixgeschäft IV § 376 [38]; vgl. Nebenabrede, Nebenleistung.
Nebenvertrag s. Nebenabrede.
Negativ, Schuldanerkenntnis III § 350 [20], [21]; Vertragsinteresse III § 347 [11], § 377 [165b].
Nennbetrag (Nennwert), Aktie II § 278 [17], § 288 [7], § 290 [4].
Netto § 359 A [17]; Gewicht IV § 380; Kasse (Preis) III § 359 A [6], [17], § 372 A [32], [46a], § 373 B [37]; vgl. Zahlung.
Neue Aktie II § 231 [24a], § 262 [17], [26b], § 278 [1]; Ausgabe II § 305 [9]; Dividende II § 278 [13]; Zeichnung II § 281; vgl. Aktienbezugsrecht.
Neuer Antrag III § 361 A [65].
Neue Geschäfte, Liquidator § 149 [16].
Neuer Lehrherr I § 78 [6].
Neuer Prinzipal I § 70 [15], § 78 [6].
Neugründung AG. II § 180 [2a], § 198 [11], § 274 [6a], § 288 [11]; gemischte Firma I § 20 [8].
Neujahr s. Gratifikation.
Neuvornahme angefochtener Geschäfte IV § 377 [167a].
Nichtamtlich, Pfandveräußerung III § 368 [70].
Nicht an Order III § 365 A [1].
Nichtbeachtung der Form III § 350 [81].
Nichteingezahltes Grundkapital II § 179 [3], § 261 [44], [44a].
Nichterfüllung, Vertragsstrafe III § 348 [15]; Wertpapierkauf IV § 381 [8d]; vgl. Schadensersatz wegen Nichterfüllung.
Nichterscheinen, Aktionär II § 271 [11].
Nicht existierend s. nicht vorhanden.
Nichtgebrauch, Firma I § 31 [3].
Nichtgehörige Erfüllung, Vertragsstrafe III § 348 [19], [33].
Nichtigkeit III § 346 A [16b], IV § 377 [165a]; AG. II § 178 [6], § 292 [17], § 309, § 313 [1], § 315 [2]; GV.-Beschluß II § 243 [1], § 273; Geschäftsveräußerung I § 25 [5]; Gesellschaft I § 28 [4], § 133 E, § 140 [1], § 145 [1]; KGaA. II § 320 [113], § 330 [37]; Kontokorrentposten III § 355 [30]; Kündigungsabrede I § 67 [6]; Vertrag III § 347 [2b]; Vertragsstrafe III § 348 [4]; Wahl II § 253 [2]; N. und Wandelung IV § 377 [63a]; Wirkungen III § 346 A [6]; Zivilmäkler I § 93 B [21].
Nichtigkeitsklage AG. I § 309 [15]; GV.-Beschluß II § 273 [16].
Nichtkaufmann III § 343 [2]; Kontokorrent III § 355 [10], [14]; offene Rechnung III § 357 A [1].
Nichtkreditgeschäft III § 373 B [47].
Nichtöffentlich, Selbsthilfeverkauf III § 373 [34].
Nichtoffiziell s. inoffiziell.
Nichtregelrecht, Marktlage III § 373 B [32a].
Nichtschuld III § 343 [27].
Nicht voll eingezahlte Aktie, AG. II § 179 [3], § 300 [10].
Nicht vorhanden, Sache IV § 377 [56b]; Vertretener I § 58 A [126a]; vgl. vorhanden.
Nicht wirtschaftlich, AG. II § 178 [7], § 182 [19], § 210 [17].
Niederlassung, Begriff I § 13 [3]; Juristische Person II § 33 [11].
Niederlegung, Aktien (s. Hinterlegung); bei Annahmeverzug III § 373 [23], [28]; Geschäftsführung, o.HG. I § 117 [7]; Liquidation I § 149 [40]; streitige Ware III § 373 [4]; Vertretung (KGaA.) II § 320 [79], (o.HG.) I § 127 [8]; Vollmacht I § 58 A [103]; Vorstand s. d.
Nießbrauch, Aktie I § 13 [9d], II § 213 [9c], § 223 [13], § 252 [6]; Aktienbezugsrecht II § 282 [11]; Auflösung der Gesellschaft II § 292 [2]; Besitz III § 366 [46a]; Erlöschen II § 306 [13]; Gratisaktie II § 279 [2]; Handelsbetrieb (s. Verpachtung); Liquidationsüberschuß II § 300 [14a]; Untergang III § 366 [37].
Nochgeschäft III § 348 A [10], IV § 382 A [96].
Normalsatz IV § 460 [4].
Notar, Aktionär des N. II § 259 [4]; Anmeldung zum HR. II § 195 [6]; Aufsichtsratsmitglied II § 259 [4], [4a]; Ausschließung II § 259 [4]; Bestellung II § 254 [21]; Feststellung der Verkündung des GV.-Beschlusses II § 256 [12]; Gründung II § 182 [40]; als Kaufmann? I § 1 [9]; Mitteilung an Finanzamt II § 278 [5]; Protokoll (Firma) I § 17 [12]; Steuerpflicht II § 179 [20]; als Vorstand II § 259 [4a]; vgl. Beurkundung.
Notarkosten, Emissionskosten II § 362 [18]; Organisationskosten II § 261 [40]; Vorzugsrechte II § 262 [21].
Notenbank I § 7 [2].
Notfall, Arbeit I § 59 [77].
Notgeld III § 365 A [6a], [9].

Notlage, Gehilfe I § 63 [11].
Notmarktlage III § 373 V [32a].
Notverkauf IV § 379 E [18], § 391 [4]; Haustier IV § 382; Spedition IV § 408 [8].
Notzucht I § 63 [2].
Notzurückbehaltungsrecht III § 370 E.
Novation III § 355 [16]; Fracht IV § 438 [5]; Kontokorrent III § 355 [3], [4]; offene Rechnung III § 357 A [5].
Novitätengeschäft IV § 382 A [14a], § 383 [44].
Nummernverzeichnis s. Stückeverzeichnis.
Nutzung der Einlagen I § 111 [5]; -Depot IV § 424 A [44].

O

Oberkellner I § 59 [17].
Oberschlesien, AG. II § 292 [20a].
Objektiver Wert I § 40 [3].
Obligation III § 363 [22]; -mäßige Aktie II § 185 [8a].
Observanz I E [31]; vgl. Handelsgebrauch.
Obstruktion II § 256 [13].
Obstweinfabrik I § 3 [5].
Offen, Depot IV § 424 A [1], [21], [46]; Laden I § 37 A [3]; Mangel IV § 377 [30], 69, § 382 A [6a]; Rechnung III § 357 A, (Aufwertung) III § 374 A [230]; Sonderdepot IV § 424 A [35]; Verkaufsstelle (Lehrling) I § 81 [2], § 82; Vertretung I § 58 A [18]; Wagen IV § 459 Nr. 1 [3].
Offenbarungseid, AG. II § 210 [9]; o.HG. I § 124 [15]; o.HG. in L. I § 149 [20].
Offene Handelsgesellschaft (o.HG.) I §§ 105 bis 160.
A. Verfassung und Rechtsstellung: Begriff I § 105 [1–21], § 108 [1]; Rechtsverhältnis der Gesellschafter zu Dritten I § 123 bis 130; als Bevollmächtigte I § 124 [3]; Firma I § 19 [1]; § 106 [4]; Gesellschaftsvermögen I § 105 [28], § 145 [4], (Auflassung) I § 105 [41], (Selbständigkeit) I § 105 [37], (Veräußerung) I § 22 [20]; als Gründerin einer AG. II § 182 [7]; Haftung für Gesellschafter III § 349 A [37]; als Handlungsbevollmächtigte I § 54 [2]; als Kommanditistin I § 161 [6], II § 320 [14]; Ladenschild I § 37 A [7]; in L. I § 156 [1]; als offene Gesellschafterin I § 105 [23]; Rechtsfähigkeit I § 105 [8], § 124, § 141 A [3]; Staat als Gesellschafter I § 36 [2]; Steuer-Rechtsfähigkeit I § 105 [37]; als stille Gesellschafterin II § 335 [5]; vgl. Gesellschaft.
B. Vertretung: Allgemein I § 125, § 140 [6]; Entziehung I § 127; Haftung der o.HG. für Gesellschafter I § 58 A [85]; Nießbrauch I § 133 [15], [16]; Prokura I § 48 [4].
C. Geschäftsführung: Allgemein I §§ 114—117, § 140 [6]; Bilanz I § 41 [1], § 120; Buchführung I § 38 [3], § 118 [7], § 133 [15]; Haftung I § 126 [4]; Sorgfalt I § 114 [11]; Widerspruch I § 115 [4];
D. Rechte und Pflichten der Gesellschafter: Allgemein I §§ 109—122; Aktienbezugsrecht II § 283 [11]; Aktiendirektor als Gesellschafter II § 236 [5]; Beiträge und Einlagen I § 105 [3], [11], § 111 [1], § 133 [15] (im Konkurs) I § 131 [13]; Gewinn und Verlust § 105 [4], § 139 [22]; in der Liquidation I § 152; Mitgliedschaft als Handelsgeschäft III § 343 [24]; Schuldenhaftung I § 128; Unterbeteiligung I § 109 [21]; Verlust, Einzahlung I § 122 [5]; Vermögensverteilung I § 155.
E. Errichtung §§ 105—108: Aufnahme eines Gesellschafters I § 109 [19]; Beginn I § 105 [11], § 123; Entstehung I § 105 [26]; Form des Vertrages I § 105 [41]; HR. I § 105 [26], [27], § 106, (Anmeldepflicht) I § 105 [15]; letztwillige Errichtung I § 105 [40].
F. Beendigung: Anfechtung I § 133 E; Auflösung I § 24 [2], § 105 [33], § 109 [5], § 124 [18], § 131 [1], (Anmeldung) § 143; Ausschließung eines Gesellschafters I § 140 [1]; Fortsetzung I § 105 [50], § 144, II § 307 [1]; Kündigung I § 131 [20], § 132, (durch Gläubiger) I § 141, § 142 [5], [6]; Tod I § 139 [20]; Übernahme durch Gesellschafter I § 138 [6]; Urteil I § 131 [20], § 133; Vereinbarungen I § 133 [18]; Zeitablauf I § 143 [2]; vgl. Konkurs.
G. Liquidation und Auseinandersetzung: Liquidation I §§ 145—158, § 124 [19], § 128 [5], § 131 [16], § 140 [1]; Auseinandersetzung I § 140 [9], § 145 [8], (bei Ausschließung) I § 140, (mit dem Ausscheidenden) § § 141 A; Verfassung in der Liquidation I § 156 [1]; vgl. Liquidation, Liquidator.
Offengelassene Punkte III § 361 A [90].
Offenkundig, HR. I § 8 A [12].
Offenlegung, AG. II § 314 [3], [4].
Offensichtlich, Abweichung IV § 378 [3].
Öffentlich, Ankündigung I § 48 [8], II § 203 [2]; Bank III § 343 [18]; Bestellung III § 262 [20]; Eisenbahn IV § 453 V [10], § 453 [5]; Erbieten III § 362 [20]; Glaube I § 15; Kasse III § 372 A [68]; Kleinbahn IV § 473 [1]; Körper-

schaft I § 36, II § 180 [7] (vgl. Verstaatlichung) Ordnung (Eisenbahnfracht) IV § 453 [6]; Recht I § 4 [28], § 7, (AG.) II § 210 [6], (Kaufmanns-Eigenschaft) I § 1 [1], (Liquidation) I § 132 E, (Verbot des Gewerbebetriebes) I § 1 [22], [26], II § 273 [17], (Scheinkaufmann) I § 5 [4]; Urkunde I § 12 [6], III § 350 [66], [80], IV § 453 B [12].

Öffentlichkeit, GV. II § 250 [17]; Gewerbebetrieb I § 1 [12], [30].

Offertvertrag IV § 361 A [43], § 382 A [13], [16].

Offiziell, Börsengeschäft IV § 376 A, E [3], [88], [96], (Spieleinwand) IV § 376 A [164]; Devisenhandel IV § 376 A [209].

Ohne Auftrag IV § 383 [14]; Obligo III § 349 A [42], § 361 A [17]; Präjudiz III § 349 A [42].

Ölgemälde IV § 377 A [41a], § 429 [22].

Ölmüllerei I § 3 [5].

Omnibus I § 1 [74], [84]; Schaffner I § 59 [17], [22].

Optiker als Kaufmann I § 1 [44], [84], § 4 [16], § 59 [14], § 76 [4].

Optionsrecht III § 361 [12].

Orderpapier III § 363, § 364 E; Erfüllungsort III § 372 A [226]; Herausgabe III § 366 [74e]; Holschuld III § 372 A [64]; Kommission IV § 383 [35a]; Konnossement III § 363 A [31]; Ladeschein IV § 445 [3], § 447; Quittung III § 372 A [69]; Pfandrecht III § 366 [57], [67], § 368 [1], [14], [18], [26], [73]; Zurückbehaltung III § 371 [20]; vgl. Einrede, Indossament.

Ordnung, Briefe I § 38 [7]; vgl. **öffentlich.**

Ordnungsstrafe, AG. II § 319; HR. I § 37; Handlungsgehilfe I § 59 [29]; Juristische Person I § 36 [8].

Ordnungswidrig, Selbsthilfeverkauf III § 373 [44].

Organ I § 58 A, E.

Organ des Handelsstandes, Firmenführung I § 14 [15], § 37 [8], [9]; HR. I § 18 [10]; vgl. Handelskammer.

Organ des Handwerkerstandes, HR. I § 14 [16].

Organisation, Fonds II § 261 [40], § 262 [19]; Kosten II § 261 [39].

Original-Bedingungen IV § 406 [1] (S. 735); -Preis III § 373 B [28].

Ort, Begriff I § 30 [1]; Deckungskauf III § 374 A [70]; in der Firma I § 18 [10], [12b], [12c], § 37 [26]; als Firmenunterscheidung I § 29 [6], § 30 [1]; Frachtgeschäft im O. IV § 425 [3]; Handelsniederlassung I § 29 [6], § 30 [1], (Anmeldung) I § 29 [2]; Mängelprüfung IV § 377 [20]; Marktpreis III § 373 B [33]; Schadensberechnung III § 374 A [64], IV § 430 [7]; Selbsthilfeverkauf III § 373 [41]; Übergabe III § 373 B [58]; Versendung IV § 379 [10]; Versteigerung III § 368 [51], § 373 [33]; Wettbewerbsverbot I § 74a [5]; Zahlung III § 373 B [62a]; Zweigniederlassung I § 13 [7]; vgl. Erfüllungsort, Nachbarort, Ortschaft.

Örtlich, Bedürfnis, AG. II § 180 [4].

Örtliches Recht, III § 372 A [4] ff.; Kommission IV § 392 [15], § 396 [4a], § 397 [15], § 400 [4a]; Spedition IV § 407 [24], § 408 [24], § 414 [14]; Wandelung IV § 377 [75].

Ortsbezeichnung I § 37 [12].

Ortschaft III § 372 A [18], [19], § 379 [10]; vgl. Ort.

Ortsgebrauch (ortsüblich) I § 59 [24], § 77, § 94, § 95 [2], § 96, III § 346 [6], [11]; Delkredere IV § 394; Fracht IV § 428 [1]; Geschäftszeit III § 358 [1], [5]; vgl. Handelsgebrauch.

Ortsgemeinde I § 36 E.

Outsider s. Außenseiter.

P

P (Papier) III § 373 B [29].

Pacht (Pächter), Anzeigenteil der Zeitung IV § 415 A [10]; Aufwertung III § 374 A [228]; Besitz III § 366 [46a]; Erfüllungsort III § 372 A [16a]; Handelsgeschäft III § 373 B [3h]; gegen Miete III § 373 B [3h]; Pfandrecht III § 366 [60]; Vertrauenswürdigkeit III § 373 B [39a]; vgl. Verpachtung.

Packer I § 59 [14], [22]; Ladenvollmacht I § 56 [1].

Pakete, Beförderung IV § 432 [2]; bestellen I § 59 [26].

Packhof IV § 416 [4].

Packung s. Verpackung.

Pacotillevertrag IV § 383 [42].

Pactum de contrahendo s. Vorvertrag.

Palast in der Firma I § 18 [12b].

Papiere (Geschäftspapiere) III § 373 B [29]; vgl. Handelsbuch, Vorlegung.

Papiergeld III § 361 [5] ff., andere Ware IV § 378 [6], § 381 [11].

Papiermark III § 374 A [212]; vgl. Mark gleich Mark.

Parfümerie I § 4 [12], [20].

Parität IV § 382 A [31].

Parlamentarische Regeln II § 256 [13].

Parteifähigkeit, AG. II § 210 [8]; AG. in L. II § 303 [17], § 305 [24]; o.HG. I § 124 [7].

Partieware IV § 377 [181].
Passagier s. Reisender, Passagiergut s. Reisegepäck.
Passiva in der Bilanz II § 260 [22], § 261 [8, 10]; Nichtübernahme I § 22 [6]; Übernahme I § 22 [29–31].
Passiv-Saldo des Gesellschafters I § 141 A [18], § 149 [9], § 155 [14, 15]; KG. I § 167 [4], § 169 [4]; KGaA. II § 320 [70]; stille Gesellschaft II § 340 [7].
Patent als Aktivum I § 40 [5], II § 261 [10], III § 373 B [3a]; Bewertung II § 261 [32]; Einbringen II § 186 [1, 6]; Handelsgeschäft III § 343 [27]; Verkauf IV § 382 A [14]; Verletzung (Forderung daraus) I § 22 [24].
Patentanwalt als Kaufmann I § 1 [9, 84]; als Mäkler I § 93 [4]; Wettbewerb III § 348 [3].
Patentbureau I § 2 [3].
Pauschal-Satz (Beförderungskosten) IV § 413 [1]; (Sammelladung) IV § 413 [11]; -Versicherung IV § 390 [12].
Pause I § 62 [4].
Pechgewinnung I § 3 [5].
Pelz IV § 429 [22].
Pension s. Ruhegehalt.
Pensionat I § 1 [85], § 2 [3].
Pensionskasse, Rücklage § 237 [17].
Per als Unterschrift I § 57 [3].
Per comptant III § 363 B [63c]; medio IV § 376 A [12]; ultimo IV § 376 A [12, 51].
Person s. Reisender.
Personal s. Angestellter, Handlungsgehilfe.
Personenfirma I § 18 [3].
Persönliche Angelegenheit, Handlungsbevollmächtigter I § 34 [21].
Persönliche Dienstleistung, Agent I § 92 [8]; Frau I E [64, 73]; Gesellschafter I § 114 [6]; Mäkler I § 93 B [34].
Persönlich haftender Gesellschafter (Komplementar) I § 161 [5]; Aufnahme II § 320 [119]; als Aufsichtsratsmitglied II § 320 [97], § 328 [4]; Ausscheiden II § 320 [111]; Bilanz II § 320 [100]; Einlage II § 320 [12, 15, 25, 47, 48], § 322 [2]; Gewinn II § 320 [65], § 329; als Gründer II § 321 [2]; Kapital II § 320 [109]; als Kaufmann? I § 1 [18], § 161 [5], II § 320 [11], § 326 [10]; KGaA. I E [49], II § 320 [3, 11]; Rechtsverhältnisse II § 320 [46], § 325; Schuldenhaftung II § 320 [12, 90], (gegenüber Gläubigern) II § 320 [53]; Sondervorteil II § 322 [3]; Stimmrecht II § 320 [29], § 327 [1]; Strafbarkeit II § 312 [4], § 320 [75]; Teilnahme an GV. II § 327 [3]; Vertretungsbefugnis II § 320 [12a, 51, 72, 73, 75]; Zustimmung zu GV.-Beschluß II § 327 [4].
Persönlich, Konto (Gesellschafter) I § 120 [5]; Verhandlung III § 361 A [31].
Petroleum, Kutscher I § 59 [17]; Vermischung IV § 419 [3].
Pfand (Pfandrecht) III § 366 [37], § 368 [1]; als Aktivum I § 40 [6]; Bürgenrückgriff III § 349 [43]; Depot IV § 424 A [23]; Erlöschen III § 368 [39, 71]; Frachtführer III § 366 [60, 62], IV § 437 [5], § 440 [1], § 443 [2]; Kommissionär IV § 397, § 441 [7], § 443 E [3, 6]; im Konkurs IV § 382 A [86]; Kontokorrent III § 355 [15a, 15f], § 356; Lagerhalter IV § 421 [1], § 440 [2], § 443 [4]; Nutzungsbefugnis I § 22 [19]; Reisender (Sachen des Prinzipals) I § 54 [3]; Selbsteintritt IV § 400 [24]; Spediteur IV § 410, § 443 [1, 7]; Übertragung? III § 368 [103]; Vermieter IV § 443 [9]; Verwahrer IV § 424 A [66]; Verwirklichung (s. Pfandverwertung); Vorschuß IV § 443 [8]; Wirkung III § 368 [32]; Zentralbank IV § 424 A [118] und Zurückbehaltungsrecht III § 369 [34, 52]; Zwischenspedition IV § 411; vgl. Pfandbestellung, Verpfändung.
Pfändbarkeit, Agentengebühr I § 88 [22]; Vorstandsgehalt II § 231 [37].
Pfandbesitz III § 368 [34b].
Pfandbestellung, Begründungsvertrag III § 368 [8]; Börsengeschäft IV § 376 A [50, 52, 71, 110, 118]; Getreidehandel IV § 376 A [149]; als Handelsgeschäft III § 343 [27]; Redlichkeit III § 366 [73]; Spiel IV § 376 A [190]; vgl. Pfand, Sicherheit, Verpfändung.
Pfandbrief I § 1 [36]; Aufwertung III § 374 A [230].
Pfanderwerb s. Pfand, Pfandbestellung, Verpfändung.
Pfandgläubiger, Besitzer III § 366 [46a]; Herausgabepflicht III § 366 [75].
Pfandhalter II § 185 [12], III § 368 [10].
Pfandleihgewerbe IV § 416 [3]; als Handelsgewerbe I § 1 [36, 42, 69, 85], § 2 [3].
Pfandnehmen, eigene Aktie II § 226 [5, 9]; vgl. Verpfändung.
Pfandrecht s. Pfand.
Pfandschein als Gegenstand des Handels I § 1 [40]; als Marke III § 365 A [9, 10]; Verpfändung III § 368 [1].
Pfändung, Aktie II § 212 [17]; Depot IV § 424 A [67]; Firma I § 22 [7]; (Anspruch auf Heraus-

gabe des) Frachtguts IV § 437 [1]; Gehalt I § 59 [47]; Gesellschafterrechte I § 109 [16], [17], § 135 [2]; Giroguthaben III § 363 A [12]; Kontokorrentposten III § 355 [18], § 357 [1]; Kontokorrentsaldo III § 357; Ladeschein IV § 447 [5]; (Anspruch aus) Lagergeschäft IV § 419 [8b]; Orderpapier III § 364 [13]; Sammeldepot IV § 424 A [59c]; Schrankfach IV § 424 A [14]; Wartegeld I § 59 [47], § 75e; Zurückbehaltungsrecht III § 369 [60].

Pfändungspfandrecht III § 366 [39], [58], IV § 382 [66], § 424 A; fremde Sache III § 368 [69a]; guter Glaube III § 366 [58], [75]; Untergang III § 366 [39]; an verpfändeten Sachen III § 368 [80].

Pfandverkauf s. Pfandverwertung.

Pfandversteigerung s. Pfandverwertung.

Pfandverwertung (Verwirklichung), Arglist IV § 377 [163]; Fixgeschäft IV § 376 A [45], [50]; Fracht IV § 439 [2], § 440 [12]; Kommission IV § 397 [8]; im Konkurs III § 368 [84]; Mängelhaftung IV § 377 [122]; Spediteur IV § 410 [11]; Verzicht III § 368 [43]; aus dem Zurückbehaltungsrecht III § 371 [5]; vgl. Versteigerung.

Pferdebahn, Fracht IV § 453 B [10]; als Handelsgewerbe I § 1 [74], [84].

Pfleger I § 58 A, E; im Konkurs des Kommissionärs IV § 424 A [108], [109]; im Konkurs der Versicherungs-AG. II § 292 [8].

Pflichtteil I § 139 [4].

Pflichtverletzung, Gesellschafter I § 133 [14]; vgl. unerlaubte Handlung.

Pförtner I § 59 [17].

Phantasienamen in der Firma I § 18 [9], § 19 [3], § 20 [1].

Photographie I § 1 [78], [81], [84].

Pignus irregulare III § 366 [10].

Plätter I § 1 [57], [84].

Platzagent I § 54 [4], § 84 [14], § 86.

Platz-Vermietung IV § 416 [7].

Platzgeschäft, Erfüllungsort III § 372 A [18]; Erfüllungszeit III § 372 A [46], [47]; Gefahr IV § 382 A [45b]; Geldübersendung III § 372 A [54]; Mängelanzeige IV § 377 [1]; Notverkauf IV § 379 [28], [29]; Verwahrungspflicht IV § 379 [10]; vgl. Lokogeschäft.

Platzkarte IV § 472 [9].

Plünderung IV § 456 [8].

Polen, Valuta III § 361 [15], § 372 A [21].

Politik, Arbeitshindernis I § 72 [5]; Entlassungsgrund I § 72 [10]; Rücksicht I E [13]; Zweck (AG.) II § 182 [19].

Polizei (polizeiliche Vorschriften, auch Gewerbepolizei), Allgemeines I § 1 [26]; Firma I § 17 [13], § 37 [9a]; Fracht IV § 427, § 456 [2]; Gehilfenfürsorge I § 62 E; (Verletzung durch) Gesellschafter I § 126 [4]; Ladenschild I § 37 A [7], [8]; Lehrling I § 81; Mäkler I § 93 B [44]; Prokurist I § 48 [2]; Verlust von Inhaberpapieren III § 367 [5], [7].

Poolvertrag II § 317 [8].

Popularbeschwerde I § 37 [9].

Popularklage, Firmenmißbrauch I § 37 [10].

Portefeuille II § 179 [21c].

Portier I § 59 [17].

Porto, Agent I § 90 [1], Gehilfe I § 59 [37].

Porzellanfabrik I § 36 E.

Positive Vertragsverletzung III § 374 A [143a], [172–205], § 377 [100], § 377 [106], § 378 [14b]; Begriff III § 374 A [174]; Eisenbahn IV § 472 [12], [14]; Vertragsstrafe des Gegners III § 348 [10].

Post (Postverkehr), Abholung III § 361 A [6], § 372 A [64]; -Anweisung III § 372 A [67]; -Bestellung (Firmenverwechselung) I § 30 [1], § 37 [26] ([4]); (gelöschte Firma) I § 31 [6], § 37 [19]; -Bezirk IV § 379 [10]; -Fach (Gefahr) III § 372 A [64]; -Scheck II § 195 [17a], III § 372 A [64], [67]; -Schein III § 372 A [70a]; -Vollmacht (AG.-Vorstand) II § 232 [8]; (Gesamtprokurist) I § 48 [13]; -wendend III § 361 A [49].

Posthalter IV § 425 [4], § 452 [1].

Postverwaltung, (Verhältnis zur) Eisenbahn IV § 458 [4]; Firma I § 33 E; als Kaufmann? I § 1 [74], [84], § 33 E, § 36 E, IV § 424 A [24], § 452 [1]; als Spediteur IV § 452 [2].

Potestativbedingung III § 373 B [22a].

pp als Unterschrift I § 57 [3].

Prahlen I § 72 [10]; vgl. Anpreisung, Marktschreierei.

Prämie, Agent I § 88 [17].

Prämiengeschäft III § 348 A [7], IV § 376 A [47d].

Prämienreserve-Fonds II § 236 [15], § 262 [2]; Register II § 239 [11].

Pränumeration III § 373 B [63a].

Preis, Abweichung IV § 377 [10]; Selbsteintritt IV § 400 [20a].

Preisangabe, freibleibend III § 361 A [17k]; unbestimmt III § 373 B [26]; vgl. unrichtig.

Preisbewegung III § 374 A [147].

Preisgrenze s. Limito.

Preisliste III § 361 A [13a], § 372 A [62]; Erfüllungsort III § 372 A [37]; Erfüllungszeit III § 372 A [44].

Preisminderung (Preisnachlaß) III § 346 A [12b]; Agent I § 88 [7], [13]; Kauf IV § 377 [76]; vgl. Minderung.

Preisschwankung IV § 376 [3], [6].

Preisunterschied IV § 376 A [171].

Presse, AG. II § 314 [5]; GB. II § 250 [17], § 263 [2]; Warnung III § 349 A [34]; vgl. Zeitschrift, Zeitung.

Preßgesetz, Firma I § 18 [10a].

Prima-facie-Beweis III § 347 [16], IV § 374 A [22], § 377 [127a]; Fracht IV § 430 [11], § 459 [21], § 472 [12], [13].

Prinzipal, Begriff I § 59 [6], § 62 [1]; vgl. Konkurs, Tod u. dgl.

Prioritätsobligation III § 363 [22a].

Privat-Anschlußbahn IV § 453 B [10]; -Gebrauch III § 343 [30]; -Geschäft des Kaufmanns III § 343 [10]; -Gläubiger (s. Privatgläubiger); -Handelsmäkler I § 93 E; -Konto (KG.) I § 167 [1], (o.HG.) I § 111 [14]; -Kunde IV § 376 A [44]; -Recht (Untersagungsrecht) I § 7 [4], § 8 [11]; -Schulden (s. Privatgläubiger); -Telephonunternehmen I § 2 [3]; -Vermögen (s. Privatvermögen); -Wohnung (als Erfüllungsort) III § 358 [3]; (Handlungsbevollmächtigter) I § 54 [19].

Privatgläubiger, KG. I § 171 [2]; KGaA. II § 320 [57], § 330 [15], [33]; Mindergesellschaft II § 342 A [9]; o.HG. I § 124 [28], § 130 [8], § 135, § 138 [5], § 145 [17], § 146 [7], § 152 [3]; o.HG. in L. I § 156 [23]; Pfändung der Liquidationszahlungen I § 155 [3]; stille Gesellschaft II § 339 [26].

Privatvermögen I § 128 [5]; Buchführung I § 38 [3], [5a], § 39 [1]; o.HG. I § 128 [5]; Prokurist I § 49 [1].

Probe, Aufbewahrung I § 96; Entnahme (Einlagerer) IV § 418; Gehilfe auf P. I § 66 [4], [7], § 67 [3], § 69 [1]; Kauf auf P. IV § 377 [1], § 382 A [12–23]; Kauf nach P. IV § 377 [1], § 382 A [1–11]; Kauf zur P. III § 360 [8], IV § 382 A [24–27]; Lehrling I § 77 [1], [2], [8]; Pflicht zur Vornahme III § 374 A [161], [167]; Recht an der P. IV § 382 A [11]; Zeugnis I § 73 [1]; -Ziehung IV § 382 A [20]; Zurückbehaltung III § 369 [27]; vgl. Muster.

Probesendung, Fixgeschäft IV § 376 [6].

Probeverarbeitung IV § 377 [14]; übermäßig IV § 377 [69].

Probewidrigkeit IV § 377 [23].

Probezeit IV § 382 A [14] (Maschine).

Probiermamsell I § 59 [17].

Produktenhandel I § 4 [20].

Proformarechnung IV § 376 [3].

Projekt, Vergütung III § 354 [4].

Prokura.

A. Allgemeines, Bestellung und Entziehung: Allgemeines I E [44], §§ 48—53; Anmeldung I § 13 [8a]; Entlassungsgrund I § 70 [8]; Entziehung als Austrittsgrund I § 71 [6]; Gesellschafter als Prokurist I § 112 [2], § 125 [4]; Kommanditist als Prokurist I § 164 [6], § 170 [4]; Niederlegung I § 52 [5]; Vorstandsmitglied als Prokurist II § 232 [8]; Widerruf II § 15 [4], II § 238 [14], § 320 [84].

B. Arten der Besteller: Agent I § 84 [13]; AG. II § 232 [27], § 237; AG. in L. II § 238 [15], § 292 [2], § 298 [11]; Aktionär II § 318 [3]; juristische Person des öffentlichen Rechts I § 36 [2]; KGaA. II § 320 [80], [83]; Minderkaufmann I § 4 [25]; o.HG. I § 116 [3], § 126 [10]; o.HG. in L. I § 149 [29], § 150 [4], § 156 [3]; Zweigniederlassung I § 13 [15].

C. Befugnisse des Prokuristen: Aktienstimmrecht II § 252 [17]; Beschränkung I § 116 [9]; Besitzdiener III § 366 [46a]; als Gründer II § 182 [10]; Umfang der Befugnisse II § 238 [5]; Vertretung mit Vorstand I § 50 [6], II § 232 [17].

D. Persönliche Stellung des Prokuristen: als Handlungsbevollmächtigter I § 58 A [21], II § 298 [11]; als Handlungsgehilfe I § 59 [14], § 70 [8]; als Kaufmann? I § 1 [18]; Tarifvertrag I § 59 E.

Prokuraindossament III § 365 [15]; Pfandbestellung III § 368 [15].

Prolongation I § 54 [19].

Prolongations-Geschäft IV § 376 A [51], [98g], [103], [178], [179] (vgl. Report); -Wechsel I § 141 A [23].

Promptklausel III § 359 [8], § 372 A [45]; Fixgeschäft IV § 376 [6].

Propagandist I § 59 [14].

Proper-Geschäft IV § 383 [9]; -Kauf IV § 383 [15]; vgl. Eigen-.

Prospekt, AG. II § 198 [29], § 199 [5]; Haftung II § 203 [11]; Kosten II § 261 [40]; öffentliche Anstalt III § 346 [17]; Wertpapier IV § 381 [12b], § 406 [1]; Zwang II § 203 [11–16].

Protestatio facto contraria IV § 382 A [59].

Provinz (Provinzialverband) als Kaufmann I § 36 E; vgl. Staat.

Provinzialbankier III § 369 [59]; vgl. Lokalbankier.

Provision III § 354 [11]; Agent I § 84 [6], § 88; Anschaffungspreis II § 261 [20], [30]; Bankverwahrung IV § 424 A [74]; Deckungsverkauf III § 374 A [30]; Dokumentenakkreditiv III § 363 A [23]; Emissionskosten II § 262 [18]; Gehilfe I § 59 [8], [33], § 65, § 84 [6]; (Anrechnung auf Gehaltsgrenze) § 68 [1]; (Ersatz) § 70 [20]; (Krankheit) § 63 [5]; (Zahlbarkeit) § 64 [3]; Gesellschafter I § 112 [9], § 113 [4], § 114 [9]; Kommissionär IV § 383 [9] (S. 613), § 396; im Kontokorrent III § 355 [36]; Selbsteintritt IV § 403; Selbsthilfeverkauf III § 373 [58]; Spediteur IV § 409, § 413 [4], [10]; Vorstand II § 231 [24]; Vorzugsrechte II § 262 [21]; als Zins III § 352 [1]; vgl. Gebühr, Schmiergelder.

Provisionsgarantie, Anrechnung auf Gehaltsgrenze I § 68 [1]; Wegfall nach Kündigung I § 67 [9].

Provisionsreisender I § 54 [4], § 59 [8], [14], § 84 [14], § 87; vgl. Handlungsreisender.

Provisionsschein als Schuldschein III § 344 [10].

Provisor I § 59 [20].

Prozeßfähigkeit, AG. in L. II § 303 [17], § 305 [24]; o.HG. I § 105 [8], § 124 [5], [7].

Prozeßführung, Handlungsbevollmächtigter I § 54 [20]; Kommission IV § 396 [20], [23]; Liquidator I § 149 [21]; o.HG. I § 126 [5], [14]; Prokurist I § 49 [1]; Zweigniederlassung I § 13 [16–18].

Prozeßkosten, Aufwertung III § 374 A [225].

Prozeßrecht I § 1 [1]; Aufwertung IV § 374 A [225]; Scheinkaufmann I § 5 [4].

Prozeßvertreter I § 59 [22].

Prozeßvollmacht, Firma I § 17 [47].

Prozeßzinsen III § 352 [6], § 353 [12].

Prüfung (Nachprüfung), Emissionshaus I § 203 E; Erwerb von Anlagen (Nachgründung) II § 207 [7], [12]; Frachtbrief IV § 453 [2]; Gründung II § 192; Handelskauf IV § 378 [14a]; HR. II § 234 [4] (Anmeldung des Vorstandes); Kaufware IV § 377; Zweigniederlassung II § 201 [13]; vgl. Revision.

Prüfungsbericht, AG. II § 193, § 194, § 195 [13], § 267.

Pseudonym I § 18 [4], § 37 [12].

Publizität, HR. I § 8 A [12].

Punktation III § 361 A [87a].

Pünktlich III § 359 [8], § 372 A [45].

Putzmacher I § 4 [16].

Q

Qualifizierte Gründung, AG. II § 186 [23], § 191; Kapitalserhöhung II § 279 E.

Qualitätsmangel, einseitiger Handelskauf IV § 377 [197].

Quantität, freibleibend III § 361 A [170]; Mängel IV § 377 [6], § 378 E [2], § 391 [4].

Quartierleute IV § 425 [3].

Quittung I § 58 A [44]; Aufbewahrung I § 38 [7], § 44 [4]; -Buch IV § 455 [9]; Erfüllungsort III § 372 A [69e]; Pflicht zur Erteilung III § 372 A [69]; als Schuldschein? III § 344 [11]; Vordruck I § 58 A [82]; als Wertpapier? III § 369 [16]; Zurückbehaltungsrecht § 369 [16], § 372 A [69b], [69c].

Quittungsbogen als Interimsschein II § 179 [5].

Quittungsbote I § 58 A [41–50], III § 372 A [71].

Quittungsbuch III § 372 A [70a].

Quotenaktie II § 178 [19].

R

Rabatt, III § 346 [6]; Anschaffungspreis II § 261 [20]; -Sparbuch III § 365 [21]; Zwischenzins III § 359 A [12].

Rabbinerschrift I § 43 [1].

Radiounternehmen I § 2 [3].

Ramschware III 360 [3], IV § 377 [6], [40], [117a], [121], [181].

Randvermerk III § 350 [56].

Rang (Rangordnung), Pfandrechte III § 368 [79], IV § 443 E.

Rasur in den Büchern I § 43 [3], § 47 A [3].

Rate s. Sukzessivlieferungsgeschäft, Teillieferung.

Raterteilung, III § 349 A; Bankier IV § 383 [9b]; Giroverkehr III § 363 A [2]; als Handelsgeschäft III § 343 [29]; Kommissionär IV § 383 [96], § 384 [1a]; Mäklerlohn I § 93 B [37]; unsittlich III § 346 A [31].

Realvertrag III § 349 [3]; Mäklergebühr I § 93 B [27].

Received for shipment III § 363 A [31], IV § 382 A [48a]; vgl. Bord, Kai, Master.

Recepisse s. Empfangsschein.

Rechenfehler, Kauf III § 373 B [23a], § 378 [15]; Spediteur IV § 413 [3].

Rechenschaft (Rechnungslegung), Erfüllungsort III § 372 A [16a]; Gehilfe I § 59 [44]; Gesellschafter I § 114 [8]; Kommissionär IV § 384 [17], [25], § 400 [22], [402]; Liquidator I § 149 [36], § 154 [8]; Mäkler I § 93 B [41]; o.HG. I § 109 [14], § 118 [8], § 133 [16], § 141 [2], § 141 A [28]; Selbsteintritt IV § 400 [22]; stille Gesellschaft II § 337 [4], § 340 [13], [14]; Verwahrung IV § 424 Anm. [17a]; Vorstand der AG. II § 231 [36], § 260 [24].
Rechnung, Aufbewahrung I § 38 [7]; Gewerbebetrieb für jemandes R. I § 1 [17]; Handeln für jemandes R. I § 58 A [17], [20], § 84 [8], III § 361 A [31], [32]; § 373 B [81]; IV § 383 [13]; § 390 [10]; laufende Rechnung (s. Kontokorrent, offene Rechnung); vgl. Agent, Kommission.
Rechnungsbote I § 58 A [50].
Rechnungsirrtum s. Rechenfehler.
Rechnungslegung s. Rechenschaft.
Recht, Begründung IV § 382 A [127]; in der Bilanz I § 40 [5], II § 261 [10]; Dritter (Erlöschen) III § 366 [32]; (Pfandverwertung) III § 368 [65]; Kauf IV § 377 [56b], [102]; Übertragung IV § 382 A [127].
Rechtmäßig, Pfandveräußerung III § 368 [59].
Rechtsanwalt, Formvorschriften III § 350 [46]; als Gesellschafter I § 110 [6]; als Kaufmann I § 1 [23], [28], § 59 [11]; vor dem Kaufmannsgericht I § 59 [5b]; Rat, Haftung für schlechten Rat I § 143 [5]; Wettbewerb III § 348 [3].
Rechtsausübung, illoyal III § 374 A [107].
Rechtsbesitz, AG. II § 309 [12].
Rechtschöpfung I E [37a], III § 346 [5].
Rechtschreibung I § 17 [1].
Rechtsfähigkeit, AG. II § 178 [13]; vgl. Parteifähigkeit.
Rechtsgeschäft, Allgemein I § 58 A [15], III § 343 [19], § 344; mit eigenen Aktionären II § 252 [25]; der Haudlungsgehilfen I § 58 A [31].
Rechtsgeschäft mit sich selbst I § 53 A [2], § 54 [24], § 58 [31–40], II § 232 [48], IV § 400 [5]; Aktienhinterlegung II § 255 [6]; Einmanngesellschaft II § 292 [18]; Liquidator I § 149 [42], § 155 [2]; o.HG. I § 126 [14]; p.h.G. II § 320 [75]; Vorstand der AG. II § 247 [1].
Rechtsgeschäftlich, Formvorschrift III § 350 [68], [75], [91].
Rechtsgültig, Gesellschaft I § 28 [4]; Gewerbebetrieb I § 1 [20], § 5 [2]; vgl. Nichtigkeit.
Rechtshilfe, HR. I § 12 [2].
Rechtsirrtum III § 366 [24]; Verzug III § 374 A [13].
Rechtskauf s. Recht.
Rechtskollision III § 372 A [5].
Rechtskonsulent I § 1 [85], § 2 [3].
Rechtskraft III § 374 A [149c]; AG. II § 205 [5], [6], § 210 [12], § 273; und Arglist III § 346 [22]; Aufwertung III § 374 A [225], [234]; gegen Bürgen III § 349 [44]; Firma I § 17 [35]; o.HG. I § 124 [25], § 129 [7]; Scheinurteil III § 346 [24]; Verjährung I § 25 [3]; Vertragsstrafe III § 384 [28a]; vgl. Urteil.
Rechtslage I § 27 [1].
Rechtsmängel, Besitzverlust III § 366 [47]; Gewähr IV § 377 [102]; Rüge IV § 377 [1]; Wertpapier IV § 381 [2], [8h].
Rechtsmittel, Prokurist I § 49 [1].
Rechtsnachfolger, HR. I § 12 [6]; Kaufmannsgericht I § 59 [5b]; Wettbewerbsverbot I § 22 [38].
Rechtspersönlichkeit (Rechtssubjekt), Firma als R. I § 17 [2], [3]; Verschmelzung II § 306 [14].
Rechtsschutzbedürfnis III § 346 A [13c].
Rechtsstreit s. Prozeß.
Rechtstatsachen I E [37a].
Rechtsübung III § 346 [8]; vgl. Handelsgebrauch.
Rechtsweg III § 361 A [13a].
Rechtzeitig, Akkreditiv III § 363 A [17]; Mängelprüfung IV § 377 [14]; Vertragsannahme III § 361 A [23], [37]; vgl. Verspätung.
Redaktioneller Teil der Zeitung II § 203 [1].
Redakteur s. Schriftleiter.
Redezeitdauer II § 256 [13].
Redlich, Besitz III § 366 [72]; Verkehr I § 5 A [1].
Reell s. Unlauter.
Refaktie IV § 380 [5].
Referenzmuster IV § 377 [33].
Regelmäßiger Geschäftsbetrieb II § 226 [2]; vgl. ungewöhnlich.
Regiekosten s. Verwaltungskosten.
Regimenter I § 59 [14].
Register, -Buch I § 38 [7]; -Gericht (s. HR.); -Kaufmann I § 1 [31], III § 343 [7]; (Gehilfe) I § 59 [11].
Registrator I § 59 [17].
Regreß s. Rückgriff.
Reichs-Anzeiger I § 36 E; -Bahngesellschaft I § 33 E, § 36 [11], IV § 453 B [12]; -Bank I § 1 [69], § 33 E, § 36 E, II § 195 [17a]; -Banknote III § 361 [6]; -Druckerei I § 36 E; -Gewohnheitsrecht III § 346 [10]; -Kassenschein III § 361 [6]; -Mark III § 361 [6] (vgl.

Reichsmarkbilanz, Reichswährung); -Rat (Genehmigung von Kleinaktien) II § 180 [3]; -Regierung (Eisenbahnaufsicht) IV § 453 B [4]; vgl. Deutsches Reich.

Reichsmarkbilanz II § 261 E [3], [6a], [7a], [28a], [34a], [38a], [44a], § 262 [26c], § 278 [25]; Anfechtung II § 271 [17]; Satzungsänderung II § 277; vgl. Goldbilanz.

Reichswährung, Bilanz I § 40 [1], II § 239 [9]; Buchführung II § 239 [14]; im Konkurs IV § 382 A [85]; vgl. Reichsmark.

Reihenfolge der Gläubigerbefriedigung II § 301 [6].

Rein, Handelsgewerbe I § 1 [31]; Konnossement IV § 382 A [48a].

Reingewinn, Begriff II § 262 [9]; AG. II § 215 E [2], § 216 [5]; Aufsichtsratstantieme II § 245 [7]; Nebenleistungen II § 218 [14]; Tantieme II § 237, § 245 [7].

Reingewinnverteilung, Aktionär II § 237 [16] (Dividende); Angestellte II § 237 [16]; Aufsichtsrat II § 237 [16], § 245 [9]; Versicherte II § 237 [16]; Vorstand II § 237.

Reinigungsanstalt I § 1 [57], [84].

Reise, Dienstdauer I § 66 [1]; -Bureau III § 362 [22]; -Gepäck (s. d.); -Ingenieur I I § 59 [18]; -Paß (Arbeitsversäumung) I § 63 [8].

Reisegepäck, IV § 465; Eisenbahn IV § 458 [3], § 466 [4], § 472 [4], [10]; Lieferfrist IV § 466 E; Schiffahrt IV § 472 [1]; Schlafwagen IV § 472 [10]; Zulässigkeit IV § 467 [1], [2].

Reisender, Beförderung IV § 407 [8], § 425 [5], § 472 [2]; Eisenbahn IV § 472 [7]; Schiff IV § 472 [1]; vgl. Handlungs-, Provisions-R.

Reisespesen, Agent I § 90 [2]; Gehilfe I § 59 [37], § 70 [20], § 71 [6]; Kaufmannsgericht I § 59 [5b]; Pfändung I § 59 [47]; Wartegeld I § 74 [14].

Reittier IV § 472 [3].

Reklamevertrag III § 373 B [10], § 381 [17]; vgl. Zeitung.

Rekta- (s. Namens-.)

Relativ, Handelsgewerbe I § 1 [31]; juristische Person I § 105 [8].

Religion I § 62 [6], § 63 [14], § 71 [6]; Arbeitsruhe I § 72 [5]; des Lehrlings I § 76 [17]; des Prinzipals I § 72 [10]; Zweck (AG.) II § 182 [19].

Rembursgeschäft III § 373 B [65b].

Rentabilität, Agent I § 92 [8]; o. HG. I § 133 [18].

Rentabilitätsgarantie, Bilanz II § 261 [17]; vgl. Garantie.

Rentenbank, Firma I § 33 E; -Schein III § 361 [6].

Rentenschein, Pfandrecht III § 368 [37]; Verlust III § 367 [2].

Reparaturanstalt I § 1 [57], [84]; -Kosten IV § 377 [54].

Reportgeschäft II § 226 [3], § 318 [2], IV § 376 A [47a], § 424 A [125]; Aktienstimmrecht II § 252 [8]; vgl. Prolongationsgeschäft.

Reportkostgeschäft II § 317 [5].

Repräsentationsgelder, Wartegeld I § 74 [14].

Repräsentationstheorie III § 365 [10].

Reserve (Reservefonds, Reservekonto), AG. II § 213 [9], § 215 E, § 240 [11], § 260 [6], § 261 [6], § 262 [1], [2]; Anfechtung II § 271 [12]; Auflösung II § 215 [3b], § 237 [12], § 261 [7], § 262 [35]; eingezogene Aktien II § 227 [13]; freies Ermessen II § 261 [6]; freiwillig II § 262 [27]; Gläubiger II § 300 [1]; aus dem Grundkapital II § 288 [1], [14]; KGaA. II § 320 [68], § 329; als Passivum II § 261 [13], [16], [43]; Umwandlung II § 262 [24]; Zuweisung II § 260 [1], § 275 [4]; vgl. Rücklage.

Reservekonto s. Reserve.

Restauration, Inhaber als Kaufmann III § 344 [10]; Geschäftsführer I § 59 [14]; vgl. Gastwirt.

Retouren, Agentenprovision I § 88 [13].

Retournieren IV § 379 [14], § 382 A [16].

Reugeld III § 348 A [3], [6–10]; Erfüllungsort III § 372 A [16a].

Reurecht, Einfluß auf Mäklergebühr I § 93 B [30].

Reverssystem III § 373 B [28].

Revision, AG. in L. II § 299 [12]; Kapitalserhöhung II § 279 [6]; KGaA. II § 320 [107]; Kosten II § 261 [40]; vgl. Prüfung.

Revisionsinstanz, Aufwertung III § 374 A [225]; Frachtübereinkommen IV § 453 B [5].

Revisor, AG. II § 192 [2], § 194 [2], § 256 [5], § 260 [20], § 266, § 267, § 313 [2a]; Haftung II § 204 [11]; Rechtsstellung II § 267 [6].

Revolvierender Kreditvertrag III § 356 [2].

Richter s. Gericht, HR.

Richtig, Begleitpapiere IV § 427; Frachtbrief IV § 426 [15], [16a]; Vertragsurkunde III § 346 E; vgl. unrichtig.

Richtpreis III § 373 B [28].

Rimesse im Kontokorrent III § 355 [15b].

Risiko II § 261 [6]; Provision III § 354 [8]; Prämie III § 352 [14a], § 353 [4].

Roh, Dienst (Handlungslehrling) I § 76 [7]; Stoff (Bewertung) II § 261 [37].

Rohrnetz III § 373 B [16a].
Rohrnutzung III § 350 [38].
Rollende Gebühr, Lombardierung III § 373 B [66].
Rollfuhrunternehmer IV § 407 [27]; vgl. Abrollen, Fuhrmann.
Rost IV § 459 Nr. 4, [12].
Rotes Kreuz I § 18 [10a].
Rübenbau s. Zuckerrübe.
Rückbeorderung des Gutes IV § 382 A [97a]; vgl. nachträgliche Anweisung, Retournierung.
Rückbürgschaft III § 349 [53].
Rückdatierung, Sacheinlage II § 179 [16].
Rückforderung (Zahlung) s. Zurückforderung.
Rückgängigmachung, Abschreibung § 261 [7]; Giroumschreibung III § 363 A [5]; vgl. Storno.
Rückgriffansprüche, Aktieneinzahlung II § 219 [7], § 220; Anweisung III § 363 [15]; in Bilanz I § 40 [7]; des Bürgen III § 349 [41]; Fracht IV § 441 [2], § 469 [8]; Geschäftsübernahme I § 26 [1]; im Kontokorrent III § 355 [15b]; o.HG. I § 128 [19], § 160 [7]; Orderpapier III § 365 [14]; Verjährung I § 160, § 177 [30]; Verpflichtungsschein III § 363 [31]; Vorstandsmitglieder II § 241 [30]; Zinsscheine IV § 381 [8a].
Rückgründung II § 179 [21b], § 182 [41].
Rücklage (Rückstellung), Begriff II § 237 [13], § 245, § 261, § 271, § 262; AG. II § 215 E, § 245 [9]; o.HG. I § 141 A [13]; Tantieme I § 65 [4], [4a], II § 237; vgl. Reserve.
Rücknahmeklausel IV § 382 A [15].
Rückprämie III § 348 A [8].
Rückreise, Kosten I § 70 [12].
Rückstände, Kapitaleinzahlung II § 278[6], § 279[3]; Verwertung der Fabrikations-R. II § 275 [3].
Rückstellung s. Reserve, Rücklage.
Rücktritt, Dienstvertrag I § 70 E [29]; Fixgeschäft IV § 376 [9]; Fracht IV § 428 [5]; Kommission IV § 383 [23]; im Konkurs IV § 382 A [90d]; Leistungsverzug III § 374 A [3], [75]; positive Vertragsverletzung III § 374 A [198]; Reugeld III § 348 A [6]; Spezifikation III § 375 [12]; Verkäufer III § 374 A [35], [109], [118]; Vollmacht I § 58 A [103]; als Weigerung III § 374 A [186]; bei Zahlungsverzug III § 374 A [35].
Rückversicherungsvertrag, Verschmelzung II § 306 [14].
Rückwirkung, Eröffnungsbilanz II § 239 [8]; Genehmigung I § 58 A [118].
Ruf III § 373 B [3a].
Rufname I § 18 [5]; vgl. Vorname.
Ruhegehalt des Gehilfen I § 59 [33]; R-Kasse der AG. II § 300 [1]; Pfändung I § 59 [47]; der Vorstandsmitglieder II § 237 [27].
Ruhrbesetzung s. Besetztes Gebiet.
Rumänien III § 373 B [66]; vgl. Ausland.
Rumpfgeschäftsjahr I § 39 [3]; vgl. Teil.
Rundschreiben, Rechtswirkung I § 27 [24]; vgl. Mitteilung.
Rußland III § 373 B [66]; vgl. Ausland.
Rye terms-Klausel IV § 382 A [49a].

S

Sache in der Bilanz I § 40 [5]; Schadensersatz III § 347 [18]; Sicherungsübereignung III § 368 [96]; Verpfändung III § 368 [1], [6], [25]; Verwertung als Pfand III § 368 [41].
Sacheinlage, AG. II § 178 [20], § 179 [16], § 186 [4–8], § 195 [20], § 214 [2], § 278 [6]; (Agio) II § 262 [14]; (Aktienbezugsrecht) II § 283 [8]; (Bewertung) II § 198 [11], § 261 [20], [34]; (falsche Angabe) II § 313 [2a]; (Kapitalserhöhung) II § 278 [14], § 279 E [1]; (Verantwortlichkeit) II § 202 [13]; KG. I § 161 [9]; KGaA. II § 320 [25]; stille Gesellschaft II § 335 [14].
Sachfirma I § 20 [1]; Unterscheidbarkeit I § 30 [4].
Sachgesamtheit II § 186 [6], [21]; Verpfändung III § 368 [3]; Zurückbehaltung III § 369 [16].
Sachleistung als Vertragsstrafe III § 348 [24].
Sachmängel, Pfand III § 368 [65a]; Werkvertrag IV § 381 [164a]; Wertpapier IV § 381 [2], [8b], [9], [13a]; vgl. Mängelanzeige.
Sachschaden, Handlungsgehilfe I § 59 [34a], § 62 [5a].
Sachverständige, Untersuchung des Frachtguts IV § 438 [12], [14]; der Ware IV § 379 [26].
Sachverständige Hilfe, Aufsichtsrat II § 246 [13]; Mängelprüfung IV § 377 [13].
Sachverständigen-Ausschuß (Kommission) III § 373 B [24], § 376 A [84a].
Sackmiete IV § 380 [6], § 382 A [122].
Safe s. Schrankfach.
Sägemühle I § 3 [7].
Saison-Geschäft, (Agent) I § 92 [1a]; (Arbeitszeit der Gehilfen) I § 63 [4]; -Ware III § 374 A [147]; IV § 376 [3].
Saldo, Kontokorrent III § 355 [2], [17].

Saldovortrag, Kontokorrent III § 355 [20], § 356 [3].
Salvator I § 18 [9].
Sammel-Depot IV § 424 A [1], [42], [58]; -Ladung IV § 382 A [52a], § 413 [8]; (Gefahr) § 407 [7].
Sandgrube I § 3 [5], III § 350 [38].
Sängerin III § 343 [27].
Sanierung, AG. II § 290 [13].
Satzung, AG. (s. Gesellschaftsvertrag); Auslegung III § 346 [14]; Juristische Person I § 34 [2].
Sattler I § 1 [44], [84], § 4 [16].
Satz, Konnossemente IV § 382 A [48a], [62b].
Säumnis, schuldhaft III § 374 A [16a]; vgl. Verspätung, Verzögerung.
Schablonenhaft, Geschäft III § 346 [14], IV § 376 A [12]; vgl. typisch.
Schachtelgesellschaft II § 179 [21c].
Schade, Berechnung III § 374 A [28], IV § 376 [15]; eingetretener III § 346 A [11], § 347 [18], [24]; Zufügung III § 346 A [9].
Schadensersatz, Agent I § 84 [26]; Aktieneinzahlung II § 221 [3]; Aktionär II § 218 [9]; Anfechtungsklage II § 273 [8]; Art und Umfang III § 347 [17]; Arglist IV § 377 [170]; Aufwertung III § 374 A [215], [231]; Auskunft (ungünstige) III § 349 A [32]; Bankverwahrung IV § 424 A [74]; Erfüllungsort III § 372 A [16a]; Firmenmißbrauch I § 37 [22]; Fixgeschäft IV § 376 [12]; Fracht IV § 430 [4], [9]; Gehilfe I § 59 [5a], [30], § 62 [9–12], § 70 [20]; Geldentwertung III § 374 A [215], [231]; Gesellschafter I § 111 [12]; Kommission IV § 385 [6], [8], § 392 [4]; im Konkurs IV § 382 A [83a], [83b]; Kontokorrent III § 355 [15d]; Ladenschild I § 37 A [9]; Lagergeschäft IV § 420 [3]; Lehrling I § 79; Nichtbeförderung (Eisenbahn) IV § 453 [10]; Nichterfüllung (s. d.); Spedition IV § 408 [18]; Spezifikation (verspätete) III § 375 [5b]; stille Gesellschaft II § 339 [24]; Versendung (falsche) IV § 382 A [43]; Verstoß gegen gute Sitten III § 346 A [12]; Vertreter ohne Macht I § 58 A [133]; Verzögerung III § 374 A [20], [22], [56], [73a]; verzögerte Spezifikation III § 375 [5b]; Wettbewerbsverbot § 112 [1], [3]; Zeugnis I § 73 [7], [8]; Zinsen III § 353 [3]; über Zinsen hinaus III § 352 [8]; Zurückbehaltungsrecht III § 369 B [8].
Schadensersatz wegen Nichterfüllung I § 59 [30], IV § 377 [53], [85], [100], [112]; Annahmeverzug III § 374 A [110]; Arglist IV § 377 [158]; Aufwertung III § 374 A [227]; positive Vertragsverletzung III § 374 A [199]; Säumnis der Nachleistung III § 374 A [122]; Spezifikation III § 375 [12], [23]; Sukzessivkauf III § 374 A [137], [144]; nach dem Urteil III § 374 A [149], [149f]; gegen Verkäufer III § 374 A [57]; Vorleistungsverzug III § 374 A [24]; Wandelung IV § 377 [73]; Zahlungsweigerung III § 373 [13b].
Schadlosbürgschaft III § 349 [25]; Zahlung III § 349 [44].
Schaffner als Gewerbegehilfe I § 59 [17], [22]; Vollmacht I § 54 [16].
Schankwirt als Kaufmann I § 1 [44], § 4 [20]; Ladenschild I § 37 A [4]; Pacht III § 350 [38]; Sonntag I § 59 [28].
Schätzung II § 178 [20]; in der Bilanz II § 314 [6]; Herstellungspreis II § 261 [21].
Schätzungsausschuß III § 373 B [24].
Schaufensterdekorateur I § 59 [14], § 76 [4].
Schauspieler I § 59 [19].
Scheck I E [19]; als Bareinzahlung II § 195 [17a]; Börsengeschäft IV § 376 A [55], [72], [112]; Gegenstand des Handels I § 1 [40], III § 373 B [6]; Kauf IV § 381 [6a]; Kontokorrent III § 355 [15b]; Order III § 363 E; Quittung III § 372 A [69]; Übersendung III § 372 A [64]; Verkehr I § 1 [68]; weiße und rote III § 363 A [1]; als Wertpapier III § 369 [16]; Zahlungsmittel III § 373 B [64h], IV § 381 [6a]; vgl. Vordruck.
Scheckkonto III § 372 A [60b].
Scheinaktiengesellschaft II § 309 [12].
Scheinerwerb, Firma I § 22 [6].
Scheingeschäft II § 317 [5]; Börsengeschäft IV § 376 A [172], [178]; gute Sitten III § 346 A [23]; Sicherungskauf? III § 373 B [51].
Schein-Gesellschaft I § 5 A [5], § 37 [2], [19], § 105 [10], [17], § 106 [7], § 123 [9], § 128 [20], II § 342 A [10]; -Indossatar III § 364 [3], [16]; -Kapital (AG.) II § 182 [22]; -Kaufmann (s. Scheinkaufmann); -Kommission IV § 383 [13]; -Prokura I § 48 [4]; -Zeichnung (Aktie) II § 182 [12]; -Zweigniederlassung I § 13 [21].
Scheinkaufmann I § 5 A (mit Verweisungen in Anm. [8]), § 15 [9], § 59 [4], III § 343 [8], § 351 [4]; Agent I § 84 [10]; Börsengeschäft IV § 376 A [18]; Buchführung I § 38 [1]; Büchervorlegung I § 45 [3]; Bürgschaft III § 349 [24]; Firmenübertragung I § 22 [31], § 25 [7]; Gehilfe I § 59 [11]; Gesellschaft I § 28 [3]; Handlungsvoll-

macht I § 54[3]; Prokura I § 48[4]; Steuerpflicht III § 344[7]; Stillschweigen III § 362[8]; Vertragsstrafe III § 348[29]; Zurückbehaltungsrecht III § 369[4].

Schenkung, AG. II § 250[7]; Bilanz II § 261[15a]; Eigentumserwerb III § 366[10]; Form III § 350[43], [83]; an Gehilfen I § 59[34]; als Handelsgeschäft I § 1[36], § 22[20], III § 343[28]; o.HG. I § 105[37]; durch Prokuristen I § 44[1]; Sacheinlage II § 279[9]; Steuer (AG.) II § 186[24]; Übersendung III § 372 A[50].

Schiebung, Aktienstimmrecht II § 318[11].

Schiedsgericht, Anfechtung II § 272[3]; Kontokorrentposten III § 355[24].

Schiedsgutachten III § 373 B[24], IV § 376 A[84b].

Schiedsmann III § 373 B[24].

Schiedsrichter, GB. als S. II § 178[15], § 250[8]; o.HG. I § 105[9]; vgl. Schiedsgericht.

Schiedsvertrag, Auslegung III § 346[3]; Börsengeschäft IV § 376 A[84], [85], [127], [160]; Gültigkeit III § 346[17]; als Handelsgeschäft III § 343[27]; Kaufmannsgericht I § 59[5b]; Liquidator I § 149[26]; Spiel IV § 376 A[196].

Schieferbruch I § 3[5]; vgl. Abbruch, Bruch.

Schienenbruch IV § 456[8].

Schiff, Besatzung IV § 431[2]; im Eisenbahnbetrieb IV § 469[2]; Fracht IV § 425[2]; Makler I § 93 B[8a] (Geldempfang I § 97); Pfandrecht (Aufwertung) III § 374 A[228], [230], (Beförderung von) Reisenden IV § 472[1]; -Verleiher I § 1[42], [85], § 2[3].

Schikane III § 346[20], § 346 A[9], [31]; o.HG. I § 115[5], [9].

Schlachter I § 1[44], [84], § 4[16]; Gehilfe I § 59[11]; Geselle I § 59[14].

Schlafraum I § 62.

Schlafwagen I § 1[74], IV § 465[8], § 472[10].

Schlagbarkeit, Wald IV § 382 A[59d].

Schlagwort-Namen I § 37[12].

Schlechtgläubigkeit s. Böser Glaube.

Schleiferei I § 1[57].

Schleppschiffahrt I § 1[75], IV § 425[4], § 431[2].

Schließfach s. Schrankfach.

Schlosser I § 1[84], § 2[10].

Schlüssel, Pfandbesitz III § 368[9], [10]; Zurückbehaltung I § 59[45].

Schlüssige Handlung s. Stillschweigen.

Schlußbilanz (Schlußrechnung), Liquidation I § 154[4], II § 302[1].

Schlußnote I § 94; AG. II § 223[23]; Handelsmäkler I § 94[1]; Krämermäkler I § 104; vgl. Schlußschein.

Schlußnotenzwang I § 94[6]; vgl. Schlußschein.

Schlußrechnung s. Schlußbilanz.

Schlußschein, Begriff III § 372 A[35], [39], [44], [63]; Börsengeschäft IV § 376 A[96]; Formvorschrift? III § 350[47]; als Leistung III § 376 A[168].

Schlußzettel III § 344[10].

Schmelzwert (Liquidationswert) I 154[1].

Schmied I § 1[84].

Schmiergelder III § 346 A[2], [18], § 373 B[39a], IV § 377 A[4]; Agent I § 84[16b]; Gehilfe I § 59[6], § 60[11], § 72[2]; Vorstandsmitglieder II § 231[24a].

Schmuggel I § 1[22], III § 346 A[25], IV § 407[25], § 408[10].

Schneider I § 1[43], [44], [56], [84], § 4[16].

Schnitt s. Kursschnitt.

Schrankfach III § 361 A[6], IV § 424 A[1], [5].

Schreibfehler IV § 382 A[48a]; vgl. Rechenfehler.

Schreibmaschine, Unterschrift III § 350[57] vgl. Maschinenschreiber.

Schreibunkundige I § 12[4], III § 350[61].

Schreibweise I § 17[1]; des Namens I § 18[4], [6].

Schriftform, AG. II § 252[16]; Bankdepot IV § 424 A[37], [40]; Gehilfe I § 75[3], § 78[2], § 79[2]; Minderkaufmann I § 4[27]; Wettbewerbsverbot I § 74[8], § 75 b[5]; Willenserklärung III § 361 A[5a]; Zeugnis I § 73[4a].

Schriftleiter III § 343[27]; als Gehilfe I § 59[14], [19], [22].

Schriftlich s. Schriftform.

Schriftsatz, vorbereitender III § 373[14b].

Schriftsteller I § 1[9], [54], [78], [85].

Schriftstück der Agenten I § 84[20a].

Schriftzeichen, Buchführung I § 43[1]; Firma I § 17[22].

Schuhmacher s. Schuster.

Schulbildung der Gehilfen I § 72[10].

Schuld s. Verschulden.

Schuldanerkenntnis, Börsengeschäft IV § 376 A[50], [70], [117], [155]; Form III § 350[17]; Spiel III § 376 A[189].

Schuldbuchforderung, Bilanz § 261[19].

Schulden II § 240[11]; in der Bilanz I § 40[7], II § 240[11], § 261[12], [16], [17]; bei Pacht I § 22[16]; vgl. Geschäftsschulden, Passiva, Privatgläubiger.

Schuldgrund im Schuldschein III § 344 [12]; vgl. Verpflichtungsgrund.
Schuldhaft s. Sorgfalt, Verschulden.
Schuldmitübernahme III § 349 [11a, 54, 65]; Grundstücksverkehr III § 350 [25a].
Schuldschein (Schuldverschreibung) II § 292 [14], III § 344 [8, 9], § 363 [21]; Aufwertung III § 374 A [230]; auf Sicht (Erfüllungsort) III § 372 A [26]; als Wertpapier? III § 369 [16]; vgl. Inhaber.
Schuldübernahme I § 22 [31], § 25 [24], § 26 [1], § 159 [3]; AG. II § 250 [7], § 303 [16], § 305 [26]; Börsengeschäft IV § 376 A [74, 121, 158]; Grundstücksverkehr III § 350 [25a]; Spiel IV § 376 A [193].
Schuldumwandlung s. Umwandlung.
Schuldverschreibung s. Schuldschein.
Schuldversprechen als Erfüllungsgeschäft III § 346 A [5]; Form III § 350 [10].
Schule, Wohnsitz III § 372 A [20].
Schuster I § 1 [56, 84], § 2 [10].
Schutzabkommen III § 346 A [19, 20].
Schutzaktie II § 185 E [11c], § 22 [6a], § 300 [10b]; Bezugsrecht II § 282 [2a, 15]; Einziehung II § 227 [17]; Goldbilanz II § 260 [20a].
Schutzangebot bei Ausschreibung III § 346 A [20].
Schutzgebiet, HR. I § 8 [3]; Reichswährung I § 40 [1].
Schutzkleidung I § 62 [2].
Schutzrecht, Unterlassungsklage III § 346 A [13b].
Schutzverband, Warnung III § 349 A [34].
Schutzverpflichtung, Gehilfe I § 62 E, § 71 [4]; Lehrling II § 76 [20]; vgl. Gläubigerschutz.
Schwangerschaft I § 63 [2], § 72 [8, 10].
Schwarzgeld (Schwarzkauf) III § 350 [26].
Schwebebahn IV § 453 B [10].
Schwebende Geschäfte I § 141 A [21], § 142 [4]; Bilanz der AG. II § 240 [28], § 261 [17, 24]; Lieferungsverträge I § 128 [18], § 141 A [10, 26]; stille Gesellschaft II § 340 [10].
Schwebende Prozesse, o.HG. I § 124, § 145 [4], § 149 [4]; Liquidation I § 157 [8], II § 292 [2].
Schwebezustand, Einrede der Nichterfüllung III § 373 B [79b, 79c]; Nachlaßfirma I § 27 [28]; o.HG. I § 139 [25]; bei Tod III § 374 A [155, 157]; Vorleistungspflicht III § 373 B [44].
Schweigegeld III § 346 A [2].
Schweigen s. Stillschweigen, Verschwiegenheit.
Schweigepflicht III § 349 A [45]; Aufsichtsrat II § 246 [10a]; vgl. Geheimnis.
Schweigevertrag III § 346 A [17].
Schweizer Goldhypotheken III § 361 [14]; vgl. Ausland.
Schwimmende Ware, Erfüllungsort III § 372 A [29]; Gefahr IV § 382 A [48a, 48b].
Schwinden IV § 456 [11]; vgl. Minderung.
See-Fracht I § 93 B [8a], IV § 425 [6], § 432 [2]; (Verpackung) IV § 382 A [38]; -Handlung I § 36 E; -Pfandrecht III § 366 [60]; -Reisende IV § 472 [1]; -Versicherung I § 93 B [8a]; vgl. Schiff.
Seifensiederei I § 3 [5].
Seiler I § 1 [84].
Sekuritätszession III § 368 [94, 101].
Selbstbestimmungsrecht, Spezifikation III § 375 [6, 19].
Selbsteintritt des Kommissionärs IV § 383 E [9a, 36], § 391 [1], §§ 400—405, § 406 [2], § 424 A [94, 104, 124, 131]; des Mäklers I § 94 [4, 5]; des Spediteurs IV § 412; Stückeverzeichnis IV § 424 A [78, 99, 104].
Selbstentzündung IV § 456 [11]; vgl. Entzündbarkeit, Feuer.
Selbsterzeugung als Anschaffung I § 1 [37].
Selbsthilfeverkauf bei Annahmeverzug III § 373 [13b, 21, 23, 31, 48, 51], IV § 424 A [98]; Haustiere IV § 382; Kommissionsgut IV § 389; mangels Spezifikation III § 375 [16, 22]; Zeit III § 374 A [147].
Selbstkostenpreis III § 373 B [26a, 35]; als Eigenschaft? IV § 377 [152]; Schadensberechnung III § 374 A [29].
Selbstschuldnerisch, Bürgschaft III § 349 [23]; Schadlosbürgschaft III § 349 [25].
Selbständigkeit, Zweigniederlassung I § 13 [5].
Selbstverlag I § 1 [78, 79].
Selbstversicherung IV § 382 A [49a].
Sensal I § 93 E.
Separatkonto I § 110 [2], § 167 [1], III § 355 [42], § 357 A [8]; vgl. Privatkonto.
Sicherheitskauf s. Sicherungskauf.
Sicherheitsleistung (Kaution), in eigenen Aktien II § 226 [6]; Anfechtungsprozeß II § 272 [10, 11]; Börsengeschäft IV § 376 A [34, 52, 71, 88, 110, 118]; Erfüllungsort III § 372 A [29]; Fixgeschäft IV § 376 A [37]; Gehilfe I § 74 [14]; Getreidehandel IV § 376 A [149, 157]; Gläubiger der AG. II § 289 [4, 5]; Kontokorrent III § 355 [4]; Kontokorrentsaldo III § 356 [8]; Liquidation II § 301 [3, 4]; der

Minderheit II § 269 [4]; Nichterfüllung des Vertrags III § 373 B [79c]; Nichtigkeit III § 346 A [6]; im Prozeß (o.HG.) I § 105 [15], § 124 [15]; Spiel IV § 376 A [184], [190]; Verkäufer III § 374 A [168]; Verpfändung III § 368 [23a]; Zurückbehaltung III § 369 B [15], § 369 [53]; Zurückgabe (Zahlung) I § 59 [5a], [32], [34b], II § 272 [12]; vgl. Sekurität.
Sicherung des Beweises IV § 377 [139], § 379 A, § 437 [6]; des Frachtguts IV § 382 A [34], § 434 [2]; Kontokorrent III § 356; des Nachlasses I § 27 [19].
Sicherungsgeschäft IV § 376 A [3], [163], [174], [176].
Sicherungskauf III § 366 [10], § 373 B [51].
Sicherungsrecht im Konkurs IV § 382 A [86]; Veräußerung I § 22 [24].
Sicherungsübereignung I § 22 [6], IV § 373 B [51], IV § 382 A [75]; Aktie II § 223 [17], § 252 [5]; Bilanz I § 40 [6]; Bürgschaft III § 349 [43]; Erwerb III § 366 [10]; gute Sitten III § 346 A [31]; Kauf III § 366 [10], § 373 B [51], [65]; Orderpapier III § 364 [16]; am Vermögen III § 373 B [3a]; Verwertung III § 368 [94]; Warenlager IV § 382 A [90c] (S. 587); vgl. Sicherheit.
Sicht, Erfüllungsort III § 372 A [20].
Sichtbarmachung, Abschreibung II § 261 [6]; vgl. Bilanz.
Silber s. Gold.
Simulation, HR. I § 8 A [10].
Simultangründung, AG. II § 188 [1], (Anmeldung) II § 195 [24], (als Anschaffung) I § 1 [36], (Verantwortlichkeit) II § 202 [6]; KGaA. II § 320 [18], [27], § 321 [1].
Sittenwidrig s. Sittlichkeit.
Sittlichkeit I E [13]; Differenzeinwand IV § 376 A [213]; Gehilfe I § 62; Lehrling I § 82; Löhne I § 59 [33]; vgl. gute Sitten.
Sitz, AG. II § 182 [17], § 201 [19], § 309 [5], III § 372 A [20]; Ausland II § 261 [23], § 292 [20]; Erfüllungsort III § 372 A [7]; in der Firma I § 20 [3a]; Handelsniederlassung I § 29 [2]; juristische Person I § 33 [11]; KGaA. II § 320 [24], § 330 [26]; o.HG. I § 105 [51], § 106 [4], § 107; Steuerrecht II § 182 [17]; Verlegung I § 31 [1], § 49 [1], II § 182 [17], § 274 [1]; vgl. Verlegung der Niederlassung.
Sitzgelegenheit I § 62 [3].
Sklavenhandel II § 201 [24].
Skonto III § 359a [14]; Anschaffungspreis II § 261 [20].
Skontration IV § 376 A [27], [47g].
Societas leonina I § 105 [4], § 109 [2].
Sofort (sofortig), Annahme III § 359 A [6], § 361 A [28], [33], [49]; Annahmeleistung III § 361 A [72]; Barzahlung III § 373 B [63c]; Erfüllung III § 359 A [8], § 372 A [45]; Fixgeschäft IV § 376 [6]; Kündigung (Gehilfe) I § 70 E, (Lehrling) I § 77 [7]; Verschmelzung II § 305.
Sohn (Söhne) in der Firma I § 18 [5], [12d]; vgl. Verwandtschaft.
Soldat als Gewerbetreibender I § 7 [2]; als Kaufmann I § 1 [28]; vgl. Militär.
Sollkaufmann I § 1 [31].
Sonderabstimmung II § 185 [5], § 275, § 278 [11], § 288.
Sonderbilanz II § 261 [9].
Sonderdepot IV § 424 A [23], [35].
Sonderrecht, AG. II § 250 [9], § 252 [2], § 260 [20], § 263 [4], § 273 [18], § 274 [10], [11]; Interessengemeinschaft II § 306 [25]; Liquidationsüberschuß II § 300 [2].
Sonderurlaub I § 59 [33a].
Sondervorteil, AG. II § 186 [1–3].
Sonntag, Frist III § 359 A [34]; Gehaltszahlung I § 64 [2], [4]; Kündigung I § 66 [11]; Verjährung I § 159 [11].
Sonntagsruhe I E [21]; AG. II § 210 [19]; Gehilfe I § 59 [28]; Lehrling I § 76 [17].
Sorgfalt, Begriff II § 202 [9], § 204 [4]; in eigenen Angelegenheiten II § 320 [90]; Agent I § 84 [16], [27], III § 347, (gegenüber dem) Bürgen III § 349 [33]; Frachtführer IV § 425 [12]; Gehilfe I § 59 [30]; Gesellschafter I § 114 [11]; KG. II § 163 [12]; Kommissionär IV § 384 [2], [9]; Liquidator I § 149 [33], § 156 [15]; des ordentlichen Kaufmanns III § 347 [3]; p.h.G. II § 320 [50]; Spediteur IV § 408 [2]; Verkäufer IV § 382 A [37]; Zurückbehaltung III § 369 B [14]; vgl. Fahrlässigkeit, Verschulden.
Sortierungspflicht III § 373 B [70c], IV § 377 [41c].
Sortiment IV § 377 [181].
Sortimentsbuchhandel I § 1 [80].
Sozial, Aufwendungen II § 262 [26b]; Pflichten II § 312 [12]; Rücksichten I E [13]; Zweck der AG. II § 182 [19].
Sozialisierungsgesetze II § 178 [14c], § 243 [1a], § 252 [12a].
Soziologische Schule I E [37a].
Spareinlage III § 368 [87], 372 A [70a].

Sparkasse, Aufwertung III § 374 A [230]; als Bank I § 1 [7], IV § 424 A [24]; als Kaufmann I § 1 [10], [69], § 36 E, III § 343 [18]; in der Firma I § 18 [12b]; Sonntagsruhe I § 59 [28].

Sparkassenbuch auf Inhaber III § 365 A [9]; Verpfändung III § 368 [1]; als Wertpapier? III § 369 [16]; Zurückbehaltung III § 369 [6].

Spätere Gründe der sofortigen Kündigung I § 70 [7]; vgl. nachträglich.

Spediteur IV §§ 407—415; Begriff IV § 407 [1]; Auswahl IV § 382 A [34]; (Verhältnis zum) Eigentümer IV § 382 A [56], [56d]; Eisenbahn als S. IV § 468 [1]; als Kaufmann I § 1 [76], [84], IV § 407 [4]; gegen Kommission IV § 407 [2]; mittelbare Stellvertretung I § 58 A [109]; Pfandrecht III § 366 [60], [61]; Haftung des Versenders IV § 382 A [40b]; Versicherung IV § 382 A [36]; Zurückbehaltung III § 369 [24], [35], [47]; vgl. Transportperson, Versendungsperson.

Spediteurkonnossement III § 363 A [31], IV § 382 A [62] (S. 545).

Speditionsgeschäft s. Spediteur.

Speditionsgut IV § 410 [6].

Speisemarke III § 365 A [9].

Speisewagen I § 1 [74], IV § 472 [10]; Kontrolleur I § 59 [14].

Spekulation III § 373 B [55], § 374 A [49d], IV § 376 A [170], [173], [176], [177], [180]; Handlungsvollmacht I § 54 [19]; auf Kosten des Gegners III § 374 A [148b].

Spekulant I § 1 [30], [84].

Sperre, Depot IV § 424 A [1], [62]; Eisenbahnverkehr IV § 453 [6].

Sperrjahr, AG. II § 288 [2], [10], § 289 [2], [9], § 301 [2]; Nachliquidation II § 302 [21]; Umwandelung II § 334 [5]; Vereinigung II § 305 [26]; Vermögensveräußerung II § 303 [13]; Verschmelzung II § 306 [20]; Verstaatlichung II § 304 [3].

Sperrminorität, AG. II § 275 [2], § 306 [24].

Sperrstelle für Wertpapiere III § 367 [7].

Sperrverpflichtung, vertragliche IV § 381 [8c].

Sperrziffer, AG. II § 262 [3].

Spesen s. Aufwendung, Auslage, Vertrauen.

Spezialisierung, Gattungsschuld III § 373 B [70a], [70b]; vgl. Gattungskauf, Gattungsschuld, Konzentration.

Spezieskauf, Andere Ware IV § 378 [3b]; Beweislast IV § 377 [126a]; Eigentumserwerb IV § 382 A [59b]; nach Probe IV § 382 A [7]; Quantitätsmangel IV § 377 [7a]; Schadensersatz IV § 377 [104a]; Selbsthilfeverkauf III § 377 [37]; Unvermögen III § 374 A [48]; Veräußerung (anderweite) III § 373 B [70].

Spezifikation III § 375 [1]; Fixgeschäft IV § 376 [2]; Pflicht III § 374 A [191]; Selbsthilfeverkauf III § 373 [38], [39]; vgl. Abruf.

Spiel (Spielgeschäft) I § 1 [36], IV § 376 A [6], [162], [181a]; Aufrechnung IV § 376 A [56]; Bürgschaft IV § 376 A [192]; Glücksspiel III § 364 [14]; vgl. Lotteriespiel.

Spieleinwand IV § 376 A, E [28], [30], [45], [67], [87], [96], [129], [159]; Getreidehandel IV § 376 A [147].

Spinnerei als Kaufmann I § 1 [57], [84].

Spiritus, Vermischung IV § 419 [3].

Spitzen, Aktienbeträge II § 305 [3].

Sprache, Bilanz II § 265 [2]; Buchführung I § 43 [1]; Firma I § 17 [22], § 20 [2]; Gesellschaftsvertrag II § 274 [3].

Sprachgebrauch III § 346 [3].

Staat, Buchführung I § 2 [6], § 36 [12], § 38 [1], § 42; Handlungsvollmacht I § 54 [3]; als Kaufmann I § 1 [4], [10], [23], [84], § 36 [10], III § 372 A [68]; vgl. Gemeinde, Juristische Person.

Staatsangehörigkeit (vgl. Ausländer), AG. II § 178 [13]; o.HG. I § 105 [9a], [45].

Staatsauftrag, Bezirksagent I § 89 [4b].

Staatsbank I § 1 [69].

Staatsbürgerlich, Pflicht I § 63 [14].

Staatspapier, Gegenstand des Handels I § 1 [40]; vgl. Wertpapier.

Staatsschuldbuch IV § 406 [1] (S. 735), § 424 A [118].

Stabiler Wert II § 261 [35].

Stadt-, in der Firma I § 18 [12c], Reisender I § 54 [14], § 59 [36], [37]; vgl. Gemeinde, Nachbarort, Ort.

Stahlkammer s. Schrankfach.

Stammeinlage im Kontokorrent III § 355 [15k].

Standesherr, HR. I § 8 [2].

Standgeld IV § 437 [7].

Ständig, Agent I § 84 [7].

Steinbruch I § 1 [37], [85]; Pacht III § 350 [38]; vgl. Bruch, Abbruch.

Steinfabrik I § 1 [37], [85].

Steinmetz I § 1 [84].

Stellen-Liste I § 93 B [44].

Stellenvermittler, Agent I § 93 B [12], [44]; Gehilfe I § 59 [23].

Stellgeschäft III § 348 A [9].

Stellvertreter I § 58 A, E [14]; Aufsichtsrat II § 243 [15]; Besitzerwerb III § 366 [12a]; Prokura I § 53 A [1]; stiller IV § 383 [33]; Vorstand II § 241 [1], § 242, § 248, § 320 [80].
Stempel, Firmenzeichnung I § 108 [2]; Ladeschein IV § 446 [3]; Prokura I § 51; als Unterschrift III § 350 [57], § 363 [22].
Stempelmarke III § 365 A [9].
Stempelsteuer, Differenzgeschäft IV § 376 A [206]; Emmissionskosten II § 262 [18]; Frachturkunde IV § 426 [19]; Lehrvertrag I § 76 [16]; Vorzugsrecht II § 262 [21].
Stempelung s. Abstempelung.
Stenograph I § 59 [14], [14a], [27].
Stenographie I § 43 [1]; als Unterschrift III § 350 [57].
Stereotyper Inhalt III § 346 [14], IV § 376 A [12]; vgl. typisch.
Steuer (Steuergesetze, Steuerpflicht) I § 1 [1]; Anschaffungspreis II § 261 [20]; Auseinandersetzung I § 145 [14]; Beweiskraft der Bücher I § 47 A [5]; Buchführung I § 40; Firmenwert I § 141 A [5]; Fracht IV § 427, § 456 [2]; Geheimnis III § 349 A [44]; Genußschein II § 179 [29]; Gesellschaft I § 105 [52]; Gesellschaft & Co. I § 105 [22]; Gesellschaftsform II § 179 [21d]; Gesetze I § 1 [26], § 4 [22], [24]; Gesetzesänderung III § 374 A [48c]; Handelsbetrieb III § 344 [7]; Ladenschild I § 38 E; Mäkler I § 94 [6]; o.HG. I § 130 [10]; Prokurist I § 48 [2]; Pfandrecht III § 366 [60]; Scheinkaufmann I § 5 [4]; Umgehung II § 275 [3]; Veräußerung des Handelsgeschäftes I § 25 [33], [34].
Steuerbehörde, Bewertung des Eingebrachten II § 182 [31a].
Steuerbilanz, o.HG. I § 120 [2].
Steuerbuch, Vorlegung im Prozeß I § 45 [3].
Steuererklärung durch Prokuristen I § 49 [4].
Steuerkarte, Rückgabe I § 59 [34b].
Steuerrücklage II § 262 [28].
Steuerschuld, o.HG. I § 128 [15].
Steuerstrafe (Steuervergehen), AG. II § 231 [24]; Angestellte I § 58 A [83]; Prokurist I § 53 A [3].
Stichprobe IV § 377 [14], [184].
Stichtag (Zeitpunkt), IV § 376 [18], [20], [23]; § 376 A [9], [147], [178]; Bewertung I § 40 [3], II § 261 [17]; Bilanz II § 261 [19], [22].
Stiftung, Begriff I § 33 [1].
Stille Gesellschaft I § 105 B, II §§ 335—342; Begriff II § 334 [4]; Bilanz I § 40 [7]; Einlage II § 335 [13], [28], § 337, § 341 [5], [6]; Firma I § 19 [3]; als Handelsgesellschaft? II § 335 [1]; Liquidation I § 145 [1], [4], II § 339 [11].
Stiller Gesellschafter, Aufnahme I § 126 [2], III § 343 [24]; Handlungsvollmacht I § 54 [2]; als Zeuge II § 335 [11].
Stille Reserve, AG. II § 215 E, § 261 [6], [17], § 262 [10], [19], [28], [36], § 314 [7]; Bilanz I § 40 [2], [3]; o.HG. I § 120 [2], § 141 A [5]; o.HG. in L. I § 154 [2]; vgl. Reserve.
Stiller Stellvertreter IV § 383 [33].
Stillegung I § 70 [5].
Stillschweigen (schlüssige Handlung), als Ablehnung III § 363 [23], IV § 377 [200]; Aktienmißbrauch II § 318 [4]; als Annahme III § 361 A [70], [74], § 362 [1], IV § 377 [201]; Auslegung III § 346 [15]; Bestätigungsschreiben III § 372 A [38d]; Eigentumsvorbehalt IV § 382 A [63a]; Einigung, Einverständnis I § 67 E, III § 346 [16], § 366 [7]; Erfüllungsort III § 372 A [28], [33]; Fixgeschäft IV § 376 [5]; Fortsetzung der Lehrzeit I § 77 [6]; als Genehmigung IV § 382 A [19]; Handlungsvollmacht I § 54 [3], [5–13]; Kauf auf Probe IV § 382 A [19], [20]; Kontokorrent III § 355 [12]; lange Dauer III § 374 A [147]; Mäklergebühr I § 93 B [10a]; o.HG. I § 105 [43], § 126 [17]; Prokuraerteilung I § 48 [5]; des Prokuristen I § 51; Recht III § 372 A [6a]; Vereinbarung III § 348 [33], § 372 A [6a]; Vergütung I § 59 [33]; Verwaltungsdepot IV § 424 A [34] (S. 811); als Verzicht III § 346 [16], § 374 A [83], [108]; Vollmacht I § 58 A [4], § 85 A [2], III § 346 [1]; Wirkung III § 361 A [67]; Zustimmung IV § 393 [3].
Stimmengleichheit II § 251 [1].
Stimmenkauf II § 317 E.
Stimmenthaltung II § 252 [23], § 317 [2].
Stimmrecht I § 119 [2], II § 205 [2], § 251; Aktienbeträge II § 252; Bevorzugung II § 185 [6]; eigene Aktien II § 226 [4]; Goldbilanzaktien II § 185 [4a]; Vertagung II § 264 [1]; vgl. Mehrstimmrecht.
Stimmrechtsaktie II § 222 [25].
Stimmzettel II § 252 [28].
Stockholz IV § 382 A [59b].
Storno I § 43 [3], III § 355 [15], [15c], [19]; Giro III § 363 A [5]; Kauf III § 374 A [95].
Strafantrag durch Prokuristen I § 49 [1].
Strafbare Handlung, AG. II § 232 [45]; Bilanzvorschriften II § 261 [1]; Eigentumser-

werb III § 366 [71]; Gesellschafter I § 133 [20]; Haftung der Angestellten I § 58 A [83]; o.HG. I § 124 [3]; vgl. unerlaubte Handlung.
Strafgedinge s. Vertragsstrafe.
Strafgesetzbuch, allgemeine Bestimmungen II § 312 [2].
Strafprozeß s. Strafverfahren.
Strafrecht I § 1 [1], AG. II § 112 E; HR. I § 8 A [19], § 15 [15]; Scheinkaufmann I § 5 [4].
Strafverfahren, Büchervorlegung I § 45 [5]; Firma I § 17 [13], [24]; o.HG. I § 126 [8].
Straße, AG. II § 180 [4].
Straßenbahn I § 1 [74], [84], § 36 E; Kontrolleur I § 59 [19]; vgl. Pferdebahn, Schaffner.
Straßenkreuzung (Eisenbahngefahr) IV § 456 [8].
Streik s. Ausstand.
Streitverkündung, Verjährung IV § 377 [138d].
Streitwert, Sicherung des Beweises IV § 379 A [10].
Strohmann I § 1 [17], § 37 [2]; Aktienbezugsrecht II § 283 [9]; Aktienstimmrecht II § 318 [9]; Aktienübertragung II § 223 [17]; Anfechtung II § 271 [13]; GV. II § 252 [27a]; als Gründer II § 182 [12], § 187 [5], § 189 [25]; HR. I § 8 A [10]; gegen Kommissionär IV § 383 [10]; Ladenschild I § 37 A. [8]; Stimmenkauf II § 317 [6], [7]; Vertragsabschluß III § 361 A [31], § 373 B [21].
Stubben IV § 382 A [59b].
Stückekonto IV § 376 A [47b], § 401 [9], § 424 A [51], [99]; Konten „A" und „B" IV § 424 A [133], [136].
Stückelos, Effektenverkehr s. Sammeldepot.
Stückeverzeichnis IV § 376 A [178]; Kommission IV § 383 [9a], [33a], [34], § 384 [18], § 424 A [32], [76].
Stückgut, Fracht IV § 413 [11].
Stückzinsen II § 262 [17].
Stumm II § 259 [2].
Stunde III § 359 A [22]; -Buchhalter I § 59 [9], [14].
Stundung III § 346 [19]; Erfüllungszeit III § 359 A [3]; Fracht IV § 438 [5]; Kaufpreis III § 374 A [118], [119], [138], [151]; Kommanditeinlage I § 172 [3]; Kommission IV § 392 [7]; Kontokorrent III § 355 [16]; Kaufpreis III § 373 B [38], [64c]; Minderung IV § 377 [80a]; nachträglich III § 373 B [50]; Stückeverzeichnis IV § 424 A [80]; Verjährung IV § 377 [139a]; vgl. Prolongation, Zahlungsfrist.
Sturm IV § 456 [8].
Submission s. Ausschreibung.
Subskribentensammler I § 1 [80], [84].
Substitution I § 58 A [72].
Sukzessivgründung der AG. II § 189 E und [31], § 195 [11], § 309 [3]; Anmeldung II § 195 [25]; Errichtungsversammlung II § 196 E; KGaA. II § 320 [18], [28], § 321 [1].
Sukzessivlieferungsgeschäft III § 374 A [135], [197a], IV § 376 [34]; im Konkurs IV § 382 A [82f]; Mängelrüge IV § 377 [178–184]; positive Vertragsverletzung III § 374 A [188]; Rücktrittandrohung III § 374 A [93]; Säumnis III § 374 A [124]; Spezifikation III § 375 [13]; vgl. Teillieferungsvertrag.
Summen-Aktie II § 178 [19]; -Depot IV § 424 A [1], [43], [46]; -Lagergeschäft IV § 419 [9].
Superdividende, AG. II § 213 [9c].
Surrogationsprinzip (Theorie) III § 374 A [25a], [48], [49c], [50], IV § 377 [65].
Suspension s. Verzicht.
Syndikat II § 178 [14a], § 212 [1], § 253 [4]; Machtstellung III § 346 [17]; Preis III § 373 B [25], [28], [30]; Verschmelzung II § 306 [14]. vgl. Kartell.
Syndikus I § 59 [22].
System, Buchführung I § 38 [6].

T

Tage (acht) III § 359.
Tagebuch des Handelsmäklers I § 38 [6], § 93 [5], §§ 100—104.
Tagesordnung II § 240 [7], § 254 [15], § 256 [1–11], § 267 [1], § 320 [115].
Tagespreis III § 373 B [28], [29].
Tageszeit, Geschäftszeit III § 358; Kündigung I § 66 [11].
Tägliches Leben, Fixgeschäft III § 374 A [5], IV § 376 [1a].
Tägliche Saldierung III § 355 [4], [37].
Tagnotizbuch s. Tagbuch.
Talgsiederei I § 3 [5].
Talon s. Erneuerungsschein.
Talonsteuer II § 237 [13].
Tantieme, Agent I § 88 [17], § 91 E und [7]; AG. in L. II § 292 [1], § 294 [10]; Aktienvorstand II § 231 [24], § 237; Aufsichtsratsmitglied II § 245, § 320 [96]; Dienstvertrag II § 237 [21], [28], § 261 [12]; Garantie II § 237 [8], III § 349 [65]; Gesellschaftsorgane, Reingewinn II § 262 [11]; Gesellschaftsvertrag II § 237 [21]; Handlungsgehilfe I § 59 [8], [33], § 65 [4–11], (AG.) I § 65 [4a], (Gehaltsgrenze) I § 68 [1], (Krankheit) I § 63 [5], (Zahlbarkeit) I § 64 [3]; Kapitalentwertungskonto II

§ 261 [12b]; KGaA. II § 320 [71]; Patentlizenz II § 261 [12]; Rücklage II § 237 [9]; Sperrjahr II § 301 [7]; Umsatz II § 237 [8]; Zurückzahlung II § 217 [24].

Tara IV § 380 [1], [3].

Tarif, Eisenbahn IV § 453 [2], [3], [4]; Reisende IV § 472 [8]; vgl. Taxe.

Tarifvertrag I E [4], [16], § 59 E, [22a], [33c]; Arbeitsversäumnis I § 63 [8]; Arbeitszeit I § 59 [28]; Auslegungsmittel I § 59 [35b]; Dienstleistungspflicht I § 59 [25]; Gratifikation I § 59 [34]; gute Sitten III § 346 A [34]; Krankenfürsorge I § 63 [7a]; Krankheit I § 63 [4], [5]; Lehrling I § 76 [5], [10], [25], § 77 E; Vergütung I § 59 [33]; Wettbewerb I § 74 [4], § 75f [2].

Taschengeld, Gehilfe I § 59 [10]; Lehrling I § 76 [10].

Tätlichkeit I § 71 [4], § 72 [9].

Tatort III § 349 A [11]; vgl. Begehungsort.

Tatsächliche Kapitalsherabsetzung II § 288 [3].

Taub II § 259 [2].

Taubstummen III § 350 [61].

Tauglichkeit, Ware beim Kauf nach Probe IV § 382 A [5a].

Tausch I § 1 [35], III § 366 [10], § 373 B [2]; Kommission IV § 383 [6], Mängel IV § 377 [181a].

Täuschung gegen Agenten I § 84 [24], § 88 [2]; Anfechtung IV § 377 [162], durch Bevollmächtigten I § 58 A [28], Dienstvertrag I § 70 [25], Differenzgeschäft IV § 376 A [205], Eigenschaft IV § 377 [17a]; Firma, Firmenzusätze I § 18 [10], § 24 [5], § 37 [9], [13]; HR. I § 8 A [11]; beim Kauf IV § 377 [56a], [162]; Kommission IV § 383 [21], § 387 [4], § 392 [16]; Konkursverwalter IV § 382 A 82[f]; Mäklergebühr I § 93 B [21]; Termingeschäft IV § 376 A [68], [115], [187]; Vertragsschluß III § 346 A [12], [12a], [12b]; und Wandlung IV § 377 [66b]; Wirkung IV § 377 [165]; vgl. Anfechtung, Arglist, Betrug, Verschweigen, Vorspiegelung, Willensmangel.

Täuschungsabsicht IV § 377 [155], [162].

Taxator I § 59 [22], III § 373 B [24].

Taxe, Kosten II § 261 [40]; für Provision III § 354 [11]; Zivilmäkler I § 93 B [11].

Techniker, Verwaltungskosten II § 261 [21]; vgl. Gehilfe.

Technisch, Bureau I § 13 [5]; Leitung I § 59 [17].

Teer IV § 459 [12].

Teil eines Geschäfts (Veräußerung) I § 22 [4a]; des Geschäftsjahres I § 39 [3]; (Aufsichtsratstantieme) II § 237 [23], § 245 [15], [16], § 294 [10].

Teilbarkeit, Aktie II § 179 [1]; Lagerung IV § 419 [8]; Notverkauf IV § 379 [21]; Wandlung IV § 377 [69]; vgl. Unteilbarkeit.

Teilklage, Verjährung IV § 377 [138].

Teilkonnossement IV § 382 A [62] (S. 545).

Teilleistung, Agent I § 88 [5]; Annahmeverzug III § 373 [14]; Bürge III § 349 [44]; Fixgeschäft IV § 376 [31], [33]; Genehmigung IV § 377 [182]; Mängelrüge IV § 377 [23], [87a], [178] ff.; Säumnis wegen des Restes III § 374 [126]; Schadensersatz wegen Nichterfüllung IV § 377 [87a]; Selbsthilfeverkauf III § 373 [36]; Übergabeverzug III § 374 A [45]; Umtausch IV § 377 [94a]; Vertragsstrafe III § 348 [21]; Zurückbehaltung III § 374 A [38].

Teillieferungsvertrag III § 374 A [135], [197a]; vgl. Sukzessiv.

Teilschuldverschreibung III § 363 [22].

Teilstreik I § 63 [8], IV § 456 [8].

Teilung, Gesellschaftsvermögen I § 145 [8], § 149 [11], § 152 [5]; AG. II § 298 [5a], § 300 [3]; Verzicht I § 75a [5].

Teilweise, Nichtigkeit III § 350 [74b], [81]; Selbsteintritt des Spediteurs IV § 412 [9]; Verlust IV § 423 [4], § 457 [6]; Vertragsannahme III § 361 A [63a]; Verzug III § 374 A [136a], (nach dem Urteil) III § 374 A [150].

Teilzahlung s. Teilleistung.

Telegramm (Telegraph), Aufbewahrung I § 38 [7]; Bestätigung III § 372 A [38e]; Börsenverkehr IV § 383 [39]; Echtheit III § 350 [80]; Fracht? IV § 425 [5]; Kosten I § 59 [37]; Lehrvertrag I § 79 [2]; Privatrechtlicher Verkehr IV § 452 [3]; als Schriftstück III § 350 [60], [65], [68]; als Übermittlungsart III § 361 A [38]; Vollmacht § 252 [16]; Werkvertrag IV § 425 [5].

Telegrammadresse I § 4 [23]; § 17 [1], [6], [7], § 22 [33]; fremde Firma I § 37 [20]; Schutz I § 17 [7], § 37 [27]; Veräußerung I § 22 [25].

Telephon s. Fernsprecher.

Tel quel III § 360 [4], IV § 377 [36].

Termin III § 373 B [22a]; vgl. Börsentermingeschäft.

Terminsmarkt IV § 376 A [11].

Terraingesellschaft II § 288 [4].

Testament I § 22 [6a]; Firma I § 17 [13]; Bestimmung über Haftung für Schulden I § 27 [11]; durch Prokuristen? I § 49 [1].

Testamentsvollstrecker I § 22 [6a], § 27 [33], § 58 A, E.; Aktienstimmrecht II § 252 [8a]; des Aktionärs II § 318 [3]; Buchführung I § 38 [3]; Eigentumsübertragung III § 366 [79]; Firma I § 31 [1]; als Gründer II § 182 [11a]; im HR. I § 8 A [6], § 12 [5a], § 22 [6a], § 31 [1]; Kaufmann als T. III § 343 [10]; Legitimation III § 366 [79]; o.HG. als T. I § 105 [9]; als Prinzipal I § 59 [6]; Prokura I § 48 [4].

Teuerungszulage, Gehilfe I § 59 [47], (Wegfall) I § 67 [9], (Zahlbarkeit) I § 64 [3].

Teuerungszuschlag beim Kauf III § 374 A [214].

Theater, AG. II § 180 [4]; Billett III § 365 A [9]; als Kaufmann I § 1 [9], [29], [42], [85], § 2 [3], III § 343 [27]; Agent I § 1 [85], § 93 B [44], § 93 [4], III § 343 [27]; Kassierer I § 59 [14]; vgl. Aufführung, Eintrittskarte.

Through bill of lading IV § 382 A [62] (S. 545).

Tiefbohrung als Handelsgewerbe III § 343 [7], [22].

Tiere, Beförderung IV § 426 [18], § 459 [5], [13], § 465 [6], (Lieferfrist) IV § 466 E; entlaufene III § 366 [46]; -Bändiger I § 59 [19]; Lagerung? IV § 416 [10]; Lasttier IV § 425 [2]; als Reisegut IV § 465 [6]; -Zucht I § 1 [57]; vgl. Reittier.

Tinte I § 43 [4].

Tintenstift I § 43 [4].

Tischler I § 1 [44], [48], [84], § 4 [16].

Titel in der Firma I § 18 [9], [10a], § 22 [11]; Vermittlung I § 93 B [21].

Tochtergesellschaft II § 179 [21c], § 226 [1], § 261 [27], § 306 [24]; Erwerb von Aktien II § 179 [21c]; Verträge II § 252 [25]; vgl. Zweigniederlassung.

Tod, Agent I § 92 [11]; Antragender III § 361 A [15a], [79], [80]; Antragsempfänger III § 361 A [81]; Auftraggeber des Agenten I § 92 [10]; Auftraggeber des Mäklers I § 93 [42a]; Bevollmächtigter I § 58 A [97]; Fixgeschäft IV § 376 [37]; Gehilfe I § 63 [4], § 70 [26], (Gratifikation) I § 59 [34]; Gesellschafter I § 105 [22], [48], § 131 [17], § 137 [1], §§ 138, 139, 143, 145 [8], § 148; Gründer II § 182 [36]; HR. I § 12 [7a], II § 195 [5]; Hauptschuldner III § 349 [15]; Kaufmann I § 12 [7a], § 17 [45], [46], III § 339 [2]; des klagenden Kaufmanns I § 17 [45]; Kommanditist I § 177; Land- oder Forstwirt I § 3 [17]; Lehrherr I § 77 [8]; Lehrling I § 77 [8]; p.h.G. II § 320 [33], § 330 [9]; Prinzipal I § 66 [14], § 70 [26]; Prokura I § 52 [7], [9]; des Reisenden (Passagiers) IV § 472 [21]; des Schuldners III § 374 A [153]; stiller Gesellschafter II § 339 [5a]; Tier IV § 459 [13]; von T. wegen III § 344 [3]; des verklagten Kaufmanns I § 17 [46]; Vollmachtgeber I § 58 A [96]; Vorstandsmitglied II § 231 [34], § 248 [2].

Todesfall, Verfügungen auf den T. als Handelsgeschäfte? III § 343 [28], § 344 [3].

Tonlager (Tongräberei) I § 3 [5], III § 350 [38].

Tonröhrenfabrik I § 3 [5]; Tonwaren IV § 459 [12].

Tonsetzer (Komponist) s. Kunst.

Töpfer I § 1 [51], [84]; Topfwaren IV § 459 [12].

Torfbereitung (Torfgewinnung) I § 3 [5], III § 350 [38].

Traditionspapier s. Dispositionspapier.

Trajektdampfer IV § 453 B [10], § 469 [2].

Traktat s. Punktation.

Transitgut IV § 469 [2].

Transport des Handlungsreisenden I § 55 [3].

Transportagent I § 84 [8].

Transportanstalt (-Person, -Unternehmer) IV § 382 A [56], als Fabrik? IV § 376 A [104]; Geschäftsbedingungen III § 346 [14], [17]; (Verhältnis zum) Käufer IV § 382 A [58a], (Verhältnis zum) Verkäufer IV § 382 A [33], [58b]; vgl. Beförderung, Eisenbahn, Frachtführer, Spediteur, Versendungsperson.

Transportgefahr, Erfüllungsort III § 372 A [31].

Transportmittel III § 374 A [167], [168]; Käufer IV § 382 A [35a], [39b]; Verkäufer IV § 382 A [35a], [38], [45c]; vgl. Beförderung (Mittel).

Transportversicherung III § 344 [3]; Order III § 363 [33]; Verkäufer IV § 382 A [36].

Tratte, Geldeinziehung III § 346 [16], § 373 B [64f].

Trennung der Vermögensverwaltung AG. II § 306 [17].

Tresor s. Schrankfach.

Treue, Mäkler I § 93 B [37]; Pfandgläubiger III § 368 [108]; Zivilmäkler I § 93 B [17].

Treu und Glaube I E [37a], III § 346 [19]; Annahmeverzug III § 373 B [22a]; Aufwertung III § 374 A [211]; Auslegung III § 346 E [4], [6]; Deckungskauf III § 374 A [68]; Erfüllungsort III § 372 A [6a]; Fixgeschäft IV § 376 [6]; Gewährerlaß IV § 377 [121]; nichterfüllter Vertrag III § 373 B [78a];

gegen Nichtigkeitsvorschriften I § 67 [6]; Orderpapier III § 365 [9a]; Rechtsausübung III § 374 A [147]; Rechtsgeschäft mit sich selbst, Genehmigung I § 58 A [36]; Stillschweigen IV § 377 [202]; Wertangabe IV § 429 [26]; Wettbewerbsverbot I § 74 [17]; vgl. Arglist.
Treugeber vgl. Sicherungsübereignung.
Treuhänder (Treuhandgesellschaft) I § 18 [10], III § 368 [94a], IV § 383 [33a]; Bareinzahlung I § 195 [19]; Eigentum IV § 383 [35b]; in der Firma I § 37 [18]; Firmenübertragung I § 22 [6]; der Kommanditisten I § 161 E; als Liquidator I § 146; als Mäkler I § 93 B [16]; o.HG. als T. I § 157 [2], § 158 [5]; Pfandbestellung III § 368 [10]; vgl. Juristische Person, Sicherungsübereignung.
Trinkgeld IV § 377 A [4]; als Handelsgeschäft III § 343 [28]; Wartegeld I § 74 [14].
Trinkhalle I § 59 [14].
Trödelvertrag IV § 383 [9] (S. 613), § 387 [3].
Trödler I § 1 [84], § 4 [16], [20].
Trucksystem I § 59 [33].
Trunkenheit (Trunksucht) des Gehilfen I § 72 [10].
Trust, Machtstellung III § 346 [17].
Typen der AG. II § 179 [21c]; vgl. System.
Typemuster IV § 382 A [5], [5a].
Typisch, Bedingung III § 346 [14]; Vertrag III § 346 [3], IV § 376 A [12]; vgl. Stereotyp.

U

Überarbeit s. Überstunden.
Überbürge s. Nachbürge.
Übereignung, Erfüllungsort III § 372 A [29].
Übereinstimmung, Firmen I § 37 [11].
Übererlös vgl. Mehrerlös.
Überflüssig, Grundkapital II § 288 [3].
Überfremdung, AG. II § 185 E [11b], § 317 [8]; KGaA. II § 320 E.
Überfüllung, Eisenbahn IV § 472 [18].
Übergabe, Begriff III § 374 A [40]; Dispositionspapier III § 363 [35], § 365 [10]; Duplikatfrachtbrief IV § 455 [3]; Eigentumsübertragung III § 366 [10]; Frachtgut IV § 453 [2]; Kauf auf Probe IV § 382 A [18]; Kommission VI § 383 [33a]; Kosten IV § 382 A [119]; Mängelanzeige IV § 377 [56]; Pfandbestellung III § 368 [8], [9]; Sicherungsübereignung III § 368 [97]; Verkäuferpflicht III § 373 B [56], [56a]; Verzug III § 374 A [39]; Wandlung IV § 377 [65]; Ware III § 373 B [56], [56a].
Übergang der Forderung auf Bürgen III § 349 [42]; vgl. Übertragung.
Übergangsfragen, AG. II § 178 [1], § 180 [16], § 211 [15]; Zweigniederlassung II § 201 [11].
Überlegungsfrist, Erbe I § 137 [1].
Übermäßig, Grundkapital II § 288 [3]; Mäklergebühr I § 93 B [12], [35a]; Provision IV § 396 [1a].
Übernahme, AG. II § 186 [9], [19], § 195 [10], § 279 E; des Gesellschaftsgeschäfts I § 141 A [32], § 142, § 145 [9]; KG. I § 177 A [14]; KGaA. II § 320 [25]; Vermögensgegenstände (AG.) II § 279 E.
Übernahmekonnossement III § 363 A [31], IV § 382 A [48a], [62] (S. 545).
Übernahmekonsortium II § 342 A [1].
Überpariausgabe, AG. II § 178 [20], § 184 [3]; KGaA. II § 320 [25].
Überpreis IV § 303 [35a], § 406 [1] (S. 735); Agent I § 38 [17]; Mäkler I § 93 B [14]; vgl. Kursschnitt, Mehrerlös.
Überprovision I § 93 B [12a].
Überrumpelung der Minderheit II § 271 [3]; vgl. Vergewaltigung.
Überschreitung der Vollmacht I § 54 [8], § 58 [125], § 58 A [16]; Liquidator I § 149 [37].
Überschuldung, AG. II § 202 [17], § 240; KGaA. II § 320 [88], § 330 [6]; o.HG. I § 131 [7].
Überschuß, Bilanz I § 39 [1].
Überschwemmung IV § 417 [9], § 456 [8].
Übersee IV § 382 A [49b] (S. 506); Abladegeschäft IV § 376 [39]; Kosten IV § 382 A [119a]; vgl. Ausland, Außereuropa.
Übersendung s. Versendung.
Übersetzung, abgeleitete Firma I § 22 [11]; Sachfirma I § 30 [4]; Vorname I § 18 [5]; vgl. Verdeutschung.
Übersichtlich, Bilanz II § 261 [16a].
Überstunde, Gehilfe I § 59 [28], [33a]; Lehrling I § 76 [17].
Übertragung (Abtretung), Akkreditiv III § 363 A [37]; Aktie, Aktienrecht II § 223 [21], [31], § 320 [63]; Aktieneinlage II § 221 [6]; Anteil an zukünftigen AG. II § 200 [15]; neue Anteilsrechte II § 287; Aufsichtsratsbefugnisse II § 246 [11], [14]; Auseinandersetzungsanspruch I § 141 A [7]; Fahrkarte IV § 472 [19]; Firma I § 17 [3], § 22 E; Forderung III § 344 [13], § 349 [3]; Garantievertrag III § 349 [67]; Gesellschaftsrechte I § 109 [11], [20], § 156 [16], § 163 [13], II § 335 [27]; Gewährleistungsanspruch IV § 381 [138]; Handelsgeschäft III § 343 [27],

§ 344 [13]; Handlungsvollmacht I § 58; Herausgabeanspruch III § 363 [4], IV § 424 A [81]; Inhaberaktie II § 223 [15–24]; Inhaberpapier III § 365 A [7]; Kontokorrent III § 355 [15g], [18], § 357 [7]; Ladeschein IV § 446 [5]; Lagergeschäft IV § 419 [8]; Namensaktie II § 222 [2], [7], [12]; Orderpapier III § 364 [3], [13], [20]; Pfandrecht IV § 441 [5]; Prokura I § 52 [6]; Rechte des p.h.G. II § 320 [51]; stille Gesellschaft II § 340 [15]; Vertragsantrag III § 361 A [3], [23]; Vertragsstrafe III § 348 [36]; Vertretungsmacht I § 125 [11]; Zinsanspruch III § 352 [1]; Zurückbehaltungsrecht III § 369 B [18], § 369 [8]; vgl. Vermögensveräußerung.

Übertreibung III § 360 [3].

Überwachung, stille Gesellschaft II § 335 [22], § 338 [6], [11].

Überweisung eines Anspruchs; Kaufmannsgericht I § 59 [5b].

Überweisungsschein IV § 424 [11].

Überzeugung, GV. II § 317 E.

Übrige Gesellschafter I § 138.

Übung, kaufmännische, Bilanz II § 261 [16a]; vgl. Handelsgebrauch.

Uhrmacher I § 1 [44], [84], § 2 [10], § 4 [14].

Ultimatum III § 361 A [11], [63].

Ultimogelder im Kontokorrent? III § 355 [15c]; vgl. Ende des Monats; per ultimo.

Umfang des Betriebes I § 1 [11], § 2 [7], [8], § 3 [9], § 4 [10], [18], [19], (in der Firma) I § 18 [10], [12b], [15]; Mängelprüfung IV § 377 [14]; Schadens- III § 347 [17], [24]; Zurückbehaltungsrecht III § 368 B [9], § 369 [57].

Umgehend III § 359 A [6], § 361 A [49].

Umgehung des Gesetzes III § 346 A [24]; der Stimmenthaltung II § 252 [27a]; Wettbewerbsverbot I § 74 [15], [22], § 75b [6], § 75d; vgl. Steuer (Umgehung).

Umgestaltung IV § 377 [67–69], [96].

Umgründung, AG. II § 311 [9].

Umladung IV § 382 A [48a]; -Stempel der Eisenbahn IV § 469 [2].

Umleitung, Eisenbahnfracht IV § 456 [2], [9].

Umrechnung fremden Geldes III § 361 [8].

Umsatz I § 4 [10], [19]; der Agenten I § 84 [16a]; als Eigenschaft? IV § 377 [44].

Umsatzprovision, AG. II § 186 [2].

Umsatzsteuer, Interessengemeinschaft II § 306 [27]; Kommission IV § 396 [10a], [17]; mehrere Firmen I § 17 [3]; mehrere Gesellschaften I § 105 [39]; Selbsthilfeverkauf III § 373 [59].

Umschreibung, Aktienbuch II § 223 [1].

Umstände s. Veränderung.

Umstellung, AG. II § 218 [16], § 240 [17], [18], § 261 [51], § 284 [9], § 291 [21], § 309 [4b]; Goldbilanz II § 203 [18]; KGaA. II § 320 [16a].

Umstellungsreserve II § 262 [26a], [26b].

Umtausch, Aktien II § 288 [7], § 290, § 305; Depot IV § 424 A [35]; Handelsgebräuche III § 346 [19]; Inhaberpapier III § 365 A [8c]; Kauf auf U. IV § 382 A [15a]; Kommission IV § 400 [4], § 424 A [114], [120], wegen Mangels IV § 377 [54] (vgl. Nachbesserung) IV § 377 [107], (Einverständnis) IV § 377 [94], [109], (Urteil) § 377 [98]; Marke III § 365 A [9]; vgl. mangelfreie Ware, Nachbesserung.

Umtauschkommission IV § 424 A [114] ff.; Pfandrecht III § 368 [13a].

Umwandlung, Aktie II § 179 [2], § 183 [6], § 185 [8], [8d]; AG. II § 303 [3]; Betriebsrat II § 253 [4]; Börsenterminschuld IV § 376 A [50], [75], [122], [158]; Gelddepot IV § 424 A [48]; Gesellschaft I § 109 [19]; Inhaberpapier III § 365 A [8a]; KGaA. II § 332; o.HG. I § 131 [4]; Schuld III § 350 [21], (Bürgschaft) III § 349 [11]; Spielschuld IV § 376 A [194]; Wertpapierdepot IV § 424 A [52], [55]; vgl. Reservekonto.

Umzug IV § 425 [3]; Kosten I § 59 [27].

Unbekannter Verkäufer III § 361 A [31], [32], § 373 B [21]; vgl. Namhaftmachung, Ungenannt.

Unberechtigte, Girokonto III § 363 A [8].

Unbestellte Ware IV § 377 [199], [199a], § 378 [7], § 379 [30].

Unbestimmt s. Bestimmt.

Unbewegliche Sachen IV § 381 [17] (die keine Grundstücke sind) III § 350 [30]; Sicherungsübereignung III § 368 [95b]; vgl. im übrigen Grundstück.

Unecht, Gratisaktie II § 279 [2]; Inhaberpapier IV § 472 [19]; Kündigung II § 67 [5]; Reserve II § 237 [13–16], § 245 [9], § 262 [10], [27]; Verweisung I § 75f [1]; Zweigniederlassung I § 13 [4]; vgl. uneigentlich.

Unehrbar, Gewinn III § 347 [22a].

Uneigentliche Fusion II § 305 E; Pfandrecht III § 368 [87]; Vertragsstrafe III § 347 [2a]; Verwahrung IV § 424 A [123]; vgl. Unecht.

Unentgeltlich, Beförderung IV § 425 [7]; Erwerb I § 1 [34], [36], [42], III § 366 [74d]; Kommission IV § 383 [4], § 396 [1], § 397 [3]; Lagerung IV § 417 [9].

Unerheblich, Mangel IV § 377 [40], [149c].

Unerlaubte Handlung gegen Anfechtung IV § 377 [177b]; Auslegung III § 346 [1]; Bevollmächtigte und Gehilfen I § 58 A [76–82]; Eigentumserwerb III § 366 [71a]; Frachtführer IV § 429 [24], § 458 [7], § 471 [1], § 472 [13]; Handelsgeschäft I § 1 [36], § 15 [3], III § 343 [19]; Kaufmannsgericht I § 59 [5b]; Mängel der Kaufware IV § 377 [169], [177a]; Spedition IV § 407 [25]; vgl. Strafbare Handlung.

Unerreichbarkeit s. Rentabilität, Unmöglichkeit, Untunlich.

Unfähig, Gehilfe I § 70 [2], Lehrherr I § 77 [7]; vgl. Fähig.

Unfall, Eisenbahn IV § 456 [3].

Unfallversicherung, Auslegung III § 346 [3]; Gehilfe I § 63 [6], [8].

Unfleiß I § 133 [15].

Ungefähr III § 346 [19], § 373 B [35].

Ungehörige Erfüllung s. Nicht gehörige.

Ungelesene Urkunde III § 350 [80], § 361 A [91].

Ungenannter Gegner, Handelsmäkler I § 95 [7], III § 361 A [31], § 373 B [21]; vgl. Namhaftmachung, Unbekannt.

Ungenau, Frachtbrief IV § 453 [3], § 467 [2].

Ungerechtfertigt, Bereicherung I § 15 [3].

Ungewöhnlich, Ereignis IV § 456 [10]; Geschäfte (Maßnahmen) I § 140 [5], II § 253 [4], (AG.) II § 314 [4], (stille Gesellschaft) II § 335 [22]; Hinterlegung IV § 424 A [46]; vgl. regelmäßig.

Unglück, unverschuldetes, Gehilfe I § 63 [1], § 72 [8]; Lehrling I § 76 [21].

Ungültigkeit, Bürgschaft III § 349 [3].

Universalversammlung s. Gesamtversammlung.

Unkenntnis, Vertragsstrafe III § 348 [13].

Unklagbar, Börsengeschäft IV § 376 A [69].

Unklarheit, Vertragsannahme III § 361 A [23]; Vertragsantrag III § 361 A [11].

Unkosten, Selbsteintritt IV § 403.

Unlauter (unreell) Geschäftsherr I § 92 [7]; Handlung III § 346 A [31]; Wettbewerb (s. den nächsten Artikel); vgl. Illoyal.

Unlauterer Wettbewerb I § 37 [4]; Angestellte I § 58 A [82], [83]; Bezirksagent I § 89 [6]; Firma I § 30 [1], [6], § 37 [19], [26] ([4]); HR. I § 8 A [11]; o.HG. I § 124 [3].

Unmittelbar, Besitz III § 366 [46a]; Geschäft I § 88 [15], § 89 [2].

Unmöglichkeit, Agent I § 92 [14a]; Bankverwahrung IV § 424 A [70]; Beweislast III § 373 B [89], IV § 429 [16]; Buchauszug I § 91 [6]; Gesellschaftszweck I § 133 [18]; Kauf III § 374 A [46a], [47c], [47d], IV § 377 [56b]; o.HG. I § 133 [17], [19]; stille Gesellschaft II § 339 [8], [20]; Versendung IV § 382 A [39b]; Vertragsannahme III § 361 A [47]; Wandlung IV § 377 [65]; Wertpapierkauf IV § 381 [8e], [8i]; Wirkung III § 374 A [49c]; wirtschaftliche U. III § 374 A [207].

Unpfändbare Gegenstände, Eintritt in ein Rechtsverhältnis III § 374 A [2c]; Verpfändung III § 368 [5].

Unrechtmäßig, Besitz III § 366 [71a]; Pfandverwertung III § 368 [66].

Unredlich, Besitz III § 366 [71b]; Gewinn III § 347 [22a]; Indossatar III § 364 [3], [14]; o.HG. I § 118, § 133 [16].

Unreell s. Reell, Unlauter.

Unregelmäßig, Bankverwahrung IV § 424 A [46].

Unrichtig, Eintragung I § 5 [3]; Frachtbrief IV § 453 [3], § 467 [2]; Preisangabe I § 93 B [21]; Verteilung II § 300 [14].

Unruhen IV § 453 [6].

Unsicher, Kunde III § 373 B [38], [39]; Zeit IV § 382 A [34], [36].

Unsittlich, Geschäft III § 346 [17], § 346 A [1], (Besitzerwerb) III § 366 [71a], (Mäklergebühr) I § 93 B [11], (Rechtsfrage) III § 346 A [15], Recht (Geltendmachung) III § 346 A [14]; Verhalten (Gehilfe) I § 72 [10]; Zumutung I § 72 [5]; Zusatz in der Firma I § 18 [10a].

Untätigkeit als positive Vertragsverletzung? III § 374 A [191].

Unteilbarkeit, Marke III § 365 A [9]; Pfand III § 368 [36]; vgl. Teilbarkeit.

Unteragent I § 84 [14].

Unterakkreditiv III § 363 A [41].

Unterbeteiligung II § 342 A [5]; o.HG. I § 109 [21].

Unterbewertung I § 40 [2], § 120 [2], § 141 A [5], § 154 [1], II § 261 [6], § 314 [7].

Unterbilanz I § 39 [1], II § 261 [11]; AG. II § 288 [2], [14]; KGaA. II § 320 [70].

Unterbrechung, Dienstleistung I § 63 [12]; Verjährung IV § 377 [138], IV § 470 [5].

Unterfrachtführer IV § 432 [1], § 449; vgl. Mehrere (Eisenbahnen.)

Untergang, Wandlung IV § 377 [65]; Zurückbehaltung III § 369 [65].

Unterhalt s. Verpflegung.

Unterhaltsstreit, Büchervorlegung I § 45 [6].
Unterkommissionär IV § 384 [4], § 406 [1]; Geldempfang IV § 394 [5].
Unterlassung, Begriff I § 74 [17], II § 268 [1]; Aufforderung an den Konkursverwalter IV § 382 A [95]; Auslegung III § 346 [4]; als Handelsgeschäft III § 343 [19]; Lieferung III § 374 A [45]; Mängelanzeige IV § 377 [38]; Mißbrauch der Firma I § 37 [22]; Strafbarkeit II § 312 [5]; Verstoß gegen Verpflichtung I § 58 A [68]; Vertragsstrafe III § 348 [9]; Wettbewerb I § 61 [5].
Unterlassungsklage, Abtretung des Anspruchs auf U. III § 374 A [2c]; gegen ungünstige Auskunft III § 349 [33]; gegen Verstoß gegen gute Sitten III § 346 A [13]; vertragliche III § 346 A [13a]; vorbeugende III § 346 A [13b]; wiederherstellende III § 346 A [13b].
Unterlassungspflicht, Verletzung III § 374 A [177].
Untermäkler I § 93 B [34].
Unternehmen, Eigentumsvorbehalt IV § 382 A [70]; Einbringung II § 179 [16]; Veräußerung III § 373 B [3a], IV § 377 [5], [42], [136a]; vgl. Betrieb, Erwerbsgeschäft.
Unterpariausgabe, AG. II § 178 [20], § 184 [1], § 262 [26b]; KGaA. II § 320 [25].
Unterrichtsanstalt I § 2 [9].
Untersagung, Firma I § 21 [2]; Gewerbebetrieb I § 7 [2]; Handelsbetrieb (öffentlich-rechtlich) I § 38 [11].
Unterschlagung, Kaufmannsgericht I § 59 [5b]; o.HG. I § 105 [37], § 143 [10].
Unterschrift, Schriftform III § 350 [56]; Frachtbrief IV § 426 [14]; Verpflichtungsschein III § 363 [22]; vgl. Firmenzeichnung, Handschrift.
Unterspediteur IV § 382 A [56], § 408 [4].
Unterstützungszweck, Rücklage II § 237 [17].
Untersuchung der Kaufware I § 54 [19], IV § 377 [11]; bei Kauf auf Probe IV § 382 A [16]; vgl. Probeziehung.
Unterverfrachter IV § 382 A [62] (S. 545).
Untervollmacht I § 54 [2], § 58 [1], § 58 A [34].
Unterzeichnung, Aktie II § 181; Bilanz I § 41 [1]; Vertrag III § 350 [63]; vgl. Firmenzeichnung, Unterschrift.
Untreue, Agent I § 86 [6], § 92 [8]; Gehilfe I § 72 [2]; vgl. positive Vertragsverletzung, Treu und Glaube, Treueverhältnis.
Untunlich, Benachrichtigung IV § 437 [3].
Unverbindlich III § 373 B [22].
Unverpackt, Frachtgut IV § 459 Nr. 2 [7].
Unverzüglich I § 25 [18], § 94 [3], § 137 [1], II § 265 [3], III § 346 [19]; Mängelprüfung IV § 377 [18].
Unvollkommen, Orderpapier III § 364 E; vgl. Unecht, Uneigentlich.
Unvollständig, Begleitpapier IV § 427; Frachtbrief IV § 426 [3].
Unwahrhaftigkeit III § 373 B [39a].
Unwahrheit I § 72 [2].
Unwirksamkeit, Begriff II § 186 [16].
Unzucht I § 133 [15].
Unzusammenhängende Frist III § 359 A [32].
Urheberrecht, o.HG. I § 124 [3]; Sacheinlage II § 186 [6]; Verkauf III § 373 B [3a]; Zurückbehaltung? III § 369 [16].
Urkunde, Auslegung III § 346 [2]; Fälschung I § 38 [11], II § 313 [3]; -Prozeß I § 17 [24], IV § 376 A [66], (Aufwertung) III § 374 A [225]; Übergabe III § 374 A [167].
Urlaub, Gehilfe I § 59 [33a], [34c], § 70 [14], (eigenmächtig) I § 72 [7], (Erschleichung) I § 72 [2], (Überschreitung) I § 72 [4], (Verlust) I § 67 [9], (zur Vorstellung) I § 66 [13]; Lehrling I § 77 E; Vorstandsmitglied II § 231 [28]; vgl. Sonderurlaub.
Urproduzent als Kaufmann I § 2 [3].
Ursache, Eisenbahnunfall IV § 456 [14]; Mangel IV § 377 [22], [23]; schlechter Rat III § 349 [27]; Täuschung IV § 377 [162]; Versendung IV § 382 [42]; vgl. Verursachung.
Ursprünglich, Firmenträger I § 22 [13].
Urteil, Eigentumserwerb III § 366 [15]; Fixgeschäft IV § 376 [38]; Pfandbestellung III § 368 [12]; unrichtig III § 346 [23], [25]; -Zinsen III § 352 [6], [16]; Zug um Zug III § 373 B [80], [83b].
Usance III § 346 [6]; vgl. Handelsgebrauch.
Utensile II § 261 [37]; vgl. Geschäftsinventar.

V

Vakanzenliste I § 93 B [44].
Valuta, Erfüllungszeit III § 372 A [44].
Vater, Aktienbezugsrecht II § 282 [11]; vgl. Sohn.
Veränderung der Umstände, Geldentwertung III § 374 A [209]; Handelsgeschäfte III § 346 [20]; Spezieskauf III § 374 A [48b]; vgl. Änderung, Nachträgliche Anweisung.
Verantwortlichkeit, Liquidator I § 149 [59].

Verarbeitung I § 1[44], [52], [53], § 4[18], IV § 377[14]; Eigentumserwerb IV § 382 A[68a]; Eigentumsvorbehalt IV § 382 A[72].

Veräußerung I § 1[42]; bei Abnahmepflicht III § 363 V[70]; Anteile vor der Gründung II § 320[38]; Betrieb (s. nachstehend); Minderung IV § 377[81], [83]; Umtausch IV § 377[96]; Verbot (s. nachstehend); Wandlung IV § 377[66], [67]; Zweiggeschäft I § 13[12], § 22[4], § 30[11], [14]; vgl. Verfügung, Vermögensveräußerung.

Veräußerung des Betriebes I § 4[23], § 15[12], § 22[21–32], § 34[3]; IV § 377[5], [42], [128], § 382 A[70]; AG. II § 298[2], § 300[4]; Einwirkung auf Agenten I § 84[26], § 92[15], [16]; auf Bezirksagenten I § 89[5]; Aktiva I § 22[21–28]; Form I § 22[20]; als Fortführung I § 27[22], [24]; Einwirkung auf Gehilfen I § 70[27], § 74; GV. II § 253[4]; Handelsbücher I § 38[10]; Lehrling I § 77[7]; o.HG. I § 105[49], § 126[2]; o.HG. in L. I § 145[8], § 149[18], [31]; Passiva I § 22[29–32]; Prokura I § 52[15]; durch Prokuristen I § 49[1]; Prozeß I § 17[39–44]; Schuldenhaftung I § 25[31], § 26; Tantieme I § 65[4]; Wartegeld der Gehilfen I § 74[12]; Wettbewerbsverbot I § 22[33], § 74[24]; Zeugnis des Gehilfen I § 73[2].

Veräußerungsgewinn, stille Gesellschaft II § 336[3].

Veräußerungsgrundgeschäft III § 366[9].

Veräußerungsverbot III § 366[76]; Selbsthilfeverkauf III § 373[40]; Zurückbehaltungsrecht III § 369[18].

Verbandspreis III § 373 V[28].

Verbesserung in Handelsbüchern I § 43[3], § 47 A[3].

Verbindung, Anfechtungsprozesse II § 272[9]; effektives und Termingeschäft IV § 376 A[163]. Einbringung und Übernahme II § 186[9]; Erfüllungsort III § 372 A[16b]; Heilung des Formmangels III § 350[90]; Kauf zur Probe, auf Probe, nach Probe IV § 382 A[27]; Rechtsgeschäfte III § 350[27], [39], [74a], § 373 V[16b]; Schadensberechnung (abstrakte und konkrete) III § 374 A[73b]; vgl. Zusammengesetzt.

Verborgener Mangel IV § 377[31], § 382 A[6a]; vgl. Sukzessivlieferung.

Verbot, gesetzlich III § 346[24]; Börsengeschäft IV § 376 A[57], [67], [99], [107], [166]; vgl. Veräußerungsverbot.

Verbrauch als Untersuchung IV § 382 A[16]; Wertpapiere IV § 424 A[54].

Verbrauchbare Sachen I § 111[5]; Eigentumsvorbehalt IV § 382 A[68a]; Verpackungsmittel IV § 382 A[122].

Verbrechen (Eisenbahnunfall, höhere Gewalt) IV § 456[8], [9].

Verdacht I § 70[5], [18], § 72[2].

Verdecken, Ladenschild I § 37 A[6]; vgl. Verkleiden, Verschleierung.

Verderb, Frachtgut IV § 456[11], § 459 Nr. 4[12]; Kommissionsgut IV § 388[7]; Pfand III § 368[34]; Ware bei Annahmeverzug III § 373[32]; vgl. Mangel.

Verdeutschung I § 17[22]; vgl. Übersetzung.

Verdunklung, Bilanz II § 261[16a]; vgl. Verkleidung, Verschleierung.

Verein, Begriff I § 33[1]; AG. als V. II § 178[6a]; Firma als Mitglied I § 17[11a]; V. als Kaufmann I § 1[4], III § 351[3]; Namenrecht I § 37[12]; o.HG. als Mitglied I § 105[37]; Rechtsfähigkeit I § 33[2]; Verwechselung mit Firma I § 30[1]; Haftung für Vorstand III § 349 A[37].

Vereinbarung, ausländischer Erfüllungsort III § 372 A[11a]; Firmenübergang I § 25[17]; Geldübersendung III § 372 A[60]; vgl. Freizeichnung.

Vereinigung aller Aktien II § 179[21c], § 330[24]; AG. II § 305; zu Börsentermingeschäften IV § 376 A[15], [76], [78], [92], [123], [159]; von Gemeinden (Firma) I § 30[3a]; zweier Geschäfte I § 22[11]; KGaA. II § 330[22], § 334[6]; vgl. Einmanngesellschaft, Gesellschaft.

Vereitelung s. Verhinderung.

Vererblich, Dienstverhältnis I § 66[14]; Gründerrechte II § 283[10]; Handelsgewerbe I § 22[4].

Verfall, Aktie (Kaduzierung) II § 219, § 278[6], § 290[6], § 305[10], § 306[5], § 320[64]; Kauf III § 374 A[17a], [148a]; Recht IV § 390[4]; Treu und Glauben III § 346[19]; vgl. Einziehung.

Verfolgungsrecht III § 366[40]; Kommission IV § 391[6], § 397[14]; im Konkurs IV § 382 A[98]; Spedition IV § 410[13], [15]; V. und Zurückbehaltungsrecht III § 369[38].

Verfrachter IV § 382 A[62].

Verfügung, Absender über Frachtgut IV § 433[1], [5], § 469[12]; über Kommissionsgut IV § 389; Sammeldepot IV § 424 A[59a]; Speditionsgut IV § 415[5]; über die Ware

IV § 377 [116]; sich zur V. stellen I § 70 [4], [12]; Ware zur V. stellen III § 373 [5], IV § 382 A [60] ff.; vgl. Nachträglich, Veräußerung.

Verfügungsberechtigung III § 366 [18], [87].

Verfügungsschein III § 373 B [41]; vgl. Dispositionspapier.

Vergewaltigung der Minderheit II § 250 [9], § 256 [13]; vgl. Überrumpelung.

Vergleich, Agent I § 88 [7]; Börsengeschäft IV § 376 A [82], [83], [126], [160]; Bürgschaft III § 349 [20a]; Ersatzpflicht II § 270; Form III § 350 [1], [2]; Gründungshaftung II § 205 [3], § 320 [43]; als Handelsgeschäft III § 343 [13]; Handlungsbevollmächtigter I § 54 [19]; KGaA. II § 320 [107]; Liquidator I § 149 [26]; Mäklerlohn I § 93 B [16], [23]; über nichtiges Geschäft III § 346 A [8]; Orderpapier III § 364 [10]; prozeßgerichtlicher I § 12 [2]; Spiel IV § 376 A [195]; statt Urteils I § 16 [2]; Verjährung I § 26 [3].

Vergnügungszwecke, AG. II § 180 [4].

Vergrößerung des Betriebes, o.HG. I § 116 [2]; vgl. Erweiterung.

Vergütung, Handlungsgehilfe I § 59 [32], [33]; bei Entlassung I § 70 [12]; Lehrling I § 76 [10]; Liquidator I § 146 [10], § 149 [38]; Revisor II § 267 [2]; vgl. Entlohnung, Gebühr.

Verhältniswahl, AG. II § 251 [3a].

Verhandlung, gerichtliche II § 182 [13].

Verhinderung (Vereitelung), Annahmeerklärung III § 361 A [47]; Dienstleistung I § 63; Zugehen III § 361 A [23a].

Verjährung I § 1 [1], § 26 [8], III § 343 [28], § 346 [19]; Abkürzung IV § 377 [189]; von Amts wegen? IV § 377 [145]; andere Ware III § 378 [14a]; Anweisung III § 363 [13]; Arglist III § 346 [21], IV § 377 [146], [160]; Aufwertung III § 374 A [234]; Beginn IV § 377 [190]; Bereicherung des Aktionärs II § 216 [15], [23]; in der Bilanz I § 40 [6]; Bürge III § 349 [14]; Bürgschaft, selbstschuldnerische III § 349 [23]; Dividende II § 213 [16]; Einrede IV § 417 [7]; Eisenbahnreisende IV § 472 [22]; Erfüllungsort III § 372 A [8]; Fracht IV § 439, § 470 [1], [3]; Gehalt II § 231 [39]; Geschäftsübernahme I § 26; Gewährleistung IV § 377 [133]; Gründerhaftung II § 206, § 320 [44]; Handelsbetrieb III § 344 [7]; Hemmung IV § 377 [190a]; KG. I § 177 A [28]; Kommission IV § 387 [5], § 396 [10]; Kontokorrent III § 355 [19], § 356 [2]; Kontokorrentsaldo III § 355 [32]; Lagergeld IV § 423 [2], (Ansprüche gegen) Lagerhalter IV § 423; Marke III § 365 A [9]; Minderung IV § 377 [135]; o.HG. I § 129 [6], §§ 159, 160; o.HG. in L. I § 156 [24]; p.h.G. II § 320 [57]; Quantitätsmangel IV § 377 [136]; Rechnungslegung IV § 384 [26]; Schadensersatz III § 346 A [9], § 349 A [40], [41]; Selbsteintritt IV § 400 [28]; Spedition IV § 409 [6], [10], § 414 [1], [7], [15], § 423 [2]; unerlaubte Handlung IV § 377 [175], [175a]; Unterbrechung I § 160 E, IV § 377 [190a]; Vergleich IV § 377 A [135]; Verlängerung IV § 377 [190]; Verpflichtungsschein III § 363 [32]; vertragliche Abänderung IV § 377 [188]; Vertragsstrafe III § 348 [39]; Vertragsuntreue III § 374 A [203]; Verweigerungsrecht I § 159 [12]; Verzicht I § 149 [13], IV § 377 [192]; Vorstandsmitglied II § 241 [18]; Wandelung IV § 377 [135]; Wertpapierkauf IV § 381 [13h]; Wettbewerbsverbot II § 236 [9]; Zinsen III § 352 [16].

Verkauf, Aktie II § 220 [11]; Pfand III § 368 [49]; vgl. Pfandverwertung.

Verkäufer (Angestellter) I § 59 [13], [14], § 70 [8].

Verkäufer (Vertragspartei), Akkreditivbank III § 363 A [28]; positive Vertragsverletzung III § 374 A [192]; Rechte und Pflichten III § 374 A.

Verkäuflichkeit, -Preis III § 374 A [60a]; -Wert III § 374 A [29a], [59], [60a], [60b].

Verkaufsagent I § 88 [4].

Verkaufsbrouillon I § 40 [8], § 47 A [2].

Verkaufsgegenstand, Bilanz I § 40 [9].

Verkaufskommission, Anzeigepflicht IV § 424 A [120]; Eigentum IV § 383 [35b], [36]; Konkurs IV § 383 [28]; Kredit IV § 393 [7]; Widerruf IV § 383 [24].

Verkaufsstelle, Arbeitszeit I § 59 [28].

Verkaufsvermittler I § 93 [4].

Verkehr, Absperrung I § 63 [8]; Anschauung III § 346 [7], [11]; -Gesellschaft II § 211 [1]; Gewerbe (Sonntagsruhe) I § 59 [28]; Ordnung (Eisenbahn) IV § 453 B E [1], § 454 [1], § 456 [1], § 471, (Reisende) IV § 472; Sicherheit I § 15 E.

Verkehrssitte I E [30–35], [37a], § 62 [6], III § 346 E [20]; Annahmeerklärung III § 361 A [68]; Auslegung III § 346 [5], [6], [7], [11]; Frachtbriefangaben IV § 453 [3]; Provision III § 354 [6]; vgl. Gewohnheitsrecht, Handelsrecht.

Verkehrsüblich, Name I § 37 [12].

Verkehrsverein III § 362 [20].

Verkleidung, Termingeschäft IV § 376 A [178]; vgl. Verschleierung.

Verkündung, GV.-Beschluß II § 256 [12].

Verkürzung der Dauer der AG. II § 292 [5].

Verladeanzeige III § 363 A [15], IV § 382 A [49b].

Verladung, Eisenbahn IV § 456 [2], § 459 Nr. [3], [10]; sorgfältige IV § 382 A [125].

Verlag, (Verlagsbuchhandlung, Verleger) I E [19], § 1 [78], [84], § 4 [20], § 5, § 59 [14]; vgl. Buchhandel, Selbstverlag.

Verlagsrecht, Bilanz II § 261 [10]; Veräußerung III § 373 B [3a].

Verlängerung, Dienstverhältnis I § 67 [5]; Frist III § 359 A [29]; Nachfrist III § 374 A [92a], [92b]; Verjährung IV § 414 [4]; vgl. Prolongation.

Verlegung des Geschäftsjahrs I § 39 [3].

Verlegung der Niederlassung I § 30 [3], [11], § 31 [1], [1a]; Agent I § 92 [8]; Firma I § 30 [3]; Lehrling I § 77 [7]; Liquidation I § 149 [30].

Verleihen, Aktie II § 318.

Verleitung, Börsengeschäft IV § 376 A [32]; Dienstaustritt IV § 377 A [5]; Vertragsbruch IV § 377 A [4].

Verloren (abhanden gekommene Sachen, Verlust), Dampfer IV § 382 A [49e]; Duplikatfrachtbrief IV § 455 [8]; Eigentumserwerb IV § 366 [46], [74], [74a]; Eisenbahnfrachtstücke IV § 453 B [6], § 456 [5], § 459, § 461, (ganze Stücke) IV § 459 [6], § 460 [4]; Frachtgut IV § 429 [5], § 430 [2], § 439; Inhaberpapier III § 367; Kommissionsgut IV § 390 [1], [4]; Lagergut IV § 417 [3], § 423 [3], § 424 [6]; Legitimationszeichen III § 365 A [9]; Orderpapier III § 356 [13]; Pfandrecht III § 366 [55], [66]; Pfandverwertung III § 368 [68]; Probe IV § 382 A [9]; Reisegepäck IV § 465; Rektapapier III § 365 A [1]; Speditionsgut IV § 408 [8], § 413 [6], § 414 [2], § 415 A [5]; Verkauf III § 373 B [60].

Verlust, AG. II § 240 [1], [2]; in der Bilanz II § 261 [46]; Ersatz I o.HG. § 110 [4]; KG. I § 167, § 168 [4]; KGaA. II § 320 [70].

Verlustbeteiligung, stille Gesellschaft II § 336, § 337 [8a].

Verlustgarantie, Wartegeld I § 74b [3].

Verlustigerklärung s. Verfall.

Verlustvortrag im Reingewinn II § 237 [11].

Vermächtnis s. Erbschaft.

Vermengung s. Sammeldepot, Vermischung.

Vermieter, Pfandrecht III § 366 [38], [60], [79a]; vgl. Miete.

Verminderung des Kapitalanteils I § 122 [13], § 169 [9].

Vermischung IV § 382 A [72]; Depot IV § 424 A [58] (vgl. Sammeldepot); Kommission IV § 392 [5b]; Lagergut IV § 419 [1].

Vermittlung (Vermittler), -Agent I § 84 [14], § 85, III § 372 A [36]; Arglist IV § 377 [151]; -Bank III § 363 A [16a]; unerlaubte Handlung IV § 377 [174]; Zivilmäkler I § 93 B [32]; Zusicherung IV § 377 [47].

Vermögen I § 22 [20]; -Anlage (Aufwertung) III § 374 A [230]; Auseinandersetzung I § 47; als Gegenstand des Handels I § 1 [41]; des Gehilfen I § 70 [24], § 72 [10]; Sicherungsübereignung III § 368 [100]; Übernahme I § 25 [21a], [24], § 26 [1], (o.HG.) I § 105 [37]; Veränderung III § 373 B [40]; Veräußerung (s. Vermögensveräußerung); Verteilung (s. Verteilung); Wegfall (AG.) II § 292 [23]; Zurückbehaltung III § 369 [16].

Vermögensbilanz II § 261 [13], [15].

Vermögenslage, Buchführung I § 38 [5].

Vermögensstrafen I § 37 A [8].

Vermögensveräußerung III § 373 B [3c]; AG. II § 275 [3], § 299 [6], § 303 [2], [5], § 304, § 306 [5], (Bausch und Bogen) II § 299 [6], (Form) II § 303 [15]; AG. in L. II § 307 [2]; KGaA. II § 330 [22].

Vermögensverteilungsbilanz II § 261 [13], [15], § 299 [6].

Vermutung, Eisenbahnfracht IV § 459 Abs. II [2], [15]; Erfüllungsort IV § 382 A [49a]; Vollmacht I § 58 A [3]; vgl. Beweislast.

Vernichtung s. Verloren.

Verpächter, Pfandrecht III § 366 [60].

Verpachtung des Betriebes, AG. II § 275 [3], § 306 [23], [24]; Firma I § 22 [6d], [15]; Form III § 350 [38]; als Fortführung des Geschäfts I § 27 [24]; Handelsregister I § 15 [11]; Kaufmannseigenschaft des Verpächters I § 1 [15]; Schuldenhaftung I § 25 [1a].

Verpackung IV § 382 A [43], [124], § 427 [8]; Eisenbahnfrachtgüter IV § 456 [12], § 453 [6], § 459 Nr. 2 [7]; Gewicht IV § 380; Kosten IV § 382 A [121]; Mangel IV § 377 [9], § 378 [5], § 382 A [124]; -Mittel III § 374 A [122], [168]; Mühe IV § 382 A [123]; Pfandrecht IV § 397 [3]; Seebeförderung IV § 382 A [38]; Spedition IV § 407 [7], § 408 [10]; Zurückbehaltungsrecht IV § 421 [7].

Verpfändung III § 366 [53]; Aktienbezugsrecht II § 282 [11]; Aktienrecht II § 223 [13], [23], § 252 [5], § 318 [3], (Stimmrecht) II § 252 [8], § 318 [6]; Bürgschaft III § 349 [11], [50]; Dis-

positionspapier III § 365 [10], [11]; Erfüllungsort III § 372 A [10a]; Form III § 350 [34]; gebundene Namensaktie II § 222 [11]; Gelddepot IV § 424 A [49]; Geschäftsbetrieb (nicht registerfähig) I § 8 A [6], III § 373 B [31]; Gesellschaftsrechte I § 109 [17]; Giroguthaben III § 363 A [11]; im Handelsverkehr III § 366 B; Inhaberpapiere III § 365 A [7b]; Kommissionär IV § 383 [35b]; Kontokorrentposten III § 355 [18], § 356 [4]; künftige Wertpapiere IV § 424 A [128]; Lageranspruch IV § 419 [8a]; Orderpapier III § 364 [19]; Rektapapier III § 365 A [1]; Schrankfach IV § 424 A [13]; Wertpapierdepot IV § 424 A [53], [56]; Zentralbank IV § 424 A [121]; vgl. Pfand, Pfandbestellung, Sicherheit.

Verpflegung des Gehilfen I § 59 [30], § 62, § 70 [20]; Anrechnung auf Gehaltsgrenze I § 68 [1]; Nichtgewährung I § 71 [3]; Wartegeld I § 74 [14].

Verpflichtung zur Erteilung der Prokura I § 48 [7], § 52 [2].

Verpflichtungsgrund III § 363 [26]; vgl. Schuldgrund.

Verpflichtungsschein III § 344 [10], § 350 [45], § 363 [19–32]; Börsengeschäft IV § 376 A [55], [72], [112]; Erfüllungsort III § 372 A [26]; als Wertpapier III § 369 [16].

Verrechnung III § 355 [3]; Kaufpreis III § 373 B [63b].

Verrechnungsscheck, Übersendung III § 372 A [64].

Verrichtungsangestellte (Gehilfe) I § 58 A [52], [74], III § 347 [13], IV § 377 A [2].

Versand, -Adresse III § 374 A [168]; -Bahn IV § 469 [3]; -Bescheinigung (des Spediteurs) III § 363 A [33]; -Haus I § 18 [12b].

Versäumung vgl. Lieferfrist.

Verschleierung, Abzahlungsgeschäft IV § 382 A [74a]; Bilanz II § 261 [16a], [36]; Kapital II § 198 [12]; Sachgründung II § 179 [16]; Strafen II § 313 [1], § 314 [1], [8]; Unterpariausgabe II § 184 [1].

Verschmelzung, AG. II § 292 [15], § 305 [23], § 306 E, (Anfechtung) II § 308 [2], [3a], (Einwirkung auf Aktienbezugsrecht) II § 283 [4], [8]; KGaA. II § 330 [22], § 334 [6].

Verschlossen, Depot IV § 424 A [20].

Verschollenheit, Prokura I § 52 [11].

Verschulden, Bevollmächtigte I § 58 A [52], [53]; Dienstunfähigkeit I § 63 [8a]; Eisenbahn IV § 453 [10], § 456 [2], [4], [15], [16], § 459 Abs. III [20]; Empfänger IV § 456 [13]; Fixgeschäft IV § 376 [1]; Freizeichnung III § 374 A [49b]; fremdes I § 54 [25]; Fristversäumnis III § 346 [19]; Fürsorge I § 62 [13]; Gehilfe I § 58 A [52], § 63 [8a]; Gesamtprokura I § 48 [9], § 58 [87a]; Girobank III § 363 A [9]; Handelsmäkler I § 98; Kommissionär IV § 385 [3]; im Konkurs IV § 382 A [84]; Pfandrecht III § 368 [32]; Prokurist I § 49 [1], § 53 A [3], § 58 [87a]: Spezifikation III § 375 [4]; Verkäufer III § 374 A [46a]; Vertragserfüllung IV § 377 [100]; bei Vertragsschluß III § 347 [2a]; vor Vertragsschluß III § 347 [2a]; Verzug III § 373 [9], [13]; wichtiger Grund I § 70 [5]; vgl. Grob, Vorsatz.

Verschweigen, arglistiges IV § 377 [51], [148]; Mangel IV § 377 [86], [117]; als Täuschung I § 70 [25]; Zahlungseinstellung III § 373 B [49].

Verschwiegenheitspflicht, AG. II § 314 [2]; Gehilfe I § 59 [38]; Lehrling I § 76 [23]; vgl. Schweigepflicht.

Versehen, Firmenlöschung I § 31 [3]; vgl. Verschulden.

Versender, Verhältnis zum Frachtführer IV § 425 [14]; zum Spediteur IV § 382 A [56] ff., § 407 [18].

Versendung, Begriff IV § 382 A [45a]; Anspruch auf Erfüllung IV § 382 A [39], [39a]; Eigentumsübergang IV § 382 A [57]; Erfüllungsort III § 372 A [31]; nach dem Erfüllungsort IV § 382 A [45c]; Fehler IV § 377 [8]; Frachtführer IV § 382 A [56] ff.; Gefahr IV § 342 A [48]; als Hauptverpflichtung des Verkäufers IV § 382 A [39a]; Kaufware IV § 374 A [161], [167]; Kommissionär IV § 384 [30]; Kosten IV § 382 A [120], [125]; Ort III § 372 A [13], [37], [66]; Spediteur IV § 382 A [56] ff.; Unmöglichkeit IV § 382 A [39b]; Verspätung IV § 382 A [39a].

Versendungsbedingungen IV § 382 A [36]; vgl. Beförderung.

Versendungskauf IV § 379 [2], § 382 A [28], [102]; Erfüllungszeit III § 372 A [46]; Gattungskauf III § 374 A [42a].

Versendungsperson IV § 382 A [51], [52]; vgl. Frachtführer, Spediteur, Transportperson.

Versetzung des Gehilfen I § 59 [27].

Versicherung (Zusicherung) der Mangelfreiheit IV § 377 [41]; vgl. dagegen Versicherungsvertrag.

Versicherungsagent I § 84 [1], [8], [13], [15], [31], [32], [33], § 86 [5]; Provision I § 88 [4]; Sonntagsruhe I § 59 [28]; als Zweigniederlassung I § 13 [5].

Versicherungs-AG. II § 265; Ausgabe von Aktien II § 179 [3]; Buchführung I § 38 [5b]; Einzahlung II § 215 [4]; Kapitalserhöhung II § 278 [7]; Liquidation II § 301 [13]; Nachschuß II § 211 [5]; neue Aktien II § 278; Verschmelzung II § 305 E; vgl. Konkurs.

Versicherungsbedingung I § 34 [2], (Auslegung) III § 346 [14].

Versicherungsinspektor I § 54 [16].

Versicherungskarte I § 59 [34b].

Versicherungsmäkler I § 93 [4].

Versicherungsmarke III § 365 A [9].

Versicherungspapier III § 363 A [35].

Versicherungsprämie (Bestimmungsort) III § 372 A [51], (Verwaltungskosten) II § 261 [21].

Versicherungsschein Pfandrecht? IV § 440 [4]; als Wertpapier? III § 369 [16], § 397 [3].

Versicherungssumme (Pfandrecht) IV § 397 [3].

Versicherungsunternehmen I E [21]; Agentur I § 13 [5]; AG. (s. Versicherungs-AG.); Aufsicht I § 1 [63a], § 14 [18]; Bilanz I § 38 [5b], § 39 [1]; Buchführung I § 38 [5b]; als Fabrik? IV § 376 A [104]; Geschäftsbedingungen III § 346 [17]; Gewerbebeschränkung I § 7 [2]; Handlungsvollmacht I § 54 [6a]; als Kaufmann I § 1 [84]; Konkurs I § 32; Sonntagsruhe I § 59 [28]; Subdirektion I § 13 [5].

Versicherungsverein auf Gegenseitigkeit I § 1 [61]; Buchführung I § 38 [5a]; Firma I § 20 [3b]; gemischt I § 1 [62], III § 344 [3]; GV. II § 254 [27]; Handelsbücher I § 38 [1]; Handelsgeschäfte III § 343 [27]; als Kaufmann I § 59 [11]; Rechtsfähigkeit I § 33 [2]; Zweigniederlassung I § 13 [5], II § 201 [5].

Versicherungsvertrag I E [19], [21], § 1 [59]; AG. II § 241 [1a]; Auslegung III § 346 [2], [3]; cif IV § 382 A [49a]; Frachtführer IV § 429 [28]; auf Gegenseitigkeit I § 1 [61]; in fremdem Namen IV § 390 [9]; für fremde Rechnung IV § 390 [10]; als Handelsgeschäft I § 1 [59–63a], III § 343 [27]; Handlungsbevollmächtigter I § 54 [19]; Käufer III § 374 A [75], § 379 [17]; Kommission IV § 383 [7], [26a], § 396 [19], § 406 [1]; Kommissionsgut IV § 390 [5–10]; Lagergut IV § 417 [5], [6], § 420 [3]; bei Liquidation der Gesellschaft II § 292 [2]; Pfandgläubiger III § 368 [34]; gegen Prämie I § 1 [59], [63]; Spedition IV § 407 [7], § 408 [11], [12]; Verkäufer IV § 377 [35], § 382 A [36], [49a]; bei Verschmelzung der Gesellschaften II § 306 [15].

Versilberungswert I § 40 [3]; vgl. Schmelzwert.

Verspätung, Anfechtung IV § 377 [164a]; Einberufung der GV. II § 260 [19]; Fracht IV § 438 [13], § 439; Geltendmachung der V. (s. Rüge); Kündigung I § 66 [8]; Liquidation II § 300 [10a]; als positive Vertragsverletzung III § 374 A [196]; Reisende (Beförderung) IV § 472 [20]; Rüge der V. III § 374 A [147], IV § 377 [8]; Spedition IV § 414 [3]; Verpackung (Rücksendung) IV § 382 A [121]; Vertragsannahme III § 361 A [20], [48], [51], [57]; Vertragsstrafe III § 348 [19].

Verstaatlichung, AG. II § 304 [4]; Geschäftsübernahme I § 25 [32]; KGaA. II § 330 [22].

Verständlich, Buchführung I § 38 [5].

Verstärkung von Verträgen III § 343 [27].

Versteckt, Dissens III § 391 A [93]; Reserve II § 314 [7] (vgl. still); vgl. Verborgen, Verschleierung).

Versteigerung, Abhaltung vom Bieten III § 346 A [19]; bei Annahmeverzug III § 374 [3]; Arglist? IV § 377 [163]; Eigentumserwerb III § 366 [45], [49]; Herausgabeanspruch III § 366 [74b]; Pfand III § 368 [35], [48]; Selbsthilfeverkauf III § 373 [33]; vgl. Pfandverwertung.

Verstreuung, Frachtgut IV § 459 Nr. 4 [12].

Verteilung des Vermögens II § 300 E; KG. I § 177 A [24]; KGaA. in L. II § 330 [18].

Verteilungsbilanz II § 261 [13], [15], § 299 [6].

Vertrag III § 361 A, IV § 383 [9c]; Firma I § 17 [3]; Freiheit IV § 453 [8]; zugunsten Dritter I § 25 [24]; Haftung II § 202 [24], [25]; Schriftform III § 350 [62]; Zwang IV § 453 [5]; vgl. Freizeichnung.

Vertragsähnliche Rechtsgeschäfte III § 343 [29].

Vertragsanschluß III § 374 [2d], § 383 [9c].

Vertragsantrag, Abtretung III § 361 A [3], [20]; Vergütung III § 354 [4].

Vertragsbruch IV § 377 A [3].

Vertragsgegenstand, erweiternde Auslegung III § 346 [5].

Vertragskosten, Wandelung IV § 377 [71b].

Vertragsmäßig, Eigenschaften der Ware III § 373 B [14], [69]; Vergütung II § 231 [19].

Vertragsort III § 372 A [13].

Vertragspflichten, Verletzung durch Dritte IV § 377 A [1a].

Vertragsschluß, Form III § 361 A [23]; Schadensersatz III § 346 A [12]; vgl. Abschluß.
Vertragsstrafe III § 348; Aktionär II § 211 [8], § 212, § 218 [6]; Auslegung III § 346 [3]; mangels Dienstantritts I § 59 [34b]; Erfüllungsort III § 372 A [16a]; Ermäßigung I § 22 [37]; Frachtgeschäft IV § 426 [16a], § 453 [3]; gute Sitten I § 22 [34]; als Handelsgeschäft III § 343 [19], § 344 [5]; Handlungsgehilfe I § 59 [5a], § 70 [17b], § 75c [2], [3], III § 348 [15]; Konkurs I § 75e [3]; wegen Kündigung I § 67 [9]; wegen sofortiger Kündigung I § 70 [10]; Minderkaufmann I § 4 [27], III § 351 [2]; Pfandbestellung III § 368 [32]; Übertragung III § 368 [103]; Veräußerung I § 22 [24]; Vormann (AG.) II § 220 [5], § 221 [3]; Wettbewerbsverbot I § 61 [8], [11], II § 236 [11]; Widerruf der Vollmacht I § 58 A [108]; Zinsrückstände? III § 353 [4].
Vertragstheorie, Inhaberpapier III § 365 A [6].
Vertragstreue III § 374 A [2]; vgl. Treue, Treu und Glaube.
Vertragsverletzung, drohende III § 374 A [38a]; vgl. Positive V.
Vertragswidrig, Verhalten I § 70 [14], [18]; Ware III § 373 [2a]; vgl. Positive Vertragsverletzung.
Vertragszinsen III § 352 [13].
Vertragszweck, Gefährdung III § 374 A [142]; Vertragsstrafe III § 348 [7], [8].
Vertrauen III § 346 [20]; Handlungsvollmacht I § 54 [11]; Kommission IV § 384 [1]; Mißbrauch I § 72 [2], III § 346 A [31]; vgl. Treue, Treu und Glaube.
Vertrauens-Arzt I § 63 [2]; Interesse III § 347 [2f]; Mann III § 373 V [24] (vgl. Treuhänder); Spesen I § 59 [37]; Würdigkeit (Irrtum) III § 373 V [39a], (Kunde) I § 84 [16].
Vertraulich, Auskunft III § 349 A [44]; Äußerung I § 72 [9].
Vertretbare Sachen I § 111 [5], III § 363 [1b], § 373 V [15], IV § 381 [15]; Kommission IV § 383 [32]; Lagerung IV § 419; Verpflichtungsschein III § 363 [23]; Werkvertrag IV § 381 [20].
Vertreter, Anstellung I § 59 [35a]; Arglist IV § 377 [150b], [166]; Haftung III § 347 [2d], [4], [13], § 349 A [37], IV § 377 [150c]; Vertragsschluß III § 361 [31]; ohne Vertretungsmacht I § 58 [111], § 98, § 127 [20], § 231 [3], § 318 [3]; Vieldeutigkeit des Worts III § 361 A [32].
Vertretung, Agent I § 84 [21]; Aktionär II § 252 [3]; Aufsichtsrat II § 246 [11], [14]; Dienstleistung I § 59 [25]; Gesellschafter I § 118 [3]; KG. I § 164 [7], § 170 E; gegen Kommission IV § 383 [13]; o.HG. I § 125; o.HG. in L. I § 156 [19]; Prinzipal I § 72 [9]; Zweigniederlassung I § 13 [15]; vgl. Stellvertretung.
Vertretungsbefugnis (Vertretungsmacht) KG. I § 170 [2]; Liquidator I § 149 [20], II § 298 [7].
Verursachung, Abwägung III § 347 [14]; vgl. Ursache.
Verurteilung s. Urteil.
Verwahrung I § 1 [42], III § 361 [5], IV § 416 [2]; Aktie § 252 [8], § 318 [3], (Bezugsrecht) § 282 [11]; Bankdepot IV § 424 A [28]; Besitz III § 366 [46a]; Eigentumsübergang IV § 382 A [59a]; Einkaufskommissionär IV § 424 A [101]; Eisenbahn IV § 453 [4], [6]; Erfüllungsort III § 372 A [29]; Frachtgut IV § 429 [9], § 439 [2]; Handelsbücher II § 302 [7]; Handgepäck IV § 465 [8]; Kommission IV § 390 [2], § 391 [4]; § 424 A [120]; Pfand III § 368 [34a]; Spediteur IV § 407 [7], § 408 E [7], [10]; Vergütung III § 354 [9]; durch den Verkäufer III § 374 A [167], IV § 382 A [59a] ff.; Vinkulationsware III § 373 V [66d]; Waren III § 362 [16–19]; Wertpapiere IV § 424 A [2]; Zurückbehaltungsrecht III § 369 [46]; vgl. Bankverwahrung.
Verwaltung (Verwaltungsdepot), Wertpapiere I § 1 [68], IV § 424 A [1], [34].
Verwaltungskonsortium II § 317 [8], § 342 A [1].
Verwaltungskosten, keine Aktiva II § 261 [39]; Herstellungspreis II § 261 [21].
Verwaltungsrat II § 246 [10], [15].
Verwaltungsvertrag, Vermögen der AG. II § 306 [23], [24].
Verwandtschaft, Firma I § 18 [12d], § 19 [1]; Handelsgeschäft III § 343 [30], § 344 [3]; Vorstandsmitglied II § 231 [10].
Verwässerung, AG. II § 282 [11].
Verwechselungsgefahr, Firma I § 30 [4].
Verweigerung s. Weigerung.
Verwendung, Zinsen III § 354 [10]; Zurückbehaltungsrecht III § 369 V [8].
Verwertung, Gesellschaftsforderung I § 149 [10]; Sicherungsübereignung III § 368 [99a]; Zurückbehaltungsrecht III § 369 [70]; vgl. Pfandverwertung.
Verwertungsaktie II § 185 [11c].
Verwieger als Gehilfe I § 59 [13].

Verwiegung, Frachtgut IV § 425 [12], § 438 [12], § 453 [2], [5], § 456 [2]; Kosten IV § 382 A [119]; Speditionsgut IV § 408 [10].
Verwirkung, Aktie II § 211 [10], § 212 [22], § 227 [5] Kauf III § 374 A [17a], [148a].
Verzeihung, Gehilfe I § 70 [6]; o.HG. I § 133 [3], § 140 [5].
Verzicht (Erlaß) auf Annahmeerklärung III § 361 A [69]; Annahmeverzug III § 373 [20]; auf Aufwertung III § 374 A [234]; Auslegung III § 346 [19]; Bürgschaft III § 349 [20a]; auf Dienste (Suspension) I § 70 [30]; Eigentum IV § 424 A [88]; auf Eigentumsvorbehalt IV § 382 A [72]; auf Einlage der Kommanditisten I § 172 [3]; auf Einlage des stillen Gesellschafters II § 342 [11]; Einreden III § 349 [11a]; Ersatzpflicht II § 270, § 320 [76]; Gewährleistung IV § 377 [116] (vgl. Freizeichnung, Gewährerlaß); Gründungshaftung II § 205 [3], § 320 [43]; als Handelsgeschäft III § 343 [28], § 344 [5]; durch Handlungsbevollmächtigten I § 54 [19]; durch Handlungsreisenden I § 55 [10]; KGaA. II § 320 [107]; auf Mahnung III § 374 A [17c], [52c]; auf Mitteilung an Zentralbank IV § 424 A [126], [132]; auf Nachfristsetzung III § 374 A [106]; auf Namhaftmachung des Dritten IV § 384 [43]; Richtigkeit III § 346 A [8]; auf Rechnungslegung IV § 384 [27]; auf Rechte aus der Säumnis III § 374 A [112]; auf Schadensersatz I § 70 [13]; auf Stückeverzeichnis IV § 424 A [87], [130]; auf Verlustbeteiligung II § 342 [4]; Vermutung III § 346 [3]; auf Vertragsstrafe III § 348 [38]; bei Vertragsuntreue III § 374 A [202]; auf Wettbewerbsverbot I § 75a; auf Zeugnis I § 73 [5]; auf Zurückbehaltungsrecht III § 369 [67].
Verzinsung, Kaufpreis III § 373 V [63]; Kommanditeinlage § 172 [7]; o.HG. § 110 [5], § 111 [10]; offene Rechnung III § 357 A [6].
Verzögerung s. Verspätung, Verzug.
Verzug, Annahme III § 373 V [75], Aufwertung III § 374 A [224]; Bestimmungsort III § 372 A [57], [57a]; Börsengeschäft IV § 376 A [97]; Bürgschaft III § 349 [18]; Erfüllungsort III § 372 A [27], § 373 V [73]; Getreidehandel IV § 376 A [140]; Kaufpreis III § 374 A [6], [116]; Kommittent IV § 397 [11]; im Konkurs IV § 382 A [83b]; Lieferung III § 373 V [75], § 374, § 374 A [121], IV § 381 [8f]; Nachleistung III § 374 A [116]; Pfandbestellung III § 368 [32]; Selbsteintritt IV § 400 [25]; Spezifikation III § 375 [2]; nach dem Urteil III § 374 A [149]; Vertragsstrafe III § 348 [10], [33]; bei Verweigerungsrecht III § 373 V [79a]; Vorleistung III § 374 A [1]; Wandelung IV § 377 [77b], [77c]; Zahlung III § 373 V [75], § 374 A [6], [116]; Zurückbehaltungsrecht III § 369 V [11], § 369 [70]; vgl. Rechtsirrtum.
Verzugsschade III § 354 [20]; ausländische Währung III § 361 [8]; Geldentwertung III § 374 A [233].
Verzugszinsen III § 352 [1], [7], § 353 [12].
Vidi § 363 [9].
Vieh vgl. Tier.
Viehhändler I § 1 [84], § 7 [2].
Viehmängel IV § 382.
Viehmäster I § 1 [57], [84], IV § 376 A [138].
Viehtreiben IV § 425 [2], [7].
Vier Wochen I § 66 [5], § 67 [8], III § 359 A [26]; vgl. Woche.
Vierteljahr III § 359 A [28].
Vinkulationsgeschäft III § 373 V [66]; »Kommission IV § 406 [1] (S. 735).
Vollbahn s. Hauptbahn.
Vollbezahlte Aktie II § 226 [1].
Vollendung, Annahmeleistung III § 361 A [71]; Reise IV § 428 [1].
Vollerwerb eines Geschäfts I § 22 [6].
Vollhaftung, KG. I § 176 [4], [5].
Vollkaufmann, Abzahlungsgeschäft IV § 382 A [74b]; Börsentermingeschäft IV § 376 A [17]; Depot IV § 424 A [24].
Vollmacht I § 48 [1], § 58 [11], § 58 A; Auflassung III § 350 [85a]; Form II § 252 [16], III § 350 [59]; zum Grundstücksverkehr III § 350 [24], [85a]; als Handelsgeschäft III § 343 [27], § 345 [4]; HR. I § 108 [1]; internationales Recht III § 372 A [8]; als Lokalbankier IV § 424 A [119]; o.HG. I § 105 [9]; örtliches Recht I § 84 [29], § 85 A [6], § 372 A [8]; des Prokuristen I § 49 E; Widerruf I § 147 [2].
Vollmachtsurkunde I § 58 A [12], § 59 [34b]; Zurückhaltung III § 369 [16].
Vollständigkeit, Bilanz II § 261 [16a]; Vermutung III § 350 [71]; Vertragsbedingungen III § 361 A [88]; Vertragseinigung III § 361 A [83]; Vertragsurkunde III § 346 E.
Vollstreckbarkeit o.HG. I § 124 [24].
Vollstreckbarer Titel (Urkunde), HR. I § 16 [2]; Zurückbehaltungsrecht III § 371 [13].
Vollstreckung, Firma I § 17 [36–38]; Zug um Zug III § 373 V [80]; vgl. Zwangsvollstreckung.

Vollstreckungsbefehl I § 135 [4].

Vollstreckungsklausel I § 17 [43].

Volontär I § 78; als Gehilfe I § 59 [10]; Wettbewerbsverbot I § 74 [3], § 75c [6], § 82a.

Voranschlag, Vergütung III § 354 [4].

Vorausklage III § 349; Akkreditivbank III § 363 A [18a]; Ausbedingung III § 349 [25]; Bürge III § 349 [22]; Haftung für Empfehlung III § 349 A [30]; gegen den Vertretenen I § 58 A [130].

Vorauszahlung (Vorausleistung) III § 354 [10]; Aufwertung III § 374 A [219]; Dividende II § 213 [9a]; Kaufpreis III § 373 V [63a]; vgl. Vorleistungspflicht.

Voraussehbarkeit, Schaden III § 347 [26].

Vorbehalt, als Handelsgeschäft III § 340 [29]; Angebot der Leistung III § 373 [14a]; des Eigentums IV § 382 A [63], [90], (im Konkurs) IV § 382 A [90–97]; der Genehmigung I § 54 [3], [22]; der Gegenpartei in der Schlußnote I § 95; Mängelrüge IV § 377 [118a], [119]; Möglichkeit III § 374 A [49]; Verkäufer III § 374 A [12], [45]; Vertragsannahme III § 361 [59]; Vertragsstrafe III § 348 [20]; Zahlung IV § 373 V [62a], § 374 A [12a], § 376 A [50].

Vorbehaltsgut, Inventur I § 39 [1].

Vorbereitungsgeschäft I 3 1 [10a]; Gehilfe I § 60 [3]; Gesellschafter I § 112 [2], § 123 [15], § 141 A [15]; als Handelsgeschäft III § 343 [14].

Vorbesprechung III § 346 [2], § 350 [72].

Vorbürge III § 349 [52].

Vordruck, Aktie II § 181 [4]; Firmenpapier I § 54 [7], § 58 A [82].

Vorerbe, Aktienbezugsrecht II § 282 [11]; Aktienstimmrecht II § 252 [8a]; o.HG. I § 105 [40]; Verfügung III § 366 [78].

Vorfaktura III § 372 A [46a].

Vorführer als Gehilfe I 59 [14].

Vorgeneralversammlung, AG. II § 197 [6].

Vorgründungsvertrag II § 182 [33–36].

Vorhandene Ware, Abnahmepflicht III § 373 V [68].

Vorkaufsrecht III § 350 [23], [50] § 361 A [11], [12], [87]; Aktie II § 222 [6]; Form, III § 350 [81], § 361 A [87].

Vorkehrung s. Anstalt.

Vorlage GV. II § 263.

Vorläufig, Vollstreckbarkeit (HR.) I § 16 [2].

Vorlegung (Bucheinsicht) I § 45; Agent I § 91 [4]; Aktienbuch II § 222; Aktionär II § 250 [12], § 302 [11]; Erfüllungsort III § 372 A [29]; Gehilfentantieme I § 65 [5]; GV. II § 263 [1]; Gesellschafter I § 118; Handelsbücher I § 46, II § 267; Handelsmäkler I § 101 [4], § 102; Handlungsgehilfe I § 65 [a]; KG. I § 166; Kommittent IV § 384 [20]; Marke III § 365 A [9]; o.HG. nach Beendigung der Liquidation I § 157 [14]; Steuerbehörde I § 45 [5]; stiller Gesellschafter II § 338.

Vorlegungsfrist, Inhaberpapier III § 365 A [8].

Vorleistungspflicht III § 373 V [40], [44], [77b], [79]; vgl. Vorauszahlung.

Vormann, Aktionär II § 220 [2]; Fracht IV § 441 [1], § 442 [1]; Indossament III § 364 [8]; Spediteur IV § 411, § 421.

Vormittag III § 361 A [49].

Vormund des Aktionärs II § 252 [8a], § 318 [3]; des Gesellschafters I § 106 [3]; Kaufmann als V. III § 343 [10]; o.HG. als V. I § 105 [9], V. erteilt und widerruft Prokura I § 48 [4]; § 52 [3].

Vormundschaftsgerichtliche Genehmigung, Mäklergebühr I § 93 [21].

Vorname I § 18 [5], § 19 [3]; Ladenschild I § 37 A [6]; Schutz I § 37 [12].

Vorort (Nachbarort), Platzgeschäft IV § 379 [10]; Stadtreisender I § 54 [4].

Vorprämie III § 348 A [7], IV § 376 A [52].

Vorräte, Bewertung II § 261 [16], [18], [20], [23].

Vorratsaktie II § 185 E [11c], § 222 [6a], § 226 E, § 260 [20a], § 262 [17], § 264 [6], § 278 [11], § 300 [10b], § 317 [8]; Bezugsrecht § 282 [2a], [15]; Einziehung § 227 [17]; Goldbilanz § 260 [20a].

Vorrichtung s. Anstalt.

Vorsatz, Eisenbahn IV § 457 [7], § 461 [5], § 462 [5], § 463 [3], § 464 [6], § 466 [7], § 467 [3]; Frachtführer IV § 430 [8], § 438 [15]; Gehilfe I § 59 [47]; Schadenzufügung III § 346 A [10]; Spedition IV § 414 [10].

Vorschuß III § 354 [10]; Fracht IV § 440 [1]; Gehilfe I § 59 [33b], § 75d [2]; Gesellschafter I § 110 [7]; Kauf III § 373 V [63a]; Kommissionär IV § 384 [46], § 393 [2], § 396 [14]; Lagergeschäft IV § 420 [3]; Provision I § 92 [17], IV § 396 [14a]; Reisespesen I § 59 [37]; Spedition IV § 409 [11], § 415 A [6]; Verzinsung III § 354; vgl. Aufwendung, Auslage.

Vorsitz des Aufsichtsrates II § 246 [14a].

Vorspiegelung, arglistig IV § 377 [86], [148], [149b]; Leistungsfähigkeit III § 373 [15b].

Vorstand der AG.

A. Verfassung: Bestellung II § 182 [23], § 190, § 195 [12], § 309 [8]; Entlastung II § 260 [8]; Fehlen II § 231 [39]; Zusammensetzung II § 231 [9], [10]; vgl. HR., Stellvertreter.

B. Befugnisse: Anfechtungsklage II § 271 [14]; Beschränkung der Befugnis II § 235 [10]; Einzelvertretung II § 232 [15], [16]; Gesamtvertretung II § 198 [3], § 231 [17], § 232 [1], § 234 [1]; Prokurabestellung II § 238; Verfügung über Aktienkapital II § 195 [19]; Vertretung II § 231 [1], [2], [4]; Vertretung mit Prokuristen II § 232 [17]; Zustimmung zur Übertragung von Aktien II § 212 [13], § 222 [3].

C. Aufgaben: Anzeige vom Verlust II § 240 [4]; Ausführung der GV.-Beschlüsse II § 250 [15]; Buchführung II § 239 [2]; Einberufung der GV. II § 253 [1]; Gesamtgeschäftsführung II § 231 [8]; Geschäftsführung II § 231 [1], [7], (Beschränkungen) § 235 [1]; Rechnungslegung II § 260 [24]; Reservefonds II § 262 [34]; Stimmenkauf II § 317 [9].

Vorstandsmitglied, AG. II § 178 [7–9]; Anfechtungsklage II § 271 [15]; als Arbeitnehmer I § 59 [8], II § 231 [32c]; Ausscheiden II § 248 [2]; Bestellung II § 231 [20], [33], § 232 [7]; Dienstverhältnis I § 59 [8], II § 231 [22], [32c]; Gehalt II § 252 [26]; als Gehilfe? I § 59 [8]; Haftung II § 304, § 232 [46], § 241 [7], [20], § 247 [7], § 253 [5], § 268, (in der Bilanz) II § 261 [17], (für Prokuristen) II § 238 [13], (bei Umwandlung) II § 334 [4]; als Kaufmann? I § 18, IV § 384 [29]; als Kommissionär IV § 384 [1a]; Kosten des Konkursantrages II § 240 [15]; Niederlegung II § 231 [21], § 272 [5]; Ordnungsstrafe II § 319; als Prinzipal I § 59 [6], II § 231 [23]; Sicherheit I § 38 [8]; Sorgfalt II § 241 [1]; Stimmrecht II § 266 [1]; Strafbarkeit II § 312 [4], § 313, § 314, § 315; Suspension II § 231 [7]; Vergütung durch Aktien II § 237 [29]; bei Verschmelzung II § 306 [14]; Wahlbeteiligung II § 252 [26]; Wettbewerb I § 74 [28]; Widerruf II § 231 [14]; als Zeuge II § 268 [11]; Zeugnis I § 73 [10]; vgl. Schmiergeld, Tantieme, Wettbewerbsverbot.

Vorstellung des Gehilfen I § 59 [34a], § 66 [13], § 72 [5]; vgl. Theater.

Vorstrafe des Gehilfen I § 70 [8], [24].

Vorteile, unsittlich III § 346 A [31].

Vorteilhafte Bedingungen, Kommission IV § 387; Spedition IV § 415 A [5]; vgl. Begünstigung.

Vorvertrag III § 350 [50], § 361 A [87]; Kapitalserhöhung II § 281 [10]; o.HG. I § 105 [53].

Vorzeitig, Ende der Einlagerung IV § 420 [2]; Kündigung I § 66 [8]; Mäklergebührzahlung I § 93 B [34].

Vorzugsaktie II § 185 E [8c], [8d], § 211 [3], § 252 [9], § 275 [4], § 288 [20], § 317 [8]; vgl. Mehrstimmrechtsaktie.

Vorzugsdividende II § 214 [2].

Vorzugsobligation II § 185 [12].

Vorzugspreis III § 373 B [28], [35].

Vorzugsrechte, Zuzahlung II § 262 [20].

W

W (Ware) III § 373 B [29].

Wach- und Schließgesellschaft als Kaufmann I § 2 [3].

Wagen im Eisenbahnbetrieb IV § 469 [2]; -Fabrik IV § 376 A [104]; Gestellung IV § 453 [4]; -Ladung (s. Waggonladung).

Wägen s. Verwiegung.

Waggonladung III § 361 A [91], § 373 B [35].

Wahl (Wahlrecht) bei Annahmeverzug III § 373 [23], [24]; Ausübung III § 374 A [78]; Gewährleistungsrechte IV § 377 [70], [108]; Handlungsgehilfe I § 75 [3]; Käufer III § 374 A [39]; bei Leistungsverzug III § 374 A [2], [2f]; bei Lieferungsverzug des Verkäufers III § 374 A [54], [77]; bei positiver Vertragsverletzung III § 374 A [182], [198]; des Schuldners III § 374 A [152]; vgl. Auswahl.

Wahlen in der GV. II § 251 [3], (Anfechtung) II § 271 [1]; Handlungsgehilfe I § 63 [14].

Wahlfreiheit II § 243 [2d].

Wahlrecht s. Wahl.

Wahrheit, Forschung I E [37a]; Pflicht II § 314 [2], [4].

Wahrscheinlichkeit des ursächlichen Zusammenhanges III § 347 [27]; vgl. prima facie-Beweis.

Währung III § 361; Änderung III § 372 A [48a]; Kontokorrent III § 355 [151]; Schadensersatz III § 347 [22b]; Verfall I § 120 [2a], III § 353 [4], § 374 A [209]; -Wertberichtigungskonto I § 40 [7]; vgl. Ausland.

Wald IV § 382 A [59c]; vgl. Holz.

Wandelgeschäft III § 348 A [10].

Wandelpön s. Reugeld.

Wandelung IV § 377 [49], [58]; Einrede IV § 377 [62a]; Einverständnis IV § 377 [61], [74b], [109]; Erfüllungsort III § 372 A [16a], [30]; Urteil III § 374 A [149g], IV § 377 [63b], [74a]; Vertrag IV § 377 [63], [74b]; Vollzug IV § 377 [73]; Wirkung IV § 377 [64].
Wanderdekorateur I § 59 [14].
Wandergewerbe, Ladenschild I § 37 A [4]; Ort der Handelsniederlassung I § 29 [5].
Ware I § 1 [38], III § 373 B [3], [3a]; Bewertung II § 261 [16], [18], [20], [23]; Börsengeschäft IV § 376 [7], § 376 A [105].
Waren-Agent I § 84 [8], [14]; -Akkreditiv III § 363 A [14]; -Bestellung I § 54 [19]; -Bezeichnung und Namenrecht I § 37 [12]; -Bezug (AG.) II § 186 [2]; (-Vertrag) III § 346 A [16a]; -Börse IV § 376 A, E; -Händler I § 1 [84]; -Handwerker I § 1 [44], § 4 [3]; -Haus III § 373 B [37]; -Kommission IV § 383 E [7]. -Verpfändung III § 368 [3], [9], [11], [11a].
Warenlager, Eigentumsübertragung III § 366 [10], § 368 [97]; Eigentumsvorbehalt IV § 382 A [69]; Verpfändung III § 368 [3], [9], [11], [11a]; Zurückbehaltung III § 369 [16]; vgl. Sicherungsübereignung.
Warenrabatt (Skonto) III § 359 A [14].
Warenzeichen, Firmenrecht I § 17 [11], § 37 [13], [26]; Veräußerung I § 22 [25]; als Vermögen III § 373 B [3a].
Wärmelieferung, Gefahr IV § 382 A [45b].
Warnung III § 349 A [34].
Warrant s. Lagerschein.
Wartegeld, Wettbewerbsverbot I § 70 [20], § 74 [11], [20], § 74 b.
Waschanstalt I § 1 [57].
Wäscherei I § 1 [56].
Wasseranstalt (Wasserwerk) I § 36 E, II § 180 [4]; als Fabrik? IV § 376 A [104]; Lieferung III § 373 B [16a], IV § 382 A [45b].
Wasserlauf, Fracht IV § 425 [2].
Wasserrohrleger I § 1 [85].
Weber als Kaufmann I § 1 [57], [84].
Wechsel, Ankauf IV § 395; gegen Anweisung III § 363 E; Aufbewahrung I § 44 [4]; Bewertung II § 261 [17]; Börsenhandel IV § 376 A [8], [53], [72]; Bürgschaft III § 349 [10]; Entgegennahme I § 55 [5]; Erfüllungsort III § 372 A [9]; als Handelsgegenstand I § 1 [40]; als Handelsgeschäft III § 343 [27]; durch Handlungsbevollmächtigten I § 54 [20]; Kauf III § 373 B [6]; Kontokorrent III § 355 [15b]; Order III § 363 E; Prokura § 51 [3]; -Prozeß I § 17 [24]; Quittung III § 372 A [69]; -Rembours III § 373 B [65]; als Sacheinlage II § 186 [6]; Schenkung III § 350 [43]; als Schuldschein III § 344 [10]; Übersendung III § 372 A [64]; Übertragung auf sich selbst I § 58 [40]; -Unterschrift I § 17 [1]; Veräußerung I § 22 [27]; Verkauf IV § 381 [6a]; Verpfändung III § 368 [14]; als Wertpapier III § 369 [16]; als Zahlung? III § 376 A [111], [119], [156], [191]; Zahlungshalber III § 372 A [30], IV § 438 [5]; Zahlungsmittel III § 373 B [6a]; Zinsfuß III § 352 [12].
Wechsel des Berufs s. Berufswechsel.
Wechsel der Rechte bei Sukzessivkauf III § 374 A [143].
Wechsel des Wohnsitzes III § 372 A [24].
Wechseldiskontvermittler I § 93 [4].
Wechselkassierer I § 59 [14].
Wechselseitig, Beleidigung I § 70 [5].
Wegfall, Annahmeverzug III § 373 [19]; vgl. Heilung.
Wegnahme der Kaufsache III § 373 B [56a]; Pfand III § 368 [39a].
Weib s. Frau.
Weigerung, Annahme des Frachtguts IV § 435 [6], [11], § 437; Annahme der Ware III § 373 [13], IV § 414 [5]; Anweisung III § 363 [14], Briefannahme III § 361 A [9]; Dienste I § 70 [17]; Erfüllung III § 374 [9], § 374 A [63], [84], [113]; vor der Fälligkeit III § 374 A [86]; Lieferung III § 374 A [63]; und Mahnung III § 374 A [51]; Nachfrist III § 374 A [85], [105]; Vertragsstrafe III § 348 [13]; Zahlung III § 374 A [16].
Weigerungsrecht, Aufwertung III § 374 A [221]; Hemmung der Verjährung IV § 377 [139a].
Weihnacht, Geschenk III § 343 [28]; Überarbeit I § 59 [28]; vgl. Gratifikation.
Weinhandel, Erfüllungsort III § 372 A [29].
Weinkauf s. Draufgabe.
Weisung, Agent I § 84 [19]; Empfänger IV § 456 [13]; Kommissionär IV § 384 [5], § 385; Spediteur IV § 408 [14], [15], [16], § 415 A [3]; vgl. nachträgliche.
Weiterabtretung durch den Inkassozessionar III § 368 [114a].
Weiterbeschäftigung nach Kündigung I § 67 [10]; § 69 [3].
Weiterentwickelung der Ware IV § 382 A [49].
Weitergabe, Depot IV § 424 A [22].
Weiterübertragung, Firma I § 22 [11a], [12], [13].

Weltkrieg s. Krieg.

Wen es angeht (Versicherung) IV § 390 [12].

Werbetätigkeit (Werbung), Agent I § 84 [16]; neue Aktien II § 282 [1].

Werk in der Firma I § 18 [10], [11], [12b].

Werkführer als Handlungsbevollmächtigte I § 54 [16].

Werklieferung I § 1 [35], III § 373 B [14], IV § 381 [14].

Werkmeister als Handlungsgehilfe I § 59 [13].

Werksbeurlaubung I § 70 [31].

Werkstattschreiber I § 59 [14].

Werkvertrag IV § 381 [19], § 383 [19]; Form III § 350 [31]; Fracht IV § 425 [1]; Kommission IV § 406 [3]; Kündigung I § 58 A [103]; Pfandrecht III § 366 [60]; Rat III § 349 A [20]; Reisende-Beförderung IV § 472 [3].

Werkwohnung I § 54 [19].

Werkzeug III § 373 B [3a].

Wert als Eigenschaft IV § 377 [39b], [42], [44]; Kaufpreis III § 373 B [35]; vgl. Streitwert.

Wertangabe III § 372 A [65]; Fracht IV § 390 [5], § 429 [21].

Wertansatz, Steuerbilanz und Handelsbilanz I § 40 [3]; vgl. Bewertung.

Wertberichtigungskonto I § 40 [7], II § 261 [12b].

Wertbeständige Bilanz II § 261 [12a]; Buchführung I § 40 [1]; Schulden II § 261 [12a], III § 374 A [213]; Schuldtitel III § 373 B [80b].

Werterhöhung, Bilanz II § 261 [7], [17].

Wertgegenstand der Gehilfen I § 62 [5a].

Wertlos, Ware IV § 377 [48].

Wertmesser III § 374 A [211], [213], [217].

Wertpapier, Begriff IV § 376 A [37], § 381 [1], § 424 A [26]; andre Ware IV § 378 [8], § 381 [11]; Anschaffung I § 1 [39]; Aufbewahrung I § 1 [68]; Auslegung III § 346 [14]; Bewertung II § 261 [16], [18]; Börsengeschäft IV § 376 A [7], [35], [105]; Depot IV § 424 A [50]; Fracht IV § 429 [18], [20], § 456 [16], § 462; Kauf III § 373 B [3], IV § 381 E [2]; Kommission IV § 383 [7], § 400 [4]; im Kontokorrent III § 355 [15b]; Lagerung? IV § 416 [10]; Mangel IV § 377 [43]; Reservefonds II § 262 [5]; als stabile Werte II § 261 [37]; Übersendung III § 372 A [64]; Verpfändung III § 368 [23a]; Zurückbehaltung III § 369 [13]; vgl. Effekten.

Wertverminderung, Bilanz II § 213 [11], § 261 [17]; Pfand III § 368 [34].

Wertzuwachssteuer II § 306 [22].

Wesentlich, Änderung des Vertragsantrages III § 361 A [60].

Wettbewerb, Geheimnis I § 59 [39]; unlauterer I E [21], III § 346 A [9].

Wettbewerbverbot, Allgemein I E [14]; Abtretung III § 374 A [2c]; Agent I § 84 [22], [22a], § 92 [8]; AG. II § 186 [2], (Vorstandsmitglied) § 236 (desgl. nach Ausscheiden) § 236 [12]; Auslegung III § 346 [3]; Geschäftsveräußerung I § 22 [24], [33–40], § 74 [5], III § 340 [26]; gute Sitten III § 346 A [31]; Handlungsgehilfe (im Dienst) I § 59 [5a], § 60 [12], § 61, § 70 [2], § 72 [2], (nach Austritt) I § 68 E, § 70 [12], § 72 [2], § 74, (Vorbereitung) I § 75 [5]; Kaufmann, Vertragsstrafe III § 348 [4], [31]; KG. I § 163 [7], § 165; KGaA. III § 320 [52], § 326; Kommanditist I § 112 [3]; Lehrling I § 74 [3], § 76 [19], [24]; Liquidator II § 298 [12]; o.HG., Gesellschafter I §§ 112, 113, (nach Ausscheiden) § 112 [8], § 128 [2], § 141 A [15], [36]; o.HG. (während Liquidation) I § 145 [4], § 156 [7]; Stille Gesellschaft II § 335 [34]; Vertragliches III § 344 [3], § 373 B [39a], (bei Verschmelzung von AG.) II § 306 [14]; Volontär I § 59 [10], § 82 [a].

Wette I § 1 [36], IV § 376 A [181b], [201].

Wichtiger Grund, Begriff I § 75 [5], § 166 [8], II § 212 [15]; Agent I § 88 [10], § 92 [2]; Gehilfe I § 70 [5–10]; KG. I § 166 [8]; KGaA. II § 330 [14]; Liquidator I § 146 [11]; o.HG. I § 117 [3], § 133 [2]; Prokura I § 52 [4]; stille Gesellschaft II § 339 [19], [25]; vgl. erheblich.

Widerklage, Anfechtung II § 273 [6]; Wandelung IV § 377 [59].

Widerrechtlich III § 346 A [13e].

Widerruf, Akkreditiv III § 363 A [26]; Anmeldung zum HR. § 106 [1], § 108 [3], § 195 [4]; Anweisung III § 363 [7]; Auflösung der AG. II § 307 [2]; Aufsichtsrats-Vergütung II § 245 [4]; Auftrag I § 58 A [103]; Bürgschaft III § 349 [40]; Handlungsvollmacht I § 58 A [93]; Kommission IV § 383 [23], § 396 [13a], § 397 [3], § 405 [9]; Mäklergebühr I § 93 B [30] (vgl. Reurecht); Nachfristsetzung III § 374 A [98b]; Prokura I § 52 [1], § 58 A [93]; Scheck III § 363 A [5]; Selbsteintritt? IV § 405 [7]; Sicherheit IV § 376 A [41]; Speditionsauftrag IV § 383 A [33], § 407 [19], § 409 [12], § 410 [6]; Summendepot IV § 424 A [45]; Vertragsantrag III § 361 A [15]; Vollmacht I § 58 A [93–103]; Wahl IV § 384 [42]; Wertpapierdepot IV § 424 A [57]; Zivilmäkler I § 93 B [17]; vgl. Vorstandsmitglied.

Widerspruch gegen Geschäftsführung (KG.) I § 164 [6], [7], (KGaA.) II § 320 [83], (o.HG.) I § 115 [9]; Liquidation I § 150 [2].
Widerspruchsvoll, Mahnung III § 374 A [15a].
Widerstreitendes Interesse, Handelsmäkler I § 99 [3]; Zivilmäkler I § 93 B [35].
Wie besehen III § 360 [6], IV § 377 [36], § 382 A [21].
Wiederauffindung von Vermögen AG. II § 302 [16].
Wiederherstellung, o.HG. I § 101 [2], [10]; Pfandrecht III § 368 [39d].
Wiederholung, Aushilfe I § 69 [1]; GV.-Beschluß II § 271 [5a]; Probe I § 67 [3]; Vertragsverletzung III § 374 A [187].
Wiederholungsgefahr III § 346 A [13f].
Wiederkauf, AG. II § 186 [2], [6], § 213 [2a], § 222 [3], § 261 [22].
Wie gehabt IV § 382 A [4].
Wie sie fällt III § 360 [5], IV § 377 [36].
Wie zu besehen III § 360 [6].
Wille des Gesetzgebers II § 292 [18a]; Mängelrüge IV § 377 [23]; der Vertragschließenden (als Ziel der Auslegung) III § 346 E [2], [9]; Zurückbehaltung III § 369 [26]; vgl. Willkürlich.
Willenserklärung I. § 58 A [15]; Auslegung III § 346 E [1], [2]; durch Boten III § 361 A [32]; Geschäftszeit III § 358 [6]; als Handelsgeschäft III § 343 [29]; Verhältnis zur Verkehrssitte I E [33]; durch Vertreter I § 58 [8], III § 361 A [32]; Verurteilung III § 374 A [149b].
Willensmängel, Aktienzeichnung II § 189 [25], § 281 [9]; Orderpapier III § 364 [6]; Vertreter III § 361 A [32]; Vollmacht I § 58 A [25]; vgl. Anfechtung, Irrtum, Täuschung.
Willensübereinstimmung III § 361 A [91].
Willkürlich, Bedingung III § 373 B [22a]; Bewertung I § 40 [2]; Unterbewertung II § 261 [6].
Wirksamkeit, Vertragsannahme III § 361 A [24].
Wirkung von Handlungen III § 346.
Wirtschaftlich, Begriff I § 1 [1]; Erwägung II § 198 [11]; Güter (in der Bilanz) I § 40 [5]; Rücksichten I E [13]; Unmöglichkeit III § 374 A [207].
Wissen (Wissenmüssen) I § 48 [9], § 58 A [25], [27]; Auflösung der o.HG. I § 136, § 143 [5], [8], [9], [10]; Einlagerung IV § 417 [10]; Entlassungsgrund I § 70 [8]; Fixgeschäft IV § 376 A [171]; Frachtbrief IV § 453 [3]; Gesamtvertreter II § 232 [13]; Gesellschafter I § 125 [12]; Handlungsbevollmächtigter I § 54 [12], [22], § 55 [2]; Mängel der Ware IV § 377 [93], [117], [118], [152]; Kommanditistenbeteiligung I § 176 [5]; Mäkler I § 93 B [25], § 93 [37]; Prokurist I § 48 [9a]; Quittungsbote I § 58 A [46]; Revisor II § 267 [7]; Spielgeschäft IV § 376 A [171], [174], [175]; Unrichtigkeit I § 5 [3]; Zahlung des Bürgen III § 349 [44].
Wissenschaft I § 4 [12], § 59 [22]; Angestellte I § 59 [18].
Witterung, Fracht IV § 459 [5], [6]; vgl. Nässe.
Witwe I § 4 [9]; als Erbin I § 22 [6a], § 27 [26], § 105 [40]; in der Firma I § 18 [9].
Woche I § 63 [5], III § 359 A [25]; vgl. vier Wochen.
Wochenbett, Verhinderung der Frau I § 65 [2], [8]; des Mannes I § 63 [8].
Wohlbehaltene Ankunft (glückliche) IV § 382 A [49d].
Wohltätigkeit als Handelsgeschäft II § 335 [8]; -Fonds II § 300 [1].
Wohnort, Versendungskauf IV § 379 [4].
Wohnraum I § 62.
Wohnsitz, Erfüllungsort III § 372 A [19], [20]; Gläubigers III § 372 A [52]; Wartegeld I § 74c [5].
Wohnung, Erfüllungsort III § 372 A [18]; -Geld (Wartegeld) I § 74 [14].
Wohnungsnachweis III § 362 [20]; Mäkler I § 93 B [6]; Vermittler I § 93 [4].
Wörterbuch I § 17 [22].
Wortzeichen, Firmenrecht I § 37 [26].
Wucher III § 350 [16], IV § 376 A [31], [68], [115]; Gewerbebetrieb I § 1 [22]; Kommission IV § 396 [1a], § 403 [2]; Orderpapier III § 364 [14]; Zinsen III § 352 [14a].

Z

Zahlbar III § 372 A [32].
Zahlkellner I § 54 [16].
Zahlstelle III § 372 A [60b].
Zahlung als Anerkenntnis III § 374 A [12a]; Bürge III § 349 [44]; gegen Dispositionspapier IV § 377 [127]; gegen Dokumente III § 372 A [48b], § 373 B [69], IV § 377 [32], [183], § 382 A [49a] (S. 504/5); gegen Duplikatfrachtbrief IV § 455 [6]; Fracht IV § 438 [2], [5], § 464 [1]; als Genehmigung IV § 382 A [19]; als Handelsgeschäft III § 343 [27]; Inhaberpapier III § 365 A [7a]; „Kassa" III § 359

A [6], § 372 A [46a]; per Kassa III § 374 A [17]; nur an der Kasse III § 372 A [60]; Kaufpreis III § 373 B [62b]; Klage auf Z. III § 373 B [76]; Kontokorrent III § 355 [19]; gegen Lagerschein IV § 424 [13]; -Mittel III § 374 A [211]; o.HG. I § 129 [6]; Orderpapier III § 364 [18]; -Ort III § 372 A [33], [66], [67a]; -Pflicht des Käufers III § 374 A [190]; pünktlich III § 359 A [6]; -Skonto III § 359 A [14], [15]; -Sperre II § 228 [3], IV § 381 [8b]; an ursprünglichen Gläubiger III § 366 [85]; bei Versandbereitschaft III § 372 A [46a], § 363 B [63a]; als Verzicht IV § 377 [116]; vgl. Erfüllung, Leistung.

Zahlungsanweisung III § 349 [64].

Zahlungsauftrag III § 372 A [65b], IV § 383 [4].

Zahlungsbefehl IV § 377 [138a].

Zahlungseinstellung III § 373 B [49], IV § 382 A [116]; Zurückbehaltungsrecht III, § 370 [1].

Zahlungsfähigkeit (Zahlungsunfähigkeit), AG. II § 240; Aktionär II § 202 [16]; Eigenschaft III § 373 B [47]; Handelsmäkler I § 93 [7]; KGaA. II § 320 [88].

Zahlungsfrist, Agent I § 88 [7]; Handlungsreisender I § 55 [1].

Zahlungsstockung II § 315 [3].

Zahlungsverzug, Käufer III § 373 [16], [21]; Nachforderungen III § 374 A [6a] und Spezifikationsverzug III § 375 [23].

Zahlungsziel III § 373 B [88].

Zahnarzt als Kaufmann I § 1 [9], [85]; Verkauf der Praxis III § 373 B [3]; Wettbewerbsverbot III § 348 [4]; vgl. Arzt.

Zahntechniker III § 348 [4].

Zeichenstelle II § 203 [9].

Zeichner I § 59 [18].

Zeichnung, Aktie, Grundkapital II § 192 [2], IV § 406 [1]; Anleihe IV § 406 [1]; Zusatzkapital II § 278; vgl. Firmenzeichnung.

Zeichnung (zum Voranschlag) Vergütung III § 354 [4].

Zeichnungsschein, AG. II § 189 [1], (neue Aktien) II § 281 [3], (Sacheinlage) II § 281 [3]; KGaA. II § 320 [28], § 323 [1].

Zeichnungsverfahren IV § 406 [1].

Zeit der Abnahme III § 373 B [71]; abstrakter Schade III § 374 A [29b]; Deckungskauf III § 374 A [69]; Kaufmannseigenschaft III § 345 [5]; Mängelanzeige IV § 377 [29]; Marktpreis III § 373 B [34]; Nachfristsetzung III § 374 A [96], [98]; Probemäßigkeit IV § 382 A [5b]; Schadenberechnung IV § 374 A [62], [232], § 377 [88], § 430 [7]; Selbsteintritt IV § 400 [4b], [11], § 405 [8], § 412 [3]; Selbsthilfeverkauf III § 373 [42]; Spezifikation III § 375 [9]; Übergabe III § 373 B [58]; Überlassung der Firma I § 22 [13]; Versteigerung III § 373 [33]; Wahlrecht III § 374 A [147]; Wettbewerbsverbot I § 74a [5], [7]; Zahlung III § 373 B [62a]; vgl. Erfüllungszeit, Frist.

Zeitablauf, AG. II § 292 [4]; KGaA. II § 330 [3]; o.HG. I § 131 [5], § 134; stille Gesellschaft II § 339 [9].

Zeitangabe in der Firma I § 18 [12c].

Zeiteinheit III § 359 [19].

Zeitgeschäft IV § 376 [3], § 376 A, E; Schlußnote I § 94 [1]; gegen Termingeschäft IV § 376 A [98c].

Zeitgrenze, Wettbewerbsverbot I § 74a, § 75b [5].

Zeitpunkt, guter Glaube III § 366 [27]; Vorbehalt IV § 377 [118a]; vgl. Stichtag, Zeit.

Zeitrechnung III § 361.

Zeitschrift, Handel I § 59 [14]; Rat an Abonnenten III § 349 [21]; vgl. Presse.

Zeitungsabonnement III § 373 B [9], IV § 377 [181].

Zeitungsanzeige (Inserat) II § 203 [1], III § 343 [27], § 361 [13a]; Annoncenbureau I § 1 [76], [84], IV § 406 [3]; Erfüllungsort III § 372 A [33]; Firmengebrauch I § 37 [20]; Inseratenvertrag III § 373 B [11], IV § 381 [15a], § 415 [10], § 415 A [9]; Spediteur IV § 415 A [8]; Verpachtung IV § 415 A [10]; Verpflichtung III § 374 A [161]; vgl. Reklamevertrag.

Zeitungsausschnitt I § 59 [17].

Zeitungsverlag I § 1 [78], [84], III § 373 B [3a]; vgl. Buchhandel.

Zeitweilig, Unmöglichkeit III § 374 A [47c].

Zelluloid IV § 429 [22].

Zementdachsteinfabrik I § 3 [5].

Zentralbank III § 363 A [1], IV § 383 [33a], § 406 [1] (S. 735), § 424 A [51], [98], [117]; Zurückbehaltung III § 369 [59].

Zentrale in der Firma I § 18 [12b].

Zentralheizung III § 373 B [16a].

Zerbrechen, Frachtgut IV § 459 Nr. 4, [9], [12].

Zerbrechlich IV § 459 [12].

Zerlegung von Aktien II § 179 [1a].

Zertifikat, AG. II § 179 [10]; Zahlung gegen Z. III § 372 A [46b].

Zettelware IV § 376 A [147].

Zeuge, Gesellschafter I § 124 [13]; als Handelsgeschäft? III § 343 [10]; Ladung I § 63 [8], (als Arbeitshindernis) I § 72 [5].

Zeugenpflicht (gerichtliches Zeugnis), Arbeitshindernis I § 72 [5], (Auskunftei) III § 349 A [44]; Verweigerung (Gehilfe) I § 59 [39a], (Mäkler) I § 93 [8].

Zeugnis, Zurückbehaltung III § 369 [16]; Zurückgabe I § 59 [5a]; Zustand der Kaufware III § 374 A [168].

Zeugniserteilung, Agent I § 84 [34]; gefälscht I § 70 [25]; Gehilfe I § 59 [34b], § 73; Haftung I § 58 A [82], § 73 [2]; Kaufmannsgericht I § 59 [5a]; Vorstandsmitglied II § 231 [35]; vgl. Lehrling.

Ziegelei als Handelsgewerbe I § 1 [37], [85], § 3 [5], III § 343 [7], [22]; Meister I § 59 [19], III § 366 [60]; Pacht von Grundstücken III § 350 [38]; Verfrachtung von Ziegeln IV § 459 [12].

Ziffer I § 43 [1].

Ziffernmäßige Kapitalsherabsetzung II § 288 [2].

Zimmervermieter I § 1 [44], [85], § 2 [3].

Zinsen, Aktie II § 186 [2], § 213 [3], § 215 [1]; Aktieneinzahlung II § 211 [8], § 218 [5], § 221 [3]; Erfüllungsort III § 372 A [16a]; Kaufmännische III § 353, § 354 [15]; Kommission IV § 396 [23]; Kontokorrent III § 355 [33], [37]; Pfandrecht III § 368 [32], [37]; Reservefonds II § 262 [5]; Schadensberechnung III § 374 A [30]; Spedition IV § 409 [12]; vgl. Verzinsung.

Zinsenberechnung, o.HG. in L. I § 156 [6],[12].

Zinseszinsen III § 353, § 355 [37].

Zinsfuß III § 352 [1].

Zinsschein III § 365 A [2]; auf Inhaber III § 352 A [16]; Pfandrecht III § 368 [37]; Verlust III § 367.

Zirka III § 373 B [35].

Zivil-Agent I § 84 [9]; -Ingenieur I § 2 [3]; -Mäkler I § 93 B. (als Kaufmann) I § 93 B [8].

Ziviler Preis III § 373 B [35].

Zoll, Änderung der Gesetze III § 374 A [48c]; Auslage IV § 420 [3], § 436 [5], § 440; -Niederlage IV § 416 [4]; -Niederlageschein III § 363 [34]; Pfandrecht III § 366 [60]; -Pflichten IV § 467 [4]; Spediteur IV § 407 [7], § 408 [9]; -Vorschriften IV § 427, § 456 [2].

Zoologischer Garten II § 180 [4].

Zubehör IV § 372 A [72a]; Eigentumsvorbehalt IV § 382 A [71b]; Grundstück I § 1 [51]; Kauf III § 373 B [56]; Übergabe III § 366 [12].

Züchtigung, Lehrling I § 76 [9].

Zuckerfabrik I § 2 [3], II § 180 [4], § 211 [1], § 212 [1], § 216, § 275 [3].

Zuckerrübe, Bau III § 350 [38]; Lieferung II § 212 [1].

Zufall, Agent I § 88 [11].

Zu früh, Eisenbahnverkehr IV § 472 [20]; Nachfristsetzung III § 374 A [97]; Versendung IV § 382 A [52d].

Zuführung des Käufers (Mäklergebühr) I § 93 B [32].

Zugabe, Draufgabe III § 348 A [4].

Zugang zu Personenzügen IV § 472 [12].

Zugehen III § 361 A [5a]; Bestätigung III § 372 A [38d].

Zugriff gegen Ehefrau I E [43].

Zug um Zug III § 369 B [12], § 373 B [45], [79d], [80], [83b], § 373 [7], [13a], [16], § 374 A [8], [14]; Verurteilung III § 374 A [149a].

Zukünftig, Eigenschaft IV § 377 [46]; Ware III § 366 [2a], § 373 B [55]; (Kauf III) § 373 B [55]; (Verpfändung) III § 368 [2].

Zu kurz, Nachfrist III § 374 A [89].

Zu lang, Nachfrist III § 374 A [92].

Zulassung, Börsengeschäft IV § 376 A [8].

Zurückbehaltungsrecht III § 369 B; Agent I § 88 [20]; Aktieneinlage II § 222 [5]; Bankverwahrung IV § 424 A [68]; beanstandete Ware IV § 379 [37]; Buchauszug I § 91 [1]; bürgerliches Z. III § 369 B; Bürgschaft III § 349 [43], [45a]; Erfüllungsort III § 372 A [6], [9], [16a]; Erlöschen III § 366 [41]; Frachtgut IV § 440 [13]; Handlungsgehilfe I § 59 [34b], [45], [47], § 70 [17a]; Kaufmännisches Z. III § 369 [1]; Kaufpreis III § 374 A [76]; Kommission IV § 396 [23], § 397 [13]; Kontokorrent III § 356 [2]; Lagergeld III § 354 [13]; Lagergut IV § 421 [7]; örtliches Recht III § 372 A [9]; bei positiver Vertragsverletzung III § 374 [200]; Quittung III § 369 B [2], § 369 [16], § 372 A [69b], [69c]; Spediteur IV § 410 [13]; Spiel und Wette IV § 376 A [182]; Stückeverzeichnis IV § 424 A [79], [80], [88], [89]; Sukzessivlieferungsgeschäft IV § 374 A [133], [142]; bei Teilverzug III § 374 A [136b]; Vorleistung III § 373 B [40]; Wandelung IV § 377 [72]; Zahlungsverzug III § 374 A [36]; Zentralbank IV § 424 A [118].

Zurückerstattung vgl. Zurückzahlung.

Zurückforderung, Aktieneinlage II § 213; Börsengeschäft IV § 376 A [48]; Frachtgut IV § 433; Lagergut IV § 422 [4].
Zurückführung, Lehrling I § 76 [8].
Zurückgabe, Bankdepot IV § 424 A [64]; Handlungsgehilfe I § 59 [5a]; Pfand III § 368 [39b]; Schuldschein III § 372 A [73], [75]; Wertpapierdepot IV § 424 A [57a].
Zurücknahme bei Annahmeverzug III § 373 [20], [25]; Entlassung I § 70 [11]; Kündigung I § 66 [16]; Vertragsablehnung III § 361 A [64]; Vertragsantrag III § 361 A [39]; Zurverfügungsstellung IV § 382 A [60] (S. 542); vgl. Widerruf.
Zurücksendung beanstandeter Ware IV § 379 [14], § 382 A [16]; vgl. Retournieren.
Zurückweisung, Kommission IV § 385 [7], [10], § 386 [5], § 424 [96].
Zurückzahlung, Aktie § 213 [2], § 288 [14]; AG. II § 217; Dividende II § 261 [3], § 273 [7a]; Fracht IV § 470 [6]; Kommanditeinlage I § 172 [4–6]; stille Gesellschaft II § 342 [3]; Tantieme II § 261 [3].
Zuruf II § 252 [28].
Zurverfügungstellung IV § 377 [108]; Einfluß auf Eigentumserwerb IV § 382 A [60]; Konnossementsware IV § 382 A [62c]; vgl. Verfügung.
Zusage, Eigenschaften IV § 382 A [5]; vgl. Zusicherung.
Zusagendes IV § 382 A [15].
Zusammenbeförderung IV § 467 [5].
Zusammenfassung, o.HG. I § 105 [48].
Zusammengehörende Sache IV § 377 [180], [186].
Zusammengesetzt s. Verbunden.
Zusammenhang, Ortschaften IV § 379 [10]; ursächlicher III § 347 [14a], [27]; bei Zurückbehaltungsrecht III § 369 B [3].
Zusammenhängende Beschlüsse II § 251 [6], § 272 [23], § 273 [1b].
Zusammenlegung, Aktien II § 211 [4], § 288 [7], § 289 [2], § 290 E [1], [12], § 305 [10].
Zusammentreffen s. Mehrere.
Zusätze in der Firma I § 18 [7–12d], § 30 [7]; in Urkunden III § 346 [3].
Zusatzkapital II § 262 [3].
Zusätzliche Aktie II § 179 [1d].
Zuschlag, Fracht IV § 470 [4].
Zuschneider I § 59 [17].
Zuschuß, o.HG. I § 149 [8].
Zusendung III § 343 [29]; vgl. Versendung.
Zusicherung, Eigenschaft III § 360 [3], IV § 377 [41], [45a], [86], [117], § 382 A [8]; Mangelfreiheit IV § 377 [40], [41]; nachträglich IV § 377 [41f]; Wertpapierkauf IV § 381 [12b].
Zu spät, Kommen (Gehilfe) I § 72 [4]; Versendung IV § 382 A [52e]; vgl. Versäumung, Verspätung, Verzögerung.
Zustandekommen, Kommission IV § 383 [38]; vgl. Abschluß, Vertragsschluß.
Zustellung, Begriff I § 94 [3].
Zustimmung, Aktienübertragung II § 222 [3]; Gesamtvollmacht I § 58 A [30].
Zutaten I § 1 [43], [52].
Zuviel, Mängelrüge IV § 377 [6], § 378 [11], § 382 A [52b].
Zuwachsen der Geschäftsanteile I § 141 A [2].
Zu wenig IV § 378 [12].
Zuzahlung der Aktionäre II § 262 [20], § 274 [10], § 278 [1], § 290 [14]; KGaA. II § 332 [9].
Zwang, Kapitalserhöhung II § 278 [2]; gegen Lehrling I § 76 [8]; vgl. Erzwingung.
Zwangsamortisation II § 227 [2], [3].
Zwangskurs III § 373 B [29].
Zwangsliquidation I § 131 [20c], § 145 [2].
Zwangsvergleich, AG. II § 205 [7], § 307 [6], [10], [12]; Bürgschaft III § 349 [20]; KGaA. II § 330 [8]; Nachwirkung IV § 282 A [87]; o.HG. I § 131 [15]; Zurückbehaltungsrecht III § 369 [59a].
Zwangsversteigerung, Aktie II § 212 [17]; Bewertung in der Bilanz II § 261 [31]; Erwerb von Grundstücken II § 207 [11]; vgl. Pfandverwertung, Vollstreckung.
Zwangsvertretung im Stimmrecht II § 252 [30].
Zwangsvollstreckung, Abnahme der Ware III § 373 B [82]; in Aktien II § 223 [14]; Dienstleistung I § 59 [30]; Erwerber eines Geschäfts I § 25 [2]; in Handelsgeschäft III § 373 B [3k]; in Inhaberpapiere III § 365 A [8d]; o.HG. I § 124 [22]; vgl. Pfandverwertung, Vollstreckung.
Zweck, Bilanz II § 261 [15a]; Kapitalsherabsetzung II § 288 [14]; Vertrag III § 346 [2]; der Verwendung des Frachtguts IV § 453 [3].
Zweckdienlich, Auslage IV § 396 [13].
Zweckmäßige Gesellschaftsform II § 179 [21b], [21d].
Zweckverband I § 36 E.
Zweideutige Ausdrücke III § 346 [3].
Zweifelhafte Forderungen II § 261 [17].
Zweigniederlassung I § 13; abgeleitete Firma I § 22 [13]; Agentur I § 84 [5]; AG. II § 201 [1];

Anmeldung I § 13 [8], § 29 [7], § 30 [10], § 31 [1], II § 201 [12]; (des Vorstandes) II § 234 [5]; ausländische Z. der AG. II § 178 [14]; Begründung durch Verschmelzung II § 306 [13]; Bilanz I § 39 [1], II § 261 [9], [17]; Buchführung I § 38 [5]; Erfüllungsort III § 372 A [20]; Erhebung zur Hauptniederlassung I § 30 [10], [11], [14], § 31 [1]; Firma I § 13 [16], [17], § 17 [48], § 30 [8]; Gemeinde I § 36 [5]; Girobank III § 363 A [6]; Grundbuch I § 13 [14]; Haftung III § 349 A [38]; HR. (s. Zweigregister); juristische Person I § 33 [17], § 34 [7]; Kommanditeinlage I § 174 [2], § 175 [3]; KG. I § 161 [13]; Leitung II § 232 [38]; o.HG. I § 106 [4], [9], § 116 [2]; Prokura I § 50 [3], § 53 [1]; Gründung durch Prokuristen I § 49 [1]; Prozeßführung II § 201 [5]; Prüfungsbericht II § 267; Schuldübernahme I § 25 [19]; Umfang der Vollmacht I § 54 [19]; Veräußerung I § 13 [4], § 22 [4a], [23], [40], § 30 [11], III § 373 B [3a]; Verjährung I § 26 [5]; Verlegung I § 31 [1]; Vernichtungsurteil II § 273 [3]; Vertretung I § 126 [12], II § 201 [9].

Zweigregister I § 15 [13], II § 201 [4]; Erhöhung des Grundkapitals II § 286; Gesellschaftsvertrag II § 277 [2]; KGaA. II § 320 [39]; Liquidatoren II § 296 [5]; Löschung I § 31 [4]; Ordnungsstrafe II § 319 [3]; Umwandlung der KGaA. II § 333 [4].

Zweischeinsystem IV § 424 [13].

Zwischen-Aktionär II § 220 [18]; -Bahn IV § 469 [4], [6]; -Bankier III § 369 [11], [22] (vgl. Lokal-, Provinzialbankier); -Frachtführer IV § 432 [1], -Spediteur IV § 407 [16], § 408 [4], [5], § 411.

Zwischenbilanz II § 240 [1], [10], [14]; Reservekonto II § 262 [7]; Tantieme I § 65 [6].

Zwischenstaatlich, Privatrecht I E [6]; vgl. Ausland.

Zwischenzins III § 359 A [12].

Nachweis wichtiger Gesetzesausgaben

mit Erläuterungen

(größere und kleinere Kommentare)

zusammengestellt vom Verlage Walter de Gruyter & Co., Berlin

Inhaltsübersicht:

I. **Bürgerliches Recht** 2
1. Bürgerliches Gesetzbuch . . 2
Schuldverhältnisse insbesondere . . 4
Sachenrecht insbesondere 5
Aufwertung 5
2. Handelsrecht 6
Gesellschaften mit beschränkter Haftung 7
Wechselordnung und Scheckrecht . . 8
Schiffahrtsrecht 8
Genossenschaften 9
Verschiedenes 9
Bank und Börse 10

II. **Grenzgebiete des Bürgerlichen Rechts** 11
1. Privat- und Sozialversicherung 11
2. Arbeitsrecht 13
3. Gewerberecht 13
4. Geistig-gewerblicher Rechtsschutz 14

III. **Zivilprozeß** 17
Freiwillige Gerichtsbarkeit 18
Konkursordnung und Zwangsvollstreckung 18

IV. **Strafrecht und Strafprozeß** 19
Strafgesetzbuch 19
Nebengesetze 20
Strafprozeßordnung 21

V. **Öffentliches Recht** 21
1. Staatsrecht 21
2. Verwaltungsrecht 22
Reichsrecht 22
Landesrecht 24
3. Steuerrecht 27

I. Bürgerliches Recht

1. Bürgerliches Gesetzbuch

Plancks Kommentar zum Bürgerlichen Gesetzbuch. Bisher herausgegeben von E. Strohal. Bearbeitet von F. André, E. Brodmann, L. Busch, J. Ebbecke, F. Flad, K. Guntel, P. Knoke, M. Landois, A. Lobe, Fr. Oegg, H. Siber, O. Strecker, K. von Unzner, Vierte, völlig neubearbeitete Auflage. Lexikon-Oktav.

Bisher sind erschienen:

I. Band: Allgemeiner Teil. 606 Seiten. 1913. 15.—, geb. 17.—

II. Band, 1. Hälfte: Recht der Schuldverhältnisse. (Allgemeiner Teil.) 640 Seiten. 1914. 15.—, geb. 17.—

II. Band, 2. Hälfte: Recht der Schuldverhältnisse. (Besonderer Teil.)
Erste Lieferung: §§ 433—630. 368 Seiten. 1923. 9.—
Zweite Lieferung: §§ 631—754. 336 Seiten. 1925. 12.—
Dritte Lieferung: §§ 755—782. 176 Seiten. 1927. 8.—

III. Band: Sachenrecht. 1464 Seiten. 1920. 30.—, geb. 33.—

IV. Band: Familienrecht.
Erste Lieferung: §§ 1297—1436. 336 Seiten. 1924. 10.—

V. Band: Erbrecht.
Erste Lieferung: §§ 1922—1984. 192 Seiten. 1924. 6.—
Zweite Lieferung: §§ 1985—2063. 160 Seiten. 1926. 7.—

„Die hohe wissenschaftliche Bedeutung des Kommentars braucht nicht neu betont zu werden. Für jeden Praktiker, der tiefer in den Rechtsstoff eindringen muß, um die zur Entscheidung stehende Frage zu prüfen, ist Plancks Kommentar immer ein zuverlässiger Ratgeber und seine Erläuterung und Meinung von hohem Wert und Gewicht, stets sorgfältiger Beachtung wert."
Zentralblatt für freiwillige Gerichtsbarkeit.

Das Bürgerliche Gesetzbuch mit besonderer Berücksichtigung der Rechtsprechung des Reichsgerichts. Erläutert von Busch, Schaffeld, Dr. Ebbecke, Erler, Kiehl, Dr. Lobe, Dr. Mansfeld, Michaelis, Oegg, Schliewen und Seyffarth, Reichsgerichtsräten und Senatspräsidenten am Reichsgericht. Fünfte, vermehrte und verbesserte Auflage. 3 Bände. Lexikon-Oktav. 1923. Geb. 75.—

I. Band: Allgemeiner Teil. Recht der Schuldverhältnisse. 1098 Seiten. II. Band: Sachenrecht. 676 Seiten. III. Band: Familienrecht. Erbrecht. 998 Seiten.

„Gerade die knappe, klare Form der Rechtssätze, die Vollständigkeit der oberstrichterlichen Rechtsprechung, die objektive Darstellung hat den Kommentar zur ‚glossa ordinaria' des BGB. gemacht, dessen Benutzung zur sachgemäßen Bearbeitung fast jeder Rechtssache gehört."
Juristische Wochenschrift.

Staudingers Kommentar zum Bürgerlichen Gesetzbuch und dem Einführungsgesetz. Siebente und achte Auflage. 1914. Band I—VII mit 3 Ergänzungsbänden. Geb. 150.—

Neunte, neubearbeitete Auflage. Bisher erschienen:

I. Band. Allgemeiner Teil. Von Th. Loewenfeld und E. Riezler. Lexikon-Oktav. 914 Seiten. 1925. 35.—, geb. 41.—

II. Band: Lieferung 1. Recht der Schuldverhältnisse (§§ 241—252). Erläutert von Alfred Werner. Lexikon-Oktav. 152 Seiten. 1927. 6.—

III. Band: Sachenrecht (§§ 854—1296). Von K. Kober. Lexikon-Oktav. 1596 Seiten. 61.—, geb. 73.50

IV. Band: Lieferung 1—3. Familienrecht (§§ 1297—1703). Erläutert von Engelmann, herausgegeben von Keidel. Lexikon-Oktav. 1190 Seiten. 45.50

V. Band: Lieferung 1—2. Erbrecht (§§ 1922—2194). Erläutert von F. Herzfelder. Lexikon-Oktav. 640 Seiten. 1927. 24.40

Achilles-Greiff, Bürgerliches Gesetzbuch nebst Einführungsgesetz. In Verbindung mit André, Meyer, Strecker, v. Unzner. Zwölfte, vermehrte und verbesserte Auflage, mit Erläuterungen der Verordnung über das Erbbaurecht, des Gesetzes über die religiöse Kindererziehung und des Gesetzes für Jugendwohlfahrt. Groß-Oktav. XVI, 1247 Seiten. 1927. Geb. 24.—

(Guttentagsche Sammlung Deutscher Reichsgesetze Bd. 38/39.)

„Längst ist das Buch der ursprünglich gestellten Aufgabe, nur ein Handbuch und Wegweiser für den Leser zu sein, entwachsen. Was heute vorliegt, darf den Anspruch auf Bezeichnung als wissenschaftlicher Kommentar erheben. Trotz aller Selbstbescheidung eine große Fülle von Wissenswertem und Notwendigem. Weder die Erläuterungen zu den Gruppen von Bestimmungen noch die Anmerkungen zu den einzelnen Paragraphen enthalten überflüssiges Beiwerk. Den Gebrauch erleichtern das umfassende Nachschlageverzeichnis und vorzüglich die Überschriften zu den Einzelparagraphen." Zeitschrift des Bundes Deutscher Justizamtmänner.

Siméon, P., Preußisches Ausführungsgesetz zum Bürgerlichen Gesetzbuch. Taschenformat. 199 Seiten. 1914. Geb. 2.20

(Guttentagsche Sammlung Preußischer Gesetze Bd. 23.)

„Die Ausgabe beschränkt sich nach ihrer Einleitung darauf, die einzelnen Vorschriften des Ausführungsgesetzes in sich zu erläutern und ihren Zusammenhang mit dem neuen Reichsrecht wie dem früheren Landesrecht kurz klarzulegen. Das Werkchen wird sich zahlreiche Freunde erwerben." Zeitschrift für Deutsche Justizsekretäre.

Krüger, Ernst, Ergänzungen zum BGB.

I. Band: Allgemeiner Teil, Recht der Schuldverhältnisse, Sachenrecht, Familienrecht, Erbrecht. Geb. 17.50

(Stilkes Rechtsbibliothek Bd. 39.)

II. Band: Einführungsgesetz zum BGB., Preußisches Ausführungsgesetz zum BGB., Preußische Verordnung zur Ausführung des BGB. und Nachtrag zum I. Band. Geb. 13.—

(Stilkes Rechtsbibliothek, Bd. 39a.)

Koch, C. F., Allgemeines Landrecht für die preußischen Staaten. Achte Auflage, bearbeitet von A. Achilles, P. Hinschius, R. Johow, F. Vierhaus. 4 Bände. 1884—1886. Lexikon-Oktav. 48.—

I. Band. VIII, 1103 Seiten. 1884. II. Band. VIII, 1142 Seiten. 1886. III. Band. VIII, 1084 Seiten. 1886. IV. Band. Vergriffen.

Jeder Band 12.—

„Wir freuen uns, eine neue Auflage dieses bewährten Kommentars anzeigen zu können, dessen hervorragende Eigenschaft darin besteht, daß er nicht nur zitiert und hinweist, sondern vollständig historisch und rechtswissenschaftlich unter Entwicklung der Gründe erklärt. Diese 8. Auflage sei hiermit dringend empfohlen." Börsenzeitung.

Schuldverhältnisse insbesondere

Meyer, Georg, Das Recht der Beschlagnahme von Lohn- und Gehaltsforderungen. Sechste Auflage. Taschenformat. 1927. Geb. 4.50

(Guttentagsche Sammlung Deutscher Reichsgesetze Bd. 55.)

„Das Buch enthält einen Kommentar zum Lohnbeschlagnahmegesetz, der durch Gründlichkeit und Zuverlässigkeit ausgezeichnet ist. Als Anhang ist ihm eine übersichtliche Darstellung des Verfahrens der Beschlagnahme von Lohn- und Dienstbezügen beigegeben, sowie eine sehr brauchbare Zusammenstellung von Behörden, denen bei der Pfändung der Dienstbezüge von Beamten als Drittschuldnern der Pfändungsbeschluß zuzustellen ist." Berliner Tageblatt.

Seligsohn, Franz, Haftpflichtgesetz. Groß-Oktav. 349 Seiten. 1920. 8.—, geb. 9.50

„Das reiche Material hat der Verfasser mit logischer Schärfe und in knapper Form bearbeitet und damit ein mustergültiges Werk geschaffen, das für die meist veralteten Kommentare zum Reichshaftpflichtgesetz einen wertvollen Ersatz bietet."
Blätter für Rechtspflege im Bezirk des Kammergerichts.

Krieg, O., Mietrecht und Wohnungsmangelgesetzgebung im Reiche, in Preußen und in Berlin, einschließlich Hauszinssteuer, Kostenwesen und Rechtsentscheiden des Kammergerichts und Obersten Landesgerichts. Dritte Auflage nach dem Stande vom 1. Juni 1925. Taschenformat. 358 Seiten. 1925. Mit Nachtrag 1926. Geb. 7.—

(Guttentagsche Sammlung Deutscher Reichsgesetze Bd. 156.)

„Eine solche Ausgabe zu besitzen, ist wertvoll. Eine angenehme Zugabe sind die Rechtsentscheide des Kammergerichts. Diese Ausgabe verdient schon wegen ihrer Vollständigkeit besondere Beachtung. Ein vortreffliches Sachregister ist beigegeben."
Juristische Wochenschrift.

Stölzle, Hans, Viehkauf nach Bürgerlichem Gesetzbuch und ausländischem Recht. Verordnung, betreffend die Hauptmängel und Gewährfristen beim Viehhandel. Von Eugen Fröhner. Sechste, vermehrte und wesentlich verbesserte Auflage. Taschenformat. 699 Seiten. 1926. Geb. 15.—

(Guttentagsche Sammlung Deutscher Reichsgesetze Bd. 50.)

„Die neue Auflage erfüllt alle Erwartungen, die an sie geknüpft wurden. Unseres Wissens genießt der Spezialkommentar von Stölzle auch in Richterkreisen ein sehr großes Ansehen. Bei der Lektüre der vielen Gerichtsentscheidungen, die uns aus unsern Mitgliederkreisen zugestellt werden, mußten wir immer wieder die Beobachtung machen, daß eine große Anzahl von Gerichten in den Urteilsgründen auf die Ansicht von Stölzle Bezug nahm. Wer täglich über Viehkaufsfragen Auskunft geben muß, stellt mit hoher Befriedigung fest, daß der ‚Stölzle' alle Fragen dieser schwierigen Materie in klarer und erschöpfender Weise behandelt."
Allgemeine Viehhandelszeitung.

Hoffmann, J., Abzahlungsgeschäfte. Zweite, vermehrte und verbesserte Auflage, besorgt von Ernst Wilke. Taschenformat. 103 Seiten. 1910. Geb. 1.20

(Guttentagsche Sammlung Deutscher Reichsgesetze Bd. 34.)

„Jeder, der mit Abzahlungsgeschäften zu tun hat, kann sich bestens aus dem Büchlein informieren. Der Kommentar ermöglicht es auch dem Laien, sich mit allen einschlägigen Fragen vertraut zu machen. Die Bearbeitung stellt sich als durchaus sachgemäß und praktisch verwendbar dar." Berliner Intelligenz-Blatt.

Harnier, Ed., Sicherung der Bauforderungen. Dritte Auflage. Taschenformat. 122 Seiten. 1912. Geb. 1.50

(Guttentagsche Sammlung Deutscher Reichsgesetze Bd. 93.)

„Die vorliegende Neubearbeitung der kleinen Ausgabe des äußerst schwierigen Gesetzes findet einen weiterstreckten Interessenkreis. Nach einer äußerst klaren Einleitung, in der die langwierige Geschichte und der verwickelte Inhalt des Gesetzes in kurzen Zügen, aber mit kräftigen Strichen geschildert wird, werden seine Bestimmungen an der Hand der Gesetzesmaterialien und auf dem Boden des geltenden Rechts, unter Herstellung des Zusammenhanges mit ihm, in knappen Anmerkungen erläutert." Mitteilungen der Handelskammer Breslau.

Göppert, H., Gesetz, betreffend die gemeinsamen Rechte der Besitzer von Schuldverschreibungen. Zweite Auflage, bearbeitet von E. Trendelenburg. Taschenformat. 156 Seiten. 1915. Geb. 1.50

(Guttentagsche Sammlung Deutscher Reichsgesetze Bd. 52.)

Dungs, H., Sechs Haager Abkommen über internationales Privatrecht. Taschenformat. 116 Seiten. 1910. Geb. 1.50

(Guttentagsche Sammlung Deutscher Reichsgesetze Bd. 98.)

„Die diesen Abkommen vom Verfasser beigefügten Erläuterungen sind kurz und klar gefaßt und entsprechen den allgemeingültigen Anschauungen. Der Kommentar von Dungs kann allen Gerichten, Staatsanwaltschaften und diplomatischen Behörden nur angelegentlichst empfohlen werden." Juristisches Literaturblatt.

Bogeng, G., Die Haager Abkommen über das internationale Privatrecht. Taschenformat. 173 Seiten. 1908. Geb. 2.—

(Guttentagsche Sammlung Deutscher Reichsgesetze Bd. 90.)

Sachenrecht insbesondere

Günther, Hermann, Erbbaurecht. Taschenformat. 167 Seiten. 1919. Geb. 2.—

(Guttentagsche Sammlung Deutscher Reichsgesetze Bd. 135.)

„Günther ist ausführlich, ohne weitschweifig zu sein; ausgezeichnete Vormerkungen geben vorzügliche Übersicht und wahren den Zusammenhang. Überall ist der bisherige Rechtszustand, der ja für absehbare Zeit seine Bedeutung behält, mit in das Bereich der Betrachtungen gezogen. Der Praxis wird das Werk von hervorragendem Nutzen sein."
Beiträge zur Erläuterung des deutschen Rechts.

Arnheim, Hugo, Grundbuchordnung. Kommentar zur Grundbuchordnung für das Deutsche Reich nebst den für Preußen erlassenen Ausführungsbestimmungen. Zweite, völlig neubearbeitete Auflage. Lexikon-Oktav. 959 Seiten. 1913. 15.—

„Der Band weist außerordentliche Gründlichkeit, Klarheit und Übersichtlichkeit der Darstellung sowie Selbständigkeit des Urteils gegenüber der Literatur und der Rechtsprechung auf. Man kann wohl sagen, daß kaum eine Frage auftauchen wird, die nicht wenigstens berührt wäre; die bisher zutage getretenen Fragen aber sind sämtlich in der eingehendsten Weise erörtert."
Zentralblatt für freiwillige Gerichtsbarkeit.

Triebel, Franz, Güthes Kommentar zur Grundbuchordnung für das Deutsche Reich und die preußischen Ausführungsbestimmungen. Vierte Auflage. 2 Bände. Lexikon-Oktav. XVI, XI, 2318 Seiten. 1923/25. 59.—, geb. 69.—

Fischer, Otto, und Norbert Fischer, Grundbuchordnung nebst preußischen Ausführungsbestimmungen. Neunte, durchgearbeitete und ergänzte Auflage. Taschenformat. 1927. Im Druck.

(Guttentagsche Sammlung Deutscher Reichsgesetze Bd. 42.)

„Die vorliegende Handausgabe erfreut sich dank ihrer außerordentlichen Brauchbarkeit allseitiger Beliebtheit. Die Verfasser haben mit sicherem Blick für die Bedürfnisse der Rechtsanwendung die wichtigsten Auslegungssätze, insbesondere aus den Entscheidungen der höchsten Gerichte, herausgestellt." Leipziger Zeitschrift für deutsches Recht.

Aufwertung

Michaelis, Richard, Das Aufwertungsrecht nach den Aufwertungsgesetzen und nach allgemeinem bürgerlichen Rechte. Kommentar zu den Gesetzen vom 16. Juli 1925 über die Aufwertung von Hypotheken und anderen Ansprüchen und über die Ablösung öffentlicher Anleihen sowie systematische Darstellung des Aufwertungsrechts außerhalb dieser Gesetze. Zweite, gänzlich umgearbeitete

Auflage des Kommentars zur Dritten Steuernotverordnung von 14. Februar 1924 (Aufwertung). Mit einer Fristentabelle von H. Hoormann. X, 516 Seiten. 1925. Geb. 16.—

(de Gruytersche Sammlung Deutscher Gesetze. Handkommentare.)

„Es handelt sich bei dem vorliegenden Werk um ein ganz erstklassiges, die gesamte Rechtslehre und Rechtsprechung lückenlos verarbeitendes Hauptwerk, das sich als für jeden Aufwertungsinteressenten unentbehrlich erweisen wird. Das Buch ist begreiflicherweise auf das Vielfache des früheren Umfangs angewachsen, geht dafür aber auch keiner der zahllosen Streitfragen aus dem Wege, sondern beantwortet sie mit größter wissenschaftlicher Vertiefung und in dem steten Bestreben einer praktischen Lösung nach den Grundsätzen der Billigkeit."
Deutsche Allgemeine Zeitung.

Mügel, Oskar, **Das gesamte Aufwertungsrecht.** Kommentar zum Aufwertungsgesetze vom 16. Juli 1925, der Novelle vom 9. Juli 1927, der Durchführungsverordnungen und systematische Darstellung des sonstigen Aufwertungsrechts. Fünfte, gänzlich neubearbeitete Auflage in einem Bande. Mit einer Einleitung: Die rechtspolitischen und wirtschaftlichen Tendenzen der Aufwertungsgesetzgebung von Hans Wunderlich. 1927. 36.—, geb. 40.—

Schlegelberger, Franz, und Rudolf **Harmening, Gesetz über die Aufwertung von Hypotheken und anderen Ansprüchen** vom 16. Juli 1925 mit den Durchführungsbestimmungen des Reichs und der Länder. Mit zahlreichen Beispielen erläutert. Fünfte Auflage. Groß-Oktav. 1203 Seiten. 1927. 33.—, geb. 36.—

Quassowski, L., **Gesetz über die Aufwertung von Hypotheken und anderen Ansprüchen** (Aufwertungsgesetz) mit Durchführungsverordnungen. Fünfte Auflage. XII, 1035 Seiten. 1927. Geb. 36.—

Berliner, Ludwig, und Ernst **Pfaffenberger, Aufwertung von Versicherungsansprüchen** mit Durchführungsbestimmungen.

I. Teil. Oktav. 235 Seiten. 1925. Geb. 6.50

(Guttentagsche Sammlung Deutscher Reichsgesetze Bd. 164.)

II. Teil: Sach- und Transportversicherung; Unfall und Haftpflichtversicherung. Oktav. 112 Seiten. 1926. Geb. 3.50

(Guttentagsche Sammlung Deutscher Reichsgesetze Bd. 164a.)

„Ein bedeutsamer Kommentar, der sowohl dem Versicherungstechniker wie dem Juristen eine Fülle von Aufklärung und Anregung bietet. Das Werk ist als eine wohlgelungene systematische Darstellung des gesamten versicherungsrechtlichen Aufwertungsgebiets anzusprechen. Alles in allem: eine wissenschaftlich und praktisch gleichermaßen auf der Höhe stehende Leistung, bei der sich Versicherungstechniker und Jurist mit Erfolg die Hand gereicht haben!"
Neumanns Zeitschrift für Versicherungswesen.

Handelsrecht

Staubs Kommentar zum Handelsgesetzbuch. Zwölfte und dreizehnte Auflage. Bearbeitet von Heinrich Koenige, Albert Pinner, Felix Bondi. Vier Bände. Groß-Oktav. 3850 Seiten. 1927.
Zusammen 152.—, in Halbleder 176.—

„Der Staubsche Kommentar ist das klassische Hilfswerk zum Deutschen Handelsgesetzbuch und für die Beurteilung der zahlreichen schwierigen Fragen dieses Gesetzes maßgebend geworden; es stellt ein unentbehrliches Mittel zur Erfassung und zur Anwendung des Gesetzes dar."
Frankfurter Zeitung.

Düringer, A., und M. **Hachenburg, Das Handelsgesetzbuch** vom 10. Mai 1897 (mit Ausnahme des Seerechts) auf der Grundlage des BGB. erläutert.

Lieferbar sind zur Zeit:

IV. Band, II. Abteilung: Gesellschaft des Bürgerlichen Rechts, Offene Handelsgesellschaft, Kommanditgesellschaft. Bearbeitet von J. Flechtheim und

K. Geiler. Zweite Auflage. Lexikon-Oktav XX, 404 Seiten. 1917. 12.50
V. Band, I. Lieferung: Stille Gesellschaft (§§ 335—342 HGB.). Von J. Flechtheim. Lexikon-Oktav. 75 Seiten. 3.—

Mosse, Albert, und Ernst **Heymann, Handelsgesetzbuch** (ohne Seerecht). Mit den ergänzenden Vorschriften des Bürgerlichen Gesetzbuchs und einem Anhang, enthaltend das Einführungsgesetz, das Depotgesetz, die Bestimmungen über Börsentermin- und Differenzgeschäfte u. a. Nebst Erläuterungen. Im Anschluß an die Textausgabe von F. Litthauer. Siebzehnte Auflage. Unter Mitwirkung von Karl August Crisolli. Oktav. VIII, 693 Seiten. 1926. Geb. 14.—

(Guttentagsche Sammlung Deutscher Reichsgesetze Bd. 4.)

„Die Litthauer-Mossesche Ausgabe des Handelsgesetzbuches hat bei allen Praktikern seit langem den wohlbegründeten Ruf größter Zuverlässigkeit und übersichtlicher Anordnung, die mit möglichster Knappheit des Ausdrucks gepaart sind. Das Buch ist ein zuverlässiger Führer durch das immer schwieriger werdende Gebiet des Handelsrechts." Vossische Zeitung.

Schaps, Georg, **Das deutsche Seerecht** nebst Erläuterungen zu den seerechtlichen Nebengesetzen. Nach dem Tode des Verfassers fertiggestellt von Max Mittelstein und Julius Sebba. Zweite, vollständig umgearbeitete Auflage.
I. Band. (Handelsgesetzbuch: Viertes Buch.) Groß-Oktav. IV, 1041 Seiten. 1921. 25.—, geb. 28.—

„Die alte, auf der Staubschen Kommentierungsmethode beruhende Auflage erfreute sich mit Recht schon großen Ansehens. In diesen bewährten Bahnen leistet die zweite Auflage an Vollständigkeit, Übersichtlichkeit und Genauigkeit das Höchste, was Wissenschaft und Praxis nur wünschen können." Juristische Wochenschrift.

Rambke, Hans, und Alfred **Reichel, Die Goldbilanzverordnung** vom 28. 12. 23 nebst Durchführungsbestimmungen vom 5. 2. und 28. 3. 24. Geb. 10.—

(Stilkes Rechtsbibliothek Bd. 26.)

Baum, G., **Das vertragliche Wettbewerbsverbot** (Konkurrenzklausel). Nebst Kommentar zum Gesetze vom 10. Juni 1914. Taschenformat. XII, 231 Seiten. 1914. Geb. 3.—

(Guttentagsche Sammlung Deutscher Reichsgesetze Bd. 115.)

Gesellschaften mit beschränkter Haftung

Hachenburg, Max, **Kommentar zum Gesetz, betr. die Gesellschaften mit beschränkter Haftung.** (Früher **Staub-Hachenburg.**) Fünfte Auflage unter Mitarbeit von Fritz Bing und Walter Schmidt. 2 Bände. 43.—, geb. 47.—
I. Band: §§ 1—34. Groß-Oktav. VI, 527 Seiten. 1926.
II. Band: §§ 35—84. Groß-Oktav. II, 452 Seiten. 1927.

„Was Hachenburg in seinen Neubearbeitungen aus diesem Buche gemacht hat, ist erstaunlich. Sein reiches juristisches Wissen, sein überlegener und kritischer Verstand, seine vorzügliche Gestaltungskraft und seine nur wenigen Juristen eigene vielseitige Auslegungskunst haben etwas Großes, Unvergleichliches geschaffen. Man findet selten ein literarisches Werk, in welchem Rechtsgelehrsamkeit und praktisches Können vereint einem Spezialgesetz so zugute kamen wie hier." Zeitschrift für Aktiengesellschaften.

Brodmann, Erich, **Gesetz, betr. die Gesellschaften mit beschränkter Haftung.** Kommentar. Groß-Oktav. VIII, 315 Seiten. 1924. 16.—, geb. 18.—

(Gewerbe- und Industrie-Kommentar Bd. I.)

„Übersichtliche, klare Anordnung der Erläuterungen, tiefes Eindringen in die Einzelheiten des Gesetzes unter steter Berücksichtigung des Wirtschaftslebens, erschöpfende Wiedergabe der Rechtsprechung, namentlich des Reichsgerichts, sind die besonderen Vorzüge des Werkes, das damit ebenbürtig neben die anderen Reichsgerichtskommentare tritt und mit ihnen unentbehrliches Rüstzeug für Richter und Anwälte werden wird." Badische Rechtspraxis.

Parisius, Ludolf, und Hans **Crüger, Das Reichsgesetz, betr. die Gesellschaften mit beschränkter Haftung.** Systematische Darstellung und Kommentar nebst Entwürfen von Gesellschaftsverträgen und praktischer Anleitung für die Registerführung. Siebente, umgearbeitete Auflage von Hans Crüger und Adolf Crecelius. Groß-Oktav. 1927. In Vorbereitung.

„Dieses allgemein geschätzte Werk ist wegen der Vereinigung einer knappen systematischen Darstellung mit einem Kommentar und wegen der hervorragend gründlichen Verarbeitung des umfangreichen Stoffes längst an die führende Stelle gerückt. Die neue Auflage weist wieder wesentliche Verbesserungen auf und ist durchweg auf den neuesten Stand gebracht. Der Kommentar bedarf wohl keiner Empfehlung mehr." Leipziger Zeitschrift für internationales Recht.

Parisius, Ludolf, und Hans **Crüger, Das Reichsgesetz, betr. die Gesellschaften mit beschränkter Haftung.** Textausgabe mit Anmerkungen und Sachregister. Siebzehnte Auflage, bearbeitet von Hans Crüger und Adolf Crecelius. Taschenformat. 224 Seiten. 1926. Geb. 3.50

(Guttentagsche Sammlung Deutscher Reichsgesetze Bd. 32.)

„Die äußerst sachkundig erläuterte Ausgabe des Gesetzes, betreffend die Gesellschaften mit beschränkter Haftung, wird von den interessierten Kreisen freudig begrüßt werden. Wir können das Bändchen der bekannten Guttentagschen Sammlung bestens empfehlen."
Badische Wirtschafts-Zeitung.

Wechselordnung und Scheckrecht

Staubs Kommentar zur Wechselordnung. Fortgesetzt von J. Stranz und M. Stranz. Elfte Auflage, bearbeitet von M. Stranz und Martin Stranz. Groß-Oktav. 426 Seiten. 1926. 16.—, geb. 18.—

„Zwei Namen klingen ans Ohr, die der deutschen Juristenwelt unvergeßlich sind, Hermann Staub und Josef Stranz. Was soll man mehr sagen? Staub-Stranz ist der Kommentar zur Wechselordnung. Auch die jüngste Auflage des Kommentars gibt einen echten Staub-Stranz. Weiterer Kommentar dazu ist überflüssig." Juristische Wochenschrift.

Stranz, J., und M. **Stranz, Wechselordnung** vom 3. Juni 1908. Kommentar. Zwölfte Auflage von M. und M. Stranz. Taschenformat. VIII, 396 Seiten. 1923. Geb. 3.50

(Guttentagsche Sammlung Deutscher Reichsgesetze Bd. 5.)

„Die neue Ausgabe der Wechselordnung mit ihrem äußerst nützlichen, guten Kommentar ist sehr zu empfehlen. Erfreulicherweise enthält das Bändchen auch die Bestimmungen der Zivilprozeßordnung über Urkunden- und Wechselprozesse im Anhang."
Badische Wirtschaftszeitung.

Michaelis, Richard, **Scheckgesetz** mit allen einschlägigen Nebengesetzen, den ausländischen Gesetzen und dem Deutschen Postscheckgesetz mit Postscheckordnung. Kommentar. Groß-Oktav. VII, 339 Seiten. 1927. 16.—, geb. 18.—

(Gewerbe- und Industrie-Kommentar Bd. II.)

„Die vielen umfangreichen, den einzelnen Bestimmungen des Scheckgesetzes angefügten Bemerkungen behandeln die schwierige Materie in so tiefgründiger Weise, daß man in allen sich ergebenden Zweifelsfragen einer erschöpfenden Aufklärung gewiß sein darf. Es darf ferner nicht unerwähnt bleiben, daß das Buch nicht nur für den Gebrauch für den Juristen überaus geeignet erscheint, sondern auch infolge seiner klaren und allgemeinverständlichen Ausdrucksweise ein wertvolles Hilfsmittel für die Kreise des Gewerbes und der Industrie darstellt. Wir glauben deshalb nicht fehlzugehen, wenn wir dem ausgezeichneten Werke großen Erfolg voraussagen." Blätter für Genossenschaftswesen.

Schiffahrtsrecht

Knitschky, W. E., **Die Seegesetzgebung.** Fünfte Auflage, bearbeitet von O. Rudorff. XXIV, 1024 Seiten. 1913. Geb. 8.—

(Guttentagsche Sammlung Deutscher Reichsgesetze Bd. 19.)

Sieveking, Gustav, Das deutsche Seeversicherungsrecht. Kommentar zum zehnten Abschnitt des vierten Buches des Handelsgesetzbuches. Lexikon-Oktav. 218 Seiten. 1912. 5.—, geb. 6.80

„Der Kommentar ruht auf einer vortrefflichen Grundlage und zeigt sich auch in seinem Inhalte dieser Grundlage durchaus würdig. Er ersetzt ein Lehrbuch und kann daher auch zur Einführung in das Seeversicherungsrecht empfohlen werden.“
Leipziger Zeitschrift für deutsches Recht.

Makower, H., Gesetze, betreffend die privatrechtlichen Verhältnisse der Binnenschiffahrt und der Flößerei. Nach den Materialien erläutert. Sechste, vermehrte Auflage, bearbeitet von E. Loewe. Taschenformat. 458 Seiten. 1923. Geb. 4.—

(Guttentagsche Sammlung Deutscher Reichsgesetze Bd. 36.)

„Das vorzüglich bearbeitete Buch dürfte mit seinen klaren und verständlichen Erläuterungen für jeden, der in irgendeiner Weise mit der Binnenschiffahrt und der Flößerei zu tun hat, ein nie versagender Ratgeber sein.“ *Schiffbau.*

Genossenschaften

Parisius, Ludolf, und Hans Crüger, Reichsgesetz, betreffend die Erwerbs- und Wirtschaftsgenossenschaften. Kommentar zum praktischen Gebrauch für Juristen und Genossenschaften. Zehnte, neubearbeitete Auflage von Hans Crüger und Adolf Crecelius. Groß-Oktav. XII, 786 Seiten. 1926. 30.—, geb. 33.—

„Crüger beherrscht wie kein anderer Theorie und Praxis des Genossenschaftswesens, auch nach der wissenschaftlichen Seite hin.“ *Juristische Wochenschrift.*

Parisius, Ludolf, und Hans Crüger, Das Reichsgesetz, betreffend die Erwerbs- und Wirtschaftsgenossenschaften. Textausgabe mit Anmerkungen und Sachregister. Achtzehnte Auflage von Hans Crüger und Adolf Crecelius. Taschenformat. 296 Seiten. 1925. Geb. 4.—

(Guttentagsche Sammlung Deutscher Reichsgesetze Bd. 29.)

„Der Ruf der Verfasser als ausgezeichnete Kenner dieses schwierigen Rechtsgebietes und nicht weniger die vielen Vorzüge ihres Werkes, in dem auf möglichst beschränktem Raum unter stetem Eingehen auf Rechtsprechung und Literatur das Recht der Genossenschaften musterhaft erläutert wird, haben es zu der verbreitetsten Ausgabe des Gesetzes gemacht, zu der wohl jeder Jurist greift, wenn er sich schnell über eine Frage aus diesem Gebiet unterrichten will.“
Kölnische Zeitung.

Verschiedenes

Schreiber, Otto, Handelsrechtliche Nebengesetze. Taschenformat. VIII, 1002 Seiten. 1926. Geb. 14.—

(Guttentagsche Sammlung Deutscher Reichsgesetze Bd. 162.)

„Die Sammlung ist ein unentbehrliches Hilfsmittel für den Praktiker. Die Zusammenstellung ist sehr zuverlässig; auch das Sachregister von Kleffel verdient volle Anerkennung. Druck und Ausstattung des Buches sind ausgezeichnet.“ *Zentralblatt für Handelsrecht*

Staffel, W., Verordnung gegen Mißbrauch wirtschaftlicher Machtstellungen vom 2. November 1923. Kommentar. Oktav. 108 Seiten. 1927. Geb. 3.50

(Guttentagsche Sammlung Deutscher Reichsgesetze Bd. 167.)

„Die für das Wirtschaftsrecht so wichtige Kartellverordnung findet hier eine eingehende Kommentierung aus der Feder eines in diese Fragen tief eingedrungenen Mitgliedes des höchsten Gerichtshofs. Die Erläuterungen werden daher um so unentbehrlicher für die wirtschaftliche Praxis auf diesem Gebiete sein.“ *Industrie- und Handelszeitung*

Lusensky, F., Gesetz über die Handelskammern. Zweite Auflage. Taschenformat. 278 Seiten. 1909. Geb. 3.—

(Guttentagsche Sammlung Preußischer Gesetze Bd. 21.)

„Das Buch ist ein vortrefflicher Berater aller derer, die in der Handelskammerorganisation sind oder zu ihr in Beziehung stehen. Der erste Teil gibt einen geschichtlichen Überblick über die Entwicklung der preußischen Handelskammern, Entstehungsgeschichte und Inhalt des Handelskammergesetzes. Den zweiten Teil bildet der Kommentar zum Gesetze, in dem der Verfasser die einzelnen Bestimmungen in ihrer Bedeutung und praktischen Tragweite eingehend erörtert und daneben auch auf andere für das Handelskammerwesen wichtige gesetzliche Materien eingeht. Das Buch kann warm empfohlen werden."
Zeitschrift für Polizei- und Verwaltungsbeamte.

Bank und Börse

Koch, R., und Hjalmar **Schacht, Die Reichsgesetzgebung über das Münz- und Notenbankwesen.** Textausgabe mit Anmerkungen und Sachregister. Siebente, völlig neubearbeitete Auflage. Taschenformat. XVIII, 617 Seiten. 1925. Geb. 14.—

(Guttentagsche Sammlung Deutscher Reichsgesetze Bd. 26.)

„Dieser Kommentar zeichnet sich durch Vollständigkeit und Reichhaltigkeit des gesetzgeberischen und sonstigen Materials, durch Bestimmtheit und Klarheit der Erläuterungen aus und bietet außerdem in der Einleitung einen vortrefflichen Überblick über die Entwicklung des deutschen Noten- und Geldwesens während der letzten Jahrzehnte."
Monatsschrift für Handelsrecht und Bankwesen.

Nußbaum, Arthur, **Bank- und Börsengesetze.** Im Druck.

(Guttentagsche Sammlung Deutscher Reichsgesetze Bd. 169.)

Kommentar zum Börsengesetz. Im Auftrage des Zentralverbandes des Deutschen Bank- und Bankiersgewerbes (E. V.) bearbeitet von H. Rehm, H. Trumpler, Heinrich Dove, Ernst Neukamp, R. Schmidt-Ernsthausen, James Breit. Mit einem Vorwort von J. Rießer. Lexikon-Oktav. VIII, 464 Seiten. 1909. 12.—, geb. 13.50

„Einen so guten Kommentar zum Börsengesetze hat es noch nie gegeben. Wer sich darein vertieft, wird reiche Belehrung daraus schöpfen über das Börsenwesen im allgemeinen und über seine Rechtsübung und Rechtsprechung im besonderen." Sächsisches Archiv für Rechtspflege.

Hemptenmacher, Th., Börsengesetz. Dritte Auflage von O. Meyer. Taschenformat. XXIII, 373 Seiten. 1915. Geb. 3.50

(Guttentagsche Sammlung Deutscher Reichsgesetze Bd. 41.)

„Das Bändchen bringt neben einem kurzen Überblick und einem vorteilhaft erweiterten Anhang das Börsengesetz nebst Ausführungsbestimmungen. Die einzelnen Paragraphen sind sehr ausgiebig und in gemeinverständlicher Weise kommentiert. Alles in allem schließt sich auch dieses Bändchen wieder den übrigen Textausgaben der wegen ihrer unbedingten und erschöpfenden Sachlichkeit bekannten Guttentagschen Sammlung Deutscher Reichsgesetze würdig an."
Bayrische Handelszeitung.

Lusensky, F., Gesetz, betreffend die Pflichten der Kaufleute bei Aufbewahrung fremder Wertpapiere (Depotgesetz). Dritte Auflage. Taschenformat. 113 Seiten. 1916. Mit Nachtrag 1925. Geb. 1.—

(Guttentagsche Sammlung Deutscher Reichsgesetze Bd. 40.)

„Die beste Bearbeitung des sogenannten Depotgesetzes verdanken wir unstreitig dem Geheimrat Lusensky, der an der Entstehung dieses Gesetzes von seiner ersten Ausarbeitung bis zu seiner Fertigstellung im Reichstage fortdauernd Anteil gehabt hat und deshalb, wie kaum einer, in der Lage ist, das Vortrefflichste zu leisten." Zeitschrift für Aktiengesellschaften.

II. Grenzgebiete des Bürgerlichen Rechts

1. Privat- und Sozialversicherung

Hager, P., und E. **Bruck, Reichsgesetz über den Versicherungsvertrag** nebst dem zugehörigen Einführungsgesetz vom 30. Mai 1908. Fünfte, vollkommen neubearbeitete Auflage. Taschenformat. X, 538 Seiten. 1926. Geb. 14.—

(Guttentagsche Sammlung Deutscher Reichsgesetze Bd. 83.)

„Die Vorzüge, welche die früheren Auflagen schon zeigten, die Fülle des Gebotenen, die Beherrschung des Stoffes, die anschauliche und doch knappe Sprache, und dies alles in dem engen Rahmen einer Textausgabe, kleinen Handausgabe mit Anmerkungen, sind auch dieser vierten Auflage in hohem Maße eigen."

Mitteilungen für die öffentlichen Feuerversicherungs-Anstalten.

Berliner, Ludwig, und Ernst **Pfaffenberger, Aufwertung von Versicherungsansprüchen** mit Durchführungsbestimmungen.

I. Teil. Oktav. 235 Seiten. 1925. Geb. 6.50

(Guttentagsche Sammlung Deutscher Reichsgesetze Bd. 164.)

II. Teil: Sach- und Transportversicherung; Unfall- und Haftpflichtversicherung. Oktav. 112 Seiten. 1926. Geb. 3.50

(Guttentagsche Sammlung Deutscher Reichsgesetze Bd. 164a.)

„Das Werk ist ein bedeutsamer Kommentar, durch den die gesetzlichen Bestimmungen von der juristischen und versicherungstechnischen Seite aus eingehend erläutert werden. In seinem straffen, systematischen Aufbau, der Geschlossenheit der Darstellung muß man das Buch als ein Standardwerk für das gesamte versicherungsrechtliche Aufwertungsgebiet bezeichnen. Quellenangaben, sorgfältige Zitierungen, Stichwortverzeichnis erhöhen den praktischen Wert und machen es zum unentbehrlichen Ratgeber in allen interessierten Kreisen."

Versicherungs-Post, Berlin.

Koenige, Heinrich, und A. **Petersen, Gesetz über die privaten Versicherungsunternehmungen** vom 12. Mai 1901. Textausgabe mit Anmerkungen und Sachregister. Dritte, umgearbeitete Auflage. Taschenformat. 856 Seiten. 1927. Geb. 20.—

(Guttentagsche Sammlung Deutscher Reichsgesetze Bd. 62.)

„Der Verfasser hat es meisterhaft verstanden, reiche Literatur und Judikatur zu dem wichtigen Grundgesetz der Privatversicherung mit seiner eigenen selbständigen Auffassung von der Bedeutung der Gesetzesbestimmungen in Verbindung zu bringen. Für Theorie und Praxis der Privatversicherung wird das Werk dadurch zu einem unentbehrlichen Hilfsmittel."

Deutsche Versicherten-Zeitung.

Hanow, H., Fr. **Hoffmann** u. a., **Kommentar zur Reichsversicherungsordnung.** 5 Bände.

I. Band: Hanow, H., Gemeinsame Vorschriften (RVO., 1. Buch). Fünfte, neubearbeitete Auflage. XII, 396 Seiten. 1926. Geb. 16.—

II. Band: Hoffmann, Fr., Krankenversicherung. Sechste, vermehrte und ergänzte Auflage. XI, 672 Seiten. 1922. 12.—, geb. 14.—
Nachtrag hierzu. 34 Seiten. 1923. —.80

III. Band: Nachtrag zur dritten Auflage. Rabeling, Wilh., Die Kriegsverordnungen zur Unfallversicherung und das Gesetz über die Fürsorge für Kriegsgefangene vom 15. August 1917. VIII, 125 Seiten. 1918. 2.—

IV. Band: Hanow, R., und R. Lehmann, Invalidenversicherung (RVO., 4. Buch). Vierte, neubearbeitete Auflage. XI, 712 Seiten. 1925. Mit Nachtrag. Geb. 24.—

V. Band: Lehmann, R., Beziehungen der Versicherungsträger zueinander und zu anderen Verpflichteten. — Verfahren (RVO. 5. und 6. Buch). Vierte, neubearbeitete Auflage. XII, 543 Seiten. 1926. Geb. 20.—

Stier-Somlo, Fritz, Kommentar zur Reichsversicherungsordnung und ihrem Einführungsgesetz. Vom 19. Juli 1911.

I. Band. 1. Buch: Gemeinsame Vorschriften. 2. Buch: Krankenversicherung. Lexikon-Oktav. LXXVIII, 1130 Seiten. 1915. 26.—

II. Band. 3. Buch: Unfallversicherung. Lexikon-Oktav. LV, 1110 Seiten. 1916. 26.—

Lippmann, Karl, Die Reichsversicherungsordnung in der Fassung der Bekanntmachung vom 15. Dezember 1924 und des Gesetzes über das Reichsschiedsamt vom 22. Januar 1925 nebst dem Einführungsgesetze, den wichtigsten Ausführungsvorschriften, den ergänzenden Gesetzen und Verordnungen sowie den Verordnungen über das Verfahren. Oktav. XV, 589 Seiten. 1925. Geb. 11.—

(Guttentagsche Sammlung Deutscher Reichsgesetze Bd. 161.)

Ergänzungsband, enthaltend den vollständigen Wortlaut der neuen Fassung des Unfallversicherungsgesetzes sowie die Ergänzungen der übrigen Bücher der RVO. Oktav. 224 Seiten. 1926. Geb. 4.—

(Guttentagsche Sammlung Deutscher Reichsgesetze Bd. 161 a.)

Zweiter Ergänzungsband, enthaltend weitere Änderungen und Ergänzungen durch die im ersten Halbjahr 1926 erlassenen Gesetze und Verordnungen. Oktav. 30 Seiten. 1926. —.80

(Guttentagsche Sammlung Deutscher Reichsgesetze Bd. 161 b.)

„Das Buch dürfte sich in der Bibliothek eines jeden finden, der sich mit der Reichsversicherungsordnung befaßt. Es gehört zu den praktisch wertvollsten." Deutsche Allgemeine Zeitung.

Dersch, Hermann, Die neue Reichsversicherungsordnung. Handausgabe mit kurzen Anmerkungen und einer systematischen Einleitung nebst den wichtigsten Ausführungsbestimmungen. Klein-Oktav. 918 Seiten. 1925. Mit Nachtrag nach dem Stande vom August 1926. Geb. 10.—

(Sammlung Deutscher Gesetze Bd. 114.)

Reuß, Max, und Fritz Hense, Das Reichsknappschaftsgesetz vom 1. Juli 1926 nebst Einführungsgesetz. Taschenformat. XVI, 640 Seiten. 1926. Geb. 12.—

(Guttentagsche Sammlung Deutscher Reichsgesetze Bd. 155.)

„Zur rechten Zeit erscheint die Erläuterung des Reichsknappschaftsgesetzes aus der Feder zweier Männer, die schon seit Jahren im Verwaltungs- und Aufsichtsdienste des Knappschaftswesens tätig sind und bei der Verabschiedung des Gesetzes mit in erster Linie gestanden haben. Die Herausgabe des Gesetzes aus ihrer Feder bedarf daher keiner besonderen Empfehlung. Das Buch kann allen, die auf dem Gebiete des Knappschaftswesens tätig sind, aufs wärmste empfohlen werden." Zeitschrift für Bergrecht.

Mentzel, Paul, Hermann Schulz und Fritz Sitzler, Kommentar zum Versicherungsgesetz für Angestellte vom 20. Dezember 1911. Groß-Oktav. XVI, 987 Seiten. 1913. 20.—, geb. 22.50

Angestelltenversicherungsgesetz vom 28. Mai 1924. Zweite Auflage. Taschenformat. 143 Seiten. 1927. Geb. 2.50

(Guttentagsche Sammlung Deutscher Reichsgesetze. Textausgaben ohne Anmerkungen.)

Diese neue Ausgabe entspricht der neuesten Fassung des Gesetzes unter Berücksichtigung der letzten Änderungen und Verordnungen. Das beigefügte Sachregister erleichtert das rasche Zurechtfinden in den einzelnen Bestimmungen des Gesetzes.

Schmeißer, Herbert, **Handbuch der Erwerbslosenfürsorge.** Mit einer Einführung und Erläuterungen. Zweite Auflage. Taschenformat. XI, 496 Seiten. 1926. Mit Ergänzungsband (120 Seiten) 1927. Geb. 13.—
(Guttentagsche Sammlung Deutscher Reichsgesetze Bd. 165.)

„Das Buch gibt in kurzer, aber ausreichender Form eine Darstellung des gesamten Rechtsstoffes der Erwerbslosenfürsorge unter Anpassung an die praktischen Bedürfnisse. Das Buch, das als Handbuch bezeichnet wird, ist allen Arbeitsnachweisen, Kommunalbehörden, Parlamentariern, Gewerkschaften und Angestelltenverbänden zu empfehlen, zumal es sich um Vorschriften handelt, die in politischer, volkswirtschaftlicher und finanzieller Hinsicht zur Zeit weit schwerwiegender sind als die sonstiger sozialer Gesetze.“ Kommunalpolitische Blätter.

2. Arbeitsrecht

Hoeniger, Heinrich, und Emil **Wehrle, Arbeitsrecht.** Sammlung der reichsrechtlichen Vorschriften zum Arbeitsvertrag. Textausgabe mit Sachregister. Zehnte Auflage. Klein-Oktav. XXIV, 634 Seiten. 1927. Geb. 8.—
(Sammlung Deutscher Gesetze Bd. 53.)

Feig, J., und F. **Sitzler, Arbeitsrechtliche Gesetze und Verordnungen** des Reichs nach dem Stand vom 1. April 1924. Oktav. VI, 575 Seiten. 1924. Geb. 8.—

Dersch, H., und E. **Volkmar, Arbeitsgerichtsgesetz.** Zweite, durchgesehene Auflage. Klein-Oktav. 688 Seiten. 1927. Geb. 12.—
(Sammlung Deutscher Gesetze Bd. 128.)

Depéne, Hans, **Das Arbeitsgerichtsgesetz.** Taschenformat. 180 Seiten. 1927. Geb. 3.60
(Guttentagsche Sammlung Deutscher Reichsgesetze Bd. 168.)

„Die neue Materie des Arbeitgerichtsgesetzes erfordert in erhöhtem Maße das Interesse des Unternehmers. Zur Einarbeitung ist das vorliegende Buch besonders brauchbar, weil es sich nicht um einen Kommentar mit vielen Details handelt, sondern um eine Textausgabe mit einer ausführlichen, von einem hervorragenden Sachkenner verfaßten Einleitung. Daß die entsprechenden Bestimmungen anderer einschlägiger Gesetze gleich mit abgedruckt sind, ist ein großer Vorteil.“ Wirtschaftliche Rundschau.

Günther, Adolf, und Richard **Schneider, Arbeitszeitnotgesetz.** Textausgabe mit Anmerkungen. Im Druck.
(Guttentagsche Sammlung Deutscher Reichsgesetze Bd. 138a.)

3. Gewerberecht

Landmann, Robert v., und Gustav **Rohmer, Kommentar zur Gewerbeordnung.**
I. Band: Einleitung und Gewerbeordnung Titel I—V nebst Anhang, Nachträgen und Literaturverzeichnis. Vergriffen. Neue Auflage im Druck.
II. Band: Titel VI—X nebst Schlußbestimmungen, Anhang, Nachträgen, Literaturverzeichnis und alphabetischem Sachregister. Lexikon-Oktav. XII, 1138 Seiten. 1925. Geb. 34.—
Ergänzungsband zum II. Band: Verordnung über die Arbeitszeit in der neuen Fassung vom 14. April 1927 nebst einem Anhang, enthaltend einschlägige andere Gesetze und Verordnungen sowie die kommentierte Bäckerei-Arbeitszeitverordnung. Im Druck.

Stier-Somlo, Fritz, **Kommentar zur Gewerbeordnung** für das Deutsche Reich. Mit einer Einführung, sämtlichen Novellen, den wichtigsten Ausführungsbestimmungen, Nebengesetzen und einem Sachregister. Zweite, wesentlich

veränderte und ergänzte Auflage. Klein-Oktav. XXXVII, 1219 Seiten. 1923. Mit Nachtrag. Geb. 15.—

(Sammlung Deutscher Gesetze Bd. 27.)

Hiller, Fr., und H. Luppe, Reichsgewerbeordnung nebst Ausführungsbestimmungen. Zwanzigste Auflage. Taschenformat. 912 Seiten. 1921. Mit Nachtrag. Geb. 6.—

(Guttentagsche Sammlung Deutscher Reichsgesetze Bd. 6.)

„Ein Wort der Empfehlung für dieses Buch zu sagen› erübrigt sich. Hervorgehoben sei, daß diese Auflage alle Vorzüge der früheren Auflagen in sich schließt. Die zahlreichen neuen Gesetze sind erschöpfend berücksichtigt.“ Zeitschrift des Deutschen Notarvereins.

Brassert, H., Allgemeines Berggesetz für die preußischen Staaten mit Kommentar. Zweite Auflage, bearbeitet von Hans Gottschalk. Groß-Oktav. XXIX, 1291 Seiten. 1914. 27.—, geb. 30.—

Sonnenfeld, Hugo, Die reichsrechtlichen Bestimmungen, betreffend den Handel mit Drogen und Giften. Dritte, veränderte Auflage. Taschenformat. 435 Seiten. 1926. Geb. 12.—

(Guttentagsche Sammlung Deutscher Reichsgesetze Bd. 64.)

„Die Arbeit gehört einem Spezialgebiet an, mit dem nicht jeder Jurist zu tun hat. Wird er aber einmal genötigt, sich auf dieses Gebiet zu begeben, so ist er um so dankbarer für eine Arbeit, die sofort den Eindruck größter Sachkunde und vollständiger Materialsammlung macht, und deren Führung man sich unbedenklich anvertrauen kann.“ Vossische Zeitung.

Lebbin, Georg, Nahrungsmittelgesetze mit Erläuterungen. Zweite, stark vermehrte Auflage in zwei Bänden.

I. Band: Nahrungsmittelgesetzgebung. Im Druck.

II. Band: Getränkegesetze und Getränkesteuergesetze (Wein, Bier, Branntwein, Mineralwasser). Unter Mitarbeit von Rechtsanwalt Dr. Kniebe. Taschenformat. XII, 400 Seiten. 1926. Geb. 10.—

(Guttentagsche Sammlung Deutscher Reichsgesetze Bd. 54b.)

„Das Werk, in der bekannten und bewährten Aufmachung der Gesetzessammlung gearbeitet ist für unsere Leser und überhaupt die ganze Fachwelt der Getränke-Industrie unentbehrlich, muß doch jedermann mit den einschlägigen Gesetzesbestimmungen sich soweit wie irgend möglich vertraut machen, wenn er nicht in Nachteile geraten will. Die Anschaffung des Buches kann bestens empfohlen werden.“ Branntweinmonopol.

4. Geistig-gewerblicher Rechtsschutz

Seligsohn, Arnold, Patentgesetz und Gesetz, betr. den Schutz von Gebrauchsmustern. Siebente Auflage. Oktav. 1927. In Bearbeitung.

„Die Vorzüge des Buches sind bekannt. Klare, leichtfaßliche Sprache, wissenschaftliche Vertiefung, dabei starke Betonung der Praxis, lückenlose Behandlung aller Probleme sind die Vorzüge, die den Seligsohnschen Kommentar zum unentbehrlichen Rüstzeug jedes im gewerblichen Rechtsschutz Tätigen gemacht haben.“ Mitteilungen vom Verband Deutscher Patentanwälte.

Isay, Hermann, Patentgesetz und Gesetz, betr. den Schutz von Gebrauchsmustern. Systematisch erläutert. Vierte Auflage. Lexikon-Oktav. XI, 743 Seiten. 28.—, geb. 32.—

Lutter, R., Patentgesetz. Nebst Ausführungsbestimmungen, völkerrechtlichen Verträgen und der Patentanwaltsordnung. Achte Auflage. Taschenformat. 429 Seiten. 1920. Mit Nachtrag. 1924. Geb. 4.—

(Guttentagsche Sammlung Deutscher Reichsgesetze Bd. 22.)

„Der jetzige Verfasser hat einen völlig neuen Kommentar geschaffen, der in seiner Knappheit und Sparsamkeit dem ursprünglichen Zweck gerecht wird, aber an wissenschaftlicher Durch-

arbeitung und Gründlichkeit die vorangegangenen Auflagen weit überragt. Die jetzt vorliegende Auflage zeichnet sich durch Reichhaltigkeit, Genauigkeit und Klarheit aus."
Gewerblicher Rechtsschutz und Urheberrecht.

Neuberg, Johannes, Gesetz, betr. das Urheberrecht an Mustern und Modellen, und Gesetz, betr. den Schutz von Gebrauchsmustern, nebst den zu beiden Gesetzen ergangenen Ausführungsverordnungen und abgeschlossenen internationalen Verträgen. Textausgabe mit Einleitung, Anmerkungen und Sachregister. Taschenformat. 192 Seiten. 1911. Geb. 2.40

(Guttentagsche Sammlung Deutscher Reichsgesetze Bd. 102.)

„Die Anmerkungen sind kurz, klar, treffend, mit Nachweisungen aus der Judikatur und aus der Literatur versehen. Sie ermöglichen auch dem mit der Materie nicht vertrauten Praktiker eine schnelle Orientierung über den Stand der Frage."
Zeitschrift für das gesamte Handelsrecht.

Daude, Paul, Die Reichsgesetze über das Urheberrecht an Werken der Literatur und der Tonkunst und das Verlagsrecht vom 19. Juni 1901 in der Fassung des Gesetzes vom 22. Mai 1910 zur Ausführung der revidierten Berner Übereinkunft. Oktav. VIII, 293 Seiten. 1910. 6.—

„Der Zusammenhang der erläuterten Gesetze mit dem Strafgesetzbuch, dem Bürgerlichen Gesetzbuch und anderen Gesetzen ist in leichtverständlicher Weise praktisch dargestellt. Literatur und Rechtsprechung sind angemessen berücksichtigt. Dem praktischen Juristen, dem Buchhändler und dem Autor wird es gleichermaßen vorzügliche Dienste leisten."
Deutsche Literatur-Zeitung.

Lindemann, O., Gesetz, betr. das Urheberrecht an Werken der Literatur und der Tonkunst. Vierte Auflage. Taschenformat. 171 Seiten. 1921. Geb. 1.80

(Guttentagsche Sammlung Deutscher Reichsgesetze Bd. 60.)

„Die vorliegende Arbeit ist nicht bloß eine Gesetzesausgabe, sondern mit ihren sachgemäßen, gründlichen, sorgfältig gearbeiteten, wenn auch kurzen Erläuterungen zu den einzelnen Paragraphen ein wertvoller Kommentar des Gesetzes. Das Werk sei jedermann auf das beste empfohlen." *Juristische Wochenschrift.*

Goldbaum, Wenzel, Urheberrecht und Urhebervertragsrecht. Ein Kommentar zu den Gesetzen über das Urheberrecht an Werken der Literatur und der Tonkunst und das Verlagsrecht, zur revidierten Berner Übereinkunft, nebst Bestimmungen des Friedensvertrags sowie zum deutsch-amerikanischen Abkommen. Zweite, verbesserte Auflage. Klein-Oktav. 464 Seiten. 1927. Geb. 12.—

(Stilkes Rechtsbibliothek Bd. 9.)

Fuld, Ludwig, Gesetz, betr. das Urheberrecht an Werken der bildenden Künste und der Photographie. Zweite Auflage. Taschenformat. 192 Seiten. 1925. Geb. 6.—

(Guttentagsche Sammlung Deutscher Reichsgesetze Bd. 81.)

„Der zwar kleine, aber inhaltreiche und daher sehr beliebte Kommentar von Fuld erscheint in zweiter, völlig neubearbeiteter Auflage. Überall ist dem Stande der heutigen Rechtsprechung und wissenschaftlichen Auffassungen Rechnung getragen. In einem Anhang sind die einschlägigen internationalen Übereinkommen abgedruckt. Alle Interessenten werden mit Freuden die neue Auflage begrüßen." *Danziger Juristische Monatsschrift.*

Dungs, H., Die Berner Übereinkunft über internationales Urheberrecht. Taschenformat. 75 Seiten. 1910. Geb. 1.—

(Guttentagsche Sammlung Deutscher Reichsgesetze Bd. 95.)

„Der Verfasser hat das abgeklärte Ergebnis langjähriger praktischer und theoretischer Beschäftigung mit diesem Stoff in anspruchslose und einfache Sätze zusammengedrängt, die gerade auch demjenigen, der die Materie kennt, eine wohlgeordnete und angesichts des äußerlich geringen Umfangs der Schrift überraschend reichhaltige Zusammenfassung bieten. Das literarische und künstlerische Urheberrecht sind ineinander verarbeitet, und auch hierdurch ergeben sich zahlreiche interessante und anregende Gesichtspunkte. Man hat überall den Eindruck, daß dies

Buch nicht geschrieben ist, um die juristische Literatur zu vermehren, sondern weil der Verfasser seinen Fachgenossen etwas zu sagen hatte. Kurz, ein in jeder Hinsicht wertvolles und erfreuliches Buch." *Hessische Rechtsprechung.*

Heinitz, Ernst, und Bruno **Marwitz, Das Reichsgesetz über das Verlagsrecht.** Textausgabe mit Einleitung, Anmerkungen und Sachregister. Dritte Auflage. Taschenformat. 136 Seiten. 1922. Geb. 1.60

(Guttentagsche Sammlung Deutscher Reichsgesetze Bd. 61.)

„Dieser kurze Kommentar ist durch seine knappen, das Wichtige klar vortragenden Darlegungen dazu berufen, eine Lücke auszufüllen, die sich für den Praktiker des Verlagsrechts seit Jahren ergab. Man darf deshalb das Erscheinen dieser neuen Auflage aus der Feder des Spezialisten des Verlagsrechts mit größter Freude begrüßen." *Börsenblatt für den Deutschen Buchhandel.*

Hoffmann, Willy, **Das Reichsgesetz über das Verlagsrecht** mit Erläuterungen. Oktav. 182 Seiten. 1925. 6.—, geb. 7.50

Hagens, Alfred, **Warenzeichenrecht.** Kommentar. Groß-Oktav. VIII, 408 Seiten. 1927. 22.—, geb. 24.—

(Gewerbe- und Industrie-Kommentar Bd. III.)

Es war das Ziel des Verfassers, in dem vorliegenden Kommentar ein ganz klares, geschlossenes System des Warenzeichenrechts herauszuarbeiten, z. B. durch folgerichtige Durchführung des Begriffs „Immaterial-Güterrecht" bei Warenzeichen und Ausstattung, durch Einführung des Begriffs „Anfechtbarkeit" und „Unwirksamkeit" der Zeichen (unter Ausschaltung des Begriffs „Nichtigkeit") und durch konsequente Durchführung wettbewerblicher Grundsätze, besonders der Priorität. Besonderer Wert wurde darauf gelegt, nur zu rechtspolitisch einwandfreien, wirtschaftlich gesunden Folgerungen zu gelangen. Die Darstellung ist durch eine Fülle von konkreten Beispielen sowie durch Besprechung wichtiger Urteile anschaulich gemacht.

Pinzger, Werner, und Felix **Heinemann, Das deutsche Warenzeichenrecht.** Kommentar des Reichsgesetzes zum Schutz der Warenbezeichnungen nebst den internationalen Verträgen. Groß-Oktav. 504 Seiten. 1926. 18.—, geb. 20.—

Seligsohn, Arnold, **Gesetz zum Schutz der Warenbezeichnungen.** Dritte Auflage, bearbeitet in Gemeinschaft mit Martin Seligsohn in Berlin. Groß-Oktav. IV, 416 Seiten. 1925. 15.—, geb. 16.50

„Der Kommentar zeigt alle Vorzüge des in der Wissenschaft und Praxis des gewerblichen Rechtsschutzes gleich ausgezeichneten Juristen: volle theoretische und praktische Beherrschung des Stoffes, klare Darstellungsgabe, sorgsame Behandlung und treffsicheres Urteil." *Badische Rechtspraxis.*

Freund, G. S., Julius **Magnus** und Friedrich **Jüngel, Das deutsche Warenzeichenrecht.** Sechste, neubearbeitete Auflage. Teil I: Die internationalen Verträge. VI, 247 Seiten. Mit 4 Tafeln. 1924. Geb. 9.—

(Guttentagsche Sammlung Deutscher Reichsgesetze Bd. 87a.)

„Das ganze Werk mit seiner Fülle von Gesetzen, Verordnungen, Verträgen, Bekanntmachungen bildet eine Quellensammlung für das internationale deutsche Zeichenrecht, ohne die man fortan nicht mehr auskommen kann." *Gewerblicher Rechtsschutz und Urheberrecht.*

Rosenthal, Alfred, **Wettbewerbsgesetz** (Gesetz gegen den unlauteren Wettbewerb vom 7. Juni 1909) nebst den materiellen Bestimmungen des Warenzeichengesetzes systematisch erläutert. Sechste Auflage. Groß-Oktav. XV, 467 Seiten. 1927. 24.—, geb. 28.—

Pinner, A., und A. **Elster, Gesetz gegen den unlauteren Wettbewerb.** Achte Auflage von A. Elster. Taschenformat. 254 Seiten. 1927. Geb. 5.—

(Guttentagsche Sammlung Deutscher Reichsgesetze Bd. 37.)

„Das Werk ist für den Handgebrauch vor Gericht und im Beratungszimmer sehr zu empfehlen, es unterrichtet schnell über die wesentlichen Fragen, die bei der Anwendung des Gesetzes in Frage kommen." *Juristische Wochenschrift.*

III. Zivilprozeß

Stein, Friedrich, **Die Zivilprozeßordnung** für das Deutsche Reich. In Fortführung des von L. Gaupp begründeten Kommentars erläutert. Bearbeitet von Martin Jonas. 2 Bände. 88.—, geb. 104.—
I. Band: Dreizehnte Auflage. XXXII, 1167 Seiten. 1926.
II. Band: Zwölfte und dreizehnte Auflage. XII, 1184 Seiten. 1926.

Sydow, R., L. **Busch** und W. **Krantz, Zivilprozeßordnung und Gerichtsverfassungsgesetz.** Neunzehnte Auflage. Groß-Oktav. VIII, 1335 Seiten. 1926. Geb. 25.—

(de Gruyterſche Sammlung Deutscher Gesetze. Handkommentare.)

„Der Wert des Werkes ist längst anerkannt. Es gibt wohl keinen Praktiker, der sich seiner nicht mit besonderer Vorliebe bedient. Vollständigkeit, Übersichtlichkeit, Zuverlässigkeit und Ausführlichkeit der Erläuterungen sind auch diesmal dem allgemein beliebten Buche als seine hervorstechendsten Vorzüge treugeblieben. Für die Praxis ist es unentbehrlich."
Zeitschrift des Bundes Deutscher Justizamtmänner.

Sydow, R., L. **Busch** und W. **Krantz, Gerichtsverfassungsgesetz** mit Einführungsgesetz. Unter besonderer Berücksichtigung der Entscheidungen des Reichsgerichts. Zehnte Auflage. Taschenformat. 347 Seiten. 1925. Geb. 6.—

(Guttentagsche Sammlung Deutscher Reichsgesetze Bd. 14.)

„Das Buch bedarf keiner Empfehlung, es empfiehlt sich selbst durch die Fülle dessen, was es bietet. Gesetzgebung und Rechtsprechung sind bis in die neueste Zeit berücksichtigt."
Leipziger Zeitschrift für Deutsches Recht.

Rausnitz, Julius, **Gebührenordnung für Notare** vom 28. Oktober 1922 (GS. 404) nebst den einschlägigen Vorschriften des Preußischen Gerichtskostengesetzes vom 28. Oktober 1922 (GS. 363), beide in der Fassung der Gesetze vom 12. April 1923 (GS. 107), 18. Dezember 1923 (GS. 556) und der Verordnung vom 28. Juni 1924 (GS. 573). Sechste, umgearbeitete Auflage. Oktav. 158 Seiten. 1925. Geb. 7.—

(Guttentagsche Sammlung Preußischer Gesetze Bd. 4.)

„Die Aufgabe, einen kurzgefaßten, aber möglichst vollständigen Handkommentar für den täglichen Gebrauch des Praktikers zu schaffen, hat der Verfasser glänzend gelöst. Mit einer bewundernswerten Kürze und Schärfe entscheidet er nicht nur Streitfragen, sondern behandelt auch die im täglichen Leben vorkommenden Fälle vollständig. Der in seiner äußeren Form sehr handlich und gut ausgestaltete Kommentar kann den Herren Kollegen nur auf das wärmste empfohlen werden. Er wird ihnen sehr bald ein unentbehrlicher, weil nie versagender Ratgeber werden, der ihnen ihre Berufsarbeit sehr erleichtern wird." *Juristische Wochenschrift.*

Walter, Heinrich, und Albert **Joachim, Deutsche Gebührenordnung für Rechtsanwälte** vom 7. Juli 1879 in der Fassung vom 20. Mai 1898 nebst allen späteren Novellen und den landesgesetzlichen Vorschriften über die Gebühren der Rechtsanwälte in Preußen, Bayern, Sachsen, Württemberg und Baden. Siebente, neubearbeitete Auflage. Herausgegeben von Adolf Friedlaender und Max Friedlaender. Groß-Oktav. XXVI, 634 Seiten. 1925. Geb. 27.—

Sydow, R., L. **Busch** und O. **Krieg, Die Deutsche Gebührenordnung für Rechtsanwälte und das Preußische Gebührengesetz.** Unter besonderer Berücksichtigung der Entscheidungen des Reichsgerichts herausgegeben mit Anmerkungen und Kostentabellen. Dreizehnte Auflage in Vorbereitung.

(Guttentagsche Sammlung Deutscher Reichsgesetze Bd. 17.)

„Die Erläuterung der Gebührenordnung bietet besonders Wertvolles. Sie steht schon lange unter den Anmerkungsausgaben mit an erster Stelle. Und das mit Recht."

Zeitschrift des Bundes Deutscher Justizamtmänner.

Sydow, R., L. Busch und **F. Koehler, Deutsches Gerichtskostengesetz nebst Gebührenordnung** für Gerichtsvollzieher und für Zeugen und Sachverständige. Mit Anmerkungen unter besonderer Berücksichtigung der Entscheidungen des Reichsgerichts. Taschenformat. Elfte Auflage. In Bearbeitung.

(Guttentagsche Sammlung Deutscher Reichsgesetze Bd. 15.)

Rittmann, Otto, und Peter **Wenz, Das Deutsche Gerichtskostengesetz und die Gebührenordnung für Rechtsanwälte.** Mit Erläuterungen und Kostentafeln sowie den Gebührenordnungen für Gerichtsvollzieher, für Zeugen und Sachverständige, für Schöffen, Geschworene und Vertrauenspersonen und den Vorschriften der Reichsabgabenordnung über Kosten und Rechtsanwaltgebühren. Zwölfte Auflage. Klein-Oktav. XII, 530 Seiten. 1927. Geb. 10.—

Freiwillige Gerichtsbarkeit

Schlegelberger, Franz, **Die Gesetze über die Angelegenheiten der freiwilligen Gerichtsbarkeit** für das Reich und Preußen. Dritte, vollständig neubearbeitete Auflage des Kommentars von Rudolf Schultze und Hermann Oberneck. I. Band: (§§ 1—124). Groß-Oktav. XXVIII, 723 Seiten. 1927.

In Leinen 42.—, in Halbleder 45.—

Jastrow, A., und Hermann **Günther, Die Gesetze des Reiches und Preußens über die freiwillige Gerichtsbarkeit.** Sechste Auflage. Taschenformat. 515 Seiten. 1921. Geb. 4.50

(Guttentagsche Sammlung Deutscher Reichsgesetze Bd. 46.)

„Die Anmerkungen unterrichten in zuverlässiger Weise über die wichtigste Rechtsprechung des Reichsgerichts und der deutschen Oberlandesgerichte auf dem Gebiete der freiwilligen Gerichtsbarkeit. Ein ausführliches Sachregister erhöht die Brauchbarkeit des bewährten Buches, das auch in der neuen Auflage seinen Zweck auf das beste erfüllen wird."

Juristische Wochenschrift.

Szkolny, Felix, und Leopold **Kober, Das Notariatrecht,** unter besonderer Berücksichtigung des materiellen Rechts und des Steuer- und Stempelrechts erläutert. Oktav. 236 Seiten. 1925. Geb. 8.50

(Guttentagsche Sammlung Deutscher Reichsgesetze Bd. 163.)

„Die Darlegung des materiellen Rechts, soweit es in der täglichen Anwendung den Notar hauptsächlich beschäftigt. Es wird die Beurkundung einzelner Rechtsgeschäfte und anderer Rechtsvorgänge behandelt. Die Ausführungen verwerten die neueste Lehre und Rechtsprechung eingehend, die Darstellung ist leicht faßlich und klar, einzelne Muster vervollkommnen das anschauliche Bild." *Zeitschrift des Deutschen Notarvereins.*

Konkursordnung und Zwangsvollstreckung

Jaeger, Ernst, **Kommentar zur Konkursordnung** und den Einführungsgesetzen. Mit einem Anhang, enthaltend das Anfechtungsgesetz, Auszüge aus den Kostengesetzen, die Ausführungsgesetze und Geschäftsordnungen. Sechste Auflage. Lexikon-Oktav. In Bearbeitung.

„Das Jaegersche Werk ist ohne Zweifel der beste von den mehreren guten Kommentaren zur Konkursordnung, die wir besitzen. Die Rechtsanwendung wird von ihm kaum jemals im Stiche gelassen werden, und auch die Rechtslehre wird ihm mannigfache Förderung zu verdanken haben. Das Werk ist mit erschöpfender Gründlichkeit gearbeitet, eine Unsumme auch fernerliegender literarischer Erscheinungen ist von dem Verfasser herangezogen und verwertet worden."

Zeitschrift für deutschen Zivilprozeß.

Mentzel, Franz, **Kommentar zur Reichskonkursordnung.** Zweite Auflage. Lexikon-Oktav. XII, 656 Seiten. 1926. Geb. 20.—

Sydow, R., L. **Busch** und O. **Krieg, Konkursordnung** und Anfechtungsgesetz. Mit Anmerkungen unter besonderer Berücksichtigung der Entscheidungen des Reichsgerichts. Vierzehnte, vermehrte Auflage. Taschenformat. XXXI, 622 Seiten. 1926. Geb. 10.—

(Guttentagsche Sammlung Deutscher Reichsgesetze Bd. 13.)

„Diese mustergültige Bearbeitung des Konkursrechtes kann einen großen Kommentar zur Konkursordnung voll ersetzen. Der Reichtum an praktisch-wissenschaftlichen Erläuterungen, an angezogenen Gerichtsentscheidungen setzt in Erstaunen. Die angefügte Darstellung des Anfechtungsgesetzes erfüllt ebenfalls alle Erwartungen."
Leipziger Zeitschrift für deutsches Recht.

Gesetz über den Vergleich zur Abwendung des Konkurses (Vergleichsordnung) vom 5. Juli 1927.
Dient zur Ergänzung der KO. von Sydow-Busch-Krieg, wird aber auch einzeln abgegeben. Im Druck.

Fischer, R., und L. **Schäfer, Die Gesetzgebung, betr. die Zwangsvollstreckung in das unbewegliche Vermögen** im Reiche und in Preußen. Bearbeitet von J. Krech und O. Fischer. Zweite Auflage. Lexikon-Oktav. XVI, 728 Seiten. 1910. 15.—, geb. 18.—

„Unter den zahlreichen Bearbeitungen des Zwangsvollstreckungsgesetzes ist der Kommentar von Fischer und Schäfer wohl der wissenschaftlich bedeutendste. Überall sind die Erläuterungen systematisch, manchmal geradezu lehrbuchartig aufgebaut, die leitenden Gedanken treten trotz der Fülle der behandelten Einzelfragen klar und deutlich hervor."
Zeitschrift für Rechtspflege in Bayern.

Krech, J., und O. **Fischer, Die Gesetzgebung, betr. die Zwangsvollstreckung in das unbewegliche Vermögen** im Reiche und in Preußen. Textausgabe mit Einleitung, Anmerkungen und Sachregister. Neunte Auflage, bearbeitet von O. Fischer. Taschenformat. 275 Seiten. 1922. Geb. 3.50

(Guttentagsche Sammlung Deutscher Reichsgesetze Bd. 43.)

„Einer besonderen Empfehlung dieser handlichen Ausgabe, deren Hauptteil das Gesetz über die Zwangsversteigerung und Zwangsverwaltung bildet, bedarf es nicht. Gesetzgebung, Rechtsprechung und Rechtslehre sind bis zur Gegenwart berücksichtigt."
Sächsisches Archiv für Rechtspflege.

Klien, G., **Verordnung über die Geschäftsaufsicht zur Abwendung des Konkurses** vom 14. Dezember 1916. Mit systematischer Einleitung von Ernst Jaeger. Taschenformat. 126 Seiten. 1917. Mit Nachtrag 1924. Geb. 3.—

(Guttentagsche Sammlung Deutscher Reichsgesetze Bd. 127.)

IV. Strafrecht und Strafprozeß

Strafgesetzbuch

Ebermayer, Ludwig, Adolf **Lobe** und Werner **Rosenberg, Das Reichsstrafgesetzbuch**, Leipziger Kommentar mit besonderer Berücksichtigung der Rechtsprechung des Reichsgerichts. Dritte Auflage. Lexikon-Oktav. X, 1288 Seiten. 1925. 48.—, in Halbleder 55.—

„Das hervorragende Werk ist von Praktikern für die Praxis geschrieben. Der Nachdruck ist darauf gelegt, in allen auftauchenden Fragen über den Stand der Wissenschaft und insbesondere über die Ergebnisse der Rechtsprechung rasch und zuverlässig zu unterrichten. Dieses Ziel ist durch eine sehr gründliche und übersichtliche Darstellung des gesamten Stoffes in vorzüglicher Weise erreicht worden." *Württemberger Zeitschrift für Rechtspflege.*

Kohlrausch, Eduard, **Strafgesetzbuch für das Deutsche Reich mit Nebengesetzen.** Textausgabe mit Anmerkungen und Sachregister. Siebenundzwanzigste Auflage. Taschenformat. X, 602 Seiten. 1927. Geb. 8.—

(Guttentagsche Sammlung Deutscher Reichsgesetze Bd. 2.)

„Schon die hohe Auflagenziffer beweist das Bedürfnis der Praxis für eine Ausgabe wie die vorliegende. Es ist in der Tat ein Buch, an Hand dessen eine schnelle und zuverlässige Orientierung über die wichtigsten Auslegungsfragen möglich ist. Der Kern der Dinge wird klar herausgestellt. Wichtige Reichsgerichtsentscheidungen werden als Beleg oder als Beispiel angeschlossen. Die neue Auflage ist überall auf den gegenwärtigen Stand der Rechtsprechung gebracht. So dient das Buch in gleicher Weise dem Studierenden zur Einführung in eine Lektüre des Gesetzes wie dem Praktiker zur schnellen Auffindung einer Entscheidung."

Rechtsanwalt Dr. Max Alsberg in der „Juristischen Wochenschrift".

Dalcke, Albert, **Strafrecht und Strafprozeß.** Eine Sammlung der wichtigsten Gesetze. Zum Handgebrauch für die preußischen Praktiker erläutert und herausgegeben. Neunzehnte, neubearbeitete Auflage, besorgt von Paul Dalcke und E. Fuhrmann. Oktav. XI, 1053 Seiten. 1927. Geb. 14.50

Nebengesetze

Stengleins Kommentar zu den strafrechtlichen Nebengesetzen des Deutschen Reiches. Fünfte Auflage, völlig neubearbeitet von Ludwig Ebermayer, Ernst Conrad, Albert Feisenberger, Karl Schneidewin.

Lieferung 1: 1926. 6.50
Lieferung 2. 1926. 6.50
Lieferung 3. 1927. 8.80
Lieferung 4: 1927. 9.50

Nach Abschluß des Werkes tritt ein höherer Preis in Kraft.

Lindemann, Otto, **Sammlung der wichtigsten preußischen Strafgesetze.** Zweite Auflage. Taschenformat. 372 Seiten. 1912. Geb. 3.50

(Guttentagsche Sammlung Preußischer Gesetze Bd. 34.)

„Die durch mehrere wichtige Gesetze erweiterte zweite Auflage dieses unentbehrlichen Ergänzungsbandes zu den in Einzelausgaben erschienenen Preußischen Gesetzen ist durch die Wiedergabe der noch geltenden vereinzelten alten Strafvorschriften nebst trefflich unterrichtenden Vorbemerkungen und Erläuterungen für die Strafverfolgungsbehörden und den Strafrichter besonders wertvoll. Nur mittels einer solchen ausgezeichneten Sammlung ist es diesen möglich, auch die zerstreuten Gebiete des Strafrechts völlig zu beherrschen."

Deutsche Juristen-Zeitung.

Born, A., **Reichspreßgesetz** vom 7. Mai 1874. Mit Kommentar. Dritte Auflage. Taschenformat. 176 Seiten. 1924. Geb. 4.—

(Guttentagsche Sammlung Deutscher Reichsgesetze Bd. 53.)

„Das Werk bringt eine sehr reichhaltige Kommentierung des Stoffes, die um so wertvoller ist, als den Entscheidungen der Wortlaut der Urteilsbegründungen beigefügt ist. Ein weiterer Vorteil des Buches ist darin zu erblicken, daß sämtliche einschlägigen Bestimmungen der das Preßwesen berührenden Gesetze aufgeführt, eingehend besprochen und in Beziehung zueinander gebracht worden sind. Als Nachschlagewerk in Zweifelsfällen, sei es in der Praxis, sei es für den Unterricht, wird das Buch von großem Nutzen sein."

Ministerialblatt für die preußische innere Verwaltung.

Kirchner, Rudolf, **Gesetz über den Verkehr mit Kraftfahrzeugen** vom 3. Mai 1909. Dritte, völlig neubearbeitete Auflage. 435 Seiten. 1915. Mit Nachtrag, enthaltend die Neufassung der Verordnung über Kraftfahrzeugverkehr vom 5. Dezember 1925. 5.—

(Guttentagsche Sammlung Deutscher Reichsgesetze Bd. 92.)

„Der Verfasser bietet ein sehr wertvolles Hilfsmittel für Anwendung und Auslegung des wichtigen Gesetzes. Der Schwerpunkt seiner Erläuterungen liegt natürlich in dem Abschnitt

über die Haftpflicht; dieser ist denn auch mit besonderer und sehr anerkennenswerter Gründlichkeit bearbeitet; namentlich ist die Rechtsprechung sorgfältig berücksichtigt.“
Leipziger Zeitschrift für deutsches Recht.

Lindemann, Otto, **Polizeiverordnungen in Preußen.** Zweite Auflage. Taschenformat. 189 Seiten. 1912. Geb. 2.50
(Guttentagsche Sammlung Preußischer Gesetze Bd. 36.)

Strafprozeßordnung

Löwe, F., und Werner **Rosenberg, Die Strafprozeßordnung für das Deutsche Reich** vom 22. März 1924 nebst dem Gerichtsverfassungsgesetz. Kommentar. Siebzehnte, neubearbeitete Auflage. Oktav. 1244 Seiten. 1927. Mit Nachtrag. 40.—, in Halbleder 45.—

„Der Löwesche Kommentar hat sich in Wissenschaft und Rechtsprechung eine so hervorragende Stellung erworben, daß er zum unentbehrlichen Ratgeber für Theoretiker und Praktiker geworden ist. Der Kommentar steht auf strafprozessualem Gebiet nach wie vor an erster Stelle und ist ein Meisterwerk in der Kunst einer klaren, übersichtlichen und erschöpfenden Darstellung dieses außerordentlich spröden Stoffes.“ Zeitschrift des Deutschen Notarvereins.

Feisenberger, Albert, **Strafprozeßordnung und Gerichtsverfassungsgesetz.** Handkommentar. Groß-Oktav. IX, 517 Seiten. 1926. Mit Nachtrag 1927. Geb. 17.—
(de Gruytersche Sammlung Deutscher Gesetze. Handkommentare.)

„Der vorliegende Handkommentar ist eine glänzende Arbeit, die bald in der Hand jedes Strafrichters und Rechtsanwalts sein wird. Er hält die Mitte zwischen Textausgabe und den umfangreichen Kommentaren. Geradezu vorbildlich ist er für den Umfang der Heranziehung der Rechtsprechung. Alles Wesentliche ist berücksichtigt.“
Danziger Juristische Monatsschrift.

Kohlrausch, Eduard, **Strafprozeßordnung** und Gerichtsverfassungsgesetz mit Nebengesetzen. Einundzwanzigste Auflage. Taschenformat. XI, 526 Seiten. 1927. Geb. 7.50
(Guttentagsche Sammlung Deutscher Reichsgesetze Bd. 12.)

„Das Buch ist nicht nur für den Praktiker, der sich rasch unterrichten will, sondern auch für den Studierenden, zumal wenn ihm die wirtschaftlichen Verhältnisse die Anschaffung umfangreicher Kommentare nicht ermöglichen, von größtem Wert.“
Oberreichsanwalt Dr. Ebermayer in der Juristischen Wochenschrift.

Feisenberger, Albert, **Strafprozeßordnung und Gerichtsverfassungsgesetz,** in alter und neuer Fassung synoptisch gegenübergestellt. Mit ausführlichem Sachregister. Taschenformat. 265 Seiten. 1924. Geb. 4.50
(Guttentagsche Sammlung Deutscher Reichsgesetze Bd. 158.)

„Die Ausgabe ist für die Praxis auf längere Zeit unentbehrlich. Die synoptische Darstellung erleichtert die Arbeit und schützt vor Gedächtnisfehlern.“ Juristische Wochenschrift.

V. Öffentliches Recht

1. Staatsrecht

Arndt, Adolf, **Die neue Verfassung des Deutschen Reiches.** Dritte Auflage. Taschenformat. 1927. In Bearbeitung.
(Guttentagsche Sammlung Deutscher Reichsgesetze Bd. 137.)

„In knappen, jedoch sehr eingehenden und namentlich durch stete Hinweise auf die einschlägige Literatur wertvollen Anmerkungen erläutert der hervorragende Staatsrechtslehrer die einzelnen Artikel der Reichsverfassung. Für alle, die sich auf dem schwierigen Gebiet der Reichsverfassung orientieren wollen, liegt hier ein vorzügliches Nachschlagewerk von gediegener Wissenschaftlichkeit vor." *Staats- und Selbstverwaltung.*

Stier-Somlo, Fritz, **Kommentar zur Verfassung des Freistaats Preußen.** Groß-Oktav. 319 Seiten. 1921. Geb. 3.—

„Die Darstellung ist flüssig und knapp und ist als treffliche Orientierung über das neue Verfassungswerk, eine Orientierung, die ihre notwendige Ergänzung in dem vorzüglichen Kommentar Stier-Somlos findet, sehr zu empfehlen." *Zeitschrift für öffentliches Recht.*

Arndt, Adolf, **Die Verfassung des Freistaats Preußen** vom 30. November 1920. Mit Einleitung, vollständigem Kommentar, Landeswahlgesetz und Sachregister. Taschenformat. 158 Seiten. 1921. Geb. 2.—
(Guttentagsche Sammlung Preußischer Gesetze Bd. 1.)

„Die Einleitung ist eine vortreffliche staatsrechtliche Abhandlung, die unter Berücksichtigung und Verwertung der einschlägigen Literatur in die Entstehungsgeschichte und in die Bedeutung der Verfassungsurkunde einführt. Die Erläuterungen sind recht vollständig und enthalten in knapper Darstellung alles zur Auslegung Wesentliche. Zu den verschiedenen verfassungsrechtlichen Fragen nimmt der Verfasser in geschickter Weise Stellung. Der Kommentar wird denjenigen, die sich mit den einzelnen Bestimmungen der Verfassung vertraut machen wollen, ein willkommener Ratgeber sein." *Zeitschrift für Polizei- und Verwaltungsbeamte.*

Reier, Otto, **Sozialisierungsgesetze.** Taschenformat. 214 Seiten. 1920. Geb. 2.20
(Guttentagsche Sammlung Deutscher Reichsgesetze Bd. 141.)

„Das Werk stellt die erste zusammenfassende kommentatorische Darstellung der Sozialisierungsgesetzgebung dar und ist für alle Interessenten unentbehrlich."
Zentralblatt der Reichsversicherung.

Strupp, Karl, **Die Friedensverträge.**
I. Die Ostfrieden. Taschenformat. 685 Seiten. 1918. Geb. 3.—
(Guttentagsche Sammlung Deutscher Reichsgesetze Bd. 134.)

Hohenstein, Adolf, und Wenzel **Goldbaum, Reichsschädengesetze.** Textausgabe mit Anmerkungen. Oktav. 360 Seiten. 1922. Geb. 4.—
(Guttentagsche Sammlung Deutscher Reichsgesetze Bd. 150.)

„In dem Werke sind alle für die Entschädigungsfrage in Betracht kommenden Gesetze zusammengestellt und mit kurzen Anmerkungen versehen worden, die durchaus dankenswerte Fingerzeige für die schnelle Orientierung geben. Im ganzen ist das vorliegende Werk nicht nur ein wertvolles Hilfsmittel für den Fachmann, sondern ist besonders jedem Geschädigten zu empfehlen, der sich über seine Ansprüche orientieren will." *Auslandswarte.*

2. Verwaltungsrecht

Reichsrecht

Blume, E., und W. **Weirauch, Die Eisenbahn-Verkehrsordnung** vom 23. Dezember 1908 mit Allgemeinen Ausführungsbestimmungen sowie dem Internationalen Übereinkommen über den Eisenbahnfrachtverkehr vom 30. Mai 1925 und dem Internationalen Übereinkommen über den Eisenbahn-Personen- und Gepäckverkehr vom 12. Mai 1925. Textausgabe mit Anmerkungen. Dritte Auflage. Taschenformat. 522 Seiten. 1926. Geb. 12.—
(Guttentagsche Sammlung Deutscher Reichsgesetze Bd. 91.)

„Wir besitzen hier einen neuen, die tatsächlichen Verhältnisse bis zur Gegenwart berücksichtigenden Kommentar und damit ein treffliches Hilfsbuch für alle, die sich mit dem Eisenbahnverkehrsrecht theoretisch und praktisch zu beschäftigen haben. Der Kommentar wird besonders auch den Gerichten und den Anwälten gute Dienste leisten, da die Ausführungsbestim-

mungen zur Eisenbahnverkehrsordnung, die vollständig abgedruckt werden, sonst nur in den Tarifen veröffentlicht werden, die in den Kreisen der Juristen weniger bekannt sind. Allen, die es angeht, kann daher die Anschaffung der neuen Auflage nur dringend empfohlen werden."
Juristische Wochenschrift.

Kirchner, Rudolf, **Gesetz über den Verkehr mit Kraftfahrzeugen** vom 3. Mai 1909. Dritte, völlig neubearbeitete Auflage. 435 Seiten. 1915. Mit Nachtrag, enthaltend die Neufassung der Verordnung über Kraftfahrzeugverkehr vom 5. Dezember 1925. Mit Nachtrag. 1926. Geb. 5.—

(Guttentagsche Sammlung Deutscher Reichsgesetze Bd. 92.)

„Der Verfasser hat sich mit der nicht unschwierigen Materie auf das beste vertraut gemacht und seine Kenntnisse mit großer Gewandtheit in logischen, klaren und ausführlichen Erläuterungen zum Gesetze verwertet." Zeitschrift für Polizei- und Verwaltungsbeamte.

Holzapfel, W., **Die Siedlungsgesetzgebung** im Reich und in Preußen. 347 Seiten. 1920. Geb. 3.—

(Guttentagsche Sammlung Deutscher Reichsgesetze Bd. 140.)

„Die zur Ausführung jener Gesetze bestimmten Behörden und auch die literarische Forschung wird dem Verfasser für seine mühevolle Arbeit Anerkennung zollen."
Archiv für öffentliches Recht.

Behrend, Ernst, und Helene **Stranz-Hurwitz, Sammlung von Wohlfahrtsgesetzen** des Deutschen Reichs und Preußens nebst den allgemeinen Wohlfahrtsgesetzen von Sachsen, Thüringen, Hamburg, Mecklenburg-Schwerin und -Strelitz, Oldenburg, Lippe und Lübeck.

Teil I: Taschenformat. 560 Seiten. 1923. Geb. 5.—

Teil II: Nebst Ausführungsgesetzen sämtlicher Länder zum Reichsjugendwohlfahrtsgesetz. Taschenformat. XVI, 551 Seiten. 1925. Geb. 9.—

Teil I und II zus. 12.—

(Guttentagsche Sammlung Deutscher Reichsgesetze Bd. 152 und 152a.)

„Die kurzen, alles Wesentliche zusammenfassenden Einleitungen zu den einzelnen Gesetzen sind mit außerordentlicher Sachkunde und Klarheit geschrieben; sie genügen zusammen mit den Literaturangaben völlig für den Praktiker, um die Gesetzestexte richtig handhaben zu können. Das Werk ist für alle in der Wohlfahrtspflege Arbeitenden unentbehrlich und sehr praktisch."
Nachrichtendienst des Deutschen Vereins für öffentliche Fürsorge.

Sandré, Emil, und Paul **Drewes, Das Reichsgesetz für Jugendwohlfahrt** vom 9. Juli 1922 und **Jugendgerichtsgesetz** vom 16. Februar 1923. Taschenformat. 312 Seiten. 1923. Mit Nachtrag, enthaltend alle Änderungs- und Ergänzungsbestimmungen bis Ende August 1924. Geb. 6.—

(Guttentagsche Sammlung Deutscher Reichsgesetze Bd. 154.)

„Eine sehr handliche Gesetzesausgabe. Sie bietet in ausführlichen geschichtlichen und rechtlichen Vorbemerkungen und Einleitungen wertvolles Material zur Einführung in den Willen und Geist beider Gesetze und gibt in knappen, aber ausreichenden Erläuterungsbemerkungen zu den einzelnen Bestimmungen dem Praktiker die erforderlichen Unterlagen zur richtigen Anwendung. Das Werk dürfte sich in der Praxis bald beliebt machen."
Blätter für öffentliche Fürsorge.

Sandré, Emil, **Verordnung über die Fürsorgepflicht.** Vom 14. Februar 1924. Mit Einschluß der für die Durchführung dieser Verordnung in Frage kommenden reichs- und landesgesetzlichen Bestimmungen. Taschenformat. 342 Seiten. 1925. Geb. 6.—

(Guttentagsche Sammlung Deutscher Reichsgesetze Bd. 160.)

„Die Zusammenstellung der bis in die jüngste Zeit ergangenen gesetzlichen Bestimmungen, die in Beziehung zur Fürsorgepflichtverordnung stehen, gibt der Sandréschen Arbeit ihre besondere Bedeutung. Die Anmerkungen sind zahlreich und zeichnen sich durch einen feinen, klaren Stil aus. Das Buch ist übersichtlich geordnet und leicht zu handhaben."
Schleswig-Holsteinische Wohlfahrtsblätter.

Szczesny, Viktor, **Das Lichtspielgesetz** vom 12. Mai 1920 mit der Ausführungsverordnung, Einleitung, Gebührenordnung und Sachregister. Taschenformat. 106 Seiten. 1920. Geb. 1.50

(Guttentagsche Sammlung Deutscher Reichsgesetze Bd. 147.)

„Das neue Lichtspielgesetz hat hier eine ausführliche Kommentierung gefunden. Das Buch kann bei der gründlichen Behandlung des Stoffes als ein geeignetes Hilfsmittel für die Praxis bezeichnet werden." Preußische Gemeinde-Zeitung.

Krause, Johannes, **Das deutsche Paßrecht.** Nach dem Stande vom 1. Januar 1925. Geb. 9.—

(Stilkes Rechtsbibliothek Bd. 37.)

Neugebauer, Eberhard, **Funkrecht.** Zweite Auflage. Geb. 7.—

(Stilkes Rechtsbibliothek Bd. 33.)

Hippel, W. von, **Reichsviehseuchengesetz** vom 26. Juni 1909 nebst Ausführungsvorschriften und dem preußischen Ausführungsgesetz. Zweite Auflage. Taschenformat. 486 Seiten. 1913. Geb. 4.—

(Guttentagsche Sammlung Deutscher Reichsgesetze Bd. 103.)

„Einer kurz einführenden Einleitung folgt zunächst eine sehr dankenswerte Zusammenstellung der Abänderungen des bisherigen Rechtszustandes durch das Viehseuchengesetz. Daran schließt sich der sorgfältig bearbeitete Kommentar zum Gesetze und dann kommen die Ausführungsvorschriften des Bundesrats, das Preußische Ausführungsgesetz und die Preußischen Ausführungsbestimmungen. Die Erläuterungen reichen für den täglichen Geschäftsverkehr aus und sind sachlich und klar." Zeitschrift für Polizei- und Verwaltungsbeamte.

Boxberger, L. von, **Vogelschutzgesetz** vom 30. Mai 1908 nebst den das Flugwild betreffenden Bestimmungen der Preußischen Jagdordnung. Taschenformat. 57 Seiten. 1909. Geb. 1.—

(Guttentagsche Sammlung Deutscher Reichsgesetze Bd. 89.)

Landesrecht

Friedrichs, K., **Die Gesetzgebung über die allgemeine Landesverwaltung** und Zuständigkeit der Verwaltungs- und Verwaltungsgerichtsbehörden. Dritte, durchgesehene Auflage. Taschenformat. XXIII, 295 Seiten. 1927. Geb. 5.—

(Guttentagsche Sammlung Preußischer Gesetze Bd. 42.)

„Der Wert dieser Arbeit liegt darin, daß er eine erschöpfende und klare Übersicht über das tatsächlich geltende Verwaltungsrecht bringt. Das Werk ist ein vorzügliches und nie versagendes Hilfsmittel." Gesetz und Recht.

Pfafferoth, Carl, **Preußische Beamtengesetzgebung.** Fünfte Auflage. XIV, 280 Seiten. 1916. Geb. 2.40

(Guttentagsche Sammlung Preußischer Gesetze Bd. 2.)

„Nach einer Einleitung, darlegend die Beamtenstellung im Reiche und in Preußen, sind wohlgeordnet die sämtlichen bezüglichen Gesetze, Verordnungen usw. zusammengestellt. Ein empfehlenswertes Handbüchlein vom Eintritt in die Beamtentätigkeit bis zur Pensionierung." Berliner Börsenzeitung.

Dultzig, Eugen von, **Das preußische Disziplinargesetz für die nichtrichterlichen Beamten.** Taschenformat. XIV, 364 Seiten. 1914. Geb. 4.20

(Guttentagsche Sammlung Preußischer Gesetze Bd. 51.)

„Der Verfasser kennt das Disziplinarrecht aus eigener Tätigkeit und aus langer Erfahrung. Diese hat er zu einem praktischen Nachschlagebuch für alle praktischen Fragen des Disziplinarrechts ausgestaltet. Bei tunlichster Kürze sind doch recht erschöpfende, klare und anschauliche Erläuterungen entstanden, die das Verständnis und die Anwendung des Disziplinarrechts in zweckmäßiger Weise erleichtern. Das Büchlein verdient volle Beachtung." Zeitschrift für Polizei- und Verwaltungsbeamte.

Hagemann, Rudolf, Hinterlegungsordnung vom 21. April 1913. Taschenformat. 175 Seiten. 1914. Geb. 2.20

(Guttentagsche Sammlung Preußischer Gesetze Bd. 53.)

„Das in der vorteilhaft bekannten Guttentagschen Sammlung erschienene Buch darf als ein Hilfsmittel zu dem nicht immer ganz einfachen Verständnis der neuen Hinterlegungsvorschriften bestens empfohlen werden; es ist klar, übersichtlich und ausführlich."

Zentralblatt für freiwillige Gerichtsbarkeit.

Aschrott, P. F., Gesetz über die Fürsorgeerziehung Minderjähriger. Vom 2. Juli 1900. Nebst Ausführungsanweisungen. Dritte Auflage. Taschenformat. 374 Seiten. 1917. Geb. 2.80

(Guttentagsche Sammlung Preußischer Gesetze Bd. 28.)

„Das Buch gewährt nicht nur einen klaren Einblick in die gegenwärtige Gestaltung der Fürsorgeerziehung in Preußen, sondern es gibt auch über die Zweifelsfragen, welche bei der Auslegung des technisch ziemlich unvollkommenen Fürsorgeerziehungsgesetzes in besonders reicher Fülle auftauchen, durchweg eine erschöpfende und zutreffende Auskunft." *Das Recht.*

Marcks, A., Gesetz, betr. die Unterhaltung der öffentlichen Volksschulen. Taschenformat. 194 Seiten. 1906. Geb. 1.80

(Guttentagsche Sammlung Preußischer Gesetze Bd. 39.)

„Das handliche Büchlein wird, von sachkundiger Seite herrührend und praktisch angelegt, Verwaltungsbeamten, Schulvorständen, Lehrern beim Gebrauch gute Dienste leisten."

Schulblatt der Provinz Brandenburg.

Ledermann, W., und **L. Brühl, Die Städteordnung für die sechs östlichen Provinzen Preußens.** Zweite Auflage. Taschenformat. 593 Seiten. 1913. Geb. 6.—

(Guttentagsche Sammlung Preußischer Gesetze Bd. 32.)

„Der Ledermann-Brühlsche Kommentar zur Städteordnung, eine hervorragende Arbeit des leider so früh verstorbenen Mannes und seines Mitarbeiters, ist von der Kritik und der Praxis so einmütig günstig aufgenommen worden, daß er auch in seiner zweiten durch Gesetzgebung, Literatur und Rechtsprechung der letzten zehn Jahre bereicherten Ausgabe keiner weiteren Empfehlung bedarf." *Kommunale Praxis.*

Wölbling, P., Bildung der neuen Stadtgemeinde Berlin. Zweite Auflage. Taschenformat. 114 Seiten. 1920. Geb. 1.40

(Guttentagsche Sammlung Preußischer Gesetze Bd. 59.)

„Einem Gesetz, daß als eine Ergänzung der Städteordnung abgefaßt ist, hat der Verfasser lebendigen Gedankeninhalt verliehen. Auf die Verknüpfung des Neuen mit der Städteordnung und ihrer engeren Gestaltung wird im einzelnen mit umfassender Sorgfalt hingewiesen.

Die Ebenmäßigkeit mit den Kommentaren anderer Gesetze der Guttentagschen Sammlung, die unter weniger leidenschaftlichen Kämpfen zur Entstehung gelangten, erringt der Verfasser durch seine strenge Sachlichkeit. Damit muß seinem Werk die Beachtung bei der Durchführung des Gesetzes und bleibender Wert gesichert erscheinen." *Soziale Praxis.*

Holzapfel, W., Umlegungsordnung. Taschenformat. 144 Seiten. 1921. 1.80

(Guttentagsche Sammlung Preußischer Gesetze Bd. 60.)

„Holzapfel, der hervorragende Kenner der Auseinandersetzungsgesetze, erläutert die Vorschriften der Umlegungsordnung in seiner scharfsinnigen Art in durchaus erschöpfender Weise und gibt in diesen Erläuterungen ein außerordentlich anschauliches Bild von der Umlegung der Grundstücke. Das Buch ist auch für Laien leicht und gut verständlich und kann jedem, der für die Umlegung Interesse hat, zur Benutzung angelegentlich empfohlen werden."

Preußisches Verwaltungsblatt.

Holzapfel, W., Gesetz über Landeskulturbehörden. Taschenformat. 176 Seiten. 1920. Geb. 2.—

(Guttentagsche Sammlung Preußischer Gesetze Bd. 57.)

„Der Titel gibt den Inhalt des Werkchens vollständig an, hinzuzufügen ist aber, daß die Erläuterung, die umfangreich und eingehend ist und der praktischen Handhabung des Gesetzes Schritt für Schritt folgt, aus der Feder eines Mannes herrührt, der durch seine sachliche Quali-

fikation als gründlicher Kenner der Materie für eine zuverlässige Führung die größte Gewähr bietet. Dankenswert ist die Gründlichkeit der im bescheidenen Rahmen geleisteten Arbeit.“
Verwaltungs-Archiv.

Meyer, O., Gesetz, betr. die Anlegung und Veränderung von Straßen und Plätzen in Städten und ländlichen Ortschaften. Taschenformat. 211 Seiten. 1913. 3.—
(Guttentagsche Sammlung Preußischer Gesetze Bd. 50.)

Friedrichs, R., Hugo von **Strauß-Torney** und Carl **Saß, Gesetz, betr. Anlegung und Veränderung von Straßen und Plätzen** in Städten und ländlichen Ortschaften. (Straßen- und Baufluchtengesetz.) Kommentar. Groß-Oktav. 211 Seiten. 1920. 8.—, geb. 9.50

„Das Werk zeigt eine Reichhaltigkeit und Vollständigkeit, die sonst wenigen Kommentaren eigen ist, und übertrifft hierin noch weit die früheren Auflagen. Besonders erwähnenswert ist die geschickte Anordnung der Erläuterungen und das praktische Inhaltsverzeichnis.“
Wochenschrift des Architektenvereins zu Berlin.

Goldschmidt, O., Gesetze gegen die Verunstaltung landschaftlich hervorragender Gegenden mit Ausführungsanweisungen. Taschenformat. 152 Seiten. 1912. Geb. 2.40
(Guttentagsche Sammlung Preußischer Gesetze Bd. 49.)

„Der Kommentar, der sich durch seine klare und prägnante Ausdrucksweise auszeichnet, läßt eine gründliche Durcharbeitung des Stoffes erkennen und bietet eine sachgemäße, sorgfältige und erschöpfende Erläuterung der einzelnen gesetzlichen Bestimmungen. Er wird als ein durch Vollständigkeit und Zuverlässigkeit ausgezeichnetes Hilfsmittel jedem Freunde des Heimatschutzes ein willkommener Ratgeber sein.“ Jahrbuch des Verwaltungsrechts.

Wulff, G., und **F. Herold, Preußisches Wassergesetz** vom 7. April 1913. Taschenformat. Zweite Auflage im Druck.
(Guttentagsche Sammlung Preußischer Gesetze Bd. 52.)

Lohmann, W., Gesetz, betr. die Feuerbestattung. Taschenformat. 79 Seiten. 1912. Geb. 1.50
(Guttentagsche Sammlung Preußischer Gesetze Bd. 47.)

„Der Verfasser, der als Mitglied der Kommission des Abgeordnetenhauses an dem Zustandekommen des Gesetzes hervorragend beteiligt war, konnte als zuständiger Bearbeiter des Gesetzes in erster Reihe gelten. Der kleine Kommentar ist besonderer Aufmerksamkeit sicher.“
Jahrbuch des Verwaltungsrechts.

Holtgreven, A., und **Th. Wolff, Das Wildschadengesetz** vom 11. Juli 1891. Kommentar. Vierte, vermehrte und verbesserte Auflage. Oktav. VIII, 216 Seiten. 1902. 4.—

„Dieses Werkchen verfolgt einen doppelten Zweck. Dasselbe will einerseits die juristisch zweifelhaften Punkte des Wildschadengesetzes wissenschaftlich erörtern und klarstellen und andererseits allen denjenigen, welche bei der Handhabung dieses Gesetzes in irgendeiner Weise, sei es als Private, Beamte, Grundbesitzer oder als Jagdberechtigte, beteiligt sind, ein praktischer Berater sein.“ Allgemeine Forst- und Jagdzeitung.

Kunze, F., Das Jagdscheingesetz. Zweite Auflage. Taschenformat. 157 Seiten. 1899. Geb. 2.—
(Guttentagsche Sammlung Preußischer Gesetze Bd. 19.)

„Die eingehenden Anmerkungen und die im Titel hervorgehobenen Beigaben machen den kleinen Kommentar zu einem vortrefflichen, in der Praxis schwer entbehrlichen Hilfsmittel zur Auslegung des Gesetzes.“ Zeitschrift für die gesamte Strafrechtswissenschaft.

Caro, H., Gesetz, betr. Austritt aus der Landeskirche, vom 14. Mai 1873. Taschenformat. 190 Seiten. 1911. Geb. 2.40
(Guttentagsche Sammlung Preußischer Gesetze Bd. 46.)

„Ein sehr praktisches Buch, das in den Anmerkungen zum Wortlaut des Gesetzes eine reiche Fülle von Material bietet für alle möglichen Fragen, die mit Aus- und Übertritt zusammen-

hängen. Das genau gearbeitete Inhaltsverzeichnis ermöglicht bei gelegentlicher Benutzung ein leichtes Auffinden des Nötigen.“ Deutsch-Protestantische Bücherschau.

Kollenscher, M., Rechtsverhältnisse der Juden in Preußen. Taschenformat. VIII, 199 Seiten. 1910. 2.40

(Guttentagsche Sammlung Preußischer Gesetze Bd. 45.)

„Es fehlte bisher eine zusammenfassende, erschöpfende Darstellung der in den verschiedensten Quellen zerstreuten zahlreichen Judengesetze und Verordnungen, und es ist ein großes Verdienst des Verfassers, uns diese in klarer, übersichtlicher Form und Anordnung gegeben zu haben. Jede Synagogengemeinde und jeder, der sich mit jüdischen Angelegenheiten beschäftigt, müßte dieses Buch besitzen.“ Jüdische Rundschau.

3. Steuerrecht

Becker, Enno, Die Reichsabgabenordnung. Fünfte, neubearbeitete Auflage. XII, 962 Seiten. 1926. Geb. 24.—

(Heymanns Taschen-Gesetzsammlung Bd. 98.)

Nieberl, A., Reichsabgabenordnung vom 13. Dezember 1919 nebst Einführungsverordnung vom 18. Dezember 1919 und Übergangsverordnung vom 11. Oktober 1921. Textausgabe mit Anmerkungen und ausführlichem Sachregister. Zweite, neubearbeitete Auflage. Taschenformat. 1927. Geb. 12.—

(Guttentagsche Sammlung Deutscher Reichsgesetze Bd. 143.)

„Dieses Werk will auf Grund der Ergebnisse der Praxis der praktischen Anwendung der RAbgO. dienen und auch für den Nichtjuristen verständlich sein. Daß dieser Zweck erreicht wird, dürfte dem Verfasser nicht bestritten werden. Die Darstellung ist leichtverständlich und klar. Das Sachregister ist gründlich bearbeitet. Jedenfalls wird das Buch, das einen mit der praktischen Handhabung der RAbgO. vertrauten Verfasser erkennen läßt, nicht nur den Steuerbeamten, sondern auch dem rechtsuchenden Publikum und seinen Beratern ein willkommener guter Führer auf diesem Gebiet sein.“ Juristische Wochenschrift.

Mrozek, Alfons, Wilhelm **Boethke,** Hans **Arlt** und Hermann **Pünder, Kommentar zur Reichsabgabenordnung.** Dritte, neubearbeitete Auflage. Oktav. XIX, 897 Seiten. 1924. Geb. 21.—

Michaelis, Richard, **Die Dritte Steuernotverordnung** vom 14. Februar 1924. Mit besonders ausführlicher Berücksichtigung der Vorschriften über die Aufwertung und die öffentlichen Anleihen. Taschenformat. VIII, 388 Seiten. 1924. Geb. 7.—

(Guttentagsche Sammlung Deutscher Reichsgesetze Bd. 157.)

„Ganz besonders zu rühmen ist der Kommentar von Michaelis, der dank seiner eingehenden und gründlichen Bearbeitungsweise erheblichen Einfluß auf die Praxis gewonnen hat.“ Juristische Wochenschrift.

Hollaender, Adolf, **Einkommensteuergesetz und Körperschaftsteuergesetz** nebst den zugehörigen Aus- und Durchführungsbestimmungen, Verordnungen und Erlassen. Taschenformat. XXXIX, 697 Seiten. 1926. Geb. 24.—

(Guttentagsche Sammlung Deutscher Reichsgesetze Bd. 151.)

„Das auf die Bedürfnisse der Praxis abgestellte und ihnen gerecht werdende Buch wird jedem gute Dienste leisten, der sich handelnd oder leidend auf dem äußerst unsicheren, ohne Hilfsmittel überhaupt nicht begehbaren Boden der heutigen Einkommensteuer zurechtfinden muß.“ Juristische Rundschau.

Pick, Reichsbewertungsgesetz. Textausgabe mit Anmerkungen. Im Druck.

Wrzeszinski, Richard, und H. Veit **Simon, Vermögenssteuergesetz und Reichsbewertungsgesetz.** Kommentar. In Bearbeitung.

Zimmermann, F. W. R., und D. **Ludewig, Erbschaftsteuergesetz.** Erläuterungsbuch mit sämtlichen einschlägigen Verordnungen nach dem Stand vom 1. Juli 1924. Vierte Auflage. 681 Seiten. 1925. Mit Nachtrag 1926. Geb. 15.—

Schachian, Herbert, **Erbschaftsteuergesetz,** Fassung vom 22. August 1925, mit Anmerkungen. Vierte Auflage. Oktav. 65 Seiten. 1926. 2.50

„Das Buch enthält in der Form des Kommentars eine vollständige Darstellung des Erbschaftssteuerrechts und der zugrunde liegenden bürgerlichrechtlichen Vorschriften des Erbrechts. Als wissenschaftliche und praktische Leistung steht der klar und scharf geschriebene Kommentar in vorderster Reihe unter seinen Rivalen; er ist als Wegweiser ganz besonders zu empfehlen."
Juristische Wochenschrift

Hoffmann, A., **Die preußischen Erbschaftsteuergesetze.** Taschenformat. 561 Seiten 1905. 3.—
(Guttentagsche Sammlung Preußischer Gesetze Bd. 20.)

Popitz, Johannes, **Kommentar zum Umsatzsteuergesetze** vom 24. Dezember 1919. Zweite, gänzlich neubearbeitete und vermehrte Auflage auf der Grundlage des Kommentars zum Gesetz vom 26. Juli 1918. Oktav. XXVII, 757 Seiten. Neudruck 1925. Geb. 26.50

Lindemann, Otto, **Umsatzsteuergesetz** (neueste Fassung) mit Ausführungsbestimmungen. Vierte, vermehrte und verbesserte Auflage. Taschenformat. 518 Seiten. 1926. Geb. 10.—
(Guttentagsche Sammlung Deutscher Reichsgesetze Bd. 132.)

„Es handelt sich um einen ausführlichen, gediegenen und klar abgefaßten Kommentar, der den weiteren Vorzug besitzt, auf dem laufenden zu sein. Das Werk kann allen Interessenten nur warm empfohlen werden."
Industrie- und Handels-Zeitung

Meyer, E. H., **Gesetzgebung über Steuer- und Kapitalflucht.** Zweite Auflage. Taschenformat. 129 Seiten. 1921. Geb. 1.60
(Guttentagsche Sammlung Deutscher Reichsgesetze Bd. 145.)

„Das Büchlein enthält den Text der einschlagenden vier Gesetze samt den vier Verordnungen gegen die Kapitalabwanderung bzw. Kapitalflucht, eine kurze Übersicht über den Inhalt der Gesetze und sehr knapp gehaltene Anmerkungen. Sein Wert liegt in der handlichen Zusammenfassung der einschlagenden Vorschriften." *Juristische Wochenschrift*

Glaser, Fritz, **Das Kapitalertragsteuergesetz** in der Fassung des Gesetzes vom 8. April 1922 unter Einarbeitung der Ausführungsbestimmungen erläutert. Zweite, neubearbeitete und vermehrte Auflage. Groß-Oktav. 304 Seiten. 1922. Geb. 5.50

Keßler, Burghard, **Kapitalverkehrsteuergesetz.** Zweite Auflage.
In Vorbereitung.

Lindemann, Otto, **Grunderwerbsteuergesetz** (neueste Fassung) mit den Ausführungsbestimmungen. Zweite, völlig umgearbeitete Auflage. Taschenformat. 186 Seiten. 1926. Geb. 4.—
(Guttentagsche Sammlung Deutscher Reichsgesetze Bd. 139.)

„Das Buch wird manchem in den mannigfachen Streitfragen des in der Praxis sehr einschneidenden Gesetzes ein willkommener Ratgeber sein. Die Erläuterungen zeichnen sich durch Klarheit und Gemeinverständlichkeit im besten Sinne aus."
Württembergische Industrie.

Hoepker, Heinrich, **Die Industriebelastungsgesetze** vom 30. August 1924 nebst den Durchführungsbestimmungen zum Gesetz über die Industriebelastung. Taschenformat. XV, 200 Seiten. 1925. Mit Nachträgen. Geb. 4.—
(Guttentagsche Sammlung Deutscher Reichsgesetze Bd. 159.)

„Die Anmerkungen sind erschöpfend und führen den Leser mit Geschick in die schwierige und neue Materie ein. Rechtsanwälte sowie Kaufleute, für welche die Industriebelastung in Frage kommt, werden das mit einem guten Sachregister ausgestattete Werk mit gleichem Nutzen gebrauchen!“ Industrie- und Handels-Zeitung.

Simon, Heinrich Veit, und Wilhelm **Beutner, Das Zwangsanleihegesetz** und die Vermögensbewertung nebst den ergänzenden Verordnungen, den Bewertungsrichtlinien und den Ausführungsbestimmungen. Oktav. XXIV, 583 Seiten. 1923. Geb. 8.—

(Guttentagsche Sammlung Deutscher Reichsgesetze Bd. 153.)

„Der Kommentar ist mit gründlichem Fleiß zusammengestellt. Er behandelt alle das Zwangsanleihegesetz berührenden Fragen lückenlos und auf das ausführlichste. Er kann deshalb allen denjenigen, die sich mit dem Studium des Zwangsanleihegesetzes, das für einige Zeit ja immer noch wichtig sein wird, befassen wollen, nur auf das wärmste empfohlen werden.“ Deutsche Arbeitgeber-Zeitung.

Eiffler, Kurt, **Staatliche Verwaltungsgebühren.** Gesetz über staatliche Verwaltungsgebühren vom 29. September 1923 nebst Gebührenordnungen und Ausführungsbestimmungen. Taschenformat. 192 Seiten. 1925. Geb. 6.—

(Guttentagsche Sammlung Preußischer Gesetze Bd. 61.)

„Das Buch ist für alle preußischen staatlichen und kommunalen Behörden unentbehrlich. Deutsches Beamtenarchiv.

Loeck, P., und W. **Seyffarth, Preußisches Stempelsteuergesetz** vom 30. Juni 1909. Mit den gesamten Ausführungsbestimmungen. Unter besonderer Berücksichtigung der Entscheidungen der Verwaltungsbehörden und der Gerichte herausgegeben von Geh. Regierungsrat **P. Loeck.** Zehnte Auflage. Mit einem Anhang von Kurt **Eiffler.** Taschenformat. Im Druck.

(Guttentagsche Sammlung Preußischer Gesetze Bd. 18.)

„Die zahlreichen Auflagen zeugen für die Güte und praktische Brauchbarkeit des Buches, das durch den von Eiffler hinzugefügten Anhang auf den gegenwärtigen Rechtsstand gebracht ist.“ Finanz-Ministerialblatt.

Lebbin, Georg, **Nahrungsmittelgesetze** mit Erläuterungen. Zweite, stark vermehrte Auflage in zwei Bänden.
Zweiter Band: **Getränkegesetze und Getränkesteuergesetze** (Wein, Bier, Branntwein, Mineralwasser). Taschenformat. XII, 400 Seiten. 1926. Geb. 10.—

(Guttentagsche Sammlung Deutscher Reichsgesetze Bd. 54b.)

„Die wichtigsten Gesetze sind eingehend kommentiert und durch die einschlägigen Verordnungen, Ausführungsbestimmungen, Erlasse, Entscheidungen oberster Gerichte und nicht zuletzt die internationalen Abkommen so vollständig ergänzt, daß die Sammlung als unentbehrliches Hilfsmittel, wie es in dieser Art bislang noch fehlte, für den Sachbearbeiter bei Behörden und Verbänden sowohl als auch für den Kaufmann der Branche zu begrüßen ist.“ Württembergische Wirtschafts-Zeitschrift.

Wündisch, Friedrich, **Das Tabaksteuergesetz** vom 12. September 1919 nebst den Ausführungsbestimmungen vom 26. Februar 1920. Taschenformat. 268 Seiten. 1920. Mit Nachtrag 1925. Geb. 4.—

(Guttentagsche Sammlung Deutscher Reichsgesetze Bd. 146.)

„Endlich ein Kommentar zum Tabaksteuergesetz! Die Ausgabe kommt den Wünschen der Praxis nach einer erschöpfenden Darstellung des neuen Gesetzes in umfassender Weise entgegen. Außer einer eingehenden Kommentierung des neuen Rechts ist der frühere Rechtszustand sowie der Gang des Tabaks vom Feld bis zum Verbraucher eingehend dargestellt. Außer den Behörden und Beamten, in deren Hand die Durchführung des Gesetzes gelegt ist, bildet das Buch auch für die Steuerzahler eine ausgezeichnete Informationsquelle für alle Fragen, die in der Praxis vorkommen. Die zahlreichen ausführenden Verordnungen sind abgedruckt.“ Deutsche Tabak-Zeitung.

FSC
www.fsc.org
MIX
Papier | Fördert gute Waldnutzung
FSC® C083411

Kolibri 360 GmbH
Ferdinand-Jühlke-Straße 7
99095 Erfurt, Deutschland
produktsicherheit@kolibri360.de